A Thousand Voices:
Multiple Narratives of Legal Culture in the Ming and Qing

众声喧哗

明清法律文化的复调叙事

徐忠明 / 著

图书在版编目(CIP)数据

众声喧哗:明清法律文化的复调叙事/徐忠明著.—北京:商务印书馆,2021(2021.12重印)
ISBN 978-7-100-19493-8

Ⅰ.①众… Ⅱ.①徐… Ⅲ.①法律—文化研究—中国—明清时代 Ⅳ.①D909.24

中国版本图书馆CIP数据核字(2021)第029641号

权利保留,侵权必究。

众声喧哗:明清法律文化的复调叙事
徐忠明 著

商 务 印 书 馆 出 版
(北京王府井大街36号 邮政编码100710)
商 务 印 书 馆 发 行
河北松源印刷有限公司印刷
ISBN 978-7-100-19493-8

2021年5月第1版 开本880×1230 1/32
2021年12月第2次印刷 印张11
定价:49.00元

序

杜 金

徐忠明教授的文集即将出版，承他不弃，让我有幸成为本书的第一个读者，并嘱我作序。在此，我想稍稍谈一谈我在阅读本书后，对于研究方法和旨趣的一点感想。

近年来，本书作者一直致力于明清司法文化和民间法律意识的研究。特别是在最近的一两年中，他对材料的开拓尤为重视。我们看到，本书所收录的文章，已经充分体现出这一努力所取得的突破。作者的视野从原先的文学作品、司法档案和诉讼文书逐渐拓展到了更为广阔的领域，所选取的研究材料范围涉及谚语、竹枝词、笑话、地方志和自传等"千奇百怪"的形式，以此来解读传统中国民间大众与精英阶层的法律心态。据我所知，徐教授最近又热衷于"捣鼓"善书、日用类书、知县日记等资料，想必他的史料范围还有继续扩张的趋势。有必要指出的是，之所以说这些材料"奇怪"，倒不是因为它们芳踪难觅；恰恰相反，这些具有民间色彩的素材在数量上相当丰富，只是一直以来难以进入法律文化史学者的"法眼"。很多人大概都会有这样的想法：在法律史和法律文化史的研究中，正史、典章、律例条文和司法档案等官方史料具有更高的"证据效力"，而民间性资料效力则较低，只能用以辅证。我犹记得去年11月份在清华大学法学院举行的"传统中国与法制"研讨会上，作者曾经提出了史料的效力等级不能一概而论的观点。在他看来，史料的价值视乎研究什么或如何研究方能确定。我想，这本文集无疑是将这一想法付诸实践的一个范本,应该会给我们带来耳目一新的感觉和有益的启发。

虽然材料看似零碎,但是,在文章的编排上,作者却颇为精心地设计了一条由"民间"到"官方"的暗线,使全书得以串连起来而成为一个相对有序的整体。首先,作者选择以谚语、竹枝词、笑话和地方志资料为中心,来考察明清时期的庶民百姓的法律意识。在这些素材中,谚语无疑是最具乡土色彩、流播最为广泛的一种形式,也最能够反映乡民的法律想象,因而作者把对谚语的文化史分析放在本书的首篇。竹枝词虽然在内容上反映的仍是民间的生活与民众的情感,语言也较为浅显通俗,但毕竟是文人阶层的创作,可谓介于"雅俗之间"的文学形式。它一方面记录了民间生活中的法律现象,另一方面又表达了文人阶层的情感和态度。于是,作者试图在这种法律事实与法律心态的复合结构中,来解读清代竹枝词的法律文化意蕴。比较而言,笑话则显得更为荒诞夸张一些,也更具有文学色彩,将其纳入法律文化的研究范围似乎颇为"另类"。不过,在作者看来,笑话的这种"娱乐与讽刺"的特征,恰恰使我们能够触及明清时期的民众在日常生活中所关注和焦虑的问题,能够体悟他们对于司法实践的态度和感受。接下来的,是作者与我合作完成的有关地方志的讨论。在地方志的"风俗"部分中,大量地记载了清代民间的诉讼风气的状况,而记录者则是当地的士绅阶层。因此,我们希望对地方志反映的诉讼状况进行实证研究的同时,也藉此解读精英阶层的心态和感受。与前面几种史料不同的是,地方志具有官修性质。于是,在总结和概括民间诉讼态度与诉讼策略之后,作者开始转入对司法官员知识结构的考察。不过,本书作者显然没有满足于这种普遍意义上的讨论,他进而运用两份自传性质的资料,来探究清代司法运作的真实状况。这两份传记,一份是上海低级绅士姚廷遴的《历年记》,另一份则是"名幕良吏"汪辉祖的《病榻梦痕录》。作者从其中所记载的纠纷解决过程入手,来揭示在司法档案中无法看到的"秘密",向我们呈现出司法实践的真实的一面。

在我看来,本书的研究旨趣正是通过这些能够表达"众声喧哗"的材料,使一些众说纷纭的问题呈现出更加立体、更具有层次感的景象。诚然,材料与材料之间也存在矛盾和冲突,而这正是其张力所在。通观全书,我们可以发现,作者并没有根据这些材料来得出什么确定的答案,相反的是,他试图尽可能多向度地把明清时期的法律意识和司法实践的不同侧面展现给我们,以深化我们的理解。这种多声部的旋律组合,便是本书所谓"复调叙事"的命意所在。当然,在作者看来,"复调"不仅体现于不同材料之间,而且隐含在同一材料之内。我们看到,上述各种史料一方面被用以分析资料本身所记载的法律现象,另一方面也成为探究资料作者内心感受的样本。我想,这或许也是一种"复调叙事"吧。

特别值得指出的是,在检讨明清时期法律文化的过程中,我并没有发现作者运用了什么时髦的理论来解释庶民、士绅和官员的法律意识与法律心态。如今,以一套花哨的西方法学理论来"装点"中国法律史和法律文化史研究,似乎成了学界的一种时尚。这样一类研究,表面看来似乎颇具"理论价值",但是恕我直言,这种以现代西方理论概括出的问题,难道真的是我们祖先心目中的问题吗?易言之,中国古人难道真的是以这样一种方式来思考问题吗?恐怕未必。在我看来,在本书中,作者似乎更注重如何来体贴古人的情感,如何来感受当时当地人的心态,而非将现代学者创造的时髦词汇强加于古人身上。当然,作者能够在多大程度上契合古人的心理,我们难以评判;但是,这种努力是值得欢迎的,至少也是可以成为我们重新思考这一问题的路径的。再者,就本书而言,如何彰显清代中国民众的法律意识和司法实践的复杂性和关联性,也是作者的论述的一个特点,因此，在展现事实与概括评论中，他似乎时时希望有所兼顾，至于是否真的做到了这一点，我也不便妄断。

以上所述，只是我读后的一些感受和自己的一些推测，未必能够体贴徐忠明教授本人的想法。甚至很有可能在他看来，我的这些废话反而曲解了他的原意。不过，我觉得，他应该同意，但凡阅读和解释，难免会有误读和误解，这是一种宿命。如此一来，我想，他应该会容许这种"嘈杂声音"的存在。

是为序。

中山大学康乐园

2007 年 3 月 17 日

目 录

传统中国乡民的法律意识与诉讼心态
　　——以谚语为范围的文化史分析……………………………… 1
　一、乡民视野里的帝国法律与帝国衙门…………………………… 5
　二、乡民心目中的社会秩序与诉讼境遇…………………………… 22

雅俗之间:清代竹枝词的法律文化解读……………………………… 45

娱乐与讽刺:明清时期民间法律意识的另类叙事
　　——以《笑林广记》为中心的考察……………………………… 74
　一、契约与诉讼:庶民法律意识的核心内容……………………… 77
　二、贪黩与酷虐:庶民对于帝国官员的讽刺……………………… 89
　三、昏聩与狡黠:官民之间不同的司法智慧…………………… 105
　四、结论……………………………………………………………… 114

清代诉讼风气的实证分析与文化解释
　　——以地方志为中心的考察……………………………………… 118
　一、研究前提:学术史与地方志…………………………………… 119
　二、如何理解"好讼"与"厌讼"的记录…………………………… 131
　三、诉讼类型:一个实证的考察…………………………………… 146
　四、地方志作者眼里的"好讼"原因……………………………… 165
　五、结语:简短的概括……………………………………………… 180

明清时期民间诉讼的态度与策略……………………………………… 184
　一、民众的诉讼态度:好讼与惧讼………………………………… 185

二、民众的诉讼策略：把事情闹大 ……………………… 209
　　三、简短的结语 ……………………………………………… 232
清代司法官员知识结构的考察 ……………………………………… 235
　　一、问题的提出：中国与西方"对极"的理论背景 ………… 235
　　二、从官吏铨选的途径看法官的主要来源 ………………… 240
　　三、从科举考试的内容看士人的知识结构 ………………… 245
　　四、科举以外获得法律知识的基本途径 …………………… 264
　　五、结论与评论：司法官员能否胜任案件审理 …………… 272
一个绅士眼里的清初上海的司法实践
　　——以《历年记》为范围的考察 ………………………… 278
　　一、姚廷遴的生活世界 ……………………………………… 281
　　二、《历年记》的史料价值 …………………………………… 293
　　三、关于"健讼"的商榷 ……………………………………… 301
　　四、清初上海的司法实践 …………………………………… 313
　　五、反思方法与总结本文 …………………………………… 338
再版跋 ………………………………………………………………… 342

传统中国乡民的法律意识与诉讼心态[*]

——以谚语为范围的文化史分析

这些年来,我对传统中国乡民的诉讼心态一直抱有非常浓厚的研究兴趣,也曾尝试运用文学资料来探讨这一问题。[1]尽管这一研究视角对于我们理解和把握传统中国乡民的诉讼心态颇具价值,但就文学资料而言,其中绝大多数作品已经文人墨客的润饰和改写,故而难免掺杂了他们的思想观念,乃至相关的教化意图;至少,其所表达出来的诉讼心态也是文人阶层与乡民群体的混合物。在本文中,我想集中利用流播广泛的,也为乡民喜闻乐见的民间谚语来考掘和解读传统中国乡民的法律意识与诉讼心态。在我看来,鉴于谚语来自民间,有着更为浓厚也更为深刻的乡土色彩,所以也就更能反映乡民的法律意识和诉讼心态。

可问题是,为什么说谚语具有更为浓厚的乡土色彩呢?这就要从谚语的性质和来源讲起。在解释谣谚的异同时,清代学者杜文澜曾经指出:

> 谣谚二字之本义,各有专属主名。盖谣训徒歌,歌者咏言之

---

[*] 本文原载《中国法学》,2006年第6期。笔者的学生杜金帮助收集了本文利用的部分谚语资料,特此感谢。

[1] 参见徐忠明:《从明清小说看中国人的诉讼观念》,载《中山大学学报》,1995年第4期;《诉讼和伸冤中的中国传统民间法律意识》,载刘星主编:《想象法学》,法律出版社2005年版,第53—122页。

谓;咏言即永言,永言即长言也。谚训传言,言者直言之谓;直言即径言,径言即捷言也。长言主于咏叹,故曲折而纡徐,捷言欲其显明,故平易而疾速,此谣谚所由判也。然二者皆系韵语,体格不甚悬殊,故对文则异,散文则通,可以彼此互训。[2]

谚字从言,彦声。古人文字本于声音,凡字之由某字得声者,必兼取其义。彦训美士有文,为人所言。谚既从言,又取义于彦,盖本系彦士之文言,故又能为传世之常言。惟其本系文言,故或称古谚,或称先圣谚,或称夏谚、周谚、汉谚,或称秦谚、楚谚、邹鲁谚、越谚,或称京师谚、三府谚,皆彦士典雅之词也。惟其又为常言,故或称里谚、乡谚、乡里谚,或称民谚、父老谚、舟人谚,或称野谚、鄙谚、俗谚,皆传世通行之说也。谚之体主于典雅,故深奥者必收;谚之用主于流行,故浅近通行者亦载。[3]

顺着杜文澜的解释脉络,我们可以发现,谣与谚的区别有二:其一,谣的特征是歌,谚的特征是话;其二,谣的内容比较复杂,谚的内容相对简单一些。不过两者都是韵语,因而可以互训。而就谚语本身来看,虽然不乏典雅,然而它的根本特色乃是俚俗和流行。郭绍虞认为谚语包括了下列意思:首先,前代流传下来的古训,具有格言的性质与典雅的旨趣,可以称引,可以奉行;其次,传世通行的话语,无论浅近抑或俚俗,只要民间通行,都是谚语;最后,社会风俗的结果,乃是时代的产物,必然反映时代的精神。[4] 在民俗学家眼里,谚语属于民间话语,它是中国乡

---

[2] (清)杜文澜辑、周绍良点校:《古谣谚》,中华书局1958年版,第3页。
[3] 同上书,第4页。
[4] 参见郭绍虞:《谚语的研究》,载苑利主编:《二十世纪中国民俗学经典·诗史歌谣卷》,社会科学文献出版社2002年版,第11—12页。

民的日常生活与思想感情的直接反映。[5]笔者将谚语作为考察传统中国乡民的法律意识和诉讼心态的资料,应该说是一个比较可行的视角。更为重要的是,谚语作为一种"匿名"的表达或文本,其所反映的是中国社会的普遍心态,虽然这种普遍心态并非没有"身份"等级,[6]不过至少也是一种在不同身份等级中广泛流行的心态的表达,因而不乏普遍意义。事实上,有些经典援引的谚语就来自于民间,反之,也有一些"彦士"述说的谚语流播到了民间,随着时间的推移,它的作者也湮没不彰,成了"匿名"的表达。在这种情况下,这些广泛流播的谚语也就可以看作是上层社会与下层社会的共同意识,乃至成为中国社会的普遍心态,把它当作解读乡民心态的资料,应该没有问题。另外,就资料来源而言,在传统中国的文献中,除了经史和文学以外,谚语往往收在《地方志·风俗》里面,这一现象不但表明了谚语的习俗性与民间性的特

---

[5] 参见赵世瑜:《谣谚与新史学》,载《历史研究》,2002年第5期。基本上,这一观点反映了目前国内学界的共识。相关的研究成果,参见谢贵安:《中国谣谚文化——谣谚与古代社会》,华中理工大学出版社1994年版,第1—18页;李庆善:《中国人新论——从民谚看民心》,中国社会科学出版社1996年版,第35—37页;武占坤:《中华谚谣研究》,河北大学出版社2000年版,第3—5页;王勤:《汉语熟语论》,山东教育出版社2006年版,第259—330页;王妍:《诗与歌、谣、谚语》,载《哈尔滨工业大学学报》,2002年第1期;罗圣豪:《论汉语谚语》,载《四川大学学报》,2003年第1期;武占坤、高兵:《试论谚语、俗语之分》,载《汉字文化》,2005年第3期。一些专题论文也持同样的观点,不再枚举。

[6] 鲁迅曾经质疑谚语的普遍意义:"粗略的一想,谚语固然好像一时代一国民的意思的结晶,但其实,却不过是一部分的人们的意思。现在就以'各人自扫门前雪,莫管他家瓦上霜'来做例子罢,这乃是被压迫者的格言,教人要奉公、纳税、输捐、安分,不可息慢,不可不平,尤其是不要管闲事;而压迫者是不算在内的。"鲁迅:《谚语》,见《鲁迅全集》,第4卷,人民文学出版社1981年版,第542页。其实,鲁迅所引的谚语,也是压迫者对被压迫者提出的要求,而非仅仅是被压迫者的自我意识。即以诉讼为例,清代法律规定的告状条件必须是:"切己之事,方许陈告……"参见田涛、郑秦点校:《大清律例》,卷30·刑律·诉讼·诬告条例,法律出版社1999年版,第484页。换句话说,如果案件与自己没有"切己"的关系,那么就不能出面告状,否则就是犯罪。当然,对这种"各家打扫门前雪,莫理他人瓦上霜"的"自了汉"的态度,清代官员也有批评。参见《圣谕广训疏义》,载周振鹤撰集、顾美华点校:《圣谕广训集解与研究》,上海书店出版社2006年版,第419页。

色,而且也说明了谚语的区域差别。

先秦之后,传世的谚语数量非常宏富,根据武占坤的估算:就当今中国而言,传世谚语的总数约有 30 万条。[7] 从谚语内容来看,它涉及社会生活的各个领域,可谓应有尽有。但是,翻检现有的谚语研究成果,我们可以发现,反映传统中国乡民法律意识的不多,即使有所涉及,也往往是一笔带过而没有给予深入仔细的考察与分析。[8] 在这个意义上,把谚语作为解读传统中国乡民的法律意识的资料,对谚语研究本身也有极为重要的学术价值。比如,在分析清代习惯法时,梁治平提出了"法语"与"法谚"两个概念,其中"法语"是指法律的概念,与谚语没有关系;所谓"法谚"则与谚语有关——"租不拦当,当不拦卖"就是法律谚语的例证,属于习惯法上的"规范",亦即有关当事人之间的"权利"与"义务"的规范部分,[9] 有着郭绍虞所谓"可以奉行"的实践意义。必须指出的是,尽管谚语数量宏富,而且具有法律意味,但是在本文中,我不想漫无边际地考察传统中国乡民法律意识的方方面面,而是着重分析传统中国乡民法律意识的核心内容与诉讼心态。

---

[7] 参见武占坤:《中华谚谣研究》,第 36 页。更有学者认为,流传至今的谚语数量远远不止 30 万条,而是 300 万条。同上书,第 37 页。这种估算是否可靠,不无疑问。笔者翻检了几种谚语资料发现,其中重复的内容非常之多,完全不是一句"河北 2 万条,全国就是 60 万条,刨除重复的,余下的就有 30 万条"那么简单。

[8] 参见武占坤:《中华谚谣研究》,第 150—151 页;向军:《湘西民间谚语与传统社会心态》,载《民族论坛》,2005 年第 6 期。这些研究成果虽然涉及法律谚语,但仅仅是罗列若干谚语而没有深入分析。

[9] 参见梁治平:《清代习惯法:社会与国家》,中国政法大学出版社 1996 年版,第 40—42 页。这一方面的法律谚语,可以参见前南京国民政府司法行政部编,胡旭晟、夏新华、李交发点校:《民事习惯调查报告录》,中国政法大学出版社 2000 年版;施沛生编:《中国民事习惯大全》,上海书店出版社 2002 年版。由于两书涉及的法律谚语条目不少,而且比较分散,这里不便枚举和注明页码。

一、乡民视野里的帝国法律与帝国衙门

对传统中国的乡野百姓来说,他们的日常生活与经济交往,基本上是通过伦理道德、家规族法、乡规民约和契约文书之类的社会规范与民间习惯来维系的,谚语"官从政法,民从私约"和"官凭印信,私凭文约"[10]多多少少反映了社会秩序相对自治的情形;而"民有私约,如律令"以及帝国法律"任依私契,官不为理"[11]的规定,则在一定程度上认可了民间社会秩序形成的独特机制。在这种场合,帝国法律和帝国衙门是"缺席"的,也是不愿介入的,从而有了"天高皇帝远"和"官不如民宅,父不如子床"[12]的谚语;所谓"三十亩地一头牛,老婆孩子热炕头"与"百姓交了粮,好比自在王"[13]则反映了乡民的生活理想。我们如果把它与"各人自扫门前雪,莫管他人瓦上霜"联系起来考虑的话,那么,传统中国乡民的生活理想恰好成为后来人们不断批评的"一盘散沙"的情形,虽然"自由自在",但是,由于缺乏必要的组织功能,也没有足够的法律和制度的保障,结果,这样的生活理想也就变得十分脆弱,难以抵御来自国家的压迫。家族也好,村落也罢,全都不是构成抗拒国家捍卫私人生活空间的城堡,而与现代西方意义上的自由绝然不同。随之而来的是,自觉遵守帝国法律乃至刻意回避与帝国衙门进行交涉,也就成了乡民的愿望,谚语"有毒的不吃,犯法的不做"以及"一辈子不

---

[10] 引自郭建:《中国财产法史稿》,中国政法大学出版社2005年版,第185页;丁世良、赵放主编:《中国地方志民俗资料汇编·华北卷》,北京图书馆出版社1989年版,第163页。

[11] 引自(清)钱大昕:《十驾斋养新录》,卷15,江苏古籍出版社2000年版,第324页;薛梅卿点校:《宋刑统》,卷26·杂律,法律出版社1999年版,第468页。

[12] 丁世良、赵放主编:《中国地方志民俗资料汇编·华北卷》,第162页。

[13] 同上书,第163页。

见官,仿佛活神仙",[14]都是这种心态的反映。所以,积极地说是"守法朝朝乐,欺公日日忙",消极地讲是"人犯王法身无主,见官三分灾"。[15]事实上,在帝国官方看来,官员不下乡不扰民,便是善政;而乡民终身不到衙门,则是良民。但是,所谓"见官莫在前,做客莫在后""官事莫出头"和"官打门前过,天灾必有祸"[16]等谚语,反映的却是乡民对于官员的"惧怕"心理。这是因为,但凡与帝国衙门接触,便无好事,正是"朝里一点墨,侵早起来跑到黑;朝里一张纸,天下百姓忙到死"。[17]如果事涉打官司的话,原被两造更有可能承受"堂上一点硃,民间千滴血"[18]的悲惨后果。可见,帝国衙门给乡民带来的不是福利和安宁,而是永无止境的拖累和榨取。与此相关,"官省则事省,事省则民清;官烦则事烦,事烦则民浊",乃至"省事不如省官"[19]则表达了乡民的渴望。

终身不履公庭、不见官吏,只是一种理想的表达。换言之,在当兵纳粮时,乡民难免与衙门接触,直接面对的是衙役和胥吏;况且,诉讼也是人生在世不能完全避免的事情。[20]那么,一旦纠纷到了必须通过诉讼手段来解决的地步,在乡民心目中,帝国法律又应该是怎样的呢?

---

〔14〕 引自《民国续修莱芜县志》,卷14"礼乐·乡风",第326页;丁世良、赵放主编:《中国地方志民俗资料汇编·华北卷》,第162页。

〔15〕 温瑞政等编著:《中国谚语大全》,上海辞书出版社2004年版,第2051页;丁世良、赵放主编:《中国地方志民俗资料汇编·中南卷》(上),北京图书馆出版社1991年版,第59页。

〔16〕 丁世良、赵放主编:《中国地方志民俗资料汇编·西南卷》(上),北京图书馆出版社1991年版,第340页;《中国地方志民俗资料汇编·华北卷》,第507页;温瑞政等编著:《中国谚语大全》,第1595页。

〔17〕 温瑞政等编著:《中国谚语大全》,第1432页。

〔18〕 引自(清)汪辉祖:《佐治药言·省事》。这条谚语也有"票上一点朱,身上一点血"的说法,比较起来修辞效果不够强烈。参见丁世良、赵放主编:《中国地方志民俗资料汇编·中南卷》(上),第586页。

〔19〕 引自温瑞政等编著:《中国谚语大全》,第1597、2015页。

〔20〕 尽管帝国官方一再强调"以和为贵"的息讼取向,但是,一旦出现了"忍无可忍"的冤抑,也承认"夫人必有切肤之冤,非可以理遣情恕者,于是鸣于官以求申理,此告之所由来也"的正当性与必要性。周振鹤撰集、顾美华点校:《圣谕广训集解与研究》,第121页。

在传世谚语中,也有若干条目表达了乡民对于帝国法律的想象。据他们看来,"立法要公平,守法莫欺心"[21]乃是起码的要求。毋庸置疑,在任何社会,立法公正与守法诚实都是一种理想。对传统中国的乡民来说,仅有这一理想是不够的,所谓"法正天心顺,官清民自安"以及"法正则民悫,罪当则民从",[22]其所表达的是一种更高的法律诉求。这两条谚语,不但与《孟子·离娄》所说"徒善不足以为政,徒法不能以自行"和《荀子·君道》所讲"有治人,无治法"[23]的思想一脉相通——不过,也有相反的谚语,譬如"人乱法不乱"和"世有乱人而无乱法"[24]即是例证,而且与传统中国"杀人偿命,欠债还钱"和"刀不斩无罪之汉,虎不食无肉之人"[25]的"罪罚相当"的正义观念密切相关。另一方面,在法律与循吏和清官之间,乡民更加看重后者,因为"歪嘴和尚念不出好经"[26]恰好表明,光有公正的法律也是不够的。正因为如此,清官信仰才会流播千年,盛行不衰,有关传统中国清官典范的包公信仰,就从宋代以后一直广泛传颂,从而成为妇孺皆知的故事。[27]

如果我们具体考察谚语反映的传统中国乡民的法律心态,尚有如下意思值得申述。

其一,对于"法律"的基本态度。通说认为,自从周公"制礼作乐"以来,中国社会就渐次形成了"为国以礼"或"以德治国"的道德主义的政

---

[21] 丁世良、赵放主编:《中国地方志民俗资料汇编·西南卷》(上),第378页。
[22] 温瑞政等编著:《中国谚语大全》,第1541页。
[23] 这句"有治人,无治法"的名言,后来也成为了谚语。参见《中国谚语大全》,第2279页。
[24] 温瑞政等编著:《中国谚语大全》,第1909、2038页。这两条谚语是否表明,在乡民看来,有时世道的衰乱并非由于法律本身,而是念经的和尚——帝国官僚没有严格执法所致呢?
[25] 同上书,第1498页。
[26] 同上书,第2118页。这条谚语可以与"世有乱人而无乱法"比较。
[27] 参见徐忠明:《包公故事:一个考察中国法律文化的视角》,中国政法大学出版社2002年版。

治传统。其间,尽管也出现过法家思想取得霸权地位的历史插曲,但是,随着汉代儒家正统意识形态局面的形成,就帝国治理的基本理念而言,儒家的礼治与德治则是毋庸置疑的正统思想,至少,从这种意识形态话语实践来看,情况确实如此,虽然骨子里并没有抛弃法家的那套"为国以刑"的政治理论和治理技术。在儒家看来,乃是尽量淡化法律的作用而强调道德的价值;就法家而言,则是力图消解道德的作用而突出严刑峻法的功能,从而使民众产生了"畏惧"法律的心态。由此,学者得出了传统中国的乡民缺乏法律意识的判断。然而,谚语告诉我们,情况或许并非如此简单。比如"四季春为首,万事法当先"和"人随王法,草随风"或多或少可以用来说明这样一个事实,在乡民心目中,法律并不是可有可无的,而是治理国家的基础,因而又有"法令行则国治"与"家有常业,虽饥不饿;国有常法,虽危不亡"[28]的谚语。进一步说,尽管乡民期盼"天网恢恢,疏而不漏",以及"秦镜高悬赤子苍生咸感戴,董狐再世贪官污吏尽魂飞"[29]的清平世界,但是,帝国法律也会出现有时而穷的困境,以致司法实践造成"日月虽明,难照覆盆之冤"或"覆盆不照太阳晖"的黑暗地狱;这时,我们读到了"明有王法,暗有神灵"[30]的谚语。在我看来,这是一种超越性的"神法",起到了平衡世俗王法的缺陷和不平的作用。基于报应观念,乡民甚至会将冤抑的报复诉诸未来,诉诸宗教信仰,所谓"善有善报,恶有恶报;如或不报,时刻未到",就是一句深入民心的话语。[31]

---

〔28〕 这四条谚语都引自武占坤:《中华谚语研究》,第150页。
〔29〕 浙江民俗学会编:《浙江简志·浙江风俗简志》,浙江人民出版社1986年版。
〔30〕 前一条谚语失记,后两条谚语引自温瑞政等编著:《中国谚语大全》,第1570、1776页。
〔31〕 对于传统中国报应观念与刑罚观念的详尽讨论,参见徐忠明:《包公故事:一个考察中国法律文化的视角》,第319—330页;霍存福:《复仇、报复刑、报应说——中国人法律观念的文化解说》,吉林人民出版社2005年版,第199—249页;邱澎生:《有资用世或福祚子孙——晚明有关法律知识的两种价值观》,载《清华法学》,第9辑,清华大学出版社2006年版,第141—174页。

其二，有关法律与"情理"的看法。对于法律与道德和情理之间的关系，既是传统中国法律文化的一个基本命题，也是现代学者反复讨论的学术话题。通说认为，传统中国法律的基础是道德与情理，这不仅体现在立法上，而且表现在司法审判上。[32] 可问题是，乡土社会中的庶民百姓又是怎样看待这一问题的呢？对传统中国的乡民来说，法律与情理的关系颇为微妙，谚语的表达也非常复杂，甚至彼此矛盾。第一，法律源于情理。所谓"一遭情，两遭例"和"十法九例，无例不成法"，[33] 意思是说法律来自情理，以情理为源泉，同时也描述了从具体条例到抽象法律——例出于情，积例成法——的演变过程。另外，就法律与情理的效力而言，突出了情理的支配地位，谚语"人情大起王法"以及"律设大法，礼顺人情"[34] 强调的是"情"的价值。至于"理"的作用，谚语也有不少证据。比如"有理走遍天下，无理寸步难行"和"理直千人必往，心亏寸步难移"，[35] 以及"理重压泰山"和"千个人抬个理不动"，[36] 都充分体现了"理"作为法律基础的意义。试想，如若法律与"理"相悖，怎么可能行之久远？怎么可能得到民众的遵守？事实上，任

---

[32] （一）关于法律与道德的讨论，参见瞿同祖：《中国法律与中国社会》，中华书局1981年版，第270—346页；梁治平：《寻求自然秩序中的和谐》，中国政法大学出版社1997年版，第251—325页；张中秋：《中西法律文化比较研究》，南京大学出版社1999年版，第119—155页。（二）关于法律与情理的研究，参见〔日〕滋贺秀三：《清代诉讼制度之民事法源的概括性考察——情、理、法》，载梁治平、王亚新编：《明清时期的民事审判与民间契约》，法律出版社1998年版，第19—53页；林端：《韦伯论中国传统法律——韦伯比较社会学的批判》，（中国台湾）三民书局2003年版。

[33] 温瑞政等编著：《中国谚语大全》，第2020、2241页。

[34] 引自《民国续修莱芜县志》，卷14"礼乐·乡风"，第327页；杜文澜：《古谣谚》，第624页。

[35] 丁世良、赵放主编：《中国地方志民俗资料汇编·华北卷》，第122页；温瑞政等编著：《中国谚语大全》，第1732页。

[36] 丁世良、赵放主编：《中国地方志民俗资料汇编·华北卷》，第107页；丁世良、赵放主编：《中国地方志民俗资料汇编·中南卷》（上），第586页。

何违背人情和常理的法律,都不可能真正得到实现,即使通过强权可以行于一时,也难以行之久远。当然,法律也有建构性的作用,可以塑造人情,改变常理,以致两者之间产生妥协。[37] 在司法实践中,"理"的作用同样重要,例如"官事输赢全凭理,花钱托人净上当"与"车不横推,理无曲断"[38]是也。这两条谚语表达的意思,也与帝国精英的话语吻合。[39] 第二,执法必须严格。虽然法律是权力意志的体现,是统治者的护身符,但是,对作为弱者的乡民来讲,严格执法也是保护自身利益的有效途径。事实上,春秋时期叔向反对公布法律的著名故事,就表达了作为贵族一员的叔向,担心庶民拿起法律的武器与贵族进行斗争的意图。[40] 因此,就既有法律而言,严格执法显然有利于保护被统治者的利益。谚语"有例不可减,无例不可兴""有例则兴,无例则止"以及"法无可贷"[41]三条,虽然并不完全关涉执法问题,但包含了这一方面的意思。另一方面,作为弱者的乡民,严格执法有时又会伤害自身的利益。在这种情况下,他们希望帝国官员能够权宜执法,充分考量自身的实际处境。所以,谚语又说"成法不是法"和"礼可以从权",[42]所要表达的是司法情境主义的原则;也就是说,在具体案件的裁量过程中,必须用"礼"来进行平衡,以期实现个案解决的合理性与妥当性。所谓"下等人争利,上等人

---

[37] 兹举一个非常有趣的事例,作为说明。在法国革命以后,政府曾经颁布拆毁和限制钟的法律,但是这一系列的小小法律却引发了乡民与政府之间长期的冲突和斗争。参见〔法〕阿兰·科尔班:《大地的钟声——19世纪法国乡村的音响状况和感官文化》,王斌译,广西师范大学出版社2003年版。

[38] 引自《民国齐东县志》,卷2"社会·风俗",第374页;温瑞政等编著:《中国谚语大全》,第1434页。

[39] 相关资料,可以参见滋贺秀三:《清代诉讼制度之民事法源的概括性考察——情、理、法》,载梁治平、王亚新编:《明清时期的民事审判与民间契约》,第19—53页。

[40] 参见《左传·昭公六年》的记载。

[41] 丁世良、赵放主编:《中国地方志民俗资料汇编·西南卷》(下),第765页;温瑞政等编著:《中国谚语大全》,第1540、2264页。

[42] 温瑞政等编著:《中国谚语大全》,第1437、1730页。

争义"〔43〕同样多多少少反映出,在利与理的冲突中,乡民关注的是利益。当然,这与乡民物质资源匮乏的生活境遇相关。更有进者,谚语还提出了"天凭日月,人凭良心"以及"是非自有公论"〔44〕的裁断准则。所谓"良心",乃是人们的道德感与正义感。至于这种道德感和正义感的衡量基准,则是"公论",实际上也是一种常人的是非观念,所谓"邻居眼睛两面镜,街坊心头一杆秤"或"邻居一杆秤,街坊千面镜",〔45〕就有这层意思。当然,这两条谚语也有"群众的眼睛是雪亮的"含义。不难理解,秤量是非,必须首先弄清纠纷的事实真相;事实上,这也是帝国衙门竭力鼓吹民间调解的一个重要原因。〔46〕这样一来,司法裁量的客观性与确定性也就被相对弱化了,这与帝国衙门的司法实践完全一致。

其三,对于财产"权利"的关注。以往学者普遍认为,鉴于中华帝国的政治权力占据着绝对的支配地位,国家吞没了社会的固有空间,也鉴于帝国官方意识形态一贯倡导"有公无私"的教条,甚至竭力压抑人们的"自由意志",以及家族至上的社会结构,故而传统中国不仅缺乏独立意识,而且没有权利观念。在我看来,这样的论断虽然不无道理,但是,毕竟有悖事实真相。〔47〕谚语"走兔在野,人竞逐之;积兔在市,过者不顾",〔48〕其所描绘的,恰好是财产权利的原始取得的一种方式,也即民法上的先占原则。另外,所谓"物各有主"也表达了财产的背后必有权

---

〔43〕 丁世良、赵放主编:《中国地方志民俗资料汇编·中南卷》(上),第86页。

〔44〕 同上书,第105、157页。

〔45〕 温瑞政等编著:《中国谚语大全》,第1740页。

〔46〕 官府提倡民间调解尚有两个原因:一是减轻讼累,包括乡民和衙门;二是和睦乡党,修复社会秩序。清代官员的详尽解释,参见周振鹤撰集、顾美华点校:《圣谕广训集解与研究》,第23—34、208—229页。

〔47〕 参见李贵连:《话说"权利"》,载《北大法律评论》,第1卷第1辑,法律出版社1998年版,第115—129页;徐忠明:《权利与伸冤:传统中国诉讼意识的解释》,载《中山大学学报》,2004年第6期。

〔48〕 温瑞政等编著:《中国谚语大全》,第2352页。对先秦典籍稍有了解的读者可以发现,这条谚语出自《商君书·定分》和《慎子·逸文》的记载,两书所载,文字稍有出入。

利主体的意识；与此相关，权利主体对于财产的权能，也是乡民非常关注的事情，比如"物见主，必定取"〔49〕就是这个意思。在传统中国社会，虽然私有财产权利的法律保护并不严密，也没有形成现代西方那样的一套话语体系，而且可能时时遭遇强权的侵犯和剥夺，谚语"家有二顷田，头枕衙门眠"与"有田应门户，因田成祸门"，〔50〕就是这一社会现实的简洁表述。不过，这并不能说明传统中国的乡民毫无"权利"意识，从乡民的视野来看，上述谚语恰恰反映出他们对自己的私有财产可能遭到的无端侵害的深深忧虑，这是一种苦难的呻吟，也是我们必须予以倾听的感情诉说；反过来这也可以证明，乡民热切希望国家能够保护他们的私有财产权利。另外，毕竟还有相反的说法，例如"拾得拾得，皇帝夺不得"，〔51〕意思是说，对于拾到的东西，应归拾者所有，即便皇帝也不能把它夺走。据我看来，它充分地表达了乡民对于财产权利的强烈意愿。

其四，有关平等与契约的表述。对传统中国社会的特征，以往学者已有若干非常经典的概括。例如，陈寅恪认为："吾中国文化之定义，具有《白虎通》三纲六纪之说，其意义为抽象最高之境，犹希腊柏拉图所谓Idea。"〔52〕费孝通用"差序格局"来概括乡土中国的秩序原理，强调的也是"伦理"秩序。〔53〕梁漱溟反对传统中国属于"家族本位"的说法，提出了"伦理本位"〔54〕的概念，这同样是一种以自身为核心，以纲纪为原则渐次展开的传统中国社会的秩序理论。实际上，尽管这三种说法各

---

〔49〕温瑞政等编著：《中国谚语大全》，第2144页。
〔50〕杜文澜：《古谣谚》，第419、422页。
〔51〕温瑞政等编著：《中国谚语大全》，第2029页。
〔52〕陈寅恪：《挽王静安先生》，载《王国维学术经典集·附录》，江西人民出版社1997年版，引自季乃礼：《三纲六纪与社会整合》，中国人民大学出版社2004年版，第4页。
〔53〕参见费孝通：《乡土中国》，三联书店1985年版，第21—28页。
〔54〕参见梁漱溟：《中国文化要义》，学林出版社1987年版，第77—94页。

有侧重,但是并没有什么根本性的差异。而瞿同祖则极为详尽地讨论了传统中国社会的身份等级的基本内容,[55]这是将传统中国视为"身份社会"的代表性观点。社会如此,法律自然也不能例外。据我看来,瞿同祖以"中国法律与中国社会"为书名的命意,正在于此。可以说,传统中国法律具有身份性与等级性特征,已经成了学界的共识。就身份等级而言,除了"君臣、父子、夫妻"三纲以外,还有官民与良贱之类的政治等级和社会等级。对乡民来讲,贵贱之间的身份等级,乃是他们处于不利的法律地位的根本问题。所以,乡民特别强调"王子犯法,与民同罪"或者"王子犯法,一律同罪"[56]的法律适用原则;与此同时,还提出了"官至一品,万法依条"[57]的要求。在一定程度上,这些谚语表达了乡民对法律平等的期盼。虽然传统中国具有鲜明的身份特征,但是,就横向的社会关系建构与社会秩序维系来说,契约乃是关键和基础。如果"律"(法律)是通过国家权力来组织社会与落实契约条款的外部规范的话,那么"约"(契约)则是处于国家权力之外的社会运用自身的力量(基于诚信原则)来组织社会与维系社会运作的技术。所谓"官从政法,民从私约"就很好地概括了法律与契约之间的关系。这里,只有出现了违反契约的行为,而且被诉诸公庭,国家才会出面干预,相应的惩罚才会落实下来。[58]据此,我觉得,传统中国也是一个契约社会;易言之,那种仅仅把传统中国看作身份社会的观点,未能准确概括它的特征。

---

[55] 参见瞿同祖:《中国法律与中国社会》,第1—249页。
[56] 这条谚语颇为流行,参见丁世良、赵放主编:《中国地方志民俗资料汇编·华北卷》,第507页;丁世良、赵放主编:《中国地方志民俗资料汇编·中南卷》(上),第157页;温瑞政等编著:《中国谚语大全》,第2106、2123页。
[57] 武占坤:《中国谣谚研究》,第150页。
[58] 这一讨论受到了日本学者富谷至的启发,参见富谷至:《秦汉刑罚制度研究》,广西师范大学出版社2006年版,第239—248页。对此问题的简要讨论,也见徐忠明:《娱乐与讽刺:明清时期民间法律意识的另类叙事》,载《法制与社会发展》,2006年第5期。

总体上讲,传统中国社会具有"复合结构"的特征:就纵向来看,乃是身份社会;而从横向来看,则是契约社会。就传世的契约文书来看,不但数量宏富,而且涉及社会生活的方方面面。值得注意的是,甚至帝国官员做出司法裁决之后,原被两造还要签订所谓"和息"合同,一者表示接受调解,二者表示不再争讼。[59] 在我看来,这种通过契约形式接受官方裁决的做法,既是道德政治的司法表达,也在一定程度上可以缓解帝国权力的专断性,从而建立司法裁决的正当性,加强司法裁决的可接受度。暂且抛开这一层不说,更为有趣的是,在谚语中,我们还能够看到乡民对于契约高度重视的态度,诸如"有事先记账,晚了后思想""事前先写账,忘了后悔难"和"说话为空,落笔为踪",甚至认为"口说是假,落笔为实"[60]之类的谚语,均为例证。换言之,在传统中国社会,签订契约乃是进行交易的常规首要条件。[61]

顺便指出,虽然传统中国被认为是人情社会与关系社会,而非法理社会,[62]所谓"一表三千里"是说,人情关系由浓厚到单薄的"一轮一轮"渐次延展的格局,因此而有"只有千里人情,没有千里威风"的谚语。在人情关系尤其是乡土社会的日常生活情境中,乡民看重的是人情的

---

〔59〕 比如,明代《天启崇祯年间潘氏不平鸣稿》就收入了这种"和息合同",原件藏于南京大学历史系资料室,编号"屯 2026"。现承韩秀桃提供该份资料的影印件,特此感谢。

〔60〕 丁世良、赵放主编:《中国地方志民俗资料汇编·华北卷》,第 509、524 页;丁世良、赵放主编:《中国地方志民俗资料汇编·中南卷》,第 158 页。

〔61〕 笔者曾经统计过《金瓶梅》这部以描写商人活动为主体的小说叙述的各种经济交往活动,结果发现几乎每单交易都签订了契约文书。虽然这是小说家言,而非信史;但是,这种现象本身或多或少还是能够反映当时的社会风气。参见徐忠明:《〈金瓶梅〉反映的明代经济法制释论》,载《南京大学法律评论》,1997 年春季卷;也见徐忠明:《法学与文学之间》,中国政法大学出版社 2000 年版,第 146—185 页。

〔62〕 关于人情、关系与中国社会特征的社会学讨论,参见翟学伟:《人情、面子与权力的再生产》,北京大学出版社 2005 年版;黄光国、胡先缙等:《中国人的权力游戏》,中国人民大学出版社 2004 年版;黄光国:《儒家关系主义》,北京大学出版社 2006 年版。

远近,重在尚齿和叙情。即便在官方文献中,也特别强调这一点。[63]因此,衣锦还乡的达官贵人不能以势压人,这是谚语"官大不压乡邻"[64]的意思。当然,并非人情真的可以压倒权势和财富,谚语"贫不与富斗,富不与官争"[65]已经道出了事实的真相。而"人在人情在,人灭人情灭"和"穷在大街没人问,富在高山有远戚"[66]更是揭破了世态炎凉的实况。另外,也反映了人情不是基于血缘和地缘这种自然的社会关系,而是来自日常生活中的利益交换,所谓"礼尚往来"是也,故而人情是做出来的,是积累起来的。就此而言,一旦我们将人情与契约联系起来考察,那就可以发现,在乡民心目中,在经济交易时,必须首先排除人情因素的干预,也就是利用契约这种技术手段来消解人情的约束。所谓"亲是亲,财帛分""亲戚莫交财,交财不往来"以及"是友别交财,交财两不来"[67]等,已经说得非常清楚了。即使可能出现人情关系中的财产交往,也必须做到"路归路,桥归桥",彼此一清二楚,不可含混了事,而"先明后不争"、[68]"先小人,后君子"和"亲兄弟,明算账"等谚语,实际上都是为了给乡民的经济交往提供走得通也说得过去的理由。况且,经济交往本身就是为了追求利益,一如"买卖争分厘"[69]所说的那样。只是,万事都不那么绝对,毕竟是乡土社会,人情总是"剪不断,

---

〔63〕 参见周振鹤撰集、顾美华点校:《圣谕广训集解与研究》,第24页。

〔64〕 本段文字所引三条谚语,分别引自费孝通:《乡土中国》,第23页;丁世良、赵放主编:《中国地方志民俗资料汇编·华北卷》,第95页;温瑞政等编著:《中国谚语大全》,第1595页。

〔65〕 丁世良、赵放主编:《中国地方志民俗资料汇编·西南卷》(上),第378页。

〔66〕 丁世良、赵放主编:《中国地方志民俗资料汇编·华北卷》,第400页;《民国续修莱芜县志》,卷14"礼乐·乡风",第325页。

〔67〕 丁世良、赵放主编:《中国地方志民俗资料汇编·中南卷》(上),第204页;丁世良、赵放主编:《中国地方志民俗资料汇编·华北卷》,第95、507页。

〔68〕 丁世良、赵放主编:《中国地方志民俗资料汇编·华北卷》,第505页。

〔69〕 同上书,第508页。

理还乱"的,故而又有"红契不如人气"[70]这样的谚语。人情与契约的关系,好比人情与法律的关系——既有"经"也有"权",什么时候强调"经"(契约必须履行),什么时候突出"权"(人情也要予以考量),端赖交易的具体情境以及双方的特殊关系,不可一概而论。在这个意义上,人情具有平衡和协调契约的功能。这既是传统中国社会秩序形成及其运作的基本原理,也是乡民法律心态的特色。说到契约中的人气,自然涉及中人、保人和邻里的佐证问题,也涉及交易双方在乡土社会中的人情多少与面子大小的问题。[71]谚语"买业不明,可问中人;娶妻不明,可问媒人",[72]其所表达的既是民间习惯,又是国家法律的要求。[73]在传统中国,人们在缔结契约关系时必须邀请中人和保人参与其间的制度安排,虽然不无提供交易信息和增强交易信用的作用,[74]但是,在我看来,更为重要的恐怕还是一种既利用人情关系又阻断人情关系的特殊技术。这是因为,在乡民的日常交易中,中人和保人的出场本身就是对人情关系的利用;而通过他们来实现交易之目的,乃至在发生纠纷时出面调处,解决纠纷,则是用来阻断交易双方的人情纽带。

现在,我们再来讨论一下谚语反映的乡民对于帝国衙门的态度。

随着春秋战国时代世袭社会的逐步解体,幅员辽阔的秦汉帝国的相继崛起,一个以君皇集权为核心的、以职业官僚为羽翼的政治架构被打造了出来;其后的历代皇朝,虽然在秦汉帝国政治架构的基础上作了

---

[70] 丁世良、赵放主编:《中国地方志民俗资料汇编·华北卷》,第216页。

[71] 所谓"大人大脸,小人小脸;看一面,顾一面;不为此,还为彼"的谚语,真是此意。引自《民国续修莱芜县志》,卷14"礼乐·乡风",第326页。

[72] 引自郭建:《中国财产法史稿》,第298页。

[73] 关于中人的讨论,参见李祝环:《中国传统民事契约中的中人现象》,载《法学研究》,1997年第6期。

[74] 关于中人具有增强契约信用功能的讨论,参见俞江:《"契约"与"合同"之辨——以清代契约文书为出发点》,载《中国社会科学》,2003年第6期。

若干微观的调整,但是基本结构没有什么变化。德国学者马克斯·韦伯(Max Weber)把它看作"家产制官僚国家",[75]华裔美国学者许倬云将其视为"王室国家"。[76]如果从政治权力的基本结构的角度来分析,那么我们可以把传统中国的政治体制概括为:其一,皇帝集权,他既是国家权力的掌握者,也是国家权力的象征者;其二,通过官僚选拔(汉代的察举、魏晋的九品中正、唐宋以后的科举)制度来任用文武百官,具体操作国家权力,进行国家管理和社会管理;其三,确立国家意识形态(秦代是独尊法家、汉代以后名义上是独尊儒家而实际上是儒法兼用),以此作为政治权力的思想资源与合法基础;其四,区别中央与地方的国家权力结构,把国家权力延伸到州县,直接实现对社会的统治和治理;其五,鉴于国家资源的约束,维持州县之下的乡里社会的相对自治,而这主要依靠乡绅群体与半官半民的乡官来落实,并与帝国衙门进行必要的交涉;[77]其六,在法律上,基层社会是所谓的"编户齐民",它是由规模不大的"五口之家"所组成的。[78]

传统中国政治体制,是一个权力集中而又规模庞大的官僚帝国,而其社会基础则是相当脆弱的"编户齐民"。这既是集权政治成为可能,

---

〔75〕 参见〔德〕韦伯:《儒教与道教》,洪天富译,江苏人民出版社1993年版,第43—77页。

〔76〕 在讨论传统中国社会经济史时,许倬云用"汉室政权"和"清室皇权"来谈论这两个皇朝的政治合法性问题。参见许倬云:《中国文化与世界文化》,贵州人民出版社1991年版,第120页。据此,笔者把它进一步概括为"王室国家"的概念。关于传统中国国家形态的概括性分析,参见上书,第38—47页。

〔77〕 对于传统中国乡里自治的观点,秦晖最近提出了严厉的批评。参见秦晖:《"大共同体本位"与传统中国社会》,载《社会学研究》,1998年第5期、1999年第3期、1999年第4期;秦晖:《传统中华帝国的乡村基层控制:汉唐间的乡村组织》,载黄宗智主编:《中国乡村研究》,第1辑,商务印书馆2003年版,第1—31页。对于这一治理模式的思想背景的详尽分析,参见秦晖:《吏治改革:历史与文化的反思》,载赵汀阳主编:《论证》,第3辑,广西师范大学出版社2003年版,第312—359页。

〔78〕 参见杜正胜:《编户齐民——传统政治社会结构之形成》,(中国台湾)联经出版公司1990年版。

又是不断改朝换代的根本原因。

这里,我们暂时撇开乡土社会的控制和治理不谈。对传统中国的乡民来说,他们直接面对的是一座小小的州县衙门——帝国权力的缩影,而州县官员也被称为"亲民官",因此乡民对帝国权力的感受基本上来自州县衙门及其官员。[79] 为了便于下文深入分析乡民的诉讼心态,很有必要先来讨论一下州县衙门在他们心目中的形象。所谓"前生不善,今生知县;前生作恶,知县附郭;恶贯满盈,附郭省城"[80] 的谚语,虽然是对知县难当的评论,而乡民的直接经验则来自州县衙门。有趣的是,州县官员成了他们予以指斥的对象,似乎只有恶人才被罚作此类州县的地方官员。而"有儿住碱店,强如坐知县"[81] 同样以州县官员作例子。几乎妇孺皆知的谚语"只许州官放火,不许百姓点灯",批评的也是州县官员的蛮横专断。通常都说"八字衙门朝南开,有理无钱莫进来";但是我也找到了一条"县里衙门八字开,有理无钱莫进来"的谚语,只是它出自现代作家周而复所著小说《上海的早晨》,[82] 所以说服力可能要打些折扣。不过,我相信周而复如此援引谚语,恐怕也是有些来历的吧?

在帝制时期,尽管"读书做官"几乎成为中国人的唯一晋身渠道,而"朝为田舍郎,暮登天子堂"和"金榜题名时,洞房花烛夜"也几乎成为读书人的唯一梦想。但是,梦想归梦想,羡慕归羡慕,总体上讲,在乡民的

---

[79] 我们从州县衙门的基本职掌中可以看出它与乡民的关系,参见徐炳宪:《清代知县职掌之研究》,(中国台湾)东吴大学1974年版;郭建:《帝国缩影——中国历史上的衙门》,学林出版社1999年版;柏桦:《明清州县官群体》,天津人民出版社2003年版;柏桦:《明代州县政治体制研究》,中国社会科学出版社2003年版;瞿同祖:《清代地方政府》,中国政法大学出版社2003年版。

[80] 引自赵世瑜:《谣谚与新史学》,载《历史研究》,2002年第5期。

[81] 丁世良、赵放主编:《中国地方志民俗资料汇编·华北卷》,第163页。

[82] 温瑞政等编著:《中国谚语大全》,第2157页。

心目中,官员的形象好像并不理想。请看"为人不做官,做官都一般"与"当官不撒赖,不如在家挨",已经揭破做官不是好人的现象,而"一辈子作官,十辈子打砖",则干脆认为做官有亏阴骘,殃及后代——"人欲为贪吏,贪吏殃及子孙";清官也不好当,因为"人欲为廉吏,廉吏穷饿不能行"。[83] 所谓"交官者贫,交商者富"及"相与官棍是个祸,相与正人是个舵",[84] 可谓避之犹恐不及矣。另一方面,虽然传统中国的乡民期盼"为民作主"的清官循吏,一如"官清民自安"和"不惜一官瘦,宁教百姓肥"[85] 所说的那样,而且只有清官循吏才能依法办事,譬如"官清似水,三代正肃法无边"。[86] 但是,帝国官场的实际情形恰恰与此相反,所谓"是官就有私,是私就有弊"。[87]

概括我所寓目的谚语条目,中华帝国衙门的"弊病"主要有二:

其一,贪污腐败。在帝制时期,儒家标榜的伦理道德,可以说是一种"爱民"的政治哲学,特别标举"清·慎·勤"的官箴;但实际上是贪官污吏充塞帝国衙门,清官循吏反而凤毛麟角。谚语"千里为官只为财"或"千里做官,为的吃穿"[88] 等,说得何其理直气壮!甚至做上"三年清知府",也能榨得"十万雪花银"。清官尚且如此,贪吏更不必说。据说清代和珅聚敛的财富,将近9亿银两,民间也有"和珅跌倒,嘉庆吃饱"的谚语。在贪污腐败肆意蔓延的情况下,也就出现了"大官不要钱,

---

[83] 杜文澜:《古谣谚》,第859页。
[84] 引自丁世良、赵放主编:《中国地方志民俗资料汇编·中南卷》(上),第74、586页;《中国地方志民俗资料汇编·华北卷》,第76页;《中国地方志民俗资料汇编·中南卷》(上),第73、586页。
[85] 温瑞政等编著:《中国谚语大全》,第1415页。
[86] 浙江民俗学会编:《浙江简志·浙江风俗简志》。
[87] 温瑞政等编著:《中国谚语大全》,第2046页。
[88] 这两条谚语非常流行,本文引自(清)李伯元著、张友鹤校注:《官场现形记》(上册),人民文学出版社1957年版,第18页;丁世良、赵放主编:《中国地方志民俗资料汇编·华北卷》,第505页。

不如早归田;小官不要钱,儿女无姻缘"的谚语,与"当官不为民做主,不如回家卖红薯"[89]的道德情操刚好相反。于是乎,各路官员撕下了道德的面具,干起了"靠山吃山,靠水吃水"的营生。我们来看"吏科官,户科饭,刑科纸,工科料,兵科皂隶,礼科看",[90]可谓各显神通,大家发财,由此出现"大官大贪,小官小贪,无官不贪"的景象。不过礼科属于冷曹,所以唯有看的份儿——"闲官清,丑妇贞;穷吃素,老看经"。[91]进一步说,所谓"朝里有人好做官,厨子有人好吃饭"意味着,无论意欲保住乌纱抑或图谋升迁,都要打点"朝里"的官员,否则后果堪忧。因此,也就有了"知县是扫帚,太守是畚斗,布政是叉袋口,都将去京里抖"[92]的谚语,各级地方官员忙着敛财,但是最终都要提取一部分拿到京师打点人情,疏通关系,即便"应酬",也是所费不菲。[93]必须指出的是,在中华帝国,由于官吏的俸禄不高,明清时期尤其如此,[94]所以,尽管贪吏可能真的殃及子孙,但他们还是前赴后继,此乃"贪吏而不可为而可为,廉吏而可为而不可为。贪吏而不可为者,当时有污名;而可为者,子孙以家成。廉吏而可为者,当时有清名;而不可为者,子孙困穷被褐而卖薪。贪吏常苦富,廉吏常苦贫"。[95]

其二,制造冤狱。据说明代曹端说过一句名言,叫做"公生明,廉生威"。[96]明察和威严,无疑都是司法官员必须具备的素质,它们来自

---

[89] 温瑞政等编著:《中国谚语大全》,第168、182页。
[90] 同上书,第470页;杜文澜:《古谣谚》,第641页。
[91] 温瑞政等编著:《中国谚语大全》,第168、2156页。
[92] 丁世良、赵放主编:《中国地方志民俗资料汇编·华北卷》,第505页;杜文澜:《古谣谚》,第644页。
[93] 据清代《张集馨年谱》记载,道光二十五年(1845年),张集馨补授陕西督粮道,在京应酬,借债1.6万两银子,各项应酬花费1.7万两。参见张集馨:《道咸宦海见闻录》,中华书局1981年版,第78页。
[94] 参见黄惠贤、陈锋主编:《中国俸禄制度史》,武汉大学出版社1996年版。
[95] 杜文澜:《古谣谚》,第469—470页。
[96] 参见刘鹏九主编:《内乡县衙文化》,中州古籍出版社2004年版,第146—147页。

司法官员自身的公正和廉洁的道德情操与"爱民"的政治品格。值得指出的是,司法官员的廉洁和公正,并不一定能够避免冤狱的产生,或者说这仅仅是避免有意"制造"冤狱的一个前提条件;然而毋庸置疑的是,徇私舞弊和贪赃枉法则是冤狱产生的根本原因。汉代谚语"廷尉狱,平如砥,有钱生,无钱死"[97]具有双重意涵:一是作为最高司法官员,廷尉必须做到公平断狱,其他司法官员亦然;况且法律本身就有"平"与"直"的含义。[98] 二是实际司法领域则是被金钱所控制,从而导致了冤狱的产生。另一方面,前引"衙门八字朝南开,有理无钱莫进来"也有两层意思:首先,作为"为民作主"的帝国衙门,虽然可以追求"讼端尽息,官清民闲,熙熙嗥嗥,岂不成太平之世哉"的理想境界,不过还是承认"冤宜申"[99]的。据我看来,衙门朝南敞开,无疑是一种"亲民"姿态的象征,也是一个"讲理"的地方——而乡民所谓"不怕先告状,只怕后没理"[100]说明,告状的前提是必须"有理",帝国衙门也是"讲理"的去处。其次,与这一象征相反的是,在金钱的操控下,原本是"有理走遍天下"的,如今却出现了"有钱能使鬼推磨"的局面,而"县令县令,听钱调用",[101]更是贪官污吏甘受金钱支配的生动写照。所谓"千金不死,百金不刑"[102]意味着家有千金的罪犯可以通过贿赂司法官员而免死,家有百金的罪犯同样可以据此而免刑;相反,被害人的冤抑却得不到伸张。而"县官漫漫,冤死者半"和"衙门从古向南开,就中无个不冤哉"[103]则意味着被告人惨遭冤死的情形,同时也是乡民对司法官员草

---

[97] 杜文澜:《古谣谚》,第799页。
[98] 参见东汉许慎《说文解字》对古体"灋"和"金"的著名解释。
[99] 周振鹤撰集、顾美华点校:《圣谕广训集解与研究》,第27、20页。
[100] 丁世良、赵放主编:《中国地方志民俗资料汇编·华北卷》,第121页。
[101] 温瑞政等编著:《中国谚语大全》,第2158页。
[102] 同上书,第1839页。
[103] 杜文澜:《古谣谚》,第604页;温瑞政等编著:《中国谚语大全》,第2184页。

菅人命的控诉。因此,就有"做官不具慈悲性,官若慈悲做不成"和"灭门刺史,破家县令"[104]这种讽刺官吏残酷成性的谚语。要之,由于金钱的诱惑,乡民的案件一旦落入贪官污吏手中,只得任凭司法官员的"口大口小,上下其手",[105]任其宰割了,这是贫弱无助的乡民必须面对的政治现实和生存境遇。

但是,传统中国的乡民并没有因此而放弃希望。诸如"一代做官九世牛,做官千万把德修",以及"身在公门正好修"[106]之类的谚语,无疑都是他们企图借助报应观念来警醒帝国官员的一种手段。另一方面,他们还用"衙门钱,一溜烟;买卖钱,六十年;庄稼钱,万万年"[107]这样的谚语指出,官吏收受贿赂聚敛的钱财,既不如商人,更不如农民。

二、乡民心目中的社会秩序与诉讼境遇

从经济生活的角度来看,传统中国是一个农村社会;而从基层组织的视野来看,传统中国则是一个费孝通所谓的"乡土社会"。乡土社会的根本特点乃是乡民的安土重迁,他们出生于此,成长于此,终老于此,归葬于此,可以说是生生死死都没有离开过乡井故土,由此而形成了"情浓于水"的社会关系。也正因为如此,这种乡土社会也是人们所说的"熟人社会",从而与现代"陌生人社会"不同;另外,乡土社会主要依靠礼俗来维持日常运作,费孝通把它称为"礼俗社会",又与现代"法理

---

[104] 温瑞政等编著:《中国谚语大全》,第 2356 页;杜文澜:《古谣谚》,第 639 页。

[105] 所谓"大口小口"是指"官字两个口",参见温瑞政等编著:《中国谚语大全》,第 1598、1714 页。

[106] 丁世良、赵放主编:《中国地方志民俗资料汇编·西南卷》(上),第 379 页;丁世良、赵放主编:《中国地方志民俗资料汇编·中南卷》(上),第 586 页。

[107] 丁世良、赵放主编:《中国地方志民俗资料汇编·华北卷》,第 276 页。

社会"构成鲜明的对比。[108]

对乡土社会的人际关系的特征,清人曾有非常出色的白话概括:

> 万岁爷(因为宣讲圣谕广训,所以用此语气)意思说:从古以来就有个乡党,怎么叫作"乡党"?就如各村各堡儿街坊邻舍家便是。古来的圣人常常教人和睦乡党,但是这一村一堡儿里头的人,一日一日渐渐的多了,挨门逐户,开眼便相见,不是拉拉扯扯的亲戚,就是时常在一块儿的朋友,有喜庆的事便大家都来庆贺,有死丧的事便大家都来祭吊,没事的时候,你看哪一个不亲热呢?因为朝暮相见,唇齿相连,便从好里头生出不好来了。或者因为娃子们搬嘴斗气,或者因为鸡儿狗儿有什么骚扰的去处,或者因为茶前酒后言差语错,或者因为借贷不遂衔怨成仇,或者因为要债不还合气打架,或者因为盖房买田不曾尽让通知,以致结成嫌疑,种种的事体也难细说。[109]

这种"乡党"社会,实际上也可以用来指称乡土社会。这里,乡民之间的"田地相连,房屋相接,出入相见,鸡犬相闻,婚姻相亲,水火盗贼相救",[110]可谓关系密切。正是这种紧密而又长期"拉拉扯扯"的交往形成了"唇齿相连"的亲热关系,一旦发生矛盾,彼此也不愿意,或者不好意思撕破脸皮,而继续维持"情面宜留,族间相济"[111]的关系。与此同时,随着宋代以降,尤其是清代人口的急剧增长,乡土社区渐次变得拥

---

[108] 对传统中国基层社会的"乡土特性"的概括,参见费孝通:《乡土中国》,第1—7页。对此,龚鹏程提出了批评,参见龚鹏程:《游的精神文化史论》,河北教育出版社2001年版,第1—23页。

[109] 周振鹤撰集、顾美华点校:《圣谕广训集解与研究》,第209页。

[110] 同上书,第210页。

[111] 同上书,第225页。

挤起来,从而非常容易产生摩擦、冲突和纠纷;可是这些摩擦、冲突的起因,在帝国官员看来,无非是一些箪食豆羹和鼠牙雀角之类的琐事,由此危及乡党的和谐秩序也就成为大可不必的事情。

虽然传统中国的乡民可以通过经济交易和婚姻关系超越乡土社会的狭隘空间,[112]或者通过"湖广填四川"之类的移民途径,[113]建立与外部社会的交流和沟通;有时,一些游荡在乡土社会每个角落的行脚僧侣和乞丐,也是乡民获得外部信息的渠道。但基本上来说,乡土社会属于一个相对封闭的熟人社会。在这种生活空间的制约下,乡民逐步形成了对外部社会的疏离感和防范心理,对来自外部世界的陌生人的不信任与敌视态度。[114]通过考察谚语,我们发现,这种封闭心态乃是一种心理上的"差序格局",它是社会秩序结构的反映。

首先,家庭关系。众所周知,在传统中国社会,家庭或家族乃是一切社会关系的核心与基础,其他社会关系可以说都是家庭关系的拟制与扩展。例如,在乡党之间,相差一辈的乡邻是叔侄的拟制,同辈的乡邻都以兄弟相称;超越乡党的朋友也是兄弟的扩展,所谓"四海之内,皆兄弟也",延伸范围几乎没有什么限制;师生是父子的拟制,"一日为师,终身为父"是也;在经济领域,雇主与伙计实际上同样是家庭关系的拟制;在政治场域,君臣可以比作父子。所有这些关系,均依靠伦理来维持,所以梁漱溟把传统中国视作"伦理本位"的社会。[115] 因为家庭关

---

[112] 关于"经济交易圈"的概括讨论,参见〔美〕施坚雅:《城市与地方体系层级》,载施坚雅主编:《中华帝国晚期的城市》,叶光庭等译,中华书局 2000 年版,第 327—417 页。关于婚姻圈的简要分析,参见郭松义:《伦理与生活——清代的婚姻关系》,商务印书馆 2000 年版,第 142—179 页。

[113] 葛剑雄主编:《中国移民史》,福建人民出版社 1997 年版。

[114] 有关封闭的乡土社会对外来陌生人的戒备和敌视的详细讨论,参见〔美〕孔飞力:《叫魂:1768 年中国妖术大恐慌》,陈兼、刘昶译,上海三联书店 1999 年版,第 42—62 页。

[115] 参见梁漱溟:《中国文化要义》,第 77—94 页。

系紧密和情深意浓,更有"父子一气"和"兄弟同气"[116]的说法,所以特别强调彼此之间"相敬厮爱"[117]的亲情;但是,古来的圣人晓得仅仅依靠亲情来维持家庭和睦是不够的,必须用伦理和礼义来节制——所谓"礼发乎情,而止于义"。然而诚如"儿大分家,树大分桠"和"父母只望儿女多,分家不如独自个"[118]所说,前者是指儿子与父母分家造成了家庭秩序的变化,后者则是由于儿子分家导致了父母的不满和埋怨,颇有早知今日分家,不如当初不生儿子的意味。我们知道,儿子之所以与父母分家,多半是因为儿子结婚,谚语"山老鸦尾巴长,娶了媳妇忘了娘"[119]所指就是此意。

其次,乡党关系。除了家庭,乡党是乡民日常生活的基本空间,也是最为主要的社会关系。由于彼此朝夕相处,形成了"低头不见抬头见"的千丝万缕的联系,构成了所谓的人情社会。谚语"挨上好邻家,又吃又酒又戴花;挨上歹邻家,又打板子又扛枷",以及"一家有事,四邻不安",[120]都充分表达了邻里之间休戚与共的关系。对邻里的价值,乡民也有很好的理解。他们说"非宅是卜,惟邻是卜"和"千金买邻,八百买舍";[121]又说"远亲不如近邻,近邻不如对门";还说"好亲戚比不上歹乡亲"和"宁灭远亲,不灭近邻;宁灭近邻,不灭对门"。[122] 可见,把邻居关系看得很重。其原因何在呢?这是因为"天塌有邻家,地陷有大

---

[116] 参见〔日〕滋贺秀三:《中国家族法原理》,张建国、李力译,法律出版社2003年版,第29—32页。

[117] 周振鹤撰集、顾美华点校:《圣谕广训集解与研究》,第8页。

[118] 丁世良、赵放主编:《中国地方志民俗资料汇编·西南卷》(上),第339页;丁世良、赵放主编:《中国地方志民俗资料汇编·中南卷》(上),第218页。

[119] 《民国齐东县志》,卷2"社会·风俗",第374页。

[120] 引自赵世瑜:《谣谚与新史学》,载《历史研究》,2002年第5期;《民国续修莱芜县志》,卷14"礼乐·风俗",第325页。

[121] 周振鹤撰集、顾美华点校:《圣谕广训集解与研究》,第218页。

[122] 丁世良、赵放主编:《中国地方志民俗资料汇编·华北卷》,第122、163、238页。

家"与"人在人情在,人灭人情灭"。[123] 在乡民看来,乡党邻居之所以重要,是因为他们有着出入相助和守望相救的价值;而近邻之所以要比远亲重要,则是因为远亲往往难以进行人情交往,而且一旦出现急难之事,也难以及时相助。可问题是,歹邻居毕竟也会殃及好邻居,故而邻居也有潜在的危险。在这种情况下,乡民似乎非常认同前引"各人自扫门前雪,莫管他家瓦上霜"这样一种多少有些自私自利或者冷漠无情的处世原则。由此看来,是狭隘而又封闭的乡土社会结构,型塑了乡民胆小怕事而又自我封闭的心态。这与泱泱大国本该有的开放心态很不一致,倒是与自我防范的"长城心态"颇为吻合。这种封闭心态极易产生所谓的"提防"和"怨恨"心理,谚语"车船店脚牙,无罪就该杀"[124] 即是例证。"提防"是指这五种人具有流动性和陌生化的特点,与乡民安土重迁的生活环境不同,反映了乡民对陌生人的不信任和敌视态度;而"怨恨"则是他们挣钱比较容易,生活也相对富裕,所以每每趾高气扬——"有钱的王八是大爷,没钱的爷爷是孙子","有钱神也怕,无钱鬼亦欺",[125] 不无仗势欺人的举动,因此不为乡民所容,甚至为其所怨恨。

就家庭关系而言,由于私人空间逼仄与经济资源匮乏,尽管亲情浓郁,但是却也容易导致家庭成员利益上的纠葛和摩擦,从而产生冲突和分家之类的事端。从乡党关系来看,因为同样的原因,乡民之间也非常容易爆发"鼠牙雀角"之争。在这种情况下,如何维持难以摆脱的"拉拉扯扯"的关系呢?如何维持相对"和谐"的关系呢?在传统中国,乡民悟出了一种办法——就是"忍"!俗话"万事之中,忍字为上",还说"得忍且忍,得耐且耐;不忍不耐,好事变坏"。[126] 事实上,光有"忍"也还不

---

[123] 丁世良、赵放主编:《中国地方志民俗资料汇编·华北卷》,第 400、505 页。
[124] 同上书,第 122 页。
[125] 温瑞政等编著:《中国谚语大全》,第 2269、2271 页。
[126] 引自(元)许名奎、吴亮:《忍经·劝忍百箴》,吉林摄影出版社 2003 年版,第 15 页;丁世良、赵放主编:《中国地方志民俗资料汇编·华北卷》,第 99 页。

够,因此而有"忍忍忍,饶饶饶,忍字没有饶字高"和"饶人不是痴,痴汉不饶人""饶人是福,欺人是祸"[127]这样的谚语。进而提倡"一争两丑,一让两有",以及"退一步天高地阔,让三分心平气和"[128]的待人之道。进一步讲,为了避免矛盾和纠纷,乡民采取的对策是:不管闲事和金人缄口。这是为了避免"祸从口出"的不测。诸如"管闲事,落不是","张家长,李家短,人家事情你休管","是非只为多开口,烦恼皆因强出头","来说是非者,便是是非人"[129]等,都是例证。有趣的是,虽然传统中国向来就有"父母之命,媒妁之言"与"契约不明,可问中保"的礼法和习惯,但是为了避祸,乡民刻意回避充任媒人、中人和保人这类容易遭遇争议的工作。例如"官不保人,私不保钱","不做中,不做保,不做媒人三样好","男不作媒,女不保债"等。总而言之,是"作中作保,自寻烦恼"。[130] 需要指出的是,"男不作媒,女不保债"也有性别与从事的工作不相适应的意思,故而应该尽量避免。即使已经发生与他人的纠葛,为了维系彼此的和睦,哪怕是非常勉强,他们也觉得切不可以与别人发生正面的冲突,而是采取迂回或者委婉的措辞技巧,乃至采取鸵鸟策略——眼不见为净,或者采取"吃亏是福"的态度。比如"打人莫打脸,骂人莫揭短","言到口中留半句,事于理上让三分";又如"有本事能惹事,惹下事无本事;无本事能忍事,忍了事有本事","我懦由我懦,有祸

---

[127] 丁世良、赵放主编:《中国地方志民俗资料汇编·华北卷》,第505页;温瑞政等编著:《中国谚语大全》,第758页。

[128] 丁世良、赵放主编:《中国地方志民俗资料汇编·华北卷》,第505页;温瑞政等编著:《中国谚语大全》,第1020页。

[129] 丁世良、赵放主编:《中国地方志民俗资料汇编·华北卷》,第62、184、276页;丁世良、赵放主编:《中国地方志民俗资料汇编·中南卷》(下),第762页;温瑞政等编著:《中国谚语大全》,第758页。

[130] 丁世良、赵放主编:《中国地方志民俗资料汇编·中南卷》(上),第203页;丁世良、赵放主编:《中国地方志民俗资料汇编,中南卷》(下),第936页;温瑞政等编著:《中国谚语大全》,第1787、2355页。

落别个"。[131] 一旦与别人因嫌结仇,同样是抱着"冤仇宜解不宜结"的态度。一句话,为了未来生活的安宁和出于利益的考虑,乡民觉得应该尽量与邻居保持友好关系——"街坊为重,忍事是福";同时也必须明白"乡邻无事三分福","乡邻好,无价宝"[132]的道理。

但是,世事难料,人心叵测,即或忍耐,毕竟也有忍无可忍——所谓"饶人不饱,不如不饶"[133]的事情发生。这时,乡民觉得自己很冤,深感不平,从而产生"物不平则鸣"的心态,也是非常自然的事情。换句话说,到了冤抑不得伸张,怨气不能释放——"天不恤冤人兮,何夺我慈亲兮,有理无申兮,痛哉安诉陈兮"[134]的时候,即使那些一贯主张"无讼"的帝国官僚,恐怕也不会说,这是乡民"鱼顶上水,人争闲气"[135]的好争乃至健讼的举动,而是必须理智地面对现实,虽然是争讼"宜息",但是冤抑也"宜申";否则的话,就会产生有悖天道和谐秩序——与"一妇冤死,三年不雨"[136]刚好相反的另一引起灾异的现象。对乡民来说,更是"人争一口气,神争一炷香"和"有冤报冤,有仇报仇"[137],乃是一种符合天道的正义的呼声。况且,唯有通过诉讼途径才能辨明是非曲直,而后才能"理明气散"。[138] 这是因为,帝国衙门是"讲理"的地方,

---

[131] 丁世良、赵放主编:《中国地方志民俗资料汇编·华北卷》,第 99、107、162 页;丁世良、赵放主编:《中国地方志民俗资料汇编·中南卷》(上),第 586 页。

[132] 丁世良、赵放主编:《中国地方志民俗资料汇编·中南卷》(上),第 105 页;周振鹤撰集、顾美华点校:《圣谕广训集解与研究》,第 222、228 页。

[133] 丁世良、赵放主编:《中国地方志民俗资料汇编·华北卷》,第 505 页。

[134] 引自杜文澜:《古谣谚》,第 227 页。

[135] 同上书,第 73 页。

[136] 温瑞政等编著:《中国谚语大全》,第 2212 页。窦娥因为被司法官员冤杀,所以导致"三年不雨"的灾异现象;但是如果犯罪者得到宽免,被害者的冤屈得不到释放,同样也会引起灾异。清代汪价《赦罪论》说说:"假如二人争讼,一人有罪,一人无罪,赦则有罪者喜,而无罪者冤。夫赦而至于冤,乃所以致灾,非所以弥灾也。"贺长龄、魏源辑:《清经世文编》,卷 90,中华书局 1992 年版,第 2240 页。

[137] 丁世良、赵放主编:《中国地方志民俗资料汇编·中南卷》(上),第 157 页。

[138] 同上书,第 586 页。

所谓"大事小事,见官辄了"[139]是也。

经由上述对谚语的梳理,我们可以说,传统中国的乡民无论是出于维护家庭与乡党的和谐抑或胆小怕事,甚至自私自利的原因,忍让克制、谨言慎行和不管闲事则是他们彼此相处的基本心态。然而,毕竟也会产生《诗经·小雅·伐木》所谓"民之失德,干糇以愆",甚至忍无可忍的事情。此时,通过诉讼途径解决纠纷,同样是他们的主要选择——"真有冤来告状,我劝大家把心放"。[140] 事实上,只要衙门不甚腐败,诉讼并非不能接受。

现在,我们回到传统中国乡民的诉讼心态上来。[141] 在我看来,型塑乡民诉讼心态的基本因素有二:其一是,帝国官方的诉讼态度和司法实践的腐败无能;其二是,乡土社会的人情关系和生活境遇。对此,上节和本节的讨论已经有所涉及。尚待我们稍稍补充的是,帝国官方对于乡民的诉讼态度如何?乡民的诉讼状况究竟怎样?

说起帝制中国官方(包括精英)的诉讼态度,我们不能不提孔子。孔子曾经说过一句名言:"听讼,吾犹人也,必也使无讼乎。"[142]此言背后的根据,乃是"礼之用,和为贵"的思想。达到这一境界的手段,不外是道德教化;[143]而它的终极渊源,则是"天人合一"的理念或信仰。后

---

[139] 丁世良、赵放主编:《中国地方志民俗资料汇编·华北卷》,第235页。
[140] 《民国齐东县志》,卷2"社会·风俗",第374页。
[141] 参见徐忠明:《从明清小说看中国人的诉讼观念》,载《中山大学学报》,1995年第4期;《诉讼和伸冤中的中国传统民间法律意识》,载刘星主编:《想象法学》,第53—122页;《娱乐与讽刺:明清时期的民间法律意识》,载《案例、故事与明清时期的司法文化》,法律出版社2006年版,第194—230页。
[142] 《论语·颜渊》。
[143] 在帝制时期,官方对乡民的诉讼主要采取如下应对措施:其一,普法。如果《周礼》读法之制可信,那么中国很早就有普法教育的制度与实践。明代朱元璋也极为重视普法教育,已广为人知。特别值得指出的是,清代康熙圣谕16条的第8条"讲法律以儆愚顽"是专讲法律宣传的条款;另外,第2条"和乡党以息争讼"与第12条"息诬告以全善良"也涉及诉讼问题,其他各条与法律也有相当的关联。至于对圣谕的各种注释更是层出不穷,而且还专门摘

世儒家认为,天人感应,合而为一,天道之自然和谐的秩序理应成为人类社会秩序的样板和准则。据此,儒家倡导爱人、孝顺、忍让、不争,提倡教化为先,德治为本。即使乡民之间已经发生纠纷,提起诉讼,也要设法调处息讼;如果调处息讼不成,迫不得已而用刑罚,也要通过刑罚达到"无刑"的效果。顺便一提,即使法家主张重刑,但也以"去刑"为归依,期盼"至德"的理想社会。道家主张效法自然,顺从天道,从而提出"小国寡民"和"绝圣弃智"的思想,同样反对争讼。墨家既有"兼相爱,交相利"的说法,自然不会认为争利、争讼是什么好事。后世信奉儒家思想的帝国官僚,大多咏叹这种"无讼"的高调,否认诉讼的正当性和合理性——《易经》所谓"讼则终凶"是也。可以说,这是传统中国主流思想有关诉讼(厌讼和贱讼)的核心价值取向。然而到了清代,终于有人出来反对儒家的"息讼"老调。崔述指出:"自有生民以来,莫不有讼。讼也者,事势之所必趋,人情之所断不能免者也。"[144] 他的根本理由是:

录了《大清律例》的相关条文和个别成案附在圣谕16条之后,以供乡民了解和遵循。参见周振鹤:《圣谕、〈圣谕广训〉及其相关的文化现象》;王尔敏:《清廷〈圣谕广训〉之颁行及民间之宣讲拾遗》,载《圣谕广训集解与研究》,第581—649页。其二,教化。诸如《后汉书》卷106《循吏列传·仇览传》与《旧唐书》卷185《良吏列传·韦机附韦景骏传》所载两件母子相讼的案件,仇览和韦景骏采取的解决办法,都是教化。其三,拖延。根据《荀子·宥坐》记载,在处理父子相讼的案件时,孔子采取的措施就是拖延。其四,拒绝。从田涛、许传玺、王宏治主编的《黄岩诉讼档案及调查报告》上卷《黄岩诉讼档案》(法律出版社2004年版)收录的78个案件来看,被黄岩县衙受理的很少。其五,设教唆词讼罪。不过,无论是通过积极的普法和教化手段,抑或是采取消极的拖延和拒绝方式来达到消弭纠纷之目的,甚至使用打击"教唆词讼"犯罪的办法,在理论上,目的只有一个,即是息讼。参见瞿同祖:《中国法律与中国社会》,第286—303页;马作武:《古代息讼之术》,载《中国古代法律文化》,暨南大学出版社1998年版,第164—174页。但笔者想指出的是,对拖延案件解决和拒绝受理案件,似乎不能简单地归结为"息讼"问题。事实上,帝国官员拖延案件解决与拒绝受理案件的原因很多。比如,司法审判经验不足;再如,州县衙门难以承受审理案件花费的时间、人力和物力等资源;又如,司法官员贪图安逸,乃至玩视民瘼;最后,对命盗案件刻意拖延规避的做法时有记载,等等。对此问题,需要专文讨论。

[144] (清)崔述:《无闻集》,卷2"讼论";顾颉刚编订:《崔东壁遗书》,上海古籍出版社1983年版,第701页。有关讨论,参见陈景良:《崔述反"息讼"思想论略》,载《法商研究》,2000年第5期。

其一,即便圣人尧舜也不能消灭诉讼,何况后世的凡人官僚;其二,提倡息讼只能是为强者张目,而使弱者忍气吞声。

总而言之,所谓"无讼"只是一种社会秩序的道德理想而已,而"息讼"也仅仅是一种消弭纠纷的手段罢了。因为"曲高",故而必然"和寡"。精英官僚的理想话语,未必符合社会的实际情形,也未必符合民间百姓的胃口,甚至未必就是帝国官僚的实践指针。从司法实践来看,帝国官僚未必不知道,如果一味提倡"无讼",只能压制诉讼;如果一味提倡"息讼",也只能产生人为的讼累。实际上,随着宋代以降社会经济的急剧变迁——土地交易日趋频繁,所谓"千年田,八百主"[145]就是对土地频繁易手的概括;而其他商品交易在时间、空间、数量、价值上的迅速发展,"好讼"的风气也逐渐形成,人们到处都能读到"好讼"、"健讼"、"嚣讼"的记载;[146]所谓"舌唇细故而致争,锥刀小利而兴讼"[147]的说法,并不鲜见。与此同时,民间也出现了"习律令,性喜讼"[148]的现象。在谚语中,我们也能读到"三讲不跟一告"与"乡里没缰筋,饿死城里人"[149]这种动辄诉讼的健讼习俗。明清以降,这种"好讼"的风气,更是愈演愈烈,以致精英官僚哀叹道德沦丧,世风浇漓。[150] 明清时期"公案"文学的繁荣,讼师秘本的流播,都与这种"好讼"的社会风气有

---

[145] 杜文澜:《古谣谚》,第418页。

[146] 参见陈景良:《讼学、讼师与士大夫——宋代司法传统的转型及其意义》,载《河南省政法管理干部学院学报》,2002年第1期,第58—73页。也见邓建鹏:《健讼与息讼——中国传统诉讼文化的矛盾解析》,载许章润主编:《清华法学》,第4卷,清华大学出版社2004年版,第176—200页。

[147] 参见(宋)真德秀:《真西山集》,卷40"潭州谕俗文"。

[148] 《欧阳文忠公全集·导士外集》,卷11。

[149] 丁世良、赵放主编:《中国地方志民俗资料汇编·东北卷》,第42页;丁世良、赵放主编:《中国地方志民俗资料汇编·中南卷》(上),第288页。

[150] 就笔者检阅的明清时期的地方志来看,华南和江南地区的"健讼"风气已经非常盛行,成为地方志作者焦虑的一个问题;华北和西北地区相对好些。对此,这里不便细说,还待来日专文讨论。

关。可见,传统中国乡民的法律意识和诉讼心态与帝国官僚和精英阶层并不等同。在我看来,这种隐蔽的、悄无声息的、潜滋暗长的民间法律意识和诉讼心态的变迁,倒是非常真切地反映了现实社会的日常景象,也多少消解了官僚精英有关"无讼"的道德话语。

在司法实践中,帝制时期地方衙门受理的案件基本上是民事诉讼。据学者估算,清代州县衙门受理的民事案件约占全部"自理"案件的50%。[151] 黄宗智指出:在清代后半期,州县衙门每年处理50—500个民事案件,好些州县可能每年处理100—200个民事案件。平均而言,每个州县每年约有150个案件。[152] 进而指出,清代民事诉讼的统计数字显示,在一定程度上,清代已是一个"健讼"社会。假设每个州县平均人口为30万,每年约有150个案件闹到州县衙门,那么一年当中每2000人就有一个新案子,一年当中每200户就有一户涉讼。[153] 对乡民来说,一旦自身利益或"权利"遭到侵犯,在提起诉讼时他们并不担心在道德上有何障碍;故而,单单用"厌讼"和"贱讼"已经难以表达他们的诉讼心态。据此,岸本美绪指出:"到了16世纪末,情况变化了,农民的世界扩大了。他们或纳赋当役,或行商做工,时常进城,往来于县衙周边,与县衙书役时有接触。县衙和庶民的距离,在心理上接近了,打官司成为庶民要解决纷争时容易想到的一个途径。"[154]

综上所述,从明清时期人们对诉讼风气的评论与诉讼数量的真实

---

[151] 参见曹培:《清代州县民事诉讼初探》,载《中国法学》,1984年第2期,第135页。

[152] 黄宗智:《民事审判与民间调解:清代的表达与实践》,中国社会科学出版社1998年版,第171页。

[153] 黄宗智:《民事审判与民间调解:清代的表达与实践》,第173页。另外,根据日本学者岸本美绪对于姚廷遴所著《历年记》的统计,低级文人姚廷遴一生直接参与的诉讼案件共有24件,数量相当可观。参见〔日〕岸本美绪:《清初上海的审判与调解——以〈历年记〉为例》,载《近世家族与政治比较历史论文集》(上),(中国台湾)"中央研究院"近代史研究所1992年版,第249页。

[154] 岸本美绪:《清初上海的审判与调解——以〈历年记〉为例》,同上书,第256页。

情况来看，我认为传统中国的乡民颇具"好争"和"好讼"的性格，与"忍让"和"不争"的说法很有距离，而这才是他们的日常生活体现出来的真情实况。然而，我们对广为流传的"屈死不告状，饿死不做贼"[155]这样的谚语，又当怎样理解呢？事实上，这仍然是对传统中国乡民诉讼心态的概括，只不过说的是另外一种情形。由此，我们必须牢记，理解和解释任何一种社会现象，切忌固持"单向度"的立场，而应采取"多角度"的视野，将其置于特定历史语境当中加以考量，做出解释。说传统中国乡民"好讼"或"健讼"，无疑是事实；说他们"畏讼"或"惧讼"，也非虚构。这是因为，在不同的社会语境中，人们表现出来的态度（好讼、厌讼、畏讼）也会有所差异，其行为选择（无论提起诉讼抑或忍气吞声）同样也会有所不同，这是极其正常的现象。况且，我们读到的资料只是真实历史的"雪泥鸿爪"而已，或者说，它们都是真实历史的"片面"记载罢了。因此，在讨论传统中国乡民的法律意识与诉讼心态时，我们必须采取适当的研究视野和研究方法：一是要看语境，二是要将零星记载整合起来，从而建构不同情景之下乡民的法律意识和诉讼态度的整体认识。

从谚语来看，传统中国乡民的诉讼心态属于"惧讼"而非学界流行的"厌讼"。[156] 据我看来，惧讼与厌讼之间的根本差异在于，前者是乡民基于诉讼带来的不测、不利甚至是灾难性后果而渐次形成的诉讼心态，诸如"告人一状，三十六冤"、"扫帚响，粪堆长，久打官司光景缩"、"一场官司一场火，任你好汉没处躲"[157]等谚语，都是在总体上刻画诉讼可能带来的灾难与恶果，从而奉劝乡民不要轻易诉讼。实际上，虽然

---

[155] 丁世良、赵放主编：《中国地方志民俗资料汇编·华北卷》，第62页。

[156] 参见徐忠明：《从明清小说看中国人的诉讼观念》，载《中山大学学报》，1995年第4期。

[157] 引自赵世瑜：《谣谚与新史学》，载《历史研究》，2002年第5期；丁世良、赵放主编：《中国地方志民俗资料汇编·华北卷》，第122页。

中华帝国一直标榜"为国以礼"或"以德治国",可是就法律本身而言,无论儒家还是法家全都特别看重法律的"威慑"作用,即是普法教育,它的宗旨乃是雍正所谓"见法知惧,观律怀刑"[158]而已,与乃父康熙所说"务期庶民视法为畏途,见官则不寒自栗"[159]同一意思。解释圣谕的帝国官员也说:"这些律例,总是皇上为你们百姓或有犯法,刑讯之下惟恐枉滥,参酌较定,颁行天下,教内外大小衙门遵守奉行。又怕你们百姓懵懂无知,没人讲究,不知其中大义,犯怎样的法受怎样的罪,特令细细解与你们听。那律上共载有四百五十九条,或有开载不尽,援引他律比附,应加、应减定拟罪名,推情置法,原无遗漏。你们百姓就是极愚极顽,听了这些法律,难道胸中绝无一毫惧怕么?"[160]可见,帝国官员在进行法律宣传时,强调的也是"惧怕"两字。据此,道德教化和法律宣传之目的,其底线乃是要求乡民安分守己,勿作非为;与此关联,宣传法律的意图则是希望乡民对法律产生"惧怕"的心理,或者说由"惧怕"而成为遵纪守法的顺民和良民。对后者(厌讼)来说,则是来自道德上的贬抑,所谓"恶人先告状"[161]说的就是这个意思。也就是说,唯有"恶人"才会出于道德上的恶意去告状。[162] 在此,对"先告状"的原告来讲,无论他们出于什么动机,基于何种理由,只要率先告状,就被置于道德上的不利地位。谚语"原告一张纸,被告就该死",[163]这条谚语虽然没有

---

[158] 引自周振鹤撰集、顾美华点校:《圣谕广训集解与研究》,第 315 页。
[159] 转引自〔法〕达维德:《当代主要法律体系》,漆竹生译,上海译文出版社 1981 年版,第 487 页。
[160] 引自周振鹤撰集、顾美华点校:《圣谕广训集解与研究》,第 74 页。
[161] 丁世良、赵放主编:《中国地方志民俗资料汇编·中南卷》(下),第 761 页。
[162] 我们知道,传统中国道德本位的文化特别看重行为人的主观"恶意",似乎只要行为人在主观上有"恶意",即使行为本身并没有触犯法律,却也可以构成犯罪,受到制裁。例如,汉代"引经决狱"的核心原则——"志善而违于法者,免;志恶而合于法者,诛",可谓典型例证。有时,原告之告状虽然事出有因,但是,在儒家官僚眼里,这种行为本身在道德上就是一种恶行,甚至难逃杖责之刑。
[163] 丁世良、赵放主编:《中国地方志民俗资料汇编·西南卷》(上),第 378 页。

说明原告是否具有恶意,但是鉴于被告由此而被拖累本身,其恶意已经存在。至于那些"三讲不跟一告"和"耕肥田不如告瘦状"[164]的健讼之徒,更是传统道德予以严厉指斥的对象。与此相反,一个正人君子是绝对不会做出这种"败德"的事情。

读者可能要问:既然"恶人先告状"之类的谚语已经表达了乡民对率先诉讼的贬抑,将其视为道德上的恶行而加以指斥,甚至给予惩戒,这不是恰好证明传统中国的乡民同样具有"厌讼"或"贱讼"的心态吗?它与通说把传统中国看作"厌讼"或"贱讼"的社会和文化,并没有根本性的差异。在我看来,这种质疑固然有理;但却未能揭破乡民诉讼心态的核心观念。众所周知,美国人是"好讼"的,以至于学者把美国称为"诉讼爆炸"的社会,[165]但事实上,也非人人都有"好讼"的习气,虽然大家全都赞同"好讼"的行为,但鄙视和指斥诉讼的言论同样存在。例如,杰米·利森就说:"社会变得如此好讼,真是一件耻辱的事。"[166]不过可以肯定,这不是美国人的主流意识。同理,传统中国的乡民也有"厌讼"和"贱讼"的心态,同样也非主流;恰恰相反,主流的诉讼态度乃是"惧讼"。

根据我的考察,无论帝国官员还是乡民基本上都是从利害关系来谈论诉讼的。为了便于比较,我想先引一段颇能代表清代官方诉讼态度的言论:

> 我今更把争讼的利害讲与你们听:一纸入了公门,定要分个胜

---

[164] 丁世良、赵放主编:《中国地方志民俗资料汇编·东北卷》,第42页;杜文澜:《古谣谚》,第672页。

[165] 相关的讨论,参见 Walter K. Olson, *The Litigation Explosion: What Happened When America Unleashed the Lawsuit*, Truman Talley Books, 1991.

[166] 转引自〔美〕帕特里夏·尤伊克、苏珊·S.西尔贝:《法律的公共空间——日常生活中的故事》,陈益龙译,商务印书馆2005年版,第240页。

负,你们惟恐输却,只得要去钻营,承行的礼物、皂快的东道,预先费下许多,倘然遇着官府不肖,还要借端诈害,或往来过客、地方乡绅讨情揽管,或歇家包头、衙蠹差役索钱过付,原被有意扯过两平,蛋已大家不能歇手,若一家赢了,一家输下,还要另行告起,下司衙门输了,更要到上司衙门去告,承问衙门招详过了,上司或要再驳,重新费起。每有一词经历几个衙门,一事挨守几个年头,不结不了,干证被害,牵连无数,陷在囹圄,受尽刑罚,一案结时,累穷的也不知几家,拖死的也不知几人,你们百姓就是有个铜山金穴也要费尽,就是铁铸的身躯也要磨光了,你道这样争讼利害不利害?[167]

这哪里是什么道德说教,而纯粹是一种基于利害做出的警醒和恐吓,希望乡民知难而退,把诉讼的念头遏制下去,甚至认为"气死不告状"真是苦口良药。[168] 有的官僚更说:"世界上最不好的事体是打官司,一打了官司便有十样害。"具体是指:坏心术、败风俗、伤和气、误正事、失品行、受刑辱、结冤家、遭祸患、破家财、丧性命。[169] 由此可见,诉讼与否全然不是一个道德问题,尽管与道德也有些许关联,根本就是一种利害上的计算。

对此,谚语也有相同的劝诫。在此,就我收集到的谚语稍加分析。第一,后果不明。所谓"清官难断家务事"[170]表明,鉴于家庭成员彼此之间有着说不清道不明的情感联系和利益纠葛,故而一旦发生纠纷,他们之间的是非曲直往往难以分剖。另一方面,由于外人难以知晓家庭内部的是是非非,也不便介入家庭内部的纷争而作左右袒——没有证

---

[167] 周振鹤撰集、顾美华点校:《圣谕广训集解与研究》,第 24 页。
[168] 同上书,第 32 页。
[169] 同上书,第 228—229 页。
[170] 丁世良、赵放主编:《中国地方志民俗资料汇编,华北卷》,第 61 页。

人可以协助审判,与其他案件的情形有所不同。再者,鉴于法律很难干预家庭内部的日常生活,因此,在纠纷事实和法律依据上,清官都会感到无所适从,从而难以给出明确的判断。在这种场合,通过诉讼来解决纠纷,结果自然难以预测,更不可能确定。又如"打官事(司)要钱,水里捞盐",以及"官断十条路,九条人不知"都是"言是非难定,宜戒争讼也"。[171] 这就是说,由于司法官员和胥吏衙役在原被两造背后玩了种种无法知晓的猫腻,致使诉讼结果变得扑朔迷离,难以预测,也难以确定;即使公正明察的官员,同样难保不会产生差误。[172] 所谓"任你清官似水,难逃吏猾如油"[173]是也。第二,旷时废业。在传统中国,至少汉代以后,在农忙时期地方衙门都不受理民事案件,也不进行审理,这是为了确保乡民的农作时间,以免耽误农事。另外,法律也都规定各类案件的审理时限,以免拖累两造,然而案件逾期不结的现象非常严重。[174] 一旦到了放告期间,官府就会接受诉讼,审理案件;但是,由于乡村往往远离衙门,原被两造和干连证人又得出庭诉讼,每每因为守候听审,从而产生滞留县城旷时废业的弊端。谚语"一日官司,十日完不得"和"县三月,府半年,道里的官司不种田"[175]即是此意。第三,危及未来利益。前面已经说过,乡党之间有着千丝万缕的联系,彼此之间往

---

[171] 丁世良、赵放主编:《中国地方志民俗资料汇编·中南卷》(上),第59、74页;丁世良、赵放主编:《中国地方志民俗资料汇编·东北卷》,第40页。

[172] 周振鹤撰集、顾美华点校:《圣谕广训集解与研究》,第419页。

[173] 温瑞政等编著:《中国谚语大全》,第1949页。

[174] 例如乾隆时期陈宏谟指出:"惟于民间告词,则以为自理之事,可以推延;上司无案可查,常至经年累月,延搁不结,而两造多人之守候拖累,胥吏衙役之差提需索,地方讼棍之恐吓唆骗,百弊丛生。"从而建议修订定例:"州县自理词讼,限二十日完结……"陈宏谟:《请饬巡道清查讼案疏》,见贺长龄、魏源辑:《清经世文编》,卷93,第2297页。顺治年间武攀龙也说:命盗案件"尚有迟至四五年不结者"。武攀龙:《严批驳以清积案疏》,同上书,第2292页。类似的批评非常之多,晚清积案现象更为严重,这里不便详述。

[175] 引自《民国续修莱芜县志》,卷14"礼乐·乡风",第328页;丁世良、赵放主编:《中国地方志民俗资料汇编·华北卷》,第94页。

往是唇齿相依,一旦打起官司,就会撕破脸皮,乃至结下冤仇。因此而有"上山捉虎易,开口告人难;一朝经官,十辈子结冤"[176]这样的谚语。帝国官员也有这种看法,他们说:由于争讼导致原被两家结下冤仇,必然产生"以图报复"的心理,从而"害及子孙,冤冤相报,不可解释"或者"结冤家,祸后世"[177]的结局。由此可见,正是出于"惧怕"争讼可能导致原被两家"冤冤相报"的恶果,乡民才会尽力避免诉讼;反过来讲,之所以避免争讼,进而维持乡党之间的和睦关系,是为了乡民自身的未来利益。第四,身心痛苦。中华帝制的治理技术之一,就是通过彰显"官威"而使"民畏";也就是说,"威"与"畏"之间构成了一种政治权力的支配与被支配的关系。对乡民来说,升堂时的咚咚衙鼓,庭审时的声声堂威,公案上的啪啪怒棋,再加牙牌和刑具之类,都有制造公堂威仪的效果。[178]倘若踏进公堂,乡民就少不得胆战心惊;对此,谚语"穷人上堂腿肚子转"[179]刻画得非常生动。除了这种心理上的惊吓,更有肉体的痛苦。从《礼记·月令》"仲春之月,勿肆掠"来看,中国很早就有刑讯;到了唐朝,这一制度已趋周密。[180]在帝制中国,拷讯之所以盛行,显然与诉讼中的"口供主义"(案由供定)有关;而"口供主义"与儒家"心服口服"(认罪伏法)的道德主义有关。在乡民眼里,审判与拷讯密不可分。所谓"三木之下,何求不得","人是苦虫,不打不招"以及"人心似铁

---

[176] 丁世良、赵放主编:《中国地方志民俗资料汇编·华北卷》,第238页。
[177] 周振鹤撰集、顾美华点校:《圣谕广训集解与研究》,第29、30页。
[178] 具体研究,参见徐忠明:《包公故事:一个考察中国法律文化的视角》,第420—439页。
[179] 温瑞政等编著:《中国谚语大全》,第1875页。
[180] 对此问题的详尽讨论,参见陈俊强:《刑讯制度》,载高明士主编:《唐律与国家社会研究》,(中国台湾)五南图书出版有限公司1999年版,第403—435页。虽然陈俊强讨论的是唐律的刑讯问题,但是它的基本内容同样适用于明清律例的规定,囿于本文篇幅,这里不便展开讨论。

非似铁,官法若炉是真炉"[181]等谚语,即是对此审判现象的描绘。值得指出的是,鉴于"身体发肤,受之父母,不敢毁伤,孝之始也",[182]那么由诉讼而遭到司法官员的拷讯,就有"毁伤身体"之虞;同时,也有可能使父母受到牵连,从而有悖孝道。据此,孝子不但要"守身如玉",而且要让父母免于担惊受怕,所以争讼应该避免。[183] 第五,经济成本。司法审判的成本至少包括两个部分:一是原被两造的诉讼成本,二是司法机构的审判成本。这里,撇开帝国衙门支付的审判成本不谈。根据黄宗智对清代原被两造的诉讼成本的估算,打完一起普通的民事官司,支出的费用约相当于一个农业雇工一年的薪水,亦即 2000—5000 钱。[184] 我相信,这是一般场合下一起民事诉讼的费用。如若遇到官员、胥吏和衙役的需索,费用可能远远超过这一数字。[185] 岸本美绪也说:"当时打官司需要的费用是数十两,有时候多至数百两。"又说:"打官司似乎至少也需要庶民一年生活费用。"[186] 由此可见,这两笔数字相差很大,约在十倍到百倍之间。如果一起普通民事诉讼需要花费数百两银子,那么,对乡民来说无疑是一笔很大的费用。姑且抛开这种诉讼费用的零星数字不谈,事实上,无论官方文献抑或文学作品,原被两造的诉讼费用乃是经常被提起的事情,也是乡民感到焦虑的问题,更是帝国官员用来规劝乡民不要争讼的一条根本理由。在谚语中,我们也

---

[181] 温瑞政等编著:《中国谚语大全》,第 1969、1925 页;丁世良、赵放主编:《中国地方志民俗资料汇编·华北卷》,第 162 页。

[182] 温瑞政等编著:《中国谚语大全》,第 2007 页,引据《孝经·开宗明义章》。

[183] 参见周振鹤撰集、顾美华点校:《圣谕广训集解与研究》,第 7 页。

[184] 参见黄宗智:《民事审判与民间调解:清代的表达与实践》,中国社会科学出版社 1998 年版,第 177 页。

[185] 简要的分析,参见徐忠明:《清代民事审判与"第三领域"及其他》,载徐忠明:《思考与批评:解读中国法律文化》,法律出版社 2000 年版,第 179—180 页。

[186] 岸本美绪:《清初上海的审判与调解》,载《近世家族与政治比较历史论文集》(上),第 254 页。

能读到类似的条目:"败家之道非一,而好讼者必败"和"会打官司不算能,越打官司越受穷"等内容;而"一纸入公门,九牛拔不回"[187]的原因,则是参与案件审理的官员、胥吏和衙役趁机需索而致使两造要想撤诉息讼而不得的情形。进一步说,在乡民心目中,诉讼原本是政府应该提供的"服务"项目,法律并无诉讼费的规定;在司法实践中,衙门仅仅收取一些文书方面的成本费——"纸笔费",而差役之类的费用则是陋规。[188] 但是,在实际诉讼场合,一场普通的民事诉讼却花费了乡民一年的收入或生活费用,甚至更多,对他们来说,这无疑是"衙门八字朝南开,有理无钱莫进来"和"公人见钱,犹如苍蝇见血"[189]这种官场腐败带来的结果。就此而言,诉讼费用确实给传统中国的乡民带来了很大的经济压力和心理压力,打官司确实是"得不偿失"的,所谓"赢了官司输了钱"或"赢得猫儿卖了牛"[190]即是此意,从而也使他们产生了"惧讼"的心态。随之而来的是,在传统中国,民间调解盛行的原因固然很多,但据我看来,其中之一则是由于"惧讼"带来的后果。谚语"凡事要得清问四邻,要得好问三老",以及"三个老人当一名官,有事领教莫起讼端",[191]不但强调了乡党老人在民间调解中的作用,而且突出了民间调解具有缓解诉讼的功能。

综上所述,我想提出如下结论和问题:对传统中国的乡民来讲,由

---

[187] 周振鹤撰集、顾美华点校:《圣谕广训集解与研究》,第 26 页;丁世良、赵放主编:《中国地方志民俗资料汇编·中南卷》,第 106 页。

[188] 清代王有光记有:"大凡词讼俗名官私。官者,情理之曲直;私者,经差之使费也。"引自王有光:《吴下谚联》,卷 4 "图准不图审"。将"经差使用"称为"私"而与"官"相对,显然不是官方正式收取费用。

[189] 温瑞政等编著:《中国谚语大全》,第 285 页。

[190] 丁世良、赵放主编:《中国地方志民俗资料汇编·西南卷》(上),第 340 页;温瑞政等编著:《中国谚语大全》,第 2184 页。

[191] 丁世良、赵放主编:《中国地方志民俗资料汇编·西南卷》(上),第 379 页。

于他们在道德上贬抑诉讼,所以产生了"厌讼"或"贱讼"的态度;然而,他们对诉讼的基本态度则是"惧讼",这是一种基于各种利益考量而后产生的诉讼心理。与乡民的诉讼心态相比,帝国官员的诉讼态度有所不同。对官员来说,他们追求"无讼",鼓励"息讼",反对"健讼",此乃帝国官方的意识形态话语和制度实践,也是便利现实政治统治和社会控制的策略;为了达到上述目的,遏制和减少乡民的争讼,他们不得已而夸大了诉讼的种种弊害,试图以此阻吓乡民,使乡民视诉讼为畏途,从而产生"惧讼"心态。由此,官民之间形成了一种共同的"惧讼"话语。必须指出的是,无论"厌讼"还是"惧讼",实际上都未能真正阻止乡民的诉讼勇气;相反,黄宗智等人的研究表明,明清中国已经成为"诉讼爆炸"[192]的社会。基于这种悖论现象,我们可以作进一步的推测,假如传统中国的朝野上下都对诉讼持一种"平常心"的态度——就像前引崔述《讼论》所说的那样,那么乡民的诉讼是否应该更加频繁呢?但是,无论如何,如果我们意欲理解和解释传统中国乡民的诉讼心态,那就不能仅仅从道德说教的角度来理解,也不能单单从帝国官僚的视角来解释。与此同时,我们不但要研究以雍睦和谐为特色的乡土社会固有的消解争讼的内在要求和机制,然而,也要看到其中可能存在的导致争讼的独特因素;再者,我们不仅要关注传统中国乡民的经济条件,进而还要认真体会他们的诉讼态度,仔细分析诉讼可能带来的各种利益上的弊害。我觉得,只有在这种情况下,我们才能真正理解和把握乡民诉讼心态的

---

[192] 对一个相对稳定的农业社会来讲,鉴于清代中国普遍出现的"好讼"或"健讼"的景象,我们把它称作"诉讼爆炸"或许并不为过。事实上,也确实有学者把清代中国称为"诉讼社会"。参见〔日〕夫马进:《讼师秘本〈萧曹遗笔〉的出现》,载《日本学者考证中国法制史重要成果选译·明清卷》,中国社会科学出版社 2003 年版,第 490 页;〔日〕寺田浩明:《中国清代的民事诉讼与"法之构筑"——以〈淡新档案〉的一个事例作为素材》,载易继明主编:《私法》,第 3 辑第 3 卷,北京大学出版社 2004 年版,第 306 页。

基本特征——"惧讼"心态。

美国学者罗伯特·达恩顿（Robert Darnton）在《屠猫记：法国文化史钩沉》中曾经指出：具有诠释性科学特征的历史人类学或文化史研究模式的前提是，"个体无不透过通行的语法从事自我表达，我们在我们的文化所提供的网络之内透过思考而学习对种种感受进行分类并了解事物的意义。因此，这个模式应该可以让历史学家发现思想的社会面向，并且从文献梳理出意义，只要他们深入故纸堆探索其与周遭环境的关联，在文本与其文义格局之间来回穿梭，直到清出一条通路穿越陌生的心灵世界。"[193]我觉得，作为一条方法论准则，此言极具启发意义。事实上，本文也是尝试通过"钩沉"传世谚语的途径，来解读传统中国乡民的法律意识和诉讼心态。我的问题则是：作为乡民体验和看待周遭世界的经验、情感和思想凝聚的谚语，与其所产生的世界有何关联？又在何种程度上表达了乡民对世界的看法？也因此，我在帝国衙门和乡土社会之间往来穿梭，又在法律与谚语之间进行相互解释，以期通过这种研究方式取得比较圆满的效果，做出比较有说服力的解释。当然，文本的核心乃是稽考和解释谚语反映的传统中国乡民的法律意识与诉讼心态。

经由这样的考察，我发现，虽然谚语被视作乡民心灵世界的表达，但是这种表达与帝国法律、帝国衙门和乡土社会的独特语境密切相关。比如，在理想和常规意义上，帝国法律表达了当时社会人们的情理观念和生活常识，帝国衙门也是一个可供乡民"讲理"的所在；然而，在实际运作中却产生了种种黑暗和腐败的现象，致使乡民回避与法律和衙门接触，从而产生了"惧讼"的心态。再如，尽管乡党是一个理应雍睦和谐

---

[193]〔美〕罗伯特·达恩顿：《屠猫记：法国文化史钩沉》，吕健忠译，新星出版社2006年版，序第4页。

的社会,因为生活在那里的乡民非亲即故,有着非常浓厚的人情联系,也有伦理道德上的需求,所以渐次养成了某种程度的"贱讼"心理;但是,由于日常生活的空间狭隘与物质资源的相对匮乏,乡民之间也极易发生摩擦和冲突,以致引起争讼,从而成为让现代读者意想不到的"诉讼爆炸"的社会。又如,现代学者一直认为,传统中国是身份社会,再加上乡土社会的道德和人情的约束,契约之类的现代交易工具应该没有用武之地;可是,无论传世契约文书抑或谚语资料却反映了另外一种社会关系——通过契约来安排社会秩序的构图。最后,虽然传统中国文化的大传统与小传统之间存在着一定程度的背离,但是两者之间同样不乏互动的因素。就谚语反映的法律文化状况来看,本文反复援引清代《圣谕广训集解》的资料与谚语进行勘比,结果发现,尽管它们之间的一致性超过了差异性,可是彼此言述的视角却有很大的不同。也就是说,帝国官员是从道德情理与社会控制的视野来看待乡土秩序与乡民诉讼的,故而,竭力鼓吹忍让克制和无讼息讼的道德理想,进而打压好勇斗狠与健讼嚣讼的行为。与此不同,乡民是从自身利益角度来看待乡土秩序和诉讼现象的。对他们来说,在迫不得已的情形下,才会采取忍让克制的行动策略——扩展自身利益不得而采取消极态度,从而产生"惧讼"的心态。从常情来看,人们大致也是在强势条件下才会选择主动的行动策略。[194] 凡此种种,都是谚语折射出来的乡土社会的秩序特点与乡民心灵世界的独特面貌,以及他们对法律的感受与好恶。

在研究中国民谣的时候,田涛指出:"在民谣中,也有相当一部分是反映社会与时政的内容。换句话说,民谣也有它的政治意义,表达对政治的感受与好恶,始终是民谣不可或缺的一个属性。这种政治性的民谣,也可以看成是民众对社会政治事务一种特殊的干预。"[195] 我觉得,

---

[194] 参见鲁迅:《谚语》,载《鲁迅全集》,第 4 卷,第 542—543 页。
[195] 田涛:《民谣里的中国》,山西人民出版社 2004 年版,第 8 页。

作为与歌谣具有类似性质的谚语,除了梁治平曾经揭示的"法律谚语"作为法律渊源的规范意义之外,[196]它确实也是传统中国乡民的法律意识和诉讼心态的表达。不仅如此,谚语还有指引乡民建构法律秩序,以及表达他们的法律思想和诉讼感受的价值。

---

[196] 参见梁治平:《清代习惯法:社会与国家》,特别是第 40—43 页。

雅俗之间:清代竹枝词的法律文化解读*

关于"竹枝词"的起源与特点,宋代郭茂倩所编《乐府诗集》录有:"《竹枝》本出于巴渝。唐贞元中,刘禹锡在沅湘,以俚歌鄙陋,乃依骚人《九歌》作《竹枝》新辞九章,教里中儿歌之,由是盛于贞元、元和之间。禹锡曰:'竹枝,巴歈也。巴儿联歌,吹短笛、击鼓以赴节。歌者扬袂睢舞,其音协黄钟羽。未如吴声,含思宛转,有淇濮之艳焉。'"[1]据此,我们可以得出如下结论:其一,竹枝词起源于巴渝地区;其二,它有民间文化的性质,有歌有舞有乐;其三,自迨唐代,已有文人参与竹枝词的改造和创作,开始了雅俗两种文化之间互动的历程。[2]其后,不但参与创作的文人渐次增多,而且区域也不断扩大,到了明清时期已经成为一种全国性的文学现象。[3]根据学者的估计,留存至今的竹枝词专书约有千种,总数超过10万首。其中,北京、上海和江浙一带是高产地区,竹枝词书目约有百种,总数各有万首之多。据此看来,现在整理出

---

* 本文原载《法律科学》,2007年第1期。笔者的学生杜金帮助收集了本文利用的竹枝词资料,特此感谢。

[1] (宋)郭茂倩编:《乐府诗集》,卷81,中华书局1979年版,第1140页。

[2] 关于竹枝词的起源与流变的考证,参见李良品:《竹枝词源流考》,载《重庆教育学院学报》,2000年第4期,第50—54页;熊笃:《竹枝词源流考》,载《重庆师范大学学报》,2005年第1期,第77—80页;向柏松:《巴人竹枝词的起源与文化生态》,载《湖北民族学院学报》,2004年第1期,第15—17页。

[3] 对此问题的概括讨论,参见莫秀英:《从唐代到清代文人竹枝词题材内容的发展演变》,载《中山大学学报》,2002年第2期,第121—127页。

版的竹枝词资料只是总数的 25% 左右。[4]

  尽管竹枝词起源于巴渝民间,且有祭祀歌谣的特征。据说,"竹枝"之名,得自竹王崇拜。[5] 值得注意的是,随着文人阶层的不断参与,竹枝词的文学意蕴渐次突出,宗教意味随之淡化,朝着世俗化的方向发展。与此同时,竹枝词对中国文学史的影响也逐步深化,而且本身就成为中国文学史上的一枝奇葩。由于竹枝词叙述的对象不外地方风物、民间习俗、世态人情和政治良窳,并且措辞与辞赋、诗词比较也相对浅显通俗,因此依然不失通俗文化的品格,至少也是雅俗融会之后的产物。正是基于竹枝词的这一特性,现代学者大多认为,除了文学史的价值以外,竹枝词尚有方志学、民俗学、历史学、文化史的研究价值,可以作为研究各地风俗习惯和历史文化的重要素材。[6] 遗憾的是,就我

---

  [4] 参见王振忠:《历史学视野中的竹枝词》,见 http://www.yuedu.org/books/book-200636103267En.htm。

  [5] 向柏松:《巴人竹枝词的起源与文化生态》,载《湖北民族学院学报》,2004 年第 1 期,第 15—17 页。

  [6] 近来,这一方面的研究成果颇为丰硕。例如,王忠阁:《元末〈竹枝词〉的繁荣及其文化意蕴》,载《中州学刊》,1999 年第 4 期,第 105—108 页;王子今:《论郑善夫〈竹枝词二首〉兼及明代浙闽交通》,载《浙江社会科学》,2004 年第 2 期,第 163—166 页;赵明:《清代竹枝词》,载《苏州大学学报》,2002 年第 1 期,第 105—110 页;黄平:《从清代成都竹枝词看成都满城》,载《文史杂志》,2005 年第 6 期,第 62—64 页;王慎之、王子今:《四川竹枝词中的盐业史信息》,载《盐业史研究》,2000 年第 4 期,第 32—35 页;周霞、杨薇:《从叶调〈汉口竹枝词〉看清中后期汉口市井文化》,载《鄂州大学学报》,2005 年第 1 期,第 77—80 页;钟叔河:《汉口竹枝词》,载《瞭望》,1996 年第 12 期,第 36—37 页;朱建颂:《清末民初汉口的"百科全书"》,载《武汉文史资料》,2002 年第 2 期,第 51—53 页;岑大利:《从清代竹枝词看京城文化时尚》,载《首都师范大学学报》,2001 年第 4 期,第 99—104 页;王子今:《清代上党风土民情的真实画面》,载《晋阳学刊》,2003 年第 3 期,第 110—112 页;王子今:《清人上海竹枝词透露的近代化气息》,载《上海社会科学院学术季刊》,2000 年第 1 期,第 182—191 页;杨秋:《从竹枝词看清末民初广州的社会风尚》,载《民族文学研究》,2004 年第 3 期,第 42—46 页;何建木、郭海成:《帝国风化与世界秩序》,载《安徽史学》,2005 年第 2 期,第 30—37 页;王慎之、王子今:《清代竹枝词所见民间"卜钱"风习》,载《学术界》,1997 年第 6 期,第 75—77 页;陈鑫:《从上海竹枝词看近世乡村妇女的生活》,见 http://dept.usts.edu.cn/lsx/wenjian/biyelunwen/chenxin.doc。

收集的竹枝词研究资料来看,迄今尚未见到涉及法律文化方面的研究成果。据此,本文打算用竹枝词来考察清代的法律文化。之所以选择清代作为考察的对象,完全是因为这一时期竹枝词的数量可观,其中涉及法律文化的作品,也相对多些。我觉得,这一视角不但有助于挖掘传统中国法律文化研究的资料,而且也能够深化我们对竹枝词本身的研究。

通观传统中国的各种可资研究民间法律文化的材料——戏曲小说、野史笔记、谚语歌谣之类,我们可以发现,除了谚语歌谣的民间性格比较纯粹以外,其他材料与文人阶层的关联相对就要密切一些。就竹枝词而言,它的雅俗文化交融的特色也比较鲜明,这与竹枝词的作者有关;易言之,唐宋以降流播的竹枝词大抵是文人阶层的创作。竹枝词之所以还被视作俗文化而非雅文化,是因为它叙述的是民间的风俗和生活,抒发的是民众的情感和看法,使用的是符合民众的文化水准的表达技巧——语言俚俗,修辞浅显,情感活泼。必须指出,谈论传统中国的俗文化,很难完全脱离雅文化而能得到妥善的理解和把握。[7] 据此,本文将在雅俗文化之间穿梭往来,藉以解读竹枝词隐含的法律文化意蕴。众所周知,竹枝词具有鲜明的地方性与叙述对象的特殊性,乃至完全是作者对社会风气和法律事件的看法,但是,本文考虑将这些表达作为一种现象来对待,并在一般意义上予以讨论。

---

[7] 在我看来,宋若云在讨论明末清初的"拟话本"小说时提出的雅俗文化互动的基本看法,也适合于其他文学样式。具体分析,参见宋若云:《逡巡于雅俗之间——明末清初拟话本研究》,中国社会科学出版社 2006 年版,第 257—277 页。值得稍稍申述的是,首先,由于不同文学样式的故事来源与写作特点,它们的雅俗文化融会的程度也就各不相同。其次,无论雅文化抑或俗文化,它们毕竟分享的是同一种文化背景,所以过于夸大两者之间的差异,似无必要。最后,理解和把握雅俗文化的关系,必须具备动态的眼光,从历史流变的脉络来考察雅俗文化之间的互动,切忌根据单一的视角而作静态的分析。

从清代中国法律文化的视野来看,各种传世文本体现出来的"焦虑"有二:其一,庶民百姓的"健讼"风气造成的政治压力和社会压力;其二,帝国衙门的贪污腐败导致的司法黑暗,以及庶民百姓对于"政清讼简"的期盼。[8] 就我寓目的清代竹枝词而言,基本上也涉及这样两个方面的问题。下面,我就顺着这一思路来展开论述。

费孝通曾说,传统中国是一个乡土社会,也是一个具有"差序格局"的社会。在这种社会里,由于乡民出生于斯、成长于斯、终老于斯、归葬于斯,彼此之间形成了非常亲密的人情关系,因而是一个熟人社会。与此相关,在这种社会里,社会秩序基本上依靠礼俗、面子和人情来维持,而无须帝国法律与政治权力的干预,具有相对的自足性与自治性。在这种情浓谊厚的老子所谓"鸡犬相闻,老死不相往来"的熟人社会里,争讼很少发生,所以也是一个雍睦和谐的"无讼"社会。[9] 无疑,这是有关传统中国的理想类型的概括。事实上,虽然清代中国社会依然不乏乡土性,但是,对于它的流动性,我们同样不容忽略。[10] 值得指出的是,导致清代中国社会的乡土本色、礼俗秩序和无讼理想的原因,实际上并不是完全来自熟人社会。在我看来,它与中华帝国的政治结构与意识形态也有密切关联。

就前者而言,由于规模巨大的帝国官僚机构的经济基础是小农经济,社会基础是单门独户的编户齐民,因此难以满足实现帝国治理的赋税资源,其结果是,虽然帝国官僚机构非常庞大,可官员编制却相当有

---

[8] 这一方面的讨论,参见徐忠明:《案例、故事与明清时期的司法文化》,法律出版社2006年版;另见《传统中国乡民的法律意识与诉讼心态——以谚语为范围的文化史考察》,载《中国法学》,2006年第6期。

[9] 参见费孝通:《乡土中国》,三联书店1985年版。对此类熟人社会的"无讼"或"无需法律"的分析,也请参见[美]罗伯特·C.埃里克森:《无需法律的秩序》,苏力译,中国政法大学出版社2003年版。

[10] 参见龚鹏程:《游的精神文化史论》,河北教育出版社2001年版。

限,[11]根本无法进行具体而微的社会管理。在这种情况下,帝国政府只能采取"抓大放小"的治理技术予以缓解。从后者来看,西周初年周公提出"敬天保民"和"明德慎罚"的思想,事实上已经开启了传统中国政治与法律道德化的先河;孔子进一步把道德政治植入人心当中,[12]从而为传统中国的政治哲学奠定了道德基础。正是鉴于儒家道德政治的价值取向,因此特别强调"敦孝弟以重人伦"、"笃宗族以昭雍睦"、"明礼让以厚风俗"、"和乡党以息讼端"[13]的维护社会秩序的手段。这里,道德和礼俗的治理功能得到了最大限度的渲染和强化。由此,提倡和落实"礼之用,和为贵"以及"听讼,吾犹人也,必也使无讼乎"[14]的社会理想。而这,也是帝制中国一以贯之的传统。

然而一旦面对社会现实,我们却发现,清代中国已是一个争讼频繁的社会。对此,各种史料都有记载,以致学者把它视为"诉讼社

---

[11] 美国社会学家韩格理和瞿同祖提供的一组数据颇能说明问题:在 1899 年编订的《大清会典》中,一共罗列了 2 万名官员,而当时人口总数约有 4.5 亿,平均 2 万人仅有 1 名官员。另据学者估算,约有 150 万名协助官僚体制日常运作的底层人员,包括胥吏、差役、师爷、仆役;两者相加,总数仍然有限,平均 1 万人只有 3 名政府的公家仆人。此外,根据《乾隆会典》的统计,约有 1436 个州县衙门,而当时人口总数约有 3 亿,平均 1 个州县拥有 20 万人。每个州县长官约有 5 或 6 名属员,各地互有差异;而且,在日常行政活动中,这些属员的作用不是很大。参见韩格理:《中国社会与经济》,张维安、陈介玄译,(中国台湾)联经出版事业公司 1990 年版,第 120 页;瞿同祖:《清代地方政府》,法律出版社 2003 年版,第 9—10、11—28 页。读者可以比较韩格理提供的法国人口与官僚的比例:1665 年,人口 2000 万,官员 4.6 万,每 500 人约有 1 个官员;1789 年前夕,人口 4000 万,科层官员(包括小城书记和城门守卫)30 万,每 1000 人约有 7.5 个官员。19 世纪与 20 世纪之交,欧洲国家人口与官僚的比例:每 1000 人约有 20—30 个官员。

[12] 我们来看《论语·学而》的言述:"其为人也孝悌,而好犯上者,鲜矣。不好犯上而好作乱者,未之有也。君子务本,本立而道生。孝悌也者,其为人之本欤?"《为政》又说:"或谓孔子曰:'子奚不为政?'子曰:《书》云:'孝乎惟孝,友于兄弟。'施于有政,是亦为政,奚其为为政?"这都说明,孔子完全把政治与道德等同起来了,或者说将政治的基础奠基在人心之上了。

[13] 有关康熙圣谕 16 条,雍正《圣谕广训》和"集解"的相关条目,参见周振鹤撰集、顾美华点校:《圣谕广训集解与研究》,上海书店出版社 2006 年版,第 3—34、84—95、163—229、334—355 页。

[14] 分别引自《论语·学而》与《颜渊》。

会"。[15] 现在,我们来看竹枝词的描述:

二月初旬放告期,思想收拾打官司。岂愁清事无盘费,带得充饥焦麦栖。

耸准虚词偶遂怀,开条即数付公差。惯超白水能掀讼,春状遭刑罗补该。[16]

草县民风最朴真,不将雀角构亲邻。年来教惯思贤术,多是江公石监人。[17]

鼠雀微嫌鹬蛤持,不胜小忿竟投词。要为覆雨翻云手,那惜千金请讼师。[18]

总体而言,这四首竹枝词所要刻画的都是民间社会的好讼或健讼的风气。其中,第一首竹枝词揭示的是,经由"婚田入务"[19]期间的漫长等待,原告已经迫不及待了,一到"开务"放告日期,[20]即刻提起诉讼;此

---

[15] 参见〔日〕夫马进:《讼师秘本〈萧曹遗笔〉的出现》,载杨一凡总主编:《日本学者考证中国法制史重要成果选译·明清卷》,中国社会科学出版社 2003 年版,第 490 页;夫马进:《明清时代的讼师与诉讼制度》,载滋贺秀三等著,梁治平、王亚新编:《明清时期的民事审判与民间契约》,法律出版社 1998 年版,第 391—395 页;〔日〕寺田浩明:《中国清代的民事诉讼与"法之构筑"——以〈淡新档案〉的一个事例作为素材》,载易继明主编:《私法》,第 3 辑第 3 卷,北京大学出版社 2004 年版,第 306 页。

[16] 王利器、王慎之、王子今辑:《历代竹枝词》,陕西人民出版社 2003 年版,第 1082 页。

[17] 同上书,第 1214 页。

[18] 同上书,第 2610 页。

[19] "婚田入务"一词借自《宋刑统》卷 13·户婚律·婚田入务。具体的规定,参见薛梅卿点校:《宋刑统》,法律出版社 1999 年版,第 232—233 页。

[20] 根据《大清律例》,卷 30·刑律·诉讼·告状不受理所附的条例规定:"每年自四月初一日至七月三十日,时正农忙,一切民词,除谋反、叛逆、盗贼、人命及贪赃坏法等重情,并奸牙铺户骗劫客货,查有确据者,俱照常受理外,其一应户婚、田土等细事,一概不准受理;自八月初一日以后方许听断。若农忙期内,受理细事者,该督抚指名题参。"参见田涛、郑秦点校:《大清律例》,法律出版社 1999 年版,第 479 页。如若这样的话,这首竹枝词所谓"二月初旬放告日"的说法显然与法律规定不符。

外,原告之所以诉讼,是想通过诉讼来"收拾"被告,颇有利用诉讼来诈害被告的险恶用心;最后,即使因贫寒而短缺盘缠——诉讼费用,似乎也在所不惜——"带得充饥焦麦粞",即是此意,这与谚语"拼了三斗焦麦粞,与你打场兴官司"的意思完全相同。第二首竹枝词所说,也有原告意图通过打官司来"渔利"的用意,即"惯超白水能掀讼"是也,与谚语"耕肥田不如告瘦状"[21]可谓异曲同工。为了实现这一目的,原告不惜采取"虚词谎告"的诉讼技巧,而且即使"败露"也不怕。第三首竹枝词所要描述的情形有所不同,说是当地原本民风淳朴,不喜诉讼,但是,随着社会的变迁,乡民渐渐地养成了健讼的习气。不仅如此,而且颇能利用"思贤术"[22]来打官司。第四首竹枝词涉及两个方面的问题:一是乡民因"鼠牙雀角"和"微嫌小忿"的琐碎细故而争讼,藉此说明清代中国社会的好讼或健讼的风气;二是两造不惜重金聘请讼师出面,以求制胜,这与明清时期讼师活跃的事实相吻合。在这首收入《长阳竹枝词》的注释中,杨金玉写道:"民淳讼简,长邑为最。四十年来山田开,流寓众,而江陵、公安、石首、监利及松滋、枝江及湖南之澧州等处,狡黠游手阑入其中,日以刁健评讼为利,宁乡诸境民化之,讼端日繁,惩刁诈,清讼源,还我淳风,望于民之父母矣。"[23]可见,社会风气的丕变,好讼或健讼风气的形成和蔓延,已经成为精英阶层特别"焦虑"的社会现象;相反,期盼政清讼简的理想社会,则是精英对"民之父母"的希望——"讼简民醇堪卧理,昼长无事更抄书",[24]

---

[21] (清)杜文澜辑、周绍良点校:《古谣谚》,中华书局1958年版,第672页。
[22] 所谓"思贤术",是指《邓思贤》讲述的诉讼技巧。沈括《梦溪笔谈》卷25"杂志二"记有:"世传江西人好讼,有一书名《邓思贤》,皆讼牒法也。其始则教以侮文;侮文不可得,则欺诬以取之;欺诬不可得,则求其罪劫之。盖思贤,人名也,人传其术,遂以名其书。村校中往往以授生徒。"在讨论讼师秘本的源流时,学者都会提到《邓思贤》,可见它是现今所见最早的讼牒之书,不过已经失传。参见〔日〕夫马进:《讼师秘本〈萧曹遗笔〉的出现》,载《日本学者考证中国法制史重要成果选译·明清卷》,第489页。
[23] 王利器、王慎之、王子今辑:《历代竹枝词》,第1214页。
[24] 同上书,第2861页。

及"从来文吏治偏嘉,赏月吟风自一家。花落讼庭无一事,新诗唱树介根花"[25]等竹枝词,其所描绘的都是这样一种理想社会。在《姑苏竹枝词》中,明代吴祖溥也提出了这样的愿望:"乡间刁民不告状,城里顽户肯完粮。共说官清民自乐,汤都堂胜海都堂。"[26]

除了对好讼或健讼风气的总体刻画以外,对乡民争讼的原因和技巧,清代竹枝词也作了有趣而又真实的描述。这里,我们先引相关的竹枝词,再作一些必要的解说。

　　无兄无弟终悲鲜,分土分财事未央。近日公门添案牍,干戈大半起萧墙。[27]
　　弃妻宠妾搆分家,骨肉参商互控衙。刺得旁人双眼瞎,官司不了把钱化。[28]
　　嫁女从无重聘资,淳良尤见古风时。那堪一死忘姻谊,忽报官来验朽尸。[29]

这三首竹枝词叙述的诉讼原因,大抵源于家庭内部的纠纷。第一首是说兄弟之间不念手足之情而唯以田土财产为尚,以致同胞骨肉之间引发争讼。事实上,这种兄弟争财的故事,在清代司法档案中也不鲜见。[30]第二首乃是丈夫宠爱小妾,遗弃结发妻子,从而导致诉讼。这种家庭纠纷不但造成了不良的社会影响,而且白白花费了钱财。只是,

---

[25] 王利器、王慎之、王子今辑:《历代竹枝词》,第3828页。
[26] 同上书,第409页。
[27] 同上书,第529页。
[28] 同上书,第4038页。
[29] 同上书,第2207页。
[30] 这类"兄弟争财"引发的诉讼,在中国历史上也不鲜见。参见马作武:《兄弟争财》,载《中国古代法律文化》,暨南大学出版社1998年版,第156—160页。

从"分家"两字来看,与"弃妻"似有不同。另外,无论是伦理抑或是法律,妾与妻的地位相差悬殊,根本谈不上什么"分家"之类的事情。瞿同祖指出:在家长的家中,妾不是家属成员,与家长的亲属也根本不发生亲属关系;而且妾以正室为女主,处于妻的权力之下。[31] 但是,在日常生活中,这种"妻妾分家"恰好是对伦理和法律的挑战。对这首竹枝词,我们也可以作另一种解释,即弃妻、宠妾、搆分家是三种并列的导致家庭纠纷的原因,由此引发诉讼。第三首是说由于婚姻两家争竞嫁资,以致产生自杀事件,从而产生"报官验尸"[32]的法律问题。按照礼书的说法,婚姻乃人伦之始,当以人伦为重,但明清以降,婚姻"专论聘财,习染奢侈"已是社会风气。[33] 无疑,这种"骨肉参商"的诉讼,与帝国倡导的伦理与法律最相抵触,也最能反映社会风气的浇漓。

凭空口舌起无端,告状投呈要见官。干证请来乡约长,银钱到手把词拦。[34]

一纸拦舆是首呈,乱言逆子不分明。总将情节从头看,却为干儿骂几声。[35]

口角纠缠遽雉经,斑留火炙认伤形。道场布匹求无厌,人命翻来讼不停。[36]

---

[31] 瞿同祖:《中国法律与中国社会》,中华书局1981年版,第133、135页。
[32] 根据清代法律,即使自杀,也必须报官验尸,否则属于违法行为。如果死者家属"拦验"的话,则为法律许可。如《清史稿·刑法三》即有:"自缢、溺水、事主被杀等案,验属呈请免验者,听。"引据《历代刑法志》,群众出版社1988年版,第589页。
[33] 概括性的讨论,参见陈江:《明代中后期江南社会与社会生活》,上海社会科学出版社2006年版,第190—197页。陈江研究的虽然是明代,而事实上,这种描述同样也适合于清代。
[34] 王利器、王慎之、王子今辑:《历代竹枝词》,第4032页。
[35] 同上书,第2632页。
[36] 同上书,第4036页。

跳崖投井枉轻生,小忿无端辄斗争。若起九原再相问,此时曾否恨难平。[37]

锦水拖蓝甃浪花,相邀女伴浣轻纱。断肠春色芙蓉似,莫采前溪大叶茶。[38]

这里,必须首先说明的是,尽管这五首竹枝词涉及了诉讼原因——诸如"凭空口舌"、"口角纠缠"和"小忿无端"导致诉讼,然而更多的是谈论乡民采用的诉讼策略。[39] 在第一首竹枝词描述的情形中,我们可以发现两种意图:一是,原告试图通过诉讼的手段来给被告施加压力,从而迫使被告满足自己的要求,或者回到民间调解的场合;二是,原告抱着"图准不图审"[40]的心态,或者干脆采取"恶人先告状"的手段,既可以争取主动,也可以藉此拖累被告来泄愤。第二首竹枝词是说,原告采取"架词谎告"的诉讼技巧,以期达到耸动司法官员之目的。这是因为,子孙咒骂父祖属于不孝,帝国法律的惩罚非常严厉;[41]相对而言,凡人之间的咒骂,仅

---

[37] 王利器、王慎之、王子今辑:《历代竹枝词》,第2207页。

[38] 同上书,第2748页。至于"大叶茶"的意思,根据这首竹枝词的解释,乃是:"断肠草,即'钩吻',一名'胡蔓草',俗呼'大叶茶'。丛生山谷间,花妖艳若芙蓉。人近之,叶辄动摇。贫民挟此图诈,人口立毙,是宜禁绝也。"可见,这种"大叶茶"是乡民用来自杀的毒草,而自杀目的则是图赖。

[39] 关于传统中国乡民的诉讼策略的具体分析,参见徐忠明:《小事闹大与大事化小:解读一份清代民事调解的法庭记录》以及《诉讼与伸冤:明清时期的民间法律意识》,载《案例、故事与明清时期的司法文化》,第32—46、271—277页。

[40] 参见(清)王有光:《吴下谚联》,卷4"图准不图审",中华书局1982年版,第113页。有趣的是,王有光所记涉及诉讼费用对诉讼率之高低的影响,值得全文抄录:"素史氏曰:余家青浦、嘉定接壤。尝入青县,邑尊揭示通属词讼事件,岁以百计。嘉邑揭示者,岁以千计。何繁简相悬至此?大凡词讼俗名官私。官者,情理之曲直;私者,经差之使费也。青邑原被两造给,事可从缓。嘉邑经差止归被告一面,即倾家而不顾。青民一时之愤,缓则渐销,或经居间劝处,遂不至于成讼。嘉邑呈状者争先而进,亲友解纷不及,亦不便于解纷,恐后控者之为被告也。是必装点情词,以图一准,已足泄愤,后来质审之虚实,不及计矣。此嘉邑事件之所由多也。"

[41] 参见田涛、郑秦点校:《大清律例》,卷4·名例·十恶·不孝,法律出版社1999年版,第85页;根据卷29·刑律·骂詈·骂祖父母父母的规定,子孙咒骂父祖处以绞刑,第471页。

仅是笞十，[42]相差悬殊。据此，这种夸大纠纷情节——通过改变被告身份的做法，只是为了达到耸动司法官员之目的。事实上，我们完全能够想象，在一般情况下，虽然清代法律规定凡人之间的咒骂，处以笞十的刑罚，但这种案件帝国衙门根本不会受理，所以如果不夸大案件的情节，原告根本无法达到诉讼之目的。余下三首竹枝词描述的是类似的现象，都涉及"小事闹大"的诉讼策略。原告之所以采取自残或自杀的极端手段，也有"不停"缠讼的因素，是因为：其一，在这种情况下，原告大多属于弱势群体，如果不采取极端手段，往往难以与强势的被告抗衡，不得已而用自残或自杀来博取社会的同情，并且占据诉讼上的有利地位；其二，死者家属也可以据此胁迫被告就范，即通过"私了"来达到经济补偿之目的；其三，死者家属可以援引"威逼人致死"[43]的法律，甚至可能采取"依尸图赖"[44]的恶劣手段来起诉被告，以期达到惩罚被告与获得相应的经济补偿之目的；其四，如若"私了"不成的话，那么，对伤害和人命案件来说，帝国衙门通常都会予以受理，由此原告可以达到起诉得到受理之目的，也能够藉此拖累被告。这也就是谚语"原告一张纸，被告就该死"[45]所说的意思。事实上，传统中国乡民之"惧讼"，与此也颇有关系。

    大业包围田里田，几番阻挡讼牵连。纵然服约留存据，争奈奸

---

 [42] 参见田涛、郑秦点校：《大清律例》，卷4·名例·十恶·不孝，第85页；卷29·刑律·骂詈·骂人，第469页。

 [43] 田涛、郑秦点校：《大清律例》，卷26·刑律·人命·威逼人致死规定"凡因事户婚、田土、钱债之类。威逼人致自尽死者，审犯人必有可畏之威。杖一百。……并追埋葬银一十两。给付死者之家"，第438页。

 [44] 对自残、自杀和"依尸图赖"的相关研究，参见张全民：《中国古代直诉中自残现象试探》，载《法学研究》，2002年第1期，第93—99页；[日]上田信：《被展示的尸体》，载孙江编：《事件·记忆·叙述》，浙江人民出版社2004年版，第114—133页。

 [45] 丁世良、赵放主编：《中国地方志民俗资料汇编·西南卷》（上），北京图书馆出版社1991年版，第378页。

中暗索钱。[46]

　　一树梨花傍海棠,百般趋奉不相当。开笼放雀囊空后,拖籨年年有几场。[47]

　　都言戏子会当看,抬阁中幡也壮观。恶少花乱娘齐挤,不兴讼狱看来难。[48]

　　居奇囤积费思量,矜监充牙例禁妨。借问谁家重顶替,簇新盆篦陆陈行。[49]

据"田里田"和"留存据"可知,第一首竹枝词所述的是土地纠纷。此外,就清代州县衙门自理案件范围"婚姻、田土、钱债"而言,本案属于常见的诉讼类型,不必赘说。第二首竹枝词的含义颇为隐晦,不过下面有一解释可资参考。文曰:"老夫娶少妇,受累不一,此特举其一端耳。其求去之辞曰:'开笼放雀',暗地卷财,主人不觉,乘间私逃,兴讼索人,俗语总括之曰'拖籨'。"[50]参酌注释,我们可以发现,这是一起背夫逃亡的案件。根据清律规定,对于老夫少妇的婚姻,只要"两家明白通知",即可"各从所愿";如果女家反悔,答五十;[51]如果妻子私自逃亡,杖一百。[52]第三首竹枝词描述的是,在公共场所恶少非礼妇女,以致引起争讼的故事。众所周知,传统中国的礼教,向来特别关注男女两性之间的界限;对于妇女在公共场所抛头露面的行为,也多有防范和禁约。例如,清代黄六鸿《福惠全书》即有"禁妇女烧香"[53]专条,就涉及这一方

---

[46] 王利器、王慎之、王子今辑:《历代竹枝词》,第4038页。
[47] 同上书,第2360页。
[48] 同上书,第3836页。
[49] 同上书,第2607页。
[50] 同上书,第2360页。
[51] 参见田涛、郑秦点校:《大清律例》,卷10·户律·婚姻·男女婚姻,第203页。
[52] 同上书,出妻,第213页。
[53] 参见(清)黄六鸿:《居官福惠全书》,卷之31·庶政部·禁妇女烧香,《官箴书集成》,第3册,黄山书社1997年影印版,第568页。

面的内容。第四首竹枝词叙述的是牙行纠纷,只是没有明说这是一起诉讼案件。根据清律规定:私充者牙行,杖六十;容隐者,笞五十;全部革去牙行身份。[54] 这首竹枝词的解释对我们理解它的含义也很有帮助,值得抄录。它说:"杂粮行名'陆陈行',陆陈之义未详。或云始于陆陈之姓。充牙行者,例由藩司给帖。有职人员,例不得充,而行利甚饶,人多垂涎,往往租人家旧帖充当。张冠李戴,影射垄断,好事者往往涉讼。"[55] 其中,对充任牙行的手续和条件——"充牙行者,例由藩司给帖;有职人员,例不得充",以及租赁"牙贴"的细节交代,颇有史料的价值。据巴县档案记载,牙行争讼的内容比较复杂,这里不便详述。[56] 上述竹枝词涉及婚姻、田土和商业上的争讼原因,可谓内容丰富,也大致上反映了清代州县衙门日常的民事审判的基本范围。

顺便指出,商品经济相对发达的地区,商业争讼也比较频繁。请看:

> 金庭店上属仁义,以下都归礼智司。虽小衙门多讼事,天天总有出签时。[57]

此乃清代叶调元《汉口竹枝词》刻画的景象。对这首竹枝词,有注释说:"镇设二分司,自桥(硚)口至金庭公店,立居仁、由义二坊,属仁义司。自此以下至茶庵,立循礼、大智二坊,属礼智司。银钱、典当、铜铅、油

---

[54] 参见田涛、郑秦点校:《大清律例》,卷15·户律·市廛·私充牙行埠头,第267页。关于牙行的讨论,参见杨其民:《买卖中间商"牙人""牙行"的历史演变》,载《史林》,1994年第4期;郭建:《中国财产法史稿》,中国政法大学出版社2005年版,第297—300页。

[55] 王利器、王慎之、王子今辑:《历代竹枝词》,第2607页。

[56] 关于各种牙行纠纷的资料,参见四川省档案馆、四川大学历史系编:《清代乾嘉道巴县档案选编》,四川大学出版社1989年版,第233—256页。

[57] (清)叶调元著,徐明庭、马昌松校注:《汉口竹枝词》,湖北人民出版社1985年版,第3页。

烛、绸缎布匹、杂货、药材、纸张为上八行头,齐行敬神在沈家庙。手艺作坊为下八行头,齐行敬神在三义殿。"把这两条资料结合起来,我们发现,它不但反映了清代汉口的金融和商业之繁荣,[58]而且反映了地方主管衙门处理此类纠纷之忙碌。这种情形,也印证了现代学者有关商品经济与诉讼之间有着正比关系的论断。由此,我们完全可以想象,在一个拥有大量外来移民的商业城市——汉口:

> 四坊为界市廛稠,生意都为获利谋。只为工商帮口异,强分上下八行头。
> 茶庵直上通桥口,后市前街屋似鳞。此地从来无土著,九分商贾一分民。[59]

发生争讼乃是不可避免的事情,原因在于,一来是经济利益所关,一来是彼此相对陌生。事实上,黄宗智关于宝坻、巴县和淡新档案的研究,也证实了不同社会结构与诉讼之间的内在关联。换句话说,社会结构越复杂,商品经济越发达,那么诉讼数量就越多,诉讼类型和纠纷解决手段也越复杂。[60]作为一种比较,我们来看美国的情况。众所周知,美国人向来就有"好讼"的名声。但是,这种"好讼",与其开国时期形成的"多元化"社会结构与"异质性"的思想信仰极有关系;也就是说,由于缺乏传统资源的依托,美国人不得不从法律中寻求解决纠纷的途径。[61]据此,评论

---

[58] 关于明清时期汉口的商品经济繁荣的详尽讨论,参见〔美〕罗威廉:《汉口:一个中国城市的商业和社会(1796—1889)》,江溶、鲁西奇译,中国人民大学出版社2005年版;李勇军:《明清时期汉口商业文化探略》,载《汉江大学学报》,2003年第6期,第61—66页。

[59] (清)叶调元著,徐明庭、马昌松校注:《汉口竹枝词》,第3、4页。

[60] 对此问题的具体讨论,参见黄宗智:《民事审判与民间调解:清代的表达与实践》,中国社会科学出版社1998年版,第133—163页。

[61] 对美国人"好讼"的社会和文化语境的简要分析,参见〔美〕史蒂文·苏本、马格瑞特·伍:《美国民事诉讼的真谛》,蔡彦敏、徐卉译,法律出版社2002年版,第1—9页。

中国古人是否"好讼"抑或"贱讼",我们绝对不可单单从道德主义的视野来进行,而必须仔细考察与此相关的社会结构和经济状况。

对清代衙役视诉讼为利薮的描述,史料很多,而竹枝词也有类似的议论。例如:

变换虚词好架云,忽原忽被讼纷纷。代书近日生涯薄,赖尔酬仪二百文。[62]

堂上分明断不差,缘何翻控捏词加。告来差役希图准,押发空嗟带锁枷。[63]

原被传呼已到齐,苛求差费没东西。硬将财主重添唤,方子寻来题外题。[64]

有些争讼案件,往往出于原告一时激愤,稍稍冷静之后,大抵后悔。一如竹枝词"世间最好是和风,吹得荆花岁岁红。夜雨茅亭同一宿,至今父老说全公"所说。不过,就内容本身来看,寓意不甚清晰,但是所附注释讲得非常明白。它说:"相传昔有兄弟争产,势将入讼,行至中途,风雨大作,遂诣茆亭中,藉草为褥,坐以待旦。其困苦莫可名状,始俱悔。因以所争之产捐建此亭,名曰'全公'。言父老议事务全公道,不可偏袒以至人讼也。"[65]但问题是,一旦案件投送衙门,原被两造每每难以左

---

[62] 王利器、王慎之、王子今辑:《历代竹枝词》,第2633页。
[63] 同上书,第4032页。
[64] 同上书,第4035页。
[65] 同上书,第2714页。正是因为某些诉讼的起因是出于一时激愤,所以传统中国的司法官员对这类案件,每每采取"拖延"的办法,以使原被两造冷静下来,从而达到息讼之目的。根据《荀子·宥坐》记载:"孔子为司寇,有父子相讼者,孔子拘之,三月不别。其父请止,孔子舍之。"可见,在处理父子相讼的案件时,孔子早已采取的措施就是拖延。相关的讨论,参见瞿同祖:《中国法律与中国社会》,第286—303页;马作武:《古代息讼之术》,载《中国古代法律文化》,第164—174页。

右,谚语"一字入公门,九牛拉不出"[66]即是此意。有时,案件本来简单,可是一经讼师、胥吏和衙役的拨弄,就会变得扑朔迷离,后果难以预料。第一首竹枝词是说,代书为了挣钱,故意"变换虚词",以致原被两造的是非曲直变得纷纷不定。本来,帝国法律安排代书这种职业,乃是为了遏制讼师"教唆词讼",因此,对讼师是采用取缔和打击的措施;[67]与此不同,对代书是采取考试录用和登记管理的办法。[68]如今,代书同样成为在原被两造中挑拨离间和搬弄是非的唆讼者。第二首竹枝词刻画的是,州县官员本来断案不错,自然应当结案,然而差役希图渔利,所以采取"捏词"的手段,进行"翻控"。第三首竹枝词描述的事情更加离谱,由于原被两造可能比较贫穷,衙役未能诈到钱财,或者两造有权有势,衙役不敢肆意诈索;因此,他们通过"题外作题"的狡黠手段,不惜诬攀与案件没有关系的财主,意图满足贪婪的欲望。值得指出的是,帝制时期对衙役的卑劣和腐败,有过很多很多的谴责,也做过许多许多的禁约,[69]而帝国衙门的运作却无法取缔衙役,这是一个有趣的悖论。在我看来,其原因不外乎如下三点。首先,诚如上面所说,清代人口的增长迅速,但帝国衙门的正式官员却编制有限;所以,为了

---

[66] 丁世良、赵放主编:《中国地方志民俗资料汇编·中南卷》(上),北京图书馆出版社1991年版,第74页。

[67] 参见田涛、郑秦点校:《大清律例》,卷30·刑律·诉讼·教唆词讼条例,第491页。对清代政府打击讼师的专题研究,参见林乾:《讼师对法秩序的冲击与清朝严治讼师立法》,载《清史研究》,2005年第3期;邓建鹏:《清代讼师的官方规训》,载《法商研究》,2005年第3期;邱澎生:《争讼、唆教与包讼:清代前期的查拿讼师运动》,见 http://www.sinica.edu.tw/~pengshan/PSChiuOnLitMaster2005.pdf。

[68] 参见田涛、郑秦点校:《大清律例》,卷30·刑律·诉讼·教唆词讼条例,第490—491页。也见黄六鸿:《居官福惠全书》,卷之3·莅任部·考代书,第257页。

[69] 黄六鸿:《居官福惠全书》,卷之3·驭衙役和伤差各役示附,即有详尽的规定,第247—250页。对衙役问题的相关讨论,参见瞿同祖:《清代地方政府》,第95—123页;Bradly Reed, *Talons and Teeth*: *County Clerks and Runners in the Qing Dynasty*, Stanford University Press, 2000。

进行相对有效的社会控制与满足司法审判的实际需要,衙役不可或缺。其次,作为一种"职役",成天在帝国衙门里忙忙碌碌的他们,并无正式的薪水收入,有的只是伙食补贴。重要的是,这笔伙食补贴远远不能满足"仰事俯畜"的需要,通常每年只有 6—12 两银子,[70]故而收受规费乃至敲诈勒索,显然是无法避免的事儿。再次,衙役固然贪婪,其一是体制使然,因为没有足够的收入养家;[71]其二是帝国官员的建构所致,换言之,是帝国官员对衙役进行了"妖魔化"的渲染;其三是与帝国官员本身的贪污息息相关,他们常常是沆瀣一气,缺了衙役包括胥吏的帮手,官员也难聚敛财富;甚至政府本身也参与了衙役的贪污,这是因为,清代衙门往往没有足够的办公经费,一般要靠"陋规"的收入予以补充。可见,在这种体制下,要想取缔衙役,根本没有可能。这对胥吏的贪污腐败问题,也同样适用。

在清代竹枝词中,还有若干篇什谈到诉讼的危害。通说认为,传统中国法律文化追求的最高境界是"无讼",从道德化的法律来看,必然鄙视诉讼,因此而有"贱讼"的心态。可是,仔细考察各种史料,我却发现,基于实际利益的考量,事实上,传统中国的民众倒是颇为"好讼"的。有时,他们之所以不愿意打官司,并非由于在道德上鄙视诉讼,而是无法忍受各种利益上的损失。就此而言,他们是害怕诉讼带来的不利后果,

---

〔70〕 一般来说,明清时期的五口之家,每月消费的口粮约是"大口小口,一月三斗"之谱,农户全年消费的口粮约是 18 石。如果按照常年米价每石 1 两计算,一年合计 18 两。其他日常费用,门头世债,以及婚丧诸事的花费,尚未计算在内。可见,如果衙役一年只有 10 两左右,显然不够养家。当然,如果没有农妇的副业收入,一个农夫也不能养家。关于明清时期的消费水准的分析,参见王家范:《明清江南消费风气与消费结构描述》,载《华东师范大学学报》,1988 年第 2 期;徐浩:《清代华北农民生活消费的考察》,载《中国经济史研究》,1999 年第 1 期;方行:《清代江南农民的消费》,载《中国经济史研究》,1996 年第 3 期。

〔71〕 晚清李伯元曾说:"要想他们毁家纾难,枵腹从公,恐怕走遍天涯,如此好人,也找不出一个。"参见李伯元:《活地狱》,上海书店 1994 年版,第 1 页。可见,帝国官员对衙役进行道德上的批判,确实不得要领。

所以可以比较恰当地称之为"惧讼"。[72] 下面,仅就竹枝词的描述稍作分析。

> 欺压比邻购屋居,尚嫌长物未充闾。几年凶讼难完结,渐觉床头积累虚。[73]

这首竹枝词所说乃是,有人仗势欺人,强购邻居的房屋以致引起争讼;但是,一场官司几年下来,渐渐感到原先积累的钱财花费一空。可以说,这是传统中国各类资料在谈论诉讼"得不偿失"时最为常见的话语。清代著名幕友汪辉祖就有生动的描述:"乡民有田十亩,夫耕妇织,可给数口。一讼之累,费钱三千文,便须借子钱以济,不二年必至鬻田,鬻一亩则少一亩之入,辗转借售,不七八年而无以为生。其贫在七八年之后,而致贫之故,实在准词之初。"[74] 在清代《圣谕集解》中,也有类似论调:"一纸入了公门,定要分个胜负,你们惟恐输却,只得要去钻营,承行的礼物、皂快的东道,预先费下许多,倘然遇着官府不肖,还要借端诈害,或往来过客、地方乡绅讨情揽管,或歇家包头、衙蠹差役索钱过付,原被有意扯过两平,蚕已大家不能歇手,若一家赢了,一家输下,还要另行告起,下司衙门输了,更要到上司衙门去告,承问衙门招详过了,上司或要再驳,重新费起。每有一词经历几个衙门,一事挨守几个年头,不结不了,干证被害,牵连无数,陷在囹圄,受尽刑罚,一案结时,累穷的也不知几家,拖死的也不知几人,你们百姓就是有个铜山金穴也要费尽,就是铁铸的身躯也要磨光了,你道这样争讼利害不利害?"[75] 此乃一

---

[72] 对此问题,笔者在别的地方已经作过详尽的分析。参见徐忠明:《传统中国乡民的法律意识与诉讼心态——以谚语为范围的文化史考察》,载《中国法学》,2006年第6期。

[73] 王利器、王慎之、王子今辑:《历代竹枝词》,第1502页。

[74] (清)汪辉祖:《佐治药言》,"省事",辽宁教育出版社1998年版,第5页。

[75] 周振鹤撰集、顾美华点校:《圣谕广训集解与研究》,第24页。

副令人感到触目惊心的关于"几年凶讼"的图像。在谚语里,也有"扫帚响,粪堆长,久打官司光景缩";以及"一场官司一场火,任你好汉没处躲"[76]的警醒之言,也影响了民众的诉讼态度。

如果仔细考究起来,我们可以发现,导致这种诉讼"得不偿失"的原因,实际上是非常复杂的。其中,最为根本的原因乃是司法实践的泛道德化与帝国司法体制本身。譬如,清代司法官员往往不愿做出具有"终局"意义的裁决,而是乐意通过道德说教和情理平衡的手段来消解矛盾和解决纠纷。但是,这反而给原被两造"翻控"提供了一线机会。也就是说,只要他们觉得司法裁决不合道德,不合情理,就有可能再次提起诉讼,以致诉讼本身变得没完没了。[77] 在不断"翻控"过程中,就算抛开帝国衙门的司法成本不谈,原被两造必须支出的诉讼成本肯定也会成倍增长,一如前引《圣谕集解》所说的那样。再如,即使利用民间调解这种据说比较"省俭"的纠纷解决方法,事实上也难以真正起到"省俭"的效果。原因非常简单,如果原被两造不服民间调解,势必提起诉讼;而由于民间调解本身缺乏权威性,这种情况并不鲜见。由此,也会增加相应的诉讼费用。另外,谈到司法上的贪污腐败,无论官方资料抑或民间资料,并没有完全放弃指责帝国官员利用司法审判的机会捞钱。然

---

[76] 引自赵世瑜:《谣谚与新史学》,载《历史研究》,2002年第5期;丁世良、赵放主编:《中国地方志民俗资料汇编·华北卷》,北京图书馆出版社1989年版,第122页。

[77] 参见〔日〕滋贺秀三:《中国法文化的考察》,载《明清时期的民事审判与民间契约》,第7—17页。与滋贺秀三的观点有所不同,笔者并不认为,在解决民事纠纷时,清代司法官员仅仅依据道德和情理,而基本上不援引法律;相反,在笔者看来,法律也是非常重要的裁决依据。只是,由于道德和情理的约束;或者说,情理在民事审判时的关键作用,因而在很大程度上造成了裁决的不确定性。事实上,即便按照法律来裁决,由于清代司法追求实体正义而非程序正义,所以也难以确保裁决的确定性。这种"翻控"的举动,在刑事诉讼过程中同样屡见不鲜。晚清杨乃武与小白菜一案,堪称典型。对杨乃武一案的研究,参见 William P. Alford, "Of Arsenic and Old Laws: Looking Anew at Criminal Justice in Late Imperial China", *California Law Review*, 1984, vol. 72。另见王策来编著:《杨乃武与小白菜案·真情披露》,中国检察出版社2002年版。

而,在几乎所有资料中,矛盾全都指向胥吏和衙役的敲诈勒索——"任你官清似水,难逃吏猾如油"这条流播广泛的谚语,就表达了这种看法。对此,竹枝词也有同样的描写:

脚碰公人头吼能,差牌每遗背包行。央来棚门谈公账,暗里还当送后文。[78]

明朝正是我当班,此案须将某某攀。瘦狗三斤油好炼,或称同赌或称奸。[79]

室列东西分六曹,昂藏小吏笔如刀。讼庭曲直能颠倒,得意胥徒势更豪。[80]

根据第一首竹枝词的夹注,我们得知它的基本意思是说:衙门的亲信差役拿了差牌,横冲直撞,到处抓人,肆意敲诈勒索,然后私下分赃。我们知道,差票(差牌)乃是一种拘捕人犯的官方凭证——就如现在的传票和逮捕文书,是国家权力的象征,故而一旦得手,自然可以耀武扬威,吓诈乡民。滋贺秀三曾说:"对前往传唤的差役来说,却是一次难得的美差。差役一旦传票在手,便会神气十足地带着许多部下出发,虽然实际上并不需要这么多人。被传唤人按陋规必须付给差役们跑腿钱,某种程度上这还算是正当的报酬,实际上差役们还常常强索钱物和酒食招待。如果贪欲得不到满足,就要找借口出难题搞恶作剧。"[81] 故

---

[78] 王利器、王慎之、王子今辑:《历代竹枝词》,第 1082 页。
[79] 同上书,第 2193 页。
[80] 同上书,第 2906 页。
[81] 〔日〕滋贺秀三:《清代州县衙门诉讼的若干研究心得》,载刘俊文主编:《日本学者研究中国史论著选译》,第八卷《法律制度》,中华书局 1992 年版,第 528—529 页。对此问题的简要讨论,也见徐忠明:《〈活地狱〉与清代州县司法》,载徐忠明:《法学与文学之间》,中国政法大学出版社 2000 年版,第 132—133 页。

有"差役之票,即讹钱之券也"的说法。据此,那些循吏良幕对签发差票往往特别谨慎。[82]第二首竹枝词刻画的是衙役利用当班的机会进行诬攀——"或称同赌或称奸",目的就是为了讹诈,即"瘦狗三斤油好炼"是也。第三首竹枝词是说,州县衙门的六房书吏——从"讼庭"两字来看,应该是指刑房书吏颠倒案件的是非曲直和任作威福的情形。清儒顾炎武曾说:"天子之所恃以平治天下者,百官也……今夺百官之权,而一切归之吏胥,是所谓百官者虚名,而柄国者吏胥而已。"[83]晚清冯桂芬也说:"州县曰可,吏曰不可,斯不可也。"[84]可见,书吏之类的衙门成员何等重要。与衙役一样,书吏也是帝国衙门不可或缺而又竭力提防的人员。[85]之所以严厉防范书吏,是因为书吏与衙役一样,也会利用各种途径或机会收受贿赂,甚至敲诈勒索,干出种种蠹政害民的腐败行为。

上面,本文围绕着清代民众的诉讼活动对竹枝词作了比较详细的疏证。从中我们可以发现,清代民众的诉讼热情——"好讼"或"健讼",实际上是与社会结构的日趋复杂、商品经济的不断繁荣、利益观念和道德观念的变迁息息相关的;反过来讲,他们的"惧讼"心态则与帝国衙门的种种腐败密不可分。正是在这种悖论性的语境中,清代民众才会特别期盼那种"政清讼简"的理想社会的来临,它也与精英思想的话语表达相吻合。

汉代以降,儒家官僚逐步攫取了政治上的霸权地位,儒家思想一举成为中华帝国的正统意识形态。尽管在实质上并没有完全排除法家的

---

[82] 参见汪辉祖:《学治臆说》,"票差宜省",辽宁教育出版社1998年版,第56页。
[83] (清)顾炎武著、黄汝成集释:《日知录集释》,中州古籍出版社1990年版,第187页。对清代书吏的详尽讨论,参见瞿同祖:《清代地方政府》,第65—94页。
[84] (清)冯桂芬:《校邠庐抗议》,卷上,中州古籍出版社1998年版。
[85] 关于如何控制胥吏和衙役问题的专门文献,参见(清)贺长龄、魏源编:《清经世文编》,卷24吏政·吏胥,中华书局1992年版,第608—620页。

思想学说,甚至骨子里渗透着法家严刑峻罚的治理技术;但是,至少在形式上,儒家道德学说已经构成帝国政治的合法性基础,也是帝国各项制度的合法性源泉,所谓"法律儒家化",[86]就是这个意思。正是基于传统中国政治与法律的儒家化或道德化,故而从思想上看,那种标榜"爱民"理想的道德话语渐渐得到强化,也有一些秉承儒家"爱民"思想的循吏在政治场域加以落实,以致汉代出现了"前有召父,后有杜母"[87]的模范官僚和俗话。自洎宋代,更有"父母官"的带有道德意味的政治术语。这种"为民父母"[88]的家产制政治和泛道德政治,无疑要求帝国的一切政治举措与民众的愿望一致,或者说能够充分表达民众的愿望。由此,帝国政府不切实际地确立了"薄赋轻徭"的税收政策,也提出了"轻刑省罚"的法律原则。与此相关,要求帝国官僚完善自身的道德修养,惦念民众生活的艰辛,并以"廉洁"作为官僚生涯的宗旨。

在清代竹枝词中,既有这样的期盼,也有对于这种官员的称颂。请看:

> 宣圣祠边有讼庭,鼠牙雀角日相争。使君果有文翁化,一片舆歌带颂声。[89]
>
> 鱼网收来自谎摊,纷然雀角赴当官。一言且听弹琴判,还却铜钱息讼端。[90]

---

[86] 对此问题的经典性论述,参见瞿同祖:《中国法律之儒家化》,载瞿同祖:《中国法律与中国社会》,中华书局1981年版,第328—346页。余英时指出:"儒学的法家化并不限于汉代,它几乎贯穿了全部中国政治史。"参见余英时:《中国思想传统的现代诠释》,江苏人民出版社1989年版,第97页。在余英时看来,汉代以后的政治史与法律史,实际上是一部"儒家法家化"的历史,而与瞿同祖的说法有所不同。
[87] 参见《后汉书·杜诗传》。
[88] 参见(清)钱大昕:《十驾斋养新录》,卷16,江苏古籍出版社2000年版,第347页。
[89] 王利器、王慎之、王子今辑:《历代竹枝词》,第3079页。
[90] 同上书,第4036页。

从来文吏治偏嘉,赏月吟风自一家。花落讼庭无一事,新诗唱树介根花。[91]

第一首竹枝词提到的文翁,乃是以"移风易俗"为己任的汉代著名的循吏。[92] 而从司法角度来看,传统中国的循吏或良吏,实际上也是一个特别重视教化和息讼的群体。第二首竹枝词的描写,更能体现传统中国"无为政治"的崇高境界。在帝制中国,州县衙门的二堂,也是审理案件的重要场所,通常悬挂"琴治堂"的匾额,彰显"清静无为"的政治理想。在《史记》和《吕氏春秋》中,记有孔圣人的学生宓不齐曾经"鸣琴而治"鲁国单父的故事。就中国乐器而言,琴既有"淡泊宁静,心无尘翳"[93]的境界,也有"和谐"的意蕴。在汪辉祖看来,听讼断狱,同样必须具备这样一种精神状态。[94] 第三首竹枝词"花落讼庭无一事"[95]描绘的也是这种意境,不必再作解释。不过,如若一个身膺牧民之职的帝国官员成天"赏月吟风自一家,新诗唱树介根花"的话,恐怕是文人习气的反映吧。实际上,清代州县衙门需要处理的日常事务非常繁重,州县长官用于行政和司法的时间和精力不少。汪辉祖曾说:"月三旬,旬十日。以七日听审,以二日校赋,以一日手办详稿;校赋之日,亦兼听讼。"[96] 就此而言,所谓"鸣琴而治"或"赏月吟风"的词句,只能说是一

---

[91] 王利器、王慎之、王子今辑:《历代竹枝词》,第 3828 页。
[92] 参见《汉书》卷 89《循吏传》59《文翁》。有关汉代循吏与移风易俗之关系的讨论,参见余英时:《汉代循吏与文化传播》,载《士与中国文化》,上海人民出版社 1987 年版,第 129—216 页。
[93] 相关的讨论,参见修海林:《古乐的沉浮》,山东文艺出版社 1989 年版,第 242—268 页。
[94] 汪辉祖:《学治臆说》,"听讼宜静",第 52 页。
[95] 这句"花落讼庭无一事"与张履程"云南诸蛮竹枝词·缅人"所述"讼庭草满要人除"的意境,可以参照比较,引自王利器、王慎之、王子今辑:《历代竹枝词》,第 1786 页。
[96] 汪辉祖:《病榻梦痕录》,卷下,载《续修四库全书》,第 555 册,上海古籍出版社 1996 年版,第 648 页。

种心境的抒发。果真出现这种美妙绝伦的政治境界的话,恐怕也只能是:"终是能安本分佳"、"苦劝乡农莫到官"、"良民从未上公堂"、"不闻无事入公庭"、"县门不到身常乐"、"垂老生平未见官"![97] 事实上,这种"政清讼简"的政治局面的形成,是以"化民成俗"为前提的;而要达到这一境界,则须要地方官员推行积极有为的富民和教化的措施,就像前引文翁这类循吏所做的"移风易俗"的工作那样。而这,并非"鸣琴而治"或"赏月吟风"那么简单。

我们再来讨论竹枝词对循吏或良吏的称颂:

> 裁去门丁告诉便,拨云今幸睹青天。公衙莫道深如海,个个鸣冤不费钱。[98]
>
> 日坐琴堂讯苦难,下情直达万民歌。城中舆颂题新咏,二百年来见此官。[99]
>
> 刘公慈利去官年,祖帐倾城泣汯然。刘宠谁云难继美,一民重送一青钱。[100]
>
> 大堂虽属士师庭,审讯都容万众听。鼠窃狗偷笞杖外,责民毕竟少严刑。[101]

第一首竹枝词即刻使我想到包公的故事。根据吴奎《宋故枢密院副使孝肃包公墓志铭》的记载:包公"权知开封府,府有(旧制,凡诉讼,诉牒令知牌司收之于门外),却不得迳至廷下,因缘为奸,公才视事,即

---

[97] 王利器、王慎之、王子今辑:《历代竹枝词》,第 1839、2205、2207、2306、2927、3941 页。
[98] 同上书,第 3958 页。
[99] 同上书,第 3934 页。
[100] 同上书,第 1925 页。
[101] 同上书,第 3958 页。

命罢之。民得自趋至尹前,无复隔阂"。[102] 可见,它与包公故事的寓意完全相同,不烦细说。值得指出的是,从"个个鸣冤不费钱"来看,民众对诉讼花钱一事确实非常关注;也就是说,很有可能是诉讼费用制约了他们的诉讼热情。而这,对我们理解他们的诉讼心态极有帮助。第二首竹枝词的意思也是如此,它表达了民众希望有一诉说下情的渠道。事实上,这与"八字衙门朝南开"的象征意义——倾听民众的声音,解决民众的纠纷,避免"有理无钱莫进来"的弊端也相吻合。此外,传统中国的"采风观谣"和造访乡绅之类的做法,其宗旨也是体察民情。可以说,对"舆论"的重视,是帝制中国政治的一种传统,一个特点。[103] 但问题是,这种"裁去门丁"的做法,却是"二百年来"少有的事情。反过来讲,在通常情况下,门丁是阻隔民情(包括诉讼和伸冤)上达的一个门槛,而门丁也就成为帝国衙门腐败的哨所。第三首竹枝词描写的故事,在注释中有详细的交代。文曰:"刘继圣,字愆泗,由岁贡生授广宗训导,迁蠡县教谕,旋升慈利知县。有惠政。与民语常谓为儿,不轻用刑。有一罪人被杖而呼,公蹙然曰:儿再忍一板。病痛谢罢,慈人口出一钱以馈之。"第四首竹枝词叙述的是一位有"仁爱之心"的州县长官,也是一位真正的"父母官"——"呼民为儿"。因此,即使小民犯罪,也不轻易施用刑罚。

据我看来,上述竹枝词更多的是表达一种社会和政治的理想,一种憧憬的心境。然而理想归理想,社会、政治和司法的现实却是另一光景。对这种局面,清代竹枝词即有很好的描述;岂止是描述,实际上,更

---

[102] 引自杨国宜校注:《包拯集校注》,黄山书社1999年版,第171—273页。
[103] 如果说"民谣"属于乡土社会百姓大众的舆论形式的话,那么我们也可以讲,"清议"乃是在野精英阶层的舆论形式,它们都会在某种程度上涉及帝国政治的良窳问题。概括讨论,参见陈宝良:《明代民间舆论探析》,载《江汉论坛》,1992年第2期,第50—57页;赵园:《明清之际士大夫研究》,第4章关于"言论"的言论,特别是第2节"清议",北京大学出版社1999年版,第209—219页。

多的是控诉。请看竹枝词的刻画:

> 一县群推大令尊,弊端百出岂无冤。缙绅长厚新来好,谁短谁长自闭门。[104]
>
> 但见累累日被拘,未闻研鞫脱冤诬。三章新改萧何律,一卷谁陈郑侠图。
>
> 执法敢辞民怨讟,宣威刚被鬼揶揄。感君宽厚培风俗,遮道牵衣尽博徒。[105]

可见,社会风气好的也仅仅是"谁短谁长自闭门"而已,与谚语"各人自扫门前雪,莫管他人瓦上霜"的生活态度没有什么两样;社会风气差的,却出现了"遮道牵衣尽博徒"这种满街都是博徒的境况。但民间怨讟与衙门冤抑,却始终没有得到释放。有时,虽然州县官员出身甚正,也不乏尊严,但是却被胥吏所蒙蔽、所操控而毫无作为:

> 家世终南进士科,腰悬宝剑脚乌靴。如君自合尊严甚,只是旁边小鬼多。[106]

这首竹枝词所说,即是此意。一个进士出身的帝国官员,平时为官也有威严,然而却被周围的胥吏操控。我们完全可以想象,在他的治下,民众的日子不会好过。眉批也说:"判官判官,奈此小鬼何。"这恰恰与谚语"任你官清似水,难逃吏猾如油"如出一辙。

---

[104] 王利器、王慎之、王子今辑:《历代竹枝词》,第895页。
[105] 同上书,第2577页。
[106] 同上书,第2517页。

值得我们追问的是：究竟是什么原因导致了这种政治局面？黄仁宇指出："端在法律的腐败和政府的低能。"易言之，由于"中国二千年来，以道德代替法制，至明代而极，这就是一切问题的症结。"[107] 所谓"清承明制"，这句话对清代也同样适用。在我看来，正是由于中华帝国的意识形态刻意强化道德的政治意义和"准法律"乃至"超法律"的功能，希望政府及其官员全都成为道德典范，故而采取了具有道德意味的薄赋轻徭的赋税政策；但是，这种财税政策却不能妥善地满足政府机构的人员配备与行政管理的必要经费，从而导致了机构人员不足、行政经费短缺以及官员薪水偏低等一系列的问题。鉴于机构人员严重不足，无法完成相应的政治统治和社会管理的任务，由此，胥吏和衙役这类非正式的衙门成员就被用来弥补这一缺口；因为行政经费大幅短缺，陋规之类的非正式收入也被充作衙门的行政经费与官员、胥吏和衙役的薪水补贴。[108] 这些，都使原本严厉的法律无法真正执行。进一步说，尽管中华帝国二千年来一直秉承道德政治的理想，高举道德政治的大纛，可是，那些熟读圣贤之书，通过科举考试出仕为官的人们，却并没有将其奉作自己为民父母的基本准则；至于捐纳出仕的官员，恐怕难逃"投资必须回报"的铁律；招募来的胥吏和衙役，相对而言，更是人品低下。因此，我们也就不难想象，对这些衙门成员来讲，一旦道德话语与实际利益发生冲突，利益总是胜出，而道德总是败下阵来，落荒而逃。但问题是，即使在这种情形下，道德总是具有天然的正当性，法律反而处在边缘化的位置。本来，官僚体制最为适宜法律的治理，然而在帝制中国，却让位给了道德。这样一来，不但道德被"悬置"了起来，而且法律也未能

---

[107] 〔美〕黄仁宇：《万历十五年》，中华书局1982年版，自序第2、3页。
[108] 参见〔日〕佐伯富：《清雍正朝的养廉银研究》，郑梁生译，商务印书馆1996年版；〔美〕曾小萍：《州县官的银两——18世纪中国的合理化财政改革》，董建中译，中国人民大学出版社2005年版。

真正落实。结果,吏治难以走上轨道,终于出现了前面分析的困境。

下面,我想对本文作一小结和引申。

首先,我想借用黄宗智提出的"悖论中国"[109]来概括本文的基本观点。就清代中国的法律文化而言,与其他社会文化一样,也充满着悖论性的现象。不仅清代竹枝词对帝国衙门的法律实践与乡野民众的法律心态的描述充满了悖论——虐民与爱民,贪婪与清廉,贱讼与健讼,好讼与惧讼等,而且其他(官方和民间)史料也都充满着同样的话语。

其次,从研究方法来讲,本文尝试在复合结构(法律事实与心态事实、感情事实)中进行操作。也就是说,作为描述清代法律文化的竹枝词,不但是作者抒发情感和表达思想的一种形式,而且也是记录和描写法律现象的一种形式,由此,我的疏证和解释无疑具有双重特性。不过,本文更为着力的是"钩沉"已经消逝的清代中国民众的法律心态;同时,也想与精英和官方的史料进行参照,以期建构两者的关系。我发现,虽然精英与民众、官方与百姓的法律表达充满张力,但是,他们的共同之处却比我们过去想象的要多。[110]

再次,为了进一步落实上述旨趣,我在疏证清代竹枝词的法律文化意蕴时,并没有仅仅满足于对它们本身的含义进行解释,而是把它置于其他各种史料当中给予互动性的解释。在某种程度上,这是一种"词史

---

[109] 参见黄宗智:《认识中国——走向从实践出发的社会科学》,载《中国社会科学》,2005年第1期;黄宗智:《悖论与现代传统》,载《读书》,2005年第2期。

[110] 在研究清代习惯法时,梁治平曾经指出:"习惯法是有别于国家法的另一种知识传统,且多少受制于不同的原则。"参见梁治平:《清代习惯法:社会与国家》,中国政法大学出版社1996年版,第28页。我认为,清代习惯法与国家法之所以会有差异,是因为彼此关注的问题不同,而非对同一问题在"知识传统"上有何根本性的断裂,而毋宁说,他们分享的是同一种宏观的知识背景。或者,对同一问题,由于关注的重点不同,看法也会有所差异。比如,官方从道德角度来看待诉讼,因此特别强调"息讼";而民众则从利益角度来对待诉讼,所以颇有"健讼"的热情,一旦利益上得不偿失,又有可能产生"惧讼"的心态。但有趣的是,官方在劝诫民众不要诉讼时,同样也是从利益角度来看问题的,与民众的态度完全一致。

互证"或"史词互释"[11]——"从文化语境来解读竹枝词的法律意义,由竹枝词来透视法律文化特色"的解释路径。易言之,将其与社会的、经济的、思想的诸种因素结合起来,进行一种开放式的整体解读,以期达到"钩沉"或"打捞"清代竹枝词的法律文化的意义;反过来讲,也是试图透过竹枝词来展现清代中国"雅俗"社会群体之间的法律心灵世界或法律心态、法律意识。这是本文的重点所在。

最后,值得注意的是,与我曾经考察过的戏曲小说、野史笔记、笑话故事、民间谚语以及官方资料——官箴书、《圣谕广训集注》和《清经世文编》等一样,清代竹枝词关注的法律问题的焦点,也是帝国衙门的贪污腐败与乡野民众的诉讼风气。据此,我们可以说,这两个问题构成了传统中国法律文化的基本问题,其中体现出来的思想和感情,也代表了传统中国法律文化的核心内容。基于这样的判断,我觉得,在研讨传统中国法律文化时,我们必须克服以往那种过分关注精英阶层叙述的法律思想和法律意识;而应该更多地考掘那些描述司法场域的文本资料,由此描绘一幅相对完整的传统中国法律文化的图像。

---

[11] 不消说,我的这种研究策略受到了陈寅恪和余英时的影响。参见陈寅恪:《元白诗笺证稿》,上海古籍出版社1978年版;陈寅恪:《柳如是别传》,上海古籍出版社1980年版;余英时:《陈寅恪晚年诗文释证》(增订新版),(中国台湾)东大图书公司1998年版。

娱乐与讽刺:明清时期民间法律意识的另类叙事[*]

——以《笑林广记》为中心的考察

近年来,关于中国传统法律文化的研究出现了某种程度的转向:其一,以梁治平和张中秋两位教授为代表的中国法律文化大传统的整体研究似乎有点沉寂;[1]相对而言,中国法律文化小传统的专题研究,倒是慢慢引起了学者的兴趣。[2]其二,从史料利用来看,既有的学术成果基本上局限于帝国官方的法律典籍、正史记载、司法档案和民间文书;如今,已经渐渐拓展到文学作品,乃至旁及成语和熟语。[3]顺着这一思路,本文尝试以尚未受到中国法律文化史学者注意的明清时期的笑话资料来解读民间百姓的法律意识。

林语堂在《论东西文化的幽默》中指出:"一般认为哭是一切动物所共有的本能,笑却只是猿猴的特性;这种特性只有我们和我们的祖先人

---

[*] 本文原载《法制与社会发展》,2006年第5期。
[1] 梁治平:《寻求自然秩序中的和谐——中国传统法律文化研究》,上海人民出版社1991年版;张中秋:《中西法律文化比较研究》,南京大学出版社1991年版。类似的研究,也见武树臣等:《中国传统法律文化》,北京大学出版社1994年版;范忠信:《中国法律传统的基本精神》,山东人民出版社2001年版。
[2] 参见梁治平:《清代习惯法:社会与国家》,中国政法大学出版社1996年版;也见徐忠明:《包公故事:一个考察中国法律文化的视角》,中国政法大学出版社2002年版。
[3] 关于成语和熟语的法律文化解读,参见霍存福:《汉语言的法文化透视——以成语与熟语为中心》,载《吉林大学社会科学学报》,2001年第6期,第5—14页。

猿才有。"[4]近年来致力于笑话研究的黄克武也说:"笑是一种本能,也是人之异于禽兽的一个重要特征,几乎每一个人都会笑,但不一定都能了解'笑'所具有的深刻而复杂的意涵。笑是沟通的一种方式,也是心灵火花的碰撞,唯有成功而即时的沟通才能引发出会心的笑。"[5]作为沟通方式的笑话,乃是人类借以宣泄情感和表达思想的一种非常重要的手段。在中国历史上,用笑话来说理和讽谏的传统可谓悠久,诸如《庄子》"朝三暮四"、《孟子》"揠苗助长"、《列子》"杞人忧天"、《韩非子》"画蛇添足",《吕氏春秋》"刻舟求剑",等等,都是"说理"的著名例子;而《史记·滑稽列传》优孟讽谏楚王的故事,则是"讽谏"的绝佳证据。事实上,笑话的文化意蕴与社会功能远远不止这些。在我看来,笑话既是一种娱乐和幽默的方式,同时也是一种讽刺和批评的工具;进一步说,那些亦庄亦谐或者调侃讥刺的笑话,与严肃拘谨的意识形态话语和道德话语相比,具有出乎人们意料的效果——纾解道德话语压抑和颠覆意识形态宰制的效果。另外,也诚如黄克武所说,作为百姓大众喜闻乐见的笑话,颇具巴赫金(Mikhail Bakhtin)所谓的"狂欢节话语"的性格。[6]我觉得,这种"狂欢节式的众声喧哗"的复调话语,一来,可以帮助我们拓展考察传统中国法律文化的视野,丰富这一研究的资料范围,由此构筑起一座穿越于中国法律文化的大传统与小传统之间的桥梁,[7]以期使我们

---

[4]《林语堂散文》,人民出版社 2005 年版,第 79 页。

[5] 参见黄克武:《近代中国笑话研究之基本构想与书目》,载《近代中国史研究通讯》,1989 年第 8 期,第 85—93 页。对于"笑"的更为全面的文化史研究,参见[美]安格斯·特鲁贝尔:《笑的历史》,孙维峰译,中央编译出版社 2006 年版。

[6] 参见黄克武、李心怡:《明清笑话中的身体与情欲:以〈笑林广记〉为中心之分析》,载《汉学研究》,第 19 卷第 12 期(2001 年 12 月),第 343—374 页。关于巴赫金"复调理论"的详尽研究,参见刘康:《对话喧声:巴赫金的文化转型理论》,中国人民大学出版社 1995 年版。

[7] 尽管本文更偏重于考察明清时期的庶民百姓的法律意识和法律心态,但是,笔者还是尝试将其置于帝国法律与司法实践当中来考察和解释《笑林广记》的文化意义与批判精神。

能够更加全面地,也更加深入地感受和理解中国传统法律文化的复杂意蕴。二来,这种"狂欢节式的众声喧哗"的话语形式,业已打破了,甚至于颠覆了帝国官方以及精英阶层操控的正统意识形态(具有独断宰制和道德说教性质)的霸权话语,并且产生了与霸权话语竞争的效果,具有"颠倒"固有社会等级秩序的政治寓意与文化功能。在我看来,正是在这一过程中,本文将要分析的明清时期的笑话故事不但彰显了庶民百姓的自由意志,而且表达了他们的批评精神。

在中国历史上,整理和编辑笑话故事的传统也很悠久。根据赵景深的考证,最早汇编成册的笑话故事,当推后汉邯郸淳的《笑林》和隋朝侯白的《启颜录》两书;后来,这样的笑话故事汇编似乎历朝历代都曾有过,明清时期则出现了纂集笑话故事的高潮,尤其以明朝冯梦龙所编《笑府》和《广笑府》,与清朝游戏主人和程世爵所编《笑林广记》最为有名。[8] 必须指出的是,在清代的两本同名的《笑林广记》中,有不少故事取自于冯梦龙的《笑府》和《广笑府》等书。[9] 据此,本文统称明清笑话,并且以此作为讨论当时民间法律意识的资料基础。再者,由于这

---

〔8〕 参见赵景深:《中国笑话提要》,载《中国小说丛考》,齐鲁书社1980年版,第22—60页。关于传统中国笑话的一般介绍,参见周作人:《苦茶庵笑话选序》,载《周作人自编文集》,河北教育出版社2002年版,第88—97页;王利器:《历代笑话选·前言》,上海古籍出版社1981年版,第1—14页;王利器、王贞珉:《历代笑话选续编·前言》,春风文艺出版社1985年版,第1—6页;王利器:《笑话的形成和发展》,载《当代学者自选文库·王利器卷》,安徽教育出版社1999年版,第115—120页;阿英:《明朝的笑话》,载《阿英全集》(五),安徽教育出版社2003年版,第288—294页。关于《笑林广记》的研究,除了黄克武和李心怡合著的《明清笑话中的身体与情欲:以〈笑林广记〉为中心之分析》以外,还有吴小如:《读〈笑林广记〉》,载《书屋》,1997年第6期,第8—10页;王文杰:《中国古代荤笑话中的模式化人物》,载《青海师范大学学报》,2005年第5期,第92—96页。对政治笑话的研究,参见王子今:《中国古代的政治笑话》,载《中国党政干部论坛》,2002年第5期,第61—62页。

〔9〕 参见龚笃清:《冯梦龙新论》,湖南人民出版社2002年版,第307—308、378—383页;王文杰:《试论冯梦龙的笑话理论及其意义》,载《宝鸡文理学院学报》,2006年第1期,第75—81页。

些笑话大多数产生和流传于庶民社会,[10]因而许多故事的确切年代已经难以考证。就此而言,本文所谓明清笑话也仅仅是一个方便的概括罢了。

从前引注释资料来看,对于笑话故事和《笑林广记》的研究已有若干成果问世,[11]但是着眼于法律文化视野的探讨,依然没有见到。笔者在《包公故事:一个考察中国法律文化的视角》中曾经略略征引过《笑林广记》的材料,但说不上专门研究。[12]本文的意图乃是通过整理《笑林广记》收录的法律笑话,进而解读其中蕴涵的民间社会的法律意识。

一、契约与诉讼:庶民法律意识的核心内容

通说以为,传统中国庶民百姓的法律意识非常淡薄。究其缘由,乃是因为:其一,传统中国以农业经济为基础,相伴而来的是,庶民百姓渐渐养成"安土重迁"的生活习性,中国社会也染上了乡土特色,演化成为熟人社会。对这种社会来说,法律纯属多余,唯有礼俗才是维持社会秩

---

[10] 黄克武和李心怡通过分析这些笑话故事主角的社会身份之后指出:"本书所收的笑话产生、流传于庶民生活中,由识字者抄录,编辑而成。当然,其中或不乏菁英阶层创造书写的部分。"参见《明清笑话中的身体与情欲:以〈笑林广记〉为中心之分析》,载《汉学研究》,第19卷第12期(2001年12月),第345页。

[11] 除了笔者见过的上述文献之外,尚有其他笔者未能找到的研究成果。例如,黄庆声:《冯梦龙〈笑府〉研究》,载《中华学苑》,1996年第48期,第79—149页;《论〈李卓吾评点四书笑〉之谐拟性质》,载《中华学苑》,1998年第51期,第79—130页;Huang, Chingsheng, "Jokes on the Four Books: Cultural Criticism in Early Modern China", Ph. D. diss. University of Arizona, 1998; Hsu Pi-ching, "Feng Meng Lung's Treasury of Laughs: Humorous Satire on Seventeenth-Century Chinese Culture and Society", *Journal of Asian Studies* 57. 4 (1998), 1042—1067。这些作品在黄克武和李心怡的论文中都有引注,可以参考。

[12] 参见徐忠明:《包公故事:一个考察中国法律文化的视角》,第413页。

序的基本规范。[13] 其二,汉代以降,儒家思想一跃成为帝国官方的正统意识形态,其法律思想的核心价值是"无讼",[14]饱受儒家思想浸淫的帝国官僚也追慕和推崇"无讼"的理想;相反,争讼也就成了庶民百姓的"恶言恶行"的表现。其三,家族共同体和乡土社会圈构成了庶民百姓的日常生活的基本空间,这是"道德·人情·礼俗"的社会基础,特别是宋明以来,精英阶层不断鼓吹"敬宗收族"的伦理价值与社会作用;[15]由此,法律的作用反而被遮蔽,司法的功能也被压抑。结果,就导致了庶民百姓的法律意识的淡薄。

然而,这种"法律图像"究竟能否反映明清时期庶民百姓的法律意识的真情实况呢?答案是否定的。首先,随着人口的迅猛增长和商品经济的发展,明清社会已经出现了"诉讼爆炸"的景象;[16]换句话说,争讼已经成为庶民百姓日常生活的一个组成部分,也是帝国衙门必须面对的一项基本任务。其次,即使州县衙门以"息讼"为理由拒绝受理案件,也非仅仅出于道德与无讼方面的考量,更有可能是因为司法资源的匮乏,乃至司法官员的懈怠;也就是说,人力和财力上的短缺,才是帝

---

〔13〕 关于乡土社会的经典讨论,参见费孝通:《乡土中国》,三联书店 1985 年版。台湾地区学者龚鹏程反对费孝通关于传统中国"安土重迁"的乡土特征,而提出了"流动"也是传统中国社会的另一面相。参见龚鹏程:《游的精神文化史论》,河北教育出版社 2001 年版,第 1—147 页。关于熟人社会如何维护秩序的详尽讨论,参见〔美〕罗伯特·C. 埃里克森:《无需法律的秩序——邻人如何解决纠纷》,苏力译,中国政法大学出版社 2003 年版。
〔14〕 关于"无讼"思想的讨论,参见张中秋:《中西法律文化比较研究》,第 320—343 页。
〔15〕 相关的讨论,参见梁漱溟:《中国文化要义》,学林出版社 1987 年版。
〔16〕 相关的讨论,参见〔日〕夫马进:《讼师秘本〈萧曹遗笔〉的出现》,载《日本学者考证中国法制史重要成果选译·明清卷》,中国社会科学出版社 2003 年版,第 490 页;〔日〕寺田浩明:《中国清代的民事诉讼与"法之构筑"——以〈淡新档案〉的一个事例作为素材》,载易继明主编:《私法》,第 3 辑第 3 卷,北京大学出版社 2004 年版,第 306 页;〔日〕岸本美绪:《清初上海的审判调解——以〈历年记〉为例》,载《近世家族与政治比较历史论文集》,(中国台湾)"中央研究院"近代史研究所 1992 年版,第 239—257 页。

国衙门拒收案件的根本原因。[17]还有一个原因,恐怕与熟人社会取证方面的障碍有关;对此,第三节将会给予相应的分析和解释。

值得注意的是,明清时期民事诉讼的增长,其背后的一个重要原因,就是田土、钱债和婚姻方面纠纷的增长;其中,契约纠纷无疑是最为关键的因素。

(一)庶民百姓的契约观念

所谓"诉讼社会"的来临,本身就是庶民百姓的法律意识的觉醒与强化的标志。透过《笑林广记》谐谑式的话语,我们可以发现,明清时期庶民百姓的法律意识已经比较成熟,也相当强固。请看游戏主人所撰《嘲胡买卖》的有趣描写:

> 胡子家贫揭债,特把髭须质戤。只因无计谋生,情愿央中借贷:"上连鼻孔、人中,下至喉咙为界,计开四址分明,两鬓蓬松在外,根根真正胡须,并无阴毛杂带。若还过期不赎,听作猪鬃(鬃)变卖。年分(份)月日开填,居间借重卵袋。"[18]

我们不难发现,这份游戏色彩极其浓厚的契约文书,与明清时期民间社会的契约文书的基本内容和写作风格完全相同,只是交易"标的"虚拟

---

[17] 明清时期州县衙门事务之繁巨,我们只要读一读瞿同祖先生《清代地方政府》(法律出版社 2003 年版)一书,也就可见一斑。司法审判,则是州县官员最为吃重的工作,汪辉祖曾有言曰:"听讼之任责在官,完赋之分责于民。……再与绅民约:月三旬,旬十日,以七日听讼,以二日手办详稿,校赋之日亦兼听讼。听讼,官固不敢怠也。"参见汪辉祖:《病榻梦痕录》,载《续修四库全书》,第 555 册,第 646 页。可见,只有那些任劳勤政和精通法律的州县官员,才能胜任如此繁巨的司法工作。邱捷根据晚清杜凤治《望凫行馆宦粤日记》的记载指出,州县官员之所以在司法事务上与地方士绅合作,是因为资源短缺所致。参见邱捷:《知县与地方士绅的合作与冲突》,载《近代史研究》,2006 年第 1 期,第 27 页。

[18] (清)游戏主人、程世爵撰:《笑林广记》,团结出版社 1996 年版,第 50 页。

而已。契约文书的广泛流播，[19]无疑是庶民百姓在日常经济交往过程中注重契约的体现，也是他们法律意识业已觉醒的反映。而"官有政法，民从私约"[20]一言，恰如其分地体现了民间契约与国家法律之间的相互关联。就契约文书居然成为笑话谈资而言，也可以进一步说明庶民百姓的法律意识的水准。

将契约作为交易的约束，确实是明清时期的社会风气。再看《借债》的叙述：

有持券借债者，主人曰："券倒不须写，只画一幅行乐图来。"借者问其故。答曰："怕我日后讨债时，便不是这副面孔耳。"[21]

虽然债主表示不必书写契约，但它并不否定契约的重要作用，因为这则笑话旨在嘲讽借者可能赖账不还的行为。实际上，所谓"有持券借债者"已经告诉我们，签订契约乃是确立借贷关系的前提条件。笔者曾经统计过《金瓶梅》中的各类经济交往，结果发现几乎每单交易都要书写契约，[22]这也可以进一步佐证明清时期庶民百姓对于契约文书的高度重视。

在传统中国社会里，人们签订契约的根本目的在于"结信"，[23]也

---

[19] 明清时期流行的"民间日用类书"，也都收录各种契约的"活套"文本，作为一种标准格式，可以方便庶民百姓的使用。参见王尔敏：《明清时代庶民文化生活》，岳麓书社2002年版，第82—91页；吴蕙芳：《万宝全书：明清时期的民间生活实录》，(中国台湾)政治大学历史学系2001年版，第449—470页。

[20] 转见郭建：《中国财产法史稿》，中国政法大学出版社2005年版，第185页。

[21] 游戏主人、程世爵撰：《笑林广记》，第133页。

[22] 对此问题的论述，参见徐忠明：《〈金瓶梅〉反映的明代经济法制释论》，载《法学与文学之间》，中国政法大学出版社2000年版，第146—185页。

[23] 关于"信"与契约关系的讨论，参见阎步克：《春秋战国时"信"观念的演变及其社会原因》，载《阎步克自选集》，广西师范大学出版社1997年版，第1—14页。

就是说,契约乃是确保签约双方遵守原先的"结信"行为的外在约束。许慎《说文解字·系部》释曰:"约,缠束也。"就是这个意思,而且它与罗马法上的契约概念也非常相似。[24] 据此,那些违背信约和欠债赖账的行为,也就成了《笑林广记》严厉抨击的对象。在《说出来》中写道:

> 一人为讨债者所逼,乃发急曰:"你定要我说出来么。"讨债者疑其已发心病,嘿然而去。如此数次。一日发狠曰:"由你说出来也罢,我不怕你。"其人又曰:"真个要我说出来?"曰:"真要你说。"曰:"不还了。"[25]

这种俗话所谓"站着放债,跪着讨债"(债权人)与"跪着借钱,躲着逃债"(债务人)的位置颠倒——"杨白劳逼死黄世仁"的情形,虽然反映了明清时期"诚信危机"的境况,[26]但是,这段笑话本身则体现了民间社会对于此类欠债赖账的败德行为的强烈谴责。

毕竟,契约的功能是"结信",而且"欠债还钱,天经地义"也是中国古人尊奉的伦理准则,所以,一旦出现"钱债田土"纠纷,诉诸衙门也是一种救济手段。更有甚者,在中国古人的心目中,如果有人活着欠债,那么即便死亡以后,债务同样必须偿还,所谓"父债子还"是也;在观念上,甚至到了阴间,债务依然不能豁免。《变爷》写道:

---

[24] 参见〔英〕梅因:《古代法》,沈景一译,商务印书馆1959年版,第177页;〔意〕彭梵得:《罗马法教科书》,黄风译,中国政法大学出版社1992年版,第283页。对此问题的简要考证,参见徐忠明:《从中西文化交流角度看中国古代契约法》,载《思考与批评:解读中国法律文化》,法律出版社2000年版,第295—302页。

[25] 游戏主人、程世爵撰:《笑林广记》,第133页。

[26] 在《笑林广记》中,嘲笑躲债赖账和毫无信义的故事还有,例如《做不出》(第34页)、《挖银会》和《兑银会》(第131页)、《梦还债》(第133页)、《坐椅子》、《抗欠户》和《拘债精》(第134页);在游戏主人、程世爵撰《笑林广记》卷之2《债精传》中,写得更是怪诞,也更具讽刺意味(第188—191页)。

> 一贫人生前负债极多,死见冥王。王命鬼判查其履历,乃惯赖人债者,来世罚去变成犬马,以偿前欠。贫者禀曰:"犬马之报,所偿有限,除非变了他们的亲爷,方可还得。"王问何故。答曰:"做了他家的爷,尽力去挣,挣得论千论万,少不得都是他们的。"〔27〕

毫无疑问,此乃传统中国报应观念在契约故事里的反映,讲述的尽管只是一种契约意识或者关于契约的信仰,并不是现实社会中的事实。〔28〕然而,据我看来,这种获得了宗教信仰支撑的"欠债还钱"的观念,恰恰可以证明"契约必须履行"的原则是何等牢固;反过来讲,它也可以用作明清时期庶民百姓的法律意识又是何等强烈的证据。

(二)庶民百姓的诉讼意识

前面已经提到,在"无讼"思想的支配下,通说以为传统中国的庶民百姓具有道德主义的情怀,因而他们怀有"厌讼"的法律心态。但是,笔者也曾试图解释,即使明清时期的庶民百姓不愿意将纠纷诉诸衙门寻求救济,也非仅仅出于道德上的考量,而更多是出于其他(经济、时间、辛劳)方面的计算。〔29〕值得注意的是,到了明清时期,"健讼"、"刁讼"乃至"嚣讼"已经成为各类文献频繁出现的措辞,〔30〕尽管它们是在贬

---

〔27〕 游戏主人、程世爵撰:《笑林广记》,第133页。
〔28〕 对传统中国报应观念与刑罚观念的详尽讨论,参见徐忠明:《包公故事:一个考察中国法律文化的视角》,第319—330页;也见霍存福:《复仇、报复刑、报应说——中国人法律观念的文化解说》,吉林人民出版社2005年版,第199—249页。
〔29〕 参见徐忠明:《从明清小说看中国古人的诉讼观念》,载《法学与文学之间》,第102—116页。
〔30〕 去年十月长假,我和我的研究生杜金曾在中山大学图书馆翻检了明清时期山东、江苏、上海、江西、湖南、广东的500余种地方志的风俗志,结果发现,除了"邹鲁之地"的山东涉及"健讼"的记载较少,其他地区的此类记载颇为频繁。前引夫马进、寺田浩明、岸本美绪等人的研究也已经证明了这一点。

义上使用这些措辞的。而《笑林广记》也有动辄告状的叙述。先看"健讼"的描写:

> 一生好健讼,一日妻在坑厕上撒尿,见月色照在妻臀,乃大怒。遂以月照妻臀事,讼之于官。县令不解其意,挂牌拘审。生以实情诉禀,求父师伸冤。官怒曰:"月照你妻的臀就来告理,倘日晒你妻的×,你待要怎么?"[31]

显然,这段笑话读起来很感荒诞,而且有点色情。但是,细细寻绎"荒诞"的隐意,我们不难读出里面包含的三味:其一,故事生动地刻画了那种动辄告状的"健讼"风气;其二,委婉地暴露了被礼教压抑的身体观念和情欲意识;[32]其三,尤其值得注意的是,原告还是一个具有初级功名身份的生员。照该,读书人接受了儒家礼教的长期规训,应该知书达理,成为顾炎武所谓"成德达材"[33]的、对国家和社会有用的人才,充当社会风气的标杆和向导,可是,故事中的生员反而是一个健讼者。究其原因,可能与如下事实有关。随着明清时期人口的急剧增长,科举资格的相对放宽,参与考试的人数也不断增多,而国家能够提供的出仕名额却没有同步增加,这样一来,仕途壅塞也就成了不可避免的事情。如果说进士和举人尚有出仕机会的话,那么仅是生员则基本上没有这种可能;况且,他们的人数非常庞大,根据清代著名学者顾炎武的推算,约

---

[31] 游戏主人、程世爵撰:《笑林广记》,第150页。
[32] 关于《笑林广记》暴露明清时期情欲意识的研究,参见黄克武、李心怡:《明清笑话中的身体与情欲:以〈笑林广记〉为中心之分析》,载《汉学研究》,第19卷第12期,第343—374页。
[33] 参见(清)顾炎武著、黄汝成集释:《日知录集释》,中州古籍出版社1990年版,第395页。

有50万之谱。〔34〕由此,为了谋生,那些具有初级功名身份的生员群体就必然会出现分化,从事各种职业,乃至沉沦下流,有的成为明清时期司法场域非常活跃的讼师。〔35〕在一定程度上,我们甚至可以这么说,明清时期"健讼"和"嚣讼"风气的形成,与生员群体的推波助澜很有关系,至少也是一股不可忽略的力量。

这种动辄争讼的风气对于明清社会的熏染可谓浓厚,《看镜》的刻画实在令人惊讶:

> 有出外生理者,妻要捎买梳子,嘱其带回。夫问其状,妻指新月示之。夫货毕,忽忆妻语,因看月轮正满,遂依样买了镜子一面带归。妻照之骂曰:"梳子不买,如何反娶了一妾回来?"两下争闹,母闻之往劝,忽见镜,照云:"我儿有心费钱,如何讨个年老婆儿?"互相埋怨,遂至讦讼。官差往拘之,差见镜,慌云:"才得出牌,如何就出添差来捉违限?"及审,置镜于案,官照见大怒云:"夫妻不和事,何必央请乡官来讲分上?"〔36〕

---

〔34〕 顾炎武曾说:"今则不然,合天下之生员,县以三百计不下五十万人,而所以教之者,仅场屋之文。"参见顾炎武:《顾亭林诗文集》,卷1"生员论",中华书局1983年版,第21页。相关考证,也见顾炎武著、黄汝成集释:《日知录集释》,卷17"生员额数",第392—396页。陈宝良对明朝生员数量也有详尽的考证,认为明末生员数量与顾炎武的估计相近。参见陈宝良:《明代儒学生员与地方社会》,中国社会科学出版社2005年版,第196—216页。关于清朝生员的数量,据张仲礼的估算,19世纪生员的总数约有50—60万。参见张仲礼:《中国绅士》,上海社会科学院出版社1991年版,第133页。

〔35〕 参见陈宝良:《明代儒学生员与地方社会》,第296—357页。虽然陈宝良分析的是明代的情形,事实上,清代也是如此。有关生员从事讼师活动的讨论,参见前书,第334—342页;也见〔日〕夫马进:《明清时代的讼师与诉讼制度》,载〔日〕滋贺秀三等著,梁治平、王亚新编:《明清时期的民事审判与民间契约》,法律出版社1998年版,第413—418页;Macauley, Melissa. *Social Power and Legal Culture: Litigation Masters in Late Imperial China*, Sanford University Press, 1998, pp. 111—115, 123, 147—177;党江舟:《中国讼师文化》,北京大学出版社2005年版,第142—149页。

〔36〕 游戏主人、程世爵撰:《笑林广记》,第147页。

这则故事的有趣之处在于:不唯外出经商生理的丈夫迂腐呆戇,而且妻子、婆婆、差役及县官同样也是如此,他们各自从镜子里见到自己形象之后居然毫无知觉,反而误指他人——小妾、年老婆儿、新添差役和乡官;由此造成误会,闹出笑话。然而值得我们注意的是,夫妻之间竟然因为一把梳子而诉诸衙门,而官府居然予以受理。在我看来,这多多少少反映出了明清时期普遍存在的"好讼"风气,夫妻之间的伦理约束也已相对松弛。读者可能会作如下辩护:妻子之所以告状,并非由于丈夫错买镜子,而是因为误认纳妾。此说或许不错,但是即便丈夫真的纳妾,也为礼法所许,只要妻妾名分犁然,妻子断无状告丈夫的理由。[37] 还有一点,笑话提到"讲分上",是指利用官场网络关系进行请托的腐败行为。

类此因琐碎细故而发生争讼的故事,当以《鞋袜讦讼》为最:

一人鞋袜俱破,鞋归咎于袜,袜又开咎于鞋,交相讼之于官。官不能决,乃拘脚跟证之。脚跟曰:"小的一向逐出在外,何由知之?"[38]

应该承认,这则笑话写得煞是有趣,也非常机巧。从这一鞋袜之间所发生的拟人化的诉讼笑话中,我们可以深深地感受到明清时期庶民百姓之间诉讼的频繁景象。

另外,在数则挖苦庸医杀人的笑话中,也屡屡提到诉讼之事。[39] 其中,最为值得我们注意的是,《抬柩》和《包活》对于"私了"的叙述。我

---

[37] 对于传统中国妻妾关系的讨论,参见瞿同祖:《中国法律与中国社会》,中华书局1981年版,第130—135页。事实上,明清时期庶民纳妾已为礼法所许,而且在社会上也很流行。
[38] 游戏主人、程世爵撰:《笑林广记》,第130页。
[39] 同上书,第42、46、47、254页。

们来看《抬柩》的生动刻画：

> 一医生医死人，主家愤甚。呼群仆毒打。医跪求至再。主曰："私打可免，官法难饶。"即命送官惩治。医畏罪哀告曰："愿雇人抬往殡殓。"主人许之。医苦家贫，无力雇募。家有二子，夫妻四人共来抬柩。至中途，医生叹曰："为人切莫学行医。"妻咎夫曰："为你行医害老妻。"幼子云："头重脚轻抬不起。"长子曰："爹爹，以后医人拣瘦的。"[40]

有人可能认为，这种蓄意规避国家法律的"私了"行为，恰好说明了明清时期的庶民百姓缺乏法律意识，至少也是法律意识淡薄的表现。这是因为，法律意识之强弱意味着民众守法观念之深浅。我觉得，这种意见失之简单，而且与先秦法家的思想非常雷同。例如《管子·任法》就说："有生法、有守法、有法于法。夫生法者君也，守法者臣也，法于法者民也。"因此，从表面上看，这一评论似乎很有道理；然而认真深究起来，却不无疑问。事实上，是否规避国家法律与法律意识之强弱，两者之间根本没有必然的联系。在某种程度上，此种规避国家法律的自觉选择，就像苏力分析的那样，国家法律在整个规避过程中仍然扮演了一个重要角色。[41] 而所谓"私打可免，官法难饶"一言，说的也是这个意思。有时，国家法律仅仅沦为当事人可资利用的工具。在《包活》中，被害人父亲对医生说："汝好好殡殓我儿罢了，否则讼之于官。"[42]说的就是这种情形。由此可见，在当事人眼里，国家法律是在场的，也是他们必须首予以考虑的，只是由于被害人及其家属在刑事诉讼中除了

---

[40] 游戏主人、程世爵撰：《笑林广记》，第42页。
[41] 参见苏力：《法治及其本土资源》，中国政法大学出版社1996年版，第17页。
[42] 游戏主人、程世爵撰：《笑林广记》，第46页。

"出气解愤"之外并无直接利益,或者利益微不足道,[43]因此为了获得眼前可以兑现的实际利益,他们理性地做出了规避国家法律的选择。对于侵害者和被害者及其家属来说,这是"双赢"的游戏。[44] 据我看来,它与某些盲目遵守国家法律的行为相比,反而来得更有法律意识。这是因为,在做出规避国家法律的决定之前,他们已经先期进行了认真的利害比较。或许,人们会说,这种对于法律意识的认知,乃是基于"坏人视角"所作的判断,只有负面作用而无积极意义。不过,我们同样也可以反过来诘问:难道国家法律就有绝对的正当性吗?

上面,笔者从契约和诉讼的角度简要地考察了明清时期庶民百姓的法律意识。之所以选择这样的分析视角,是因为契约和诉讼最能反映庶民百姓的法律意识。从"官有政法,民从私约"来看,契约代表了维系民间社会秩序的"私法"关系;反之,诉讼则意味着庶民百姓对于法律的某种程度的认同,代表了官民之间的"公法"关系。因此,两者构成了

---

[43] 英国学者詹妮·麦克埃文(Jenny McEwan)指出:"英美国家采用的刑事审判程序并不能作为这一(对抗制)模式的完美例证,因为国家与诉讼的发起和诉讼结果之间存在利害关系。受犯罪行为侵害的人除了可能获得赔偿外(许多案件以提起民事诉讼的方式解决赔偿问题更为有效),与诉讼、诉讼的结果没有直接利害关系。"参见詹妮·麦克埃文:《现代证据法与对抗式程序》,蔡巍译,法律出版社 2006 年版,第 2—3 页。我觉得,尽管麦克埃文讨论的是英美诉讼程序问题,但这一论断同样适用于传统中国的诉讼实践。

[44] 根据明清律例的规定,在庸医杀人的场合,被害人家属所能得到的补偿,也仅仅是烧埋银。例如《大明律》卷 19《刑律》"庸医杀伤人"规定:"凡庸医为人用药针刺,误不依本方,因而致死者,责令别医,辨验药饵穴道,如无故害之情者,以过失杀人论。不许行医。若故违本方,诈疗疾病而取财物者,计赃,准窃盗论。因而致死,及因事故,用药杀人者,斩。"参见怀效锋点校:《大明律》,法律出版社 1999 年版,第 156 页。又据同卷"戏杀误杀过失杀伤人"规定:"……若过失杀、伤人者,各准斗杀、伤罪,依律收赎,给付其家。"根据律条注释:"给付被杀、被伤之家,以为茔葬及医药之资。"参见《大明律》,第 154 页。同卷"斗殴及故杀人"规定:"凡斗殴杀人者,不问手足、他物、金刃,并绞。"参见《大明律》,第 153 页。最后,根据《大明律》卷 1"五刑"规定:"死刑二:绞、斩。赎铜钱四十二贯。"参见《大明律》,第 2 页。清律也有同样的规定,依次参见田涛、郑秦点校:《大清律例》,法律出版社 1999 年版,第 53、430、433、438 页。另外,如果加害者与被害者家属仔细估算一下一场人命官司所要付出的各项成本,乃至要冒倾家荡产的风险,那么对双方来说,"私了"都是经济划算的选择。我想,私了的流行多少与这种经济上的考量有关。

解释民众法律意识的核心内容。事实上,日本著名法学家川岛武宜在考察日本人的法律意识时,正是从权利与诉讼的角度切入,来展开讨论的。[45] 对传统中国民间社会的"权利"安排,如果我们暂时剔除纵向的身份和特权不谈,而仅仅从横向的社会关系和经济交往着眼,那就可以发现,它基本上也是通过契约来安排的;换句话说,契约乃是规范"权利"关系的约束机制与基本手段。单就此点而言,传统中国社会也是一个契约社会;可以说,过去那种只把传统中国视为身份社会的观点,并不完全准确。[46] 相反,国家法律的主要功能则是禁止违反契约的行为,以及对于这种行为的惩罚;正是在这个意义上,原本属于民事性质的国家法律,具有了我们现在所说的刑法的特征。[47] 进一步讲,一旦经由契约安排的"权利"关系遭到破坏,争端由此产生;在这种情况下,将田土、钱债方面的契约纠纷诉诸帝国衙门,便是明清时期的庶民百姓试图要求国家重新厘定"权利"关系的一种救济手段。这时,民间契约与国家法律也就建立了关系,形成了互动,那种形式意义上的"定纷止争"[48]的法律目标就有可能得到落实。在我看来,国家法律正是通过诉讼这样的途径来发挥捍卫"权利"与实现"权利"的重要功能的;否则的话,国家法律将被悬置起来而仅仅成为一种表达。这里,我们必须郑重说明的是,明清时期契

---

〔45〕 对此问题的详尽研究,参见〔日〕川岛武宜:《现代化与法》,王志安等译,中国政法大学出版社1994年版,第132—212页。值得注意的是,日本比较法学家大木雅夫也从权利与诉讼的视角出发,仔细地考察了东西方的法观念,并且批判了川岛武宜关于日本人没有权利意识与诉讼观念不强的观点。参见〔日〕大木雅夫:《东西方的法观念比较》,华夏、战宪斌译,北京大学出版社2004年版。

〔46〕 视传统中国为"身份社会"的观点,几乎成为学界的通说。相关研究成果很多,这里不便枚举。

〔47〕 参见徐忠明:《权利与伸冤:传统中国诉讼意识的解释》,载《中山大学学报》,2004年第6期。

〔48〕 这里,所谓形式意义的"定纷止争"一说,借自季卫东:《法律程序的形式性与实质性——以对程序理论的批判和批判理论的程序化为线索》,载《北京大学学报》,2006年第1期,第125页。

约文书包含的"权利"内容,与西方法律不同,它是一种"权利"实践,而非关于权利的表达,更非关于权利的法律知识体系和理论话语。

二、贪黩与酷虐:庶民对于帝国官员的讽刺

如果说法家思想为传统中国的政治和法律提供了技术装置的话,那么我们也可以讲,儒家思想为其灌注了核心价值。[49] 然而,这并不是说儒家仅仅关注政治的道德问题,而法家则仅仅提倡刑法的治理。事实上,儒、法之间的差异也不像人们通常所说的那样泾渭分明,倒是一种"你中有我,我中有你"的关系。更何况,法家本身就来源于儒家,至少也是一个与儒家有着密切关系的思想派别。暂时撇开儒、法之间的这种纠缠不清的关系,无论如何,在儒家经典中,勾画出来的是一幅"道德政治"的蓝图,儒家宗师孔子就特别强调统治者必须具备"为政以德"的风范。[50]

---

〔49〕 当然,帝制中国政治和法律的实践可能与儒家的思想表达刚好相反,所谓"外儒内法"是也。

〔50〕 在《论语》中,孔子为我们清晰地解释了"为政以德"的基本内涵:其一,如果统治者能够做到"为政以德",那么就会产生"譬如北辰居其所,而众星共之"(《为政》)的治理效果。其二,所谓政治,不外乎是要求统治者把心思放端正。他说:"政者正也,子帅以正,孰敢不正?"(《颜渊》)以及"其身正,不令而行。其不正,虽令不从"(《子路》)。其三,在这种情况下,刑罚与杀戮是纯属多余的东西。他说:"子为政,焉用杀?子欲善而民善矣。君子之德风,小人之德草,草上之风必偃。"(《颜渊》)其四,确保统治者"身正"的途径,就是"克己复礼",因为它是达致"仁"的阶梯。他讲:"克己复礼为仁。一日克己复礼,天下归仁焉。为仁由己,而由人乎哉?"(《颜渊》)其五,而"仁"的心理基础乃是"孝悌",他解释说:"孝悌也者,其为仁之本与?"又讲:"泛爱众,而亲仁。"(《学而》)其六,他充分地认识到"孝悌"这种基于心理的伦理准则,如果缺乏规范的依托,那就难以践履,因而必须有所依托。因此他说:"道之以政,齐之以刑,民免而无耻;道之以德,齐之以礼,有耻且格。"(《为政》)这是政、刑、德、礼兼用,综合治理的伟大构想。其七,在必要的时候,孔子甚至也主张重刑。他说:"善哉!政宽则民慢,慢则纠之以猛。猛则民残,残则施之以宽。宽以济猛,猛以济宽,政是以和。"(《左传·昭公二十年》)在这里,我们可以发现,孔子是一位真正能够将"经与权"有机地结合起来的具有现实主义精神的伟大思想家。

这种道德政治理想后来演化而成"清·慎·勤"[51]的政治原则,而其基础则是"爱民"。据我看来,正是鉴于"爱民"的政治理想,贪黩与酷虐也就成为传统中国的精英与民众共同批判的对象。

贪黩的反面是"清廉"。在传统中国,清廉的政治意识起源甚早,宋朝已将清廉作为一条帝国官僚必须遵循的政治准则[52]。金元之际的元好问《薛明府去思口号》所写:"能吏寻常见,公廉第一难。只从明府到,人信有清官。"[53]此乃清官意识流行的象征。据说,宋太祖赵匡胤鉴于吏治腐败,率先把后蜀皇帝孟昶所撰《诫谕辞》中的"尔俸尔禄,民膏民脂;下民易虐,上天难欺"勒石树于衙门,作为官箴。[54] 官方正史也把《循吏传》和《廉吏传》作为表彰清官循吏的工具,但清官却很少,[55]赃官墨吏反而充塞衙门。究其原因:其一,帝制时期官僚的正项薪水一般不高,明清时期尤低;其二,俗话"一人得道,鸡犬升天",回报家族,赡养亲戚与跟班仆役,需要巨额开销;其三,对州县官员来说,应付官场陋规、彼此应酬和打点上司,花费浩繁;其四,在"有了钱,就有

---

[51] 据学者考证,所谓"清·慎·勤"的官箴,至少在宋朝已经流行,而更受明清时期的皇帝的重视。参见刘鹏九主编:《内乡县衙与衙门文化》,中州古籍出版社1999年版,第146—147页。

[52] 参见王子今:《权力的黑光》,中共中央党校出版社1994年版,第177页。

[53] 引自《辞海》(缩印本),上海辞书出版社1980年版,第957页。

[54] 孟昶"诫谕辞"共有24句:"朕念赤子,旰食宵衣,言之令长,抚养惠绥。政存三异,道在七丝,驱鸡为理,留犊为规。宽猛得所,风俗可移,无令侵削,无使疮痍。下民易虐,上天难欺,赋舆是切,军国是资。朕之爵赏,固不逾时,尔俸尔禄,民膏民脂。为民父母,莫不仁慈,勉尔为戒,体朕深思。"引自刘鹏九主编:《内乡县衙与衙门文化》,中州古籍出版社1999年版,第122页。据说,此诗在当时衙门里,都有勒石树木碑,可见流传之广;由此也可推测,老百姓对此诗也是有所耳闻的。明代说唱词话"包龙图陈州粜米记"即有"尔俸尔禄,民膏民脂;下民易虐,上天难欺"的句子。参见朱一玄校点:《明成化说唱词话丛刊》,中州古籍出版社1997年版,第139页。

[55] 参见王子今:《权力的黑光》,第185页[注29]。也见陈梧桐:《明代清官循吏的数量与名声》,载《历史学家茶座》,第2辑,第30—34页。

官"[56]的捐纳取官盛行的情形下,当官做吏简直与"市场投资"没有任何区别,因而攫取回报也是势所必然;其五,在公私不分的制度下,行政开销和聘请师爷之类,都要地方官员设法敛钱。[57] 结果,就出现了所谓"千里为官只为财"[58]以及俗话"做官发财"的腐败局面。而钱,无非是取自于庶民百姓。

有关帝制中国官吏的另一种类型——"酷吏"的特征,司马迁《史记·酷吏列传》和班固《汉书·酷吏列传》已有经典的概括:其一,司法裁判突出一个"酷"字;其二,积极参与"摧折豪强"的政治斗争;其三,具有"不畏强权"和"直法行治"的精神。[59] 必须指出的是,在摧折豪强和维护皇权上,酷吏与清官实有相通之处。[60] 到了明清时期,酷吏已经少有肃清吏治的功能。蒋逸雪曾经指出:"古之酷吏,虽深文周内,不足语于导德齐礼,然引是非,明曲直,争天下大礼,严峻而无伤焉。后之所谓酷吏,舞文弄法,杀人以利己,但佑宰而已。"[61]此类酷吏与其先辈相比,除了酷虐,已经了无积极的政治作用。不过,对皇帝来讲,酷吏毕竟是一群可资利用的统治工具,这也就是酷吏长存不衰的根本原因。

---

[56] (清)吴敬梓著、张慧剑校注:《儒林外史》,人民文学出版社1988年版,第586页。

[57] 概括性的讨论,参见瞿同祖:《清代地方政府》,第40—57页。

[58] (清)李伯元著、张友鹤校注:《官场现形记》(下),人民文学出版社1957年版,第18页。

[59] 传统中国"酷吏"的基本类型,通过《史记·酷吏列传》与《汉书·酷吏列传》的描述,已经确立;事实上,有关"酷吏"的研究,主要也集中在汉代。参见武树臣:《循吏、酷吏与汉代法律文化》,载《中外法学》,1993年第5期;薛明扬:《西汉循吏酷吏辨》,载《秦汉史论丛》,第6辑,江西教育出版社1994年版,第200—208页;孟祥才:《论西汉的酷吏》,载《先秦秦汉史论》,山东大学出版社2001年版,第309—322页;余华青:《略论汉代"酷吏"的政治心理》,载王子今等主编:《纪念林剑鸣教授史学论文集》,中国社会科学出版社2002年版,第107—122页。

[60] 例如,清官海瑞鉴于明代吏治腐败,曾经鼓吹恢复朱元璋的法律,实行严刑峻法。他说:"要杜绝官吏的贪污,除了采用重典以外别无他途。"对此问题的简要讨论,参见〔美〕黄仁宇:《万历十五年》,中华书局1982年版,第145、159页。

[61] 转见〔韩〕吴淳邦:《清代长篇讽刺小说研究》,北京大学出版社1995年版,第109页。

(一) 帝国官僚的贪黩

王亚南曾经尖锐地指出:传统中国"官僚的政治生活就一般地体现为贪污生活"。[62] 自洎明清时期,各类文献对于帝国官僚的贪污行为多有揭发和抨击,在两本《笑林广记》中,这类笑话故事也颇不少。我们来看《盗官》的描述:

> 一盗为里党所逐,携赃窜迹他省,遂捐官焉。势利者以女妻之,伊在需次,恣意挥霍,所用甚奢。未测其财所自来,暮出晓归,形殊诡秘。妻问之,惟以夜宴对。妻终疑之。一夕华服夜出,妻蹑其后,见其入败寺,易短衣,悄步而行,至僻巷,出斧凿壁,俄成一洞,蛇行而进。妻急归,集婢媪,易男装,伪为巡夜者,伺于洞侧。俟夫出,齐捉之,俯伏不敢仰视。曳下重责二十。提裤而起,四顾无人,不知巡役辈何往矣。易华服,叩门而归。妻问昨夜何往,伊以夜宴看剧对。问演何剧,答曰:"长生殿全本。"妻曰:"吾闻昨夜止演的杂剧,开场是燕子笺钻狗洞,末场是勘皮靴打打篦耳。"伊知败露,红涨于面,不敢措一词。妻指天划地而骂曰:"汝乃穿窬之辈,溷迹于衣冠之中,廉耻已经丧尽,不意既仕之后,复萌故态。仍不改昏夜之行,以此知贪黩凶残之吏,皆昏夜乞怜,白昼骄人之徒耳。夫也不良,终身失望,吾宁为丐妇,耻为盗妻也。"言讫,出门而逝。[63]

这则笑话值得注意的地方有三:第一,讽刺由于捐纳制度带来的官僚品类混杂,居然惯盗也能通过捐纳出仕,其品德和质素之低下可想而知;

---

[62] 王亚南:《中国官僚政治研究》,中国社会科学出版社 1981 年版,第 117 页。
[63] 游戏主人、程世爵撰:《笑林广记》,第 163—164 页。

第二,故事虽然没有提及"盗官"是否贪赃枉法,但从其不改旧业,也完全可以推知,不会清廉到哪里去;第三,笑话直指"贪黩凶残之吏,皆昏夜乞怜,白昼骄人之徒",说明当时官场之卑鄙龌龊。

出仕为官,本当以"清洁"为治身根本,以"牧民"为行政要务;可是,明清时期的官场正在乃至已经失去这样一种儒家特别表彰的职业伦理,而将"做官发财"作为当官做吏的唯一目的,因此官场之贪黩狼藉也就不难想象。请看《发利市》的辛辣批判:

一官新到任,祭仪门毕,有未烬纸钱在地,官即取一锡锭藏好。门子禀曰:"老爷这是纸钱,要他何用?"官曰:"我知道,且等我发个利市着。"[64]

所谓仪门,乃取"有仪可象"之义,意思是说,帝国官僚应当成为治下民众的表率,履行以德化民的职责,以期获得前引孔子所谓"子帅以正,孰敢不正"与"其身正,不令而行"的治理效果。故而,新官到任,必须先行祭奠仪门。这是明清时期官场的惯例,也有深刻的象征意义。一进仪门,就是办公地点,因此仪门也是衙门区隔内外的重要门户。[65] 但笑话却以"发利市"为新官到任治民的开端,顺着这一逻辑,我们可以推断,这位县官将来必定以聚敛钱财为首要任务,与商人经商没有什么两样,其批判意识可谓深刻。

帝国官吏巧取豪夺的手段可谓五花八门,而且贪黩之心永无厌足。在《取金》中:

---

[64] 游戏主人、程世爵撰:《笑林广记》,第19页。
[65] 对于"仪门"的简要介绍,参见郭建:《帝国缩影——中国历史上的衙门》,学林出版社1999年版,第7—8页;刘鹏九主编:《内乡县衙与衙门文化》,第10页。

> 一官出朱票,取赤金二锭,铺户送讫,当堂领价。官问:"价值几何?"铺家曰:"平价该若干,今系老爷取用,只领半价可也。"官顾左右曰:"这等,发一锭还他。"发金后,铺户仍候领价。官曰:"价已发过了。"铺家曰:"并未曾发。"官怒曰:"刁奴才,你说只领半价,故发一锭还你,抵了一半价钱,本县不曾亏了你,如何胡缠?快撑出去!"[66]

县官明明"巧取"了铺户的一锭银子,反说铺户刁钻胡缠,此乃帝国官吏肆意侵犯庶民百姓的私有财产的一个典型例证。当然,如果从明清律例来看,这种行为绝对违法。[67]然而由于铺户买办官物乃是一种传统性的制度,[68]况且地方衙门总是深受行政经费短缺的困扰,[69]所以那种希望按照"廉洁政府"的要求给价进行政府采购的设想,事实上根本无法做到。

在传统中国,赋税也是帝国官吏榨取民众财产的重要渠道。《官物》写道:

> 一大气胪过关,关吏见之,指其夹带漏税。其人辩曰:"小人是疝气病。"吏曰:"既是扇子柄,难道不要起税的么?"曰:"疼的疝气

---

[66] 游戏主人、程世爵撰:《笑林广记》,第19—20页。
[67] 《大明律》卷23"在官求索借贷人财物"的规定,参见怀效锋点校:《大明律》,第188页;田涛、郑秦点校:《大清律例》,卷31"在官求索借贷人财物",也有类似规定。对此问题的简要讨论,参见瞿同祖:《清代地方政府》,第54—55页。
[68] 有关传统中国商业组织与官府问题的详尽研究,参见傅筑夫:《中国工商业者的"行"及其特点》,载《中国经济史论丛》(下),三联书店1980年版,第387—492页,特别是第399—405页;也见〔日〕加藤繁:《中国经济史考证》,(中国台湾)稻香出版社1991年版,第377—411页,特别是第454—491页。
[69] 关于清代州县财政问题的精彩讨论,参见〔美〕曾小萍:《州县官的银两——18世纪中国的合理化财政改革》,董建中译,中国人民大学出版社2005年版。

病。"吏曰:"握紧扇子柄,一发要报税了。"其人曰:"老爷不是,是疼的大气胖。"吏怒曰:"铜的大剃刀。岂该容汝漏税?"责打二十以正其罪。此人被打出来,偶为尿急,对人家门首撒之。门内妇人大骂,其人曰:"娘子休骂,我这官物,比众不同,才在衙门里纳过税,娘子就请看何妨?"[70]

此段利用身体"私隐"与"口音"编成的笑话,尽管读来很不舒服,但其所揭露出来的问题却非常深刻。衡诸史乘,也有大量记载。譬如,晚明时期,由于万历皇帝敛财心切,所派税使四出,雁过拔毛,肆意榨取,终于激起民变。至今读来,仍然触目惊心。[71]

参与游戏官场,各种应酬必不可少,有时花费之浩繁令人咋舌。张集馨在道光二十五年的日记中记有:正月十七日奉旨补授陕西督粮道这个美缺——有"斗斛盈余"可捞,在京应酬送礼,东借西凑,"共用别敬一万七千两。"在粮道任上,张集馨说:"通计每年用度,连京城炭敬,总在五万金上下,而告帮告助者不在其内。每年入项约六万余金,再除私用,亦无复多余。"[72]由此可见应酬费用浩繁之一斑矣。在《属牛》中就有类似的笑话:

---

[70] 游戏主人、程世爵撰:《笑林广记》,第151页。类似的笑话,也见同书"十只脚",第137页。

[71] 关于晚明商税征收过程中的肆意榨取的舞弊现象的讨论,参见吕景琳、郭松义主编:《中国封建社会经济史》,第4卷,齐鲁书社、文津出版社1993年版,第203—208页;关于万历年间因商税舞弊而激起民变的讨论,参见刘志琴:《试论万历民变》,载《明清史国际学术讨论会论文集》,天津人民出版社1982年版,第678—697页;也见樊树志:《万历传》,人民出版社1993年版,第395—401页。

[72] 参见(清)张集馨:《道咸宦海见闻录》,中华书局1981年版,第77—78、80页。同治和光绪年间历任广东广宁、四会、南海等县知县的杜凤治在《望凫行馆宦粤日记》中,对此也有详尽记载。参见邱捷:《知县与地方绅士的合作与冲突》,载《近代史研究》,2006年第1期,第22—24页。

> 一官遇生辰，吏典闻其属鼠，乃酿黄金铸一鼠为寿，官甚喜曰："汝等可知奶奶生日亦在目下乎？"众吏曰："不知，请问其属？"官曰："小我一岁，丑年生的。"〔73〕

我们知道，在十二生肖中，以鼠为首，接着是牛。这段故事有趣之处在于：首先，官员接受属吏的金鼠寿礼，可谓心满意足。其次，转而一想，自己老婆（奶奶）的生日在即，马上告诉吏典，其贪图寿礼的迫切心情历历如画；最后，通过动物大小暗示，奶奶属牛，你们也该依样铸造一个巨型金牛作为寿礼，才洽我意。其贪黩之心，跃然纸上。

俗话"任你官清似水，难逃吏猾如油"一言，颇为流行；从中，我们也可以看出明清时期猾吏的猖獗。顾炎武指出："天下之病民者有三：曰乡宦，曰生员，曰吏胥。"〔74〕他们盘根错节，把持衙门，勾结豪强，窜通地棍，危害地方，鱼肉百姓。这些史书都有记载。〔75〕值得指出的是，州县官吏要想贪污，往往须要借手书吏帮忙；由此，他们每每沆瀣一气，无所不为。对书吏的贪黩无厌，在《死要钱》中的刻画非常入木：

> 一客束装归里，路过山东，岁大饥，穷民死者无算，旅店萧条，不留宿客，投一寺院，见东厢停柩数十口，西厢只有一棺，肖然独存。三更后，棺中各出一手，皆焦瘦黄瘠者，惟西厢一手，稍觉肥白。客素负胆力，左右顾盼笑曰："汝等穷鬼，想手头窘甚，向我乞钱耶！"遂解囊各选一大钱与之。东厢鬼手尽缩。西厢鬼手伸如

---

〔73〕 游戏主人、程世爵撰：《笑林广记》，第 21 页。
〔74〕 顾炎武：《顾亭林诗文集》，卷 1"生员论"，第 22—23 页。关于明代吏胥之危害的评论，也见顾炎武著、黄汝成集释：《日知录集释》，卷 8"吏胥"，第 187—188 页。
〔75〕 参见瞿同祖：《清代地方政府》，第 65—94 页；郭建：《帝国缩影——中国历史上的衙门》，第 69—90 页。

故,客曰:"一文钱不满君意,吾当益之。"添至百数,犹然不动,客怒曰:"穷鬼太作乔,可谓贪得无厌。"竟提两贯钱置其掌,鬼手顿缩。客讶之,移灯四照,见东厢之棺,皆书饥民某字样,而西厢一棺,书某县典史某公之枢。[76]

这里,饥民与典史之间的区别犁然:东厢与西厢,瘦瘠与肥白,容易满足与贪得无厌。此则故事的深刻之处在于,即便已经到了阴间,典史的贪心依然没有丝毫泯灭。

打官司要花钱,这原本是古今中外的通例,没有什么值得我们惊讶的。但是,明清时期的俗话"八字衙门朝南开,有理无钱莫进来"则意味着除了正常的诉讼费用,两造必须饱受衙门各色人等的敲诈之苦,承担额外的支出,以致一场官司下来,每每倾家荡产。正是鉴于这种可能导致的风险,帝国精英也时时奉劝民众息讼。[77] 我们来看《有理》的描写:

一官最贪,一日拘两告对审,原告馈以五十金,被告闻知,加倍贿托。及审时,不问情由,抽签竟打原告。原告将手作五数势曰:"小的是有理的。"官亦以手覆曰:"奴才,你虽有理。"又以手一仰曰:"他比你更有理哩。"[78]

---

[76] 游戏主人、程世爵撰:《笑林广记》,第 193 页。
[77] 对此,流播甚广的宋代范峹《诫讼诗》即有很好表述:"些小言词莫若休,不须经县与经州。衙头府底赔杯酒,赢得猫儿赔了牛。"转引自(明)凌濛初:《二刻拍案惊奇》,卷 10。相关的讨论,参见徐忠明:《从明清小说看中国古人的诉讼观念》,载《法学与文学之间》,第 108—109 页。
[78] 游戏主人、程世爵撰:《笑林广记》,第 19 页。此外,《笑林广记》所载"刮地皮"和"官场妙喻"对于官吏的贪黩的讽刺,也很辛辣,参见前书,第 225、259 页。

结果,只能是所谓"有钱者生,无钱者死"。[79] 清代廖腾煃也有类似的评论:"前日县官,类皆以词讼为生涯,计词讼一年,可得橐金万有余两";[80] 又说:"甲乙相讼,县官则视其金钱之少多而操其短长";[81] 以及"两造之下,只视钱之少多,不分理之长短。锻炼深文,高下其手"。[82] 但问题是,上述情形是否能够代表明清时期司法实践的整体面貌? 我觉得,从常识性的角度来看,如果打官司真的会导致倾家荡产的后果,那么作为理性的庶民百姓恐怕不至于这么"愚蠢"。事实上,明清时期的诉讼率并不低,这多少说明了他们能够承受相应的诉讼费用。据此,黄宗智认为:其一,司法腐败确实存在,但不是普遍现象,也不是很严重;其二,一起进行到底的案件,其诉讼费用只是诉讼标的额度的35%左右,而且没有超出民众能够承受的范围。[83]

(二)帝国官僚的酷虐

照该,秉承儒家"爱民"思想的中华帝国,也同样应当遵循儒家"非佞折狱,惟良折狱,罔非在中"[84] 的司法精神;也就是说,在司法审判中,选拔那些具备"良"的道德操守的裁判官员,以期他们能够做出符合"中"的原则的司法判决。而对司法官员来说,仅有"良"的品格依然不

---

[79] 游戏主人、程世爵撰:《笑林广记》,第 19 页。类似的故事,也见前书,"乳广",第 150 页。对此问题,笔者曾有详尽的讨论,参见《包公故事:一个考察中国法律文化的视角》,第 393—399 页。

[80] (清)廖腾煃:《海阳纪略》,卷上"复钟世兄",清康熙浴云楼刻本,载《四库未收书辑刊》,7 辑·28 册,北京出版社 1998 年版,第 409 页。

[81] 廖腾煃:《海阳纪略》,卷下"两江总制傅安徽巡抚江详文",载《四库未收书辑刊》,第 420 页。

[82] 廖腾煃:《海阳纪略》,卷下"招徕示",载《四库未收书辑刊》,第 431 页。

[83] 对此问题的详尽研究,参见〔美〕黄宗智:《民事审判与民间调解:清代的表达与实践》,中国社会科学出版社 1998 年版,第 164—190 页。另外,参见〔日〕岸本美绪:《清初上海的审判与调解——以〈历年纪〉为例》,载《近世家族与政治比较历史论文集》,第 254—255 页。

[84] 《尚书·吕刑》。

娱乐与讽刺：明清时期民间法律意识的另类叙事　99

够,还要具备"哀矜"的精神境界,才能真正实现"中"的刑罚理想。故而《尚书·吕刑》又说:"哀矜折狱,明启刑书胥占,咸庶中正。其刑其罚,其审克之。"[85]总之,无论"惟良折狱"抑或"哀矜折狱",对于司法实践来说,都有慎用刑罚(包括刑讯和刑罚)的意思。然而,事实并非如此。请看《听讼异同》的解释:

  廉吏有讼师,贪吏无讼师。廉吏平情折狱,而讼师虽畏其明,犹可欺之以其方,故讼师留以有待也。贪吏不据理听讼,而讼师虽强其词,竟不能夺其理,故讼师去而他图也。廉吏使无讼,贪吏亦能使无讼。登廉吏之庭,杳乎寂乎,而民自无讼,是真无讼也,无情不敢呈其讼也。登贪吏之庭,杳乎寂乎,而民无一讼,非不欲讼也,无财不敢以为讼也。然而为吏者,岂能终无讼乎！两造各有曲直,不得已而质诸公庭,官则摄齐升堂,靦颜上座,无是非,无曲直,曰:"打而已矣。"无天理,无人情,曰:"痛打而已矣。"故民不曰审官司,而曰打官司,官司而名之曰打,真不成为官司也。然而彼更有说以自解曰:"听讼,吾犹人也,必也使无讼乎？有情者不得尽其词,大畏民志,此谓知县。"[86]

我觉得,此则"笑话故事",实际上已无故事和笑话的色彩,而纯粹是

---

 [85]　如果司法官员真能本着"哀矜"的心态来听讼折狱,那么他们就会对罪犯充满同情和怜悯。我觉得,这种心境是司法官员得以避免刑讯逼供和草菅人命的重要因素。另外,哀矜折狱与儒家的"恕"也有内在的关联。实际上,按照"恕"的准则来听讼折狱,也是古典中国司法审判的特色。陆贽这样写道:"夫听讼辨谗,贵于明恕。明者,在辨之以迹;恕者,在求之以情。迹可责而情可矜,圣王惧疑似之陷非辜,不之责也。情可责而迹可宥,圣王惧逆诈之滥无罪,不之责也。"参见(明)丘浚:《大学衍义补·慎刑宪》,"详听断之法",引自鲁嵩岳:《慎刑宪点评》,法律出版社1998年版,第199页。

 [86]　游戏主人、程世爵撰:《笑林广记》,第267页。

对于"打官司"的一种用语解释。事实上,从"打"字的用法来看,并非只是"打人"的意思。譬如,我们现在常说:打的、打饭、打烊等,它们的意思是指乘出租车、买饭、商店关门。就此而言,打官司可以用来表示"到衙门诉讼"的意思;或许,这也是故事所谓"审官司"的意思吧。由于汉语"打"字的模糊意蕴,因此,能与其他词汇结合起来用在多种场合而有不同的意思;其中以"打人"(刑讯)来表达诉讼,只是一种可能的用法罢了。然而,故事旨在抨击贪吏听讼折狱的那种"无是非,无曲直,无天理,无人情"的特点,所以刻意在"打人"(刑讯)的层面上解释诉讼,希望凸现司法官吏的酷虐,这是一种很有创意的解释。再者,鉴于传统中国即便允许司法官员刑讯,但也是有条件的,而且法律规定非常严格;[87]因此,这种不问青红皂白、动辄刑讯的做法,本身就是司法官员酷虐的表现。如果把它与传统中国"刑治中心主义"[88]的整个法律背景结合起来考量,那么故事的评论可谓切中要害。

必须指出的是,传统中国之所以存在刑讯制度,甚至在司法实践中刑讯泛滥,除了证据制度(口供主义)[89]和侦查技术落后的原因以外,也与司法官员的酷虐密切相关。对此,笔者已有比较详尽的论述,[90]不再赘述。这里,我们来看《天佑》关于用刑的有趣譬喻:

---

[87] 对此问题的详尽讨论,参见陈俊强:《刑讯制度》,载高明士主编:《唐律与国家社会研究》,(中国台湾)五南图书出版有限公司1999年版,第403—435页。虽然陈俊强讨论的是唐律的刑讯问题,但是它的基本内容同样适用于明清律例的规定,囿于本文篇幅,这里不便展开讨论。

[88] 参见徐忠明:《"刑治主义"与中国古代法律观念》,载《比较法研究》,1998年第3—4期。

[89] 日本滋贺秀三教授认为,传统中国以"口供"为核心证据;事实上,口供与证据也非等同。参见〔日〕滋贺秀三:《中国法文化的考察》,载《明清时期的民事审判与民间契约》,第10—11页。

[90] 参见徐忠明:《包公故事:一个考察中国法律文化的视角》,第419—429页。

娱乐与讽刺：明清时期民间法律意识的另类叙事　　101

妯娌谈天，嫂曰："天下人惟妇人之心最慈，男子之心最狠。"婶问其故。答曰："譬如作那件事，妇人服事男子，百般肆应，曲尽绸缪，犹如属吏逢迎上司一般，恨不能致其身以遂其乐。男子交媾妇人，恣情纵送，竭力冲突，犹如酷吏用刑一样，恨不能索其命竭其欢。谁知夫也不良，天实默佑，男子使的劲儿越大，妇人越觉之舒服。"婶曰："天实为之，虽猛何为？"〔91〕

毫无疑问，这段笑话与酷吏滥刑本身并无直接的关系，而仅仅是妯娌之间交流房事的一通既哀怨又惊喜的私语，它是传统中国性别礼教压抑下的期盼表达的另类话语；进一步说，它构成了与传统中国性别礼教话语的竞争，甚至试图提出挑战的另类话语。〔92〕然而，其中"犹如酷吏用刑一样，恨不能索其命"一句，足见酷吏用刑的残暴，已经成为当时的共识。

所谓"靠山吃山，靠水吃水"，衙门里的用刑同样充满腐败的现象。诚如京剧《苏三起解》所说："大门里不种高粱，二门里不种黑豆，三班衙役不吃打官司的，吃谁去？"在这种情形下，刑讯轻重即是银钱多少的标价。请看《代打》的描写：

有应受官责者，以银三钱，雇邻人代往，其人得银，欣然愿替。既见官，官喝打三十，方受数杖，痛极。因私出所得银，尽贿

---

〔91〕　游戏主人、程世爵撰：《笑林广记》，第187页。
〔92〕　对这一问题的精彩研究，参见〔美〕艾梅兰（Maram Epstein）：《竞争的话语：明清小说中的正统性、本真性及所生成之意义》，罗琳译，江苏人民出版社2005年版。值得一提的是，有关明清时期文学中的"性"与"性爱"问题，近年来颇受文学史家的重视，相关成果也不少。参见吴存存：《明清社会性爱风气》，人民文学出版社2000年版；也见〔美〕马克梦：《吝啬鬼、泼妇、一夫多妻——十八世纪中国小说中的性与男女关系》，王维东、杨彩霞译，人民文学出版社2001年版。

行杖者,得稍从轻。其人出谢前人曰:"蒙公赐银救我性命,不然几乎打杀。"[93]

故事的可笑之处在于代刑者冒出一句:"蒙公赐银救我性命,不然几乎打杀。"然而,值得我们深思的是:其一,刑罚可以出钱雇人代受;其二,衙役在决杖时收受贿赂;其三,代刑者"几乎打杀"意味着杖刑的酷虐。这样的事情看来并不鲜见,早在宋朝就有类似的记载。沈括记有:"包孝肃尹京,号为明察。有编民犯法,当杖脊,吏受赇,与之约曰:'今见尹,必付我责状,汝第呼号自辩,我与汝分此罪。汝决杖,我亦决杖。'既而包引囚问毕,果付吏责状。囚如吏言,分辩不已。吏大声诃之曰:'但受脊杖出去,何用多言!'包谓其市权,捽吏于庭,杖之十七。特宽囚罪,止从杖坐,以抑吏势。不知乃为所卖,卒如素约。小人为奸,固难防也。孝肃天性峭严,未尝有笑容,人谓"包希仁笑比黄河清"。[94] 这里,我们又一次见到了"任你官清似水,难逃吏猾如油"的例证。

在民众眼里,声称"爱民"的帝国衙门,居然与地狱没有两样。在《避暑》中:

官值暑月,欲觅避凉之地,同僚纷议,或曰,某山幽雅。或曰,某寺清闲。一老人进曰:"山寺虽好,总不如此座公厅,最是凉快。"官曰:"何以见得?"答曰:"别处多有日头,独此处有天无日。"[95]

在汉语里,有"朗朗乾坤"、有"湛湛青天"、有"清平世界"之类的词汇;在

---

[93] 游戏主人、程世爵撰:《笑林广记》,第 79 页。
[94] 胡道静:《新校梦溪笔谈》,中华书局香港分局 1975 年版,第 224 页。
[95] 游戏主人、程世爵撰:《笑林广记》,第 20 页。

衙门里,也有"明镜高悬"的匾额,以及取意"天诛地灭"的朱色漆顶、篾席铺地的暖阁;在宗教上,四川的丰都鬼城更有"人间私语,神目如电"这样的楹联,实际上,这也是明清时期的宗教文学当中频繁出现的句子,可见其流播广泛。所有这些,都是用来寄托和表达人间社会理应无冤无枉的希望和理想;与此相反,所谓"覆盆冤案"和"沉冤莫伸",则是对于官府腐败与司法黑暗的控诉。对《避暑》中的老人来说,帝国衙门简直是"暗无天日"的所在。

在《五大天地》中,还有一个非常深刻的概括:

> 一官好酒怠政,贪财酷民,百姓怨恨,临卸篆,公送德政碑,上书五大天地。官曰:"此四字是何用意?令人不解。"众绅民齐声答曰:"官一到任时,金天银地;官在内署时,花天酒地;坐堂听断时,昏天黑地;百姓含冤的是,恨天怨地;如今可交卸了,谢天谢地。"[96]

我们知道,绅民送"德政碑"——其他诸如建生祠、送万民伞、留靴子等,[97]一如时下所流行的送锦旗那样,乃是绅民为了表彰地方官员任职期间的善政,也是为了表达自己的感激之情。颇具反讽意味的是,在故事中,它却成为讽刺和批判县官虐政的"耻辱碑"。

在本节里,笔者简要地分析了《笑林广记》反映的明清时期帝国

---

[96] 游戏主人、程世爵撰:《笑林广记》,第260页。类似的挖苦,参见同书"石碑呼",第21页。

[97] 所谓"留靴",是指民众希望离任官员留下"遗爱"的意义。在游戏主人、程世爵撰《笑林广记·强盗脚》中,以此讽刺官吏的强盗行径。文曰:"乡民初次入城,见有木桶悬于城上,问人曰:'此中何物?'应者曰:'强盗头。'及至县前,见无数木匣钉于谯楼之上,皆前官既去,而所留遗爱之靴。乡民不知,乃点首曰:'城上挂的强盗头,此处一定是强盗脚了。'"参见前书,第21页。

官僚的贪黩与酷虐。当然,上述官僚贪黩和酷虐的问题,其他历史文献也有记载和批判的内容。因此,可以说是明清时期比较普遍的政治现象。值得我们认真反思的是:原因究竟何在?据我看来,根本原因有五:其一,小农经济与庞大帝国的矛盾。小农经济的产出有限,而且儒家基于"爱民"的道德精神,也提倡"薄赋轻徭"的财政原则,因此,正常的财政收入往往难以满足维系规模庞大的官僚帝国的需要。这样一来,为了控制帝国官僚的规模,必须建构"精兵简政"的官僚政府。即使如此,还是出现行政经费的短缺。其二,皇权专制与民间社会的矛盾。为了实现皇权对于巨型社会的有效控制,势必要求压抑民间社会的各种势力;但是,明清时期不但人口急剧增长,而且社会经济也日趋多样和复杂,所以数量有限的帝国官僚根本不可能胜任这项任务。这样一来,任用编制外的吏胥和衙役,也就不可避免;此外,为聚敛财富而广开捐纳出仕之门,造成了官僚品流不纯,从而导致了帝国衙门鱼龙混杂,良莠不齐,贪黩腐败也就势所难免。其三,道德理想与社会现实的矛盾。事实上,科举取仕本身可能就是一个祸根。虽然科举大门敞开,庶民百姓均能利用自身的才智和通过自身的努力进入官僚阶层,而且,具有相当程度的公开性和平等性;但是,漫长的考试途程须要整个家族的经济支持。这样一来,一旦科举成功而出仕为官,那么回报家族原先付出的经济支持也就理所当然。而国家所能提供的薪水却非常微薄,甚至不够养家糊口的;如此一来,想要不贪如何可能?这就致使"清廉"的道德理想,一旦遭遇现实生活的巨大压力,真是不堪一击。其四,人性与世情的矛盾。随着商品经济的迅速发展,明清时期出现了"消费社会"的气象,奢侈夸富的现象非常普遍。我们完全可以设想,对于那些尤其是家庭经济条件较差的平民阶层,经由二三十年"寒窗苦读"而得以出仕的帝国官僚来说,如此漫长的"苦读"生涯,难道仅仅是为了当好"清官"吗?难道仅仅是为了继续过那"清贫"(例如,半鸭清官于成龙)的生活吗?一旦出仕当官之后,面对鲜衣华服、昂首阔步的商人阶层,难道他们能够继续忍受因母亲生日缺钱开销(例如,清官海瑞的故事)而发愁吗?这样一来,在薪水不够用度时,贪黩恐怕难以避免。更何况,享乐乃是人性固有的欲望。其五,导致帝国官僚酷虐的主要原因,除了他们的性格与贪黩的因素以外,多半与皇权专制相关。这是因为,在皇帝看来,如果要想有效地控制巨型的民间社会和操纵庞大的官僚群体,仅仅依靠道德说教,那是绝对不可能的事情;所以,唯有使用血腥的暴力手段,才是维持皇权专制与帝国统治的不二法门。也正因为如此,中国历史上的酷吏,往往被皇帝视为能吏而加以重用。

三、昏聩与狡黠:官民之间不同的司法智慧

海瑞曾经在《规士文》中写道:"吾少时乡居,见闾阎父老,阛阓小民,同席聚饮,恣其笑谈,见秀才至则敛容息口,惟秀才之容止是观,惟秀才之言语是听。秀才行于市,两巷人无不注目视之,曰此某斋长也。人情之重士如此,岂畏其威力哉?以为彼读书知礼之人,我辈村粗鄙俗为其所笑耳。"[98]尽管海瑞旨在批评明代士风日趋败坏的现象,但是,我们从中颇能看出士人阶层(海瑞所说只是其中的最低等级秀才)在当时社会上的重要地位;由此我们也可以推测,帝国官僚的社会地位将是何等崇高。相反,乡民则有"自惭形秽"的自卑心理。然而在下面所要讨论的笑话中,情况恰恰相反,官僚成为被挖苦讽刺的对象。

---

[98] (明)海瑞著、陈义钟编校:《海瑞集》(全两册),中华书局1962年版,第20页。

(一)帝国官僚的昏聩

一般说来,通过科举考试出仕的帝国官吏应该富有智慧,但某些官吏却显得出奇的昏聩,不是所谓"四体不勤,五谷不分",而是缺乏基本的生活常识与审判能力。说到缺乏司法能力,现代学者每每认为,这是由于中华帝国的科举考试属于经典知识与诗文写作的测试,与实际行政和司法审判没有直接的关联。[99] 据我看来,就其与西方尤其是近年以来的西方法律知识体系比较而言,这一论断无疑是很有道理的。但值得指出的是:其一,如果我们承认传统中国具有"礼法融合"的法律体系的特征,那么,经由儒家经典训练接受的也就不是与法律毫无关系的知识体系了。毕竟,法律只是礼教的律典化和具体化。[100] 其二,传统中国特别是宋明以降,法律还是受到知识阶层重视的。苏轼的"读书万卷不读律,致君尧舜知无术"[101]的诗句,恰恰说明,在当时的知识阶层和帝国官僚眼里,对于达到"尧舜之治"的境界来说,法律有着非常重要的作用。其三,在传统中国,也有多元的渠道传播法律知识和相当丰

---

[99] 马克斯·韦伯曾说:"中国的考试,目的在于考察学生是否完全具备经典知识以及由此产生的、适合于一个有教养的人的思考方式。"又说:"中国的知识阶层,从来就不是一个婆罗门一样的自主的学者阶层,而是一个由官员和官职候补人组成的阶层。"还说:"中国的教育不仅考虑到俸禄利益,而且受到经书的束缚,但它是一种纯粹的俗人教育,一方面具有仪式、典礼的性质,另一方面又具有传统主义的、伦理的特性。……中国的哲学缺乏西方的法律学所具有的理性。"最后,他说:"中国的司法,一部分是(由高级官员主持的)草率的专制司法,一部分是案卷司法。没有辩护词,只有参加者的书面呈文与口头交流。"分别引据韦伯:《儒教与道教》,洪天富译,江苏人民出版社1993年版,第143—150页。这些论断影响很深很广。国内学者的讨论,参见贺卫方:《中国的司法传统及其近代化》,载苏力、贺卫方主编:《20世纪的中国:学术与社会·法学卷》,山东人民出版社2001年版,第178—183页。

[100] 宫崎市定先生曾经指出:"儒家的特色,实际上完整地体现为律的特色。"参见[日]宫崎市定:《宋元时代的法制与审判机构》,载刘俊文主编:《日本学者研究中国史论著选译》,第8卷,中华书局1992年版,第253页。

[101] 引据徐道邻:《法学家苏东坡》,载《中国法制史论集》,(中国台湾)志文出版社1975年版,第309页。

富的法律研究文献;在法律研究群体中,已经出现了不同的律学流派。[102] 所以我们不能简单地认为,传统中国的司法官员都缺乏起码的法律知识。[103]

基于上述分析,笔者认为,帝制中国的司法官员的昏聩,似乎并非完全由于法律知识的匮乏所致。但是,在文学作品中,对于司法官员没有法律知识以及昏聩无能的讽刺性的刻画,倒是不少,元代戏曲尤多这类形象。[104] 现在,我们来看《笑林广记》的描写:

一青盲人涉讼,自诉眼睛。官曰:"你明明一双清白眼,如何诈瞎?"答曰:"老爷看小人是清白的,小人看老爷却是糊涂得紧。"[105]

有失牛而讼于官者,官问曰:"几时偷去的?"答曰:"老爷,明日没有的。"吏在旁不觉失笑。官怒曰:"想就是你偷了。"吏洒两袖曰:"任凭老爷搜。"[106]

或看审囚回,人问之,答曰:"今年重囚五人,俱有毛病:一痴

---

[102] 这一方面的研究成果很多,主要文献可以参见汤松能等:《探索的轨迹——中国法学教育发展史略》,法律出版社 1995 年版;张伟仁:《清代的法学教育》,载贺卫方编:《中国法律教育之路》,中国政法大学出版社 1997 年版,第 145—247 页;何勤华:《中国法学史》,法律出版社 2000 年版;闫晓君:《走近"陕派律学"》,载《法律科学》,2005 年第 5 期;[法]巩涛(Jerome Bourcon):《西方法律引进之前的中国法学》,林蕙娥译,载《法国汉学》,第 8 辑,中华书局 2003 年版,第 239—241 页;邱澎生:《有资用世纪或福祚子孙——晚明有关法律知识的两种价值》,载《清华法学》,第 9 辑,清华大学出版社 2006 年版,第 141—174 页。

[103] 对此问题的讨论,参见徐忠明:《传统中国的法律职业与知识结构》,曾经在"第三届全国'法律方法与法律思维'专题学术研讨会"(新疆·乌鲁木齐,2004 年 8 月 26—28 日)上发表,未刊;也见陈惠馨、顾忠华:《论传统中国的法律教育——以法体系之价值内涵为中心的学习制度》,载《清华法学》,第 9 辑,清华大学出版社 2006 年版,第 95—109 页。

[104] 参见徐忠明:《包公故事:一个考察中国法律文化的视角》,第 390—401 页。

[105] 游戏主人、程世爵撰:《笑林广记·糊涂》,第 20 页。

[106] 游戏主人、程世爵撰:《笑林广记·偷牛》,第 21 页。类似的笑话还有"家属",第 21 页。

子、一颠子、一瞎子、一胡子、一癞痢。"问如何审了,答曰:"只胡子与癞痢吃亏,其余免死。"又问何故,曰:"只听见问官说痴弗杀,颠弗杀,一眼弗杀,胡子塔痢杀。"[107]

一官坐堂,书吏呈上名单,官将单内计开二字,读作许闻。用朱笔一点说:"带许闻。"差人禀曰:"不到。"官曰:"要紧之人不到,自好问二案。"一看名单也有许闻,又点曰:"带许闻。"差人禀曰:"不到。"官怒曰:"屡点不到,案案上有名。定是讼师。"当堂出签,立拿到案,用朱笔判签,将十七日七字一钩,望左钩去。书吏不敢明言,禀曰:"笔毛不顺,老爷得钩子望左边去了。"官曰:"你又来考我了,打量我连八字都认不得呢。"[108]

庸师惯读破句,又念白字。一日训徒,教《〈大学〉序》,念云:"大学之,书古也;大学所以教人之。"主人知觉,怒而逐之。复被一荫官延请入幕,官不识律令,每事询之馆师。一日巡捕拿一盗钟者至,官问何以治之,师曰:"夫子之道(盗)忠(钟),恕而已矣。"官遂释放。又一日,获一盗席者至,官又问,师曰:"朝闻道(盗)夕(席)死可矣。"官即将盗席者立毙杖下。适冥王私行,察访得实,即命鬼判拿来痛骂曰:"不通的畜生,你骗人馆谷,误人子弟,其罪不小,摘往轮回去变猪狗。"师再三哀告曰:"做猪狗固不敢辞,但猪要判生南方,狗乞做一母狗。"王问何故,答曰:"南方之(猪)强与北方之(猪)。"又问母狗为何,答曰:"《曲礼》云:'临财母苟(狗)得,临难母苟(狗)免。'"[109]

这些故事读来令人捧腹绝倒,确实是第一流的笑话佳作。其中,前面两

---

[107] 游戏主人、程世爵撰:《笑林广记·胡刺杀》,第51页。
[108] 游戏主人、程世爵撰:《笑林广记》,第261页。
[109] 游戏主人、程世爵撰:《笑林广记·读破句》,第38页。

个故事都是挖苦司法官员形同白痴,毫无生活常识,但也只是如此而已,付之一笑可也。一句"老爷看小人是清白的,小人看老爷却是糊涂得紧",最为传神,非常简洁地刻画了糊涂官吏的嘴脸。第三个故事是讽刺挖苦司法官员任情妄为、草菅人命的笑话,很有"我看看你就不顺眼,胡子塔痢的,杀了算了"的味道。后面两个笑话都提到了官吏和师爷缺乏基本的识字断句的能力,当然也谈不上审判能力,可谓滥竽充数。读第四个故事,我们可以发出会心的微笑;但是,读第五个故事,却让我们感到毛骨悚然,因为司法官员简直将审案视做儿戏,被告的生生死死毫无事实依据与法律标准。我们不禁要问:如果遇上这么昏聩的司法官员,庶民百姓还有活路吗?这些笑话通过超越事实的想象,迫使我们认真反思明清时期的司法腐败问题。顺便指出,在笑话中,儒家经典也变成了编织笑话的配料和元素,这本身就是对经典的开涮;就此而言,也有轻薄经典,乃至解构和颠覆具有神圣地位的儒家经典的意味。[110] 而这,就是讽刺笑话的力量,或许也是瓦解帝国官方经典教条的正统地位的一种绝妙手段。

必须指出的是,有时,帝国官僚在司法审判中表现出来的"昏聩"形象,往往是由于一己的贪念所致。换句话说,是金钱涂黑了司法官员内心的明镜。请看《不明》的刻画:

>一官断事不明,惟好酒怠政,贪财酷民,百姓怨恨,乃作诗以诮之云:"黑漆皮灯笼,半天萤火虫;粉墙画白虎,黄纸写乌龙;茄子敲泥磬,冬瓜撞木钟;维知钱与酒,不管正和公。"[111]

---

[110] 事实上,在游戏主人、程世爵撰《笑林广记》中,调笑儒家经典的故事还有一些。例如《红门》,第 32 页;又如《一般胡》,第 52 页;还有《阖院吏》,第 98 页。其中,第一和第三这两个故事,竟然将儒家的经典与妓女的月经相提并论,显得非常怪诞。我们完全可以想象,在正统思想看来,这种话语具有颠覆的性质。

[111] 游戏主人、程世爵撰:《笑林广记》,第 20 页。类似但更详尽的故事,参见《糊涂虫》,第 220—221 页。

据此,明清时期的司法官员的糊涂昏庸,乃是"好酒贪财"所致,而与法律知识无关。在传统中国的司法场域,"廉洁"往往被看作是"公正"与"威严"的前提,至少也是将其联系起来思考的——"吏不畏吾严,而畏吾廉;民不服吾能,而服吾公。公则民不敢慢,廉则吏不敢欺。公生明,廉生威"。[112] 尽管"廉洁"未必一定产生"公正"的司法效果。在刘鹗所著《老残游记》中,对于不要钱却嗜杀成性的清官型酷吏,即有严厉的抨击。[113]

(二) 乡野庶民的狡黠

我们在帝国官方的司法文献中,每每读到"乡愚无知"和"小民蠢愚"的记载。一方面,我们固然可以说乡愚无知,因不读书而不知理;但另一方面,我们也可以发现身处乡野的庶民百姓实际上非常富于智慧,一种来自日常生活实践的智慧。这种智慧,在前引"老爷看小人是清白的,小人看老爷却是糊涂得紧"中体现得淋漓尽致。在司法实践中,这种智慧也时时得到展现。我们来看《硬中证》和《讼诨》的荒诞描写:

> 有病偏坠者,左肾以家私不均事告于肚皮。右肾自觉强梁占胖太多,用厚礼结纳于阳具,诉状中求其做一硬中证。及临审,右肾抗辩力甚,而阳具缩者,不出一语。肚皮责阳物曰:"尔向日直恁跳梁,今日何顿软弱,还不从直讲来?"答曰:"见本主子脱硬挣,我只得缩了。"[114]

> 鸡帽顶与扁西嫂口角斗殴,打的鸡帽顶垂头不语,身受内伤,

---

[112] 引据刘鹏九主编:《内乡县衙与衙门文化》,第145页。
[113] 参见(清)刘鹗:《老残游记》,齐鲁书社1981年版,第225页。
[114] 游戏主人、程世爵撰:《笑林广记》,第68页。

娱乐与讽刺:明清时期民间法律意识的另类叙事　　111

同赴肚大老爷案下喊控。当堂质讯,两造各执一词,不能结案。饬壮头流红,传四邻质讯。众邻证到案,先问卵邻老二说:"你乃贴邻,与帽顶声气相通,痛痒相关,你必看见。"老二说:"鸡帽顶在里头打捶,小的在门口挤不进去。"又问远邻毛八说:"你乃聚族而居,非不毛之地,亦应披发而往救。"老八说:"小的毛姓,分为两家,一住毛家湾,一居毛家塔院,同姓联宗,二毛常到一处,被鸡帽顶儿时常折措揉磨,蹭的七零八落,小的出身微末,何敢与他相抗?"又问后街住的肛老二说:"你家与他家后庭相近,你该听见。"老二说:"小的与他家只隔一沟,鸡帽顶乃凶恶棍徒,若惹他,打进小的门里来,又要大老爷费事。"官问何故。答曰:"要用鸡蛋验伤。"又问对门住的马兵齐布伸泰说:"你常在他们上该班,你总晓得。"马兵说:"小的实在没看见,小的下班了,他们才打捶的。"又问鸡帽顶的干儿子精额布说:"你跟你老子在尽里面,定然看见。"精娃子诉曰:"小的出来的时候,他们已经打完了。"[115]

这两个故事都事涉色情,属于黄色笑话。前者用性器官来描摹一起分家析产的纠纷案件,后者将人体下身的各个私隐部位来构筑一桩斗殴(拿性交作隐语)案件。这里,撇开色情问题不谈,我们从中可以看到:其一,就庭审程序而言,这两个故事都写得非常准确,也极其认真,有板有眼地讲述了明清时期庭审过程中的质讯程序和技术;而且,这一描述完全符合当时的法律规定和司法实践。其二,就庶民百姓的诉讼态度而言,确实非常理性,也称得上是机关算尽;甚至,第一个故事交代了原告为了胜诉,不惜采取非法手段贿赂证人,请他在庭审时充当硬证——硬证既是法律术语,这里兼有暗指阳具坚挺的隐意。其三,也是笔者意

---

[115]　游戏人生、程世爵撰:《笑林广记》,第169—170页。

欲讨论的关键问题。在两个笑话中，所有证人全都彼此推诿，不愿出头作证。虽然这仅仅是笑话故事而已，不能当真；但是，笔者以为，从中颇能见出明清时期庶民百姓的诉讼智慧，以及在与帝国衙门交涉时的狡黠态度。我们知道，自从商鞅变法以来，庶民百姓被编入了什伍组织，而明清时期的保甲制度也是一种具有类似功能的控制技术。这是一种国家对于社会进行有效控制的权力技术，也是一种节约控制成本的基本措施。[116] 在这些组织中，庶民百姓不仅必须承担彼此监视和相互连带的法律责任和义务，而且，还必须承担彼此出庭作证的法律责任和义务。据此，一旦发生民刑案件，对帝国官僚来讲，拘传邻证质讯乃是一个必不可少的步骤。这一制度设计的意图非常清楚：在安土重迁的乡土社会里，生于此、长于此、老于此的小民百姓彼此之间非常熟悉，几乎毫无私隐可言，因此取证比较方便，也比较有效。但问题是，正因为彼此熟识，关系紧密，反而使庶民百姓觉得，一旦出庭作证，就会影响自己与原被两造之间的关系。如若证人左袒，难免得罪被告；假定右袒，则又必然交恶原告。在这种情况下，他们采取望顾左右而言它的策略应付司法官员；对他们来说，回避直接作证也许最为符合自身的实际利益。或许，这也就是两个笑话故事中的邻证全都不愿作证的根本原因吧。由此，我们可以进一步推测，帝国官方之所以热衷于官府调解与民间调解——除了劳神费心、经费短缺、安缉百姓、和睦乡里等原因之外，恐怕与取证上的困难也有关系。对于乡野小民来讲，在民间调解时，即使作证也不至于严重影响彼此之间的关系。这是因为，在这样的场合，纠纷双方与邻证往往是在酒桌上，或者是在茶馆里通过彼此商谈的途

---

[116] 对这类组织的经济学分析，参见张维迎、邓峰：《信息、激励与连带责任——对中国古代连坐、保甲制度的法和经济学解释》，载张维迎：《信息、信任与法律》，三联书店 2003 年版，第 178—251 页。

径解决纠纷的；这时，邻证每每也会参与调解，故而人情依然存在。当然，既然作证，也就难免出现得罪纠纷双方的事情，但这毕竟要比衙门调解的场合来得温和。在这两个故事中，我们还可以发现，司法官员没有采取刑讯的手段。[117] 或许，正因为没有刑讯，所以，邻证对于承审官员的提问置若罔闻，推三推四，这是乡民应对衙门的又一狡黠态度的表现。据此，我们可以得出如下推论：首先，在明清时期的民事诉讼中，基本上也是采取"谁主张，谁举证"的原则——诉讼胜败取决于证据，颇有"打官司也就是打证据"的味道，尽管法律没有明确的规定。其次，在明清时期的诉讼条件下，如果不用刑讯的办法，而证人又不肯作证，那么司法官员肯定难以胜任解决民事纠纷的繁重任务；因而，把案件批回民间社会，让他们自行调处解决，以期达到"息讼"之目的，也就成为一种无可奈何的选择。与此相关，最后，对于明清时期帝国官员之所以热衷于民事调解的原因，我觉得，以往学者的那种基于"道德主义"（教化、无讼）立场做出的解释，现在看来尚有比较明显的不足。

通过本节的考察，笔者发现《笑林广记》所刻画的司法场域中的官民形象，与我们过去经常接触的材料形成了极大的反差：官吏的昏聩与乡民的狡黠。在这种叙事中，以往那种帝国官员彬彬有礼或者趾高气扬的形象一下子瓦解了，而变成了贪黩昏聩的形象；与此相反，我们心中原本老实巴交的乡民，则变成了不动声色却又非常理性狡黠的人物。然而，更为重要的是，这些笑话故事瓦解了，或者说颠覆了帝国官吏（高贵者）与庶民百姓（卑贱者）之间凭借礼法建构起来的等级森严的关系。

---

[117] 黄宗智认为："在实践中，清代的法制处理民事案件时几乎从不用刑……"参见《民事审判与民间调解：清代的表达与实践》，第8页。黄宗智教授的说法有点含糊，似乎没有区分刑讯与刑罚。我想，应该是两者都包含在内的。我想顺便指出：黄宗智仅仅凭借司法档案没有刑罚方面的记载就断言，在清代处理民事案件时几乎不用刑罚，恐怕有点失之轻率。而且，什么是用刑？掌嘴之类的算吗？

毫无疑问,这两种形象都有夸张不实的地方,但是它们还是可以丰富我们对于明清时期官民形象的理解。

四、结论

本文的题目是"娱乐与讽刺:明清时期民间法律意识的另类叙事"。现在,我想略略申说一下关于"娱乐与讽刺"的话题。对笑话的娱乐性,应该毋庸置疑。事实上,这些充满讥讽的故事小品,确实非常幽默,也很有智慧,耳闻目睹之后能给读者带来娱乐的兴味,具有解颐的效果。有些写得温婉,读后能得会心的一笑;有些读后感到出于意表,能够产生因惊奇而开怀大笑的效果。在我看来,乡野小民或者严寒围炉取暖,或者酷暑豆棚纳凉,耳闻目睹此类笑话,也是单调生活中的一种娱乐方式,甚至是一种获取知识的渠道。另一方面,或者由于礼教束缚,或者曾遭官衙欺压,或者日常生活烦闷难解,听读这种笑话,也颇有舒缓心理以及调适情感的功能。而更为重要的是,通过这些具有讽刺意味甚至辛辣批判色彩的笑话,我们还看到了在帝制中国正统意识形态话语压抑下的另类话语,它不仅具有心理治疗的功能,而且更有讽刺和批判的精神,从而构成了一种颇具挑战意味的话语形式。

在《中国小说史略》中,鲁迅先生曾经提出了关于"讽刺小说"与"谴责小说"的两个著名概念。在鲁迅看来,讽刺小说具有"戚而能谐,婉而多讽"的特色;[118]与此不同,谴责小说则有"辞气浮露,笔无藏锋,甚且过甚其辞,以合时人嗜好"[119]的风格。它们的相同之处在于都有"匡世"的命意,不同之处则是"度量技术"的差异。[120] 我觉得,鲁迅的分

---

[118] 鲁迅:《中国小说史略》,东方出版社1996年版,第175页。
[119] 同上书,第231页。
[120] 同上。

类过于狭隘。事实上,两者只是讽刺的不同风格而已,没有必要刻意划为两种小说体裁。[121] 在本文中,笔者将上文分析的笑话故事全都视为讽刺笑话,而不作区别。

不过,笔者无意讨论讽刺的定义标准,而是旨在引发对于讽刺笑话的理论思考。在我看来,明清时期的笑话故事《笑林广记》同样具有讽刺小说的技术特征与基本内涵。就技术而言,这些笑话故事也有温婉嘲讽与辛辣讽刺的类型;从基本内涵来看,这些笑话故事同样也有"攻击目标"与"道德准则"。[122] 只是,由于这些笑话故事非常短小,所以对于笑话的道德命意没有做出直接的声张;但是,从《避暑》一类的作品中,我们还是能够感受到庶民百姓对于理想衙门(其中"清凉"和"幽雅"都是一种隐喻的表达方式)的期盼。这里,那种"暗无天日"的现实世界与"清凉幽雅"的理想世界构成了极其鲜明的对照。正是在这种现实与理想的紧张中,本文所分析的笑话故事表达了一种辛辣讽刺和强烈批判的精神。

我们知道,讽刺作品的基本构成要素包括幻想、荒唐和怪诞之类的意象,通过运用这些意象来制造滑稽和幽默的效果。然而,之所以能够产生滑稽和幽默的效果,是因为这些意象超越了我们的生活经验与日常知识,从而引发了某种虚幻感、荒唐感和怪诞感。也正是在这样的感觉中,产生了嘲笑、讽刺和批判的效果。借用巴赫金的话来说,这些笑话具有"怪诞的现实主义"的特性,它们是对明清时期的身份等级制度

---

[121] 对此问题的评论,参见吴淳邦:《清代长篇讽刺小说研究》,第13—21页。关于讽刺定义与技巧的讨论,参见刘燕萍:《怪诞与讽刺:明清通俗小说诠释》,学林出版社2003年版,第36—58页。

[122] 对此问题的讨论,参见〔加〕诺思洛普·弗莱:《批评的解剖》,陈慧等译,百花文艺出版社1998年版,第277—299页;也见吴淳邦:《清代长篇讽刺小说研究》,第8—13页;刘燕萍:《怪诞与讽刺:明清通俗小说诠释》,第36—58页。

和意识形态话语的亵渎、消解、悬置和颠覆。由此,原来神圣不可侵犯的东西,现在已经不再神圣,而且成为庶民百姓嘲笑和讽刺的对象。[123] 可是,对我来说,更为重要的是,通过解读那些被笑话所讽刺的对象,我们触摸到了明清时期庶民百姓在日常生活中感到焦虑的问题。就法律领域来看,维持契约秩序和赢得诉讼,乃是乡民特别关注的焦点;一旦涉足衙门,与帝国衙门进行交涉,那么官吏敲诈和司法腐败也就成为民众必须面对的事情。因此,通过这些笑话故事,我们可以进入明清时期庶民百姓的心灵世界,体会他们对于帝国法律及其实践的感受和态度。就此而言,笑话故事的怪诞并不能完全否认其中蕴涵的真实意义。

事实上,在怪诞叙事的表象底下,同样也有真实乃至准确的社会事实的描写。[124] 比如有关契约文书和司法程序的描写,如若我们剔除其中的怪诞荒唐的因素,也就可以发现,它们所表达出来的法律知识,完全符合明清时期的法律规定与司法实践。[125] 故而,研究这些笑话

---

[123] 详尽的讨论,参见刘康:《对话喧声:巴赫金的文化转型理论》,第 5 章,第 189—246 页。

[124] 鲁迅曾说:"'讽刺'的生命是真实;不必是曾有的事情,但必须是会有的实情。……它所写的事情是公然的,也是常见的,平时是谁都不以为奇的,而且自然是谁都毫不注意的。不过这事情在那时却已经是不合理,可笑,可鄙,甚而至于可恶。"由此可见,荒诞背后有其真实;也包含了某种理想。参见鲁迅:《什么是'讽刺'?——答文学社问》,载《鲁迅全集》,第 6 卷,人民文学出版社 1981 年版,第 328 页。鲁迅先生关于"讽刺与幽默"的短小而富有启发的讨论,分别参见《从讽刺到幽默》和《从幽默到正经》,载《鲁迅全集》,第 5 卷,人民文学出版社 1981 年版,第 42—43、44—45 页。

[125] 譬如,在游戏主人、程世爵《笑林广记·验鸭》中,即有验伤技术的准确而又有趣的描写。文曰:"主人请客,酒菜淡薄,鸭子瘦而小硬。一生客诮之曰:'我昨日下乡,遇一官相验,乃是一只死鸭。'主人曰:'岂有验鸭之理。'客曰:'亲见填为尸格,验得已死鸭子一只,仰面、面色黄,眼闭口开,肚腹塌陷,两肩耸,两腿伸,项下有刀伤一处,宽三分,深抵骨,骨未损,乃系生前挨饿,病后受伤身死。'"参见前书,第 165 页。可见,除了所验对象是常人不会想到的鸭子以外,这份拟作的尸格,无论措辞、语气都与司法实践中运用的验尸报告非常相像。试想,倘若作者没有精湛的法律知识,怎么可能写出如此准确的验尸报告呢?

故事，在某种程度上还能帮助我们推测明清时期庶民百姓的法律知识的程度。总之，如果我们意欲更加全面地解读传统中国的法律文化，更加深入地领悟传统中国法律文化的精神，我觉得，不妨把视野放宽一些，在多元的资料基础上进行全面的考察。当然，本文并不认为这些笑话故事就是庶民百姓的法律意识的真实写照，而是仅仅试图彰显其中的独特意蕴，进而与其他法律文本进行比较解释，造成一种充满张力的叙事效果。笔者希望通过利用这些被学者所忽视的另类资料，来分析和解释传统中国法律文化的另一侧面。事实上，这也是本文题目"娱乐与讽刺：明清时期民间法律意识的另类叙事"的基本命意所在。

清代诉讼风气的实证分析与文化解释*

——以地方志为中心的考察

这些年来,我国的中国法律史或中国法律文化史的研究出现了若干引人瞩目的转向。概括起来,约有两端:其一,从关注中华帝国的法律典章和精英阶层的法律话语向司法实践转变;其二,由帝国衙门的司法裁判向民间社会的诉讼风气和诉讼心态转变。据我看来,这些转向,不但体现了中国法律史或中国法律文化史研究的不断深入,而且也意味着中国法律史或中国法律文化史研究领域的逐步拓展。[1] 这是一种令人鼓舞的景象。与此同时,单单从明清时期的诉讼风气与诉讼心态的研究来看,相关学术成果征引的史料也在不断丰富,而且对于这一问题的理解和解释同样也在逐步深化,尽管争论依然存在。产生这种"争论"的根本原因不外有二:首先,是因为学者据以研究的史料的差异;其次,是由于学者采取的研究视角的不同。就史料而言,如果我们相信精英著述的记载,并且认定传统中国法律文化的根基在于伦理纲常,而其目标乃是维护道德秩序,那么就会得出中国古人"无讼"或"厌讼"的判断;从研究视角来看,倘若我们考察普通民众的日常生活境遇和实际诉讼状况,那么就会产生中国古人"健讼"或"惧讼"的看法。但

---

* 本文系与中山大学法学院研究生杜金同学合作完成。原载《清华法学》,2007 年创刊号。
〔1〕 对于我国学界近年来出现的中国法律史或中国法律文化史研究的学术转向的概括,参见徐忠明:《包公故事:一个考察中国法律文化的视角》,中国政法大学出版社 2002 年版,第 1—97 页。

问题是，我们究竟能否透过这些相互矛盾而又同时并存的记载，来勾勒传统中国的诉讼风气的完整图像呢？从目前的研究来看，似乎相当困难，然而这并不意味着我们应该放弃这样的努力。

本文的旨趣乃是，以清代地方志为基本史料来梳理当时社会的诉讼风气，进而考察形成这种诉讼风气的若干原因，以期深化我们对于清代诉讼问题的理解。稍可注意的是，尽管地方志属于精英阶层的集体著述，所以难免"羼杂"他们的思想和情感；但是，这种史料的优点也很明显，因为它们重在描述地方社会的风土人情，而且比较全面也比较系统——此乃其他史料所无，从而可以在整体上反映当时当地的诉讼风气。而这，正是我们刻意选择地方志作为考察清代诉讼风气的基本资料的根本理由。

一、研究前提：学术史与地方志

在现代学术视野中，清代的诉讼风气怎样？地方志的意义如何？回答这两个问题，无疑是本文研究的前提。职是之故，为了把握清代诉讼风气的基本情况与地方志相关描述的可能意义，似有必要对上述问题稍作解说。

（一）关于诉讼风气研究的学术回顾

必须予以说明的是，据我们看来，在谈论传统中国社会的诉讼风气时，中外学者的问题意识，不但来自传统中国的文献记载，而且源于近代以降西方社会渐次形成的"好讼"现象。进而，是否"好讼"似乎与权利意识的有无或强弱密切相关。[2] 可问题是，传统中国尤其是清代

---

[2] 有学者指出，东方文化重视伦理道德与社会秩序，故而反对和压抑民众的诉讼。参见〔日〕川岛武宜：《现代化与法》，王志安、渠涛、申政武、李旺译，中国政法大学出版社1994年版，第132—212页。与此相反的意见，参见〔日〕大木雅夫：《东西方的法观念比较》，华夏、战宪斌译，北京大学出版社2004年版。

中国的诉讼风气究竟如何呢？迄今尚无一致的意见，可谓聚讼纷纭。翻检目前的中国法律文化史的研究成果，约有如下三种观点。

一是"无讼说"。稍作分析，我们就能发现，得出这种判断的基础，乃是传统中国与现代西方两种不同类型的法律文化的比较研究。持此观点的学者认定，现代西方属于好讼的社会，而传统中国则属于无讼、厌讼、贱讼或畏讼、惧讼的社会。得出这一结论的依据，乃是现代西方属于"权利本位"的社会，而权利具有积极扩张的特点，因此为了伸张权利和落实权利，国家就必须给民众提供相应的救济渠道，诉讼也就必然繁多；与此相反，传统中国属于"义务本位"的社会，而义务具有自我约束或者是"回归道德"的特点，所以尽管国家也给民众提供了相应的救济渠道，但却提倡无讼的理想，鼓励息讼的实践，乃至反对诉讼和压抑诉讼。进一步说，导致中西两种不同的诉讼风气的背后，更有深刻的原因：现代西方属于商品经济主导下的流动社会，利益的矛盾冲突和疏离的人际关系，极易产生纠纷和诉讼；恰恰相反，传统中国属于自然经济主导下的乡土社会，人们彼此之间"剪不断，理还乱"的人情关系本身，颇能发挥制约纠纷产生和提起诉讼的作用。就传统中国民众而言，他们之所以养成了这种不尚诉讼的态度，其原因既有可能是心理上的胆小怕事，也有可能是利益上的无可奈何——例如，诉讼的经济成本的计算，司法官员的腐败无能，等等。[3]

---

[3] 相关研究成果很多，参见胡旭晟：《无讼："法"的失落——兼与西方比较》，载《比较法研究》，1991年第1期；何勤华：《泛讼与厌讼的历史考察——关于中西方法律传统的一点思考》，载《法律科学》，1993年第3期；邢晓军：《传统中国的"厌讼"现象及其对现代社会的启示》，载《汕头大学学报》，1998年第2期；苏敏、曾长进：《乡土社会的"无讼"文化：一个法社会学的解释》，载《社会》，2001年第8期；张媛：《再论"厌讼"心理的根基》，载《当代法学》，2001年第10期；冯霞：《中国人"厌讼"心理的历史分析》，载《中南民族大学学报》，2002年第2期；温珍奎、周振华：《文化的民间传承机制与传统诉讼理念的形成——中国传统诉讼理念形成机制的一种解释》，载《上饶师范学院学报》，2003年第2期；石文龙：《中国传统法行为的特征、心理机制和价值取向》，载《上海师范大学学报》，2003年第3期；连朝毅：《也谈"厌讼"法律传

二是"好讼说"。如果说,现代西方尤其是美国社会的"诉讼爆炸"与商品经济活跃和权利意识高涨有关的话,那么我们也可以讲,随着宋代以降商品经济的持续发展,民间社会也出现了好讼或健讼的风气,尤其是经济繁荣和文化发达的江南地区。事实上,持此观点的学者确实认为,宋代以来的政治、经济、人口和文化的变迁,乃是导致诉讼增长的原因。比如,魏晋隋唐时期"凝固僵化"的政治身份等级结构,到了宋代以后渐渐地出现了松动;甚至春秋战国形成的"四民"社会,也出现了松动而呈现出彼此互动的景象。再如,宋代以后的人口增长,致使民众的生活空间变得相对狭隘起来,这种拥挤的生活空间也是产生纠纷和诉讼的原因。又如,文化权力的下移和识字人数的增多,也为民众的诉讼提供了技术上的可能性。最后,先秦时期流传下来的道德观念,尤其是"利义"观念到了明清时期也发生了重大的变化;换句话说,人们不再像过去那样讳言"利"——事实上,作为维护传统中国道德秩序的中流砥柱的士大夫阶层,已经将"逐利"视为"治生"的基础。凡此种种,都是导致民众诉讼态度发生转变的重要原因。另一方面,虽然帝国官员依然重弹"无讼"的老调,但是,在司法实践中,他们却不得不面对和处理蜂拥而至的"万家诉讼"。在这种情况下,我们就看到了一幅明清时期"好

统产生的本质根源》,载《经济与社会发展》,2003年第4期;潘宇:《中国传统"厌讼"观念辨析》,载《北华大学学报》,2004年第2期;张文香、萨其荣桂:《传统诉讼观念之怪圈——"无讼"、"息讼"、"厌讼"之内在逻辑》,载《河北法学》,2004年第3期;王石磊:《试析中国传统诉讼观念——官府"无讼"、"息讼"与百姓"畏讼"、"厌讼"》,载《北京市工会干部学院学报》,2005年第1期;齐爱华:《谈中西法律传统中的"无讼"与"争讼"现象》,载《辽宁广播电视大学学报》,2005年第2期;王忠春:《无讼的"理由"——来自传统社会官员对诉讼成本的社会考虑》,载《山东科技大学学报》,2005年第4期;沈萍:《从权利角度分析中国人诉讼观念的变化》,载《江苏警官学院学报》,2005年第5期;严玥:《厌诉观之探悉与对策》,载《法制与社会》,2006年第3期;龚培:《本土禅宗流变与国民无讼心理》,载《兰州学刊》,2006年第4期;周赟:《传统中国厌讼文化考》,载《山东大学学报》,2006年第4期。

讼"或"健讼"的社会图像。[4]

三是"折中说"。持此观点的学者认为,关于传统中国社会是否"好讼"的问题,似乎不能一概而论。例如,有的学者认为,不同的社会阶层对于诉讼可能有着不同的态度;[5]士人阶层和官方的态度可能是"厌讼"的,因而主张"息讼"的纠纷解决办法,而普通民众则可能是"好讼"的。[6]也有学者认为,民众的"健讼"之风和"厌讼"心理同时存在。[7]笔者想特别指出的是,士人阶层恐怕也非一概持有"厌讼"的态度;事实上,他们"好讼"的事例并不鲜见。[8]或许可以这么说,在

---

[4] 相关研究成果很多,参见卞利:《明清徽州民俗健讼初探》,载《江淮论坛》,1993年第5期;雷家宏:《从民间争讼看宋代社会》,载《贵州师范大学学报》,2001年第3期;许怀林:《宋代民风好讼的成因分析》,载《宜春学院学报》,2002年第1期;龚汝富:《江西古代"尚讼"习俗浅析》,载《南昌大学学报》,2002年第2期;刘锡涛:《宋代江西民俗特征述论》,载《江西师范大学学报》,2002年第2期;〔马来西亚〕陈玉心:《清代健讼外证——威海卫英国法庭的华人民事诉讼》,赵岚译、苏亦工校,载《环球法律评论》,2002年秋季号;雷家宏:《北宋至晚清民间争讼解决方式的文化考察》,载《船山学刊》,2003年第4期;张小也:《健讼之人与地方公共事务——以清代漕讼为中心》,载《清史研究》,2004年第2期;乔素玲:《从地方志看土地争讼案件的审判——以广东旧方志为例》,载《中国地方志》,2004年第7期;方志远:《明清江南"好讼"成风》,载《小康》,2004年第10期;林乾:《讼师对法秩序的冲击与清朝严治讼师立法》,载《清史研究》,2005年第3期;邓建鹏:《健讼与息讼——中国传统诉讼文化的矛盾解释》,载《清华法学》,第4辑,清华大学出版社2005年版,第176—200页;牛杰:《宋代好讼之风产生原因再思考——以乡村司法机制为中心》,载《保定师范专科学校学报》,2006年第1期;张小也:《清代的地方官员与讼师——以〈樊山批判〉与〈樊山政书〉为中心》,载《史林》,2006年第3期。

[5] 参见潘宇:《中国传统诉讼观念辨析》,载《长春师范学院学报》,2005年第2期。

[6] 参见王忠春:《试析明清时期的健讼之风》,载《兰台世界》,2006年第7期。

[7] 参见周艺:《试析明代民众诉讼观念的特点及其成因——兼谈其对现代的借鉴意义》,载《哈尔滨学院学报》,2004年第9期。

[8] 著名清官海瑞就乡宦与小民之间的争讼而提出的解决之道:"事在争产业,与其屈小民,宁屈乡宦,以救弊也。事在争言貌,与其屈乡宦,宁屈小民,以存体也。"参见陈义钟编校:《海瑞集》,上册,中华书局1962年版,第117页。在我看来,虽然海瑞此言意在维护孔子所谓"君子喻以义,小人喻以利"的社会伦理——君子是道德的守护者,而小人则是利益的追逐者;但是也颇能说明,至少在海瑞的时代,乡宦提起诉讼已是寻常之事,他们并无"厌讼"的心态。否则的话,提出这种处理"疑案"的原则将会变得毫无意义。对此问题的理论解释,参见苏力:《"海瑞定理"的经济学解读》,载《中国社会科学》,2006年第6期。

态度上，他们可能是"厌讼"的，毕竟他们被誉为或自誉为道德的楷模；但是，在实践中，他们则有可能是"好讼"的，毕竟利之所在。否则的话，士绅豪族就不应该在地方上武断乡曲，而对平民巧取豪夺；帝国官员就不会对任职地区经济状况的"肥瘠"挑挑拣拣；[9]而贪污狼藉的事情，就更不应该那么严重。可见，他们说的是一套，做的则是另外一套。另外，由于精英阶层在人口比例上是绝对少数——按照顾炎武的估算，即是士绅的最低等级——生员阶层，也只有60万之谱，[10]加上其他功名的士绅，恐怕也只能是人口总数的零头，故而，在史料中没有留下太多的关于他们的诉讼记载，实际上也是毫不足怪的；况且，他们又是地方志之类的史料的作者，因此对于自己的诉讼行为不作过多的评论，更是不值得我们大惊小怪的。同样道理，对于普通民众来说，我们也很难以"好讼"来概括；基于利益的考虑和其他因素的影响，他们也有可能是"惧讼"的。[11]

综上所述，关于传统中国的诉讼风气的解说，可谓众说纷纭。而根据我们对于明清时期的各种资料——小说、戏曲、谚语、笑话、笔记和司法档案的调查、阅读和研究，确乎难以形成逻辑一贯的判断；更何况，不同地区的诉讼风气也各不相同。稍稍一致的记载，恐怕要数明清时期的经济发达、人口稠密与文化繁荣的江南地区。

---

[9] 最近，笔者研读晚清广东南海知县杜凤治的日记，发现其中反复提到官员对任职地区经济状况"肥瘠"与否非常在意。这种在意的原因，固然不无担心任职之后的"赔累"；但是，官员更为关心的是到任之后能否在经济上"获利"——增加自己的个人收入。参见《杜凤治日记》，第18—20本，中山大学图书馆藏。

[10] 关于明朝末期生员数量的考证，参见（清）顾炎武著、黄汝成集释：《日知录集释》，卷17·生员额数，中州古籍出版社1990年版，第392—396页。另外，陈宝良的最新研究印证了顾炎武的结论，并且指出：到了19世纪末期，生员数量是60万，再加上60万因捐纳而获得生员身份者，总计120万。参见陈宝良：《明代儒学生员与地方社会》，中国社会科学出版社2005年版，第196—216页。这一方面的估算很多，不拟枚举。

[11] 参见徐忠明：《从明清小说看中国人的诉讼观念》，载《中山大学学报》，1995年第4期。

(二)关于地方志的史料意义

以往学者对于明清时期的诉讼风气的研究,其所利用的史料可谓五花八门;在写作时,取用也比较随意,从而导致了研究结论的相互冲突。如果从积极的方面来评判,那么,这种做法或许也能取得各种资料彼此印证的效果;但是,在实际操作上,仍有非常明显的不足,至少是对各种资料的价值缺乏必要的省察。为了克服这一困境,本文尝试利用地方志来集中考察清代的诉讼风气,看看同类史料对于这同一问题的记载是否稍稍一致。[12] 为了完成此项工作,笔者翻阅了明清时期和民国时期的400余种地方志,其"风俗篇"对于当地的诉讼状况都有详略不同的记载;为了使本文的分析能够较好地反映当时的诉讼状况,我们选择了江苏、上海、广东、山东四省(市)的清代府志和县志作为分析的样本,藉此讨论帝国晚期的诉讼风气与诉讼心态。

那么,地方志的意义何在呢?对此,也有解说的必要。

第一,关于"志乃史体"[13]的说法。章学诚所谓"志乃史体"意味着与小说、戏曲和笔记之类的材料相比,地方志具有更多的写实性和可靠性;换句话说,其所记载的内容比较真实,也比较准确,因而又有"史志"之说。对此,方志学家已有大量的论述。其中最具代表性的当推章学诚的观点:"志属信史;"[14]"志乃史裁;"[15]"部府县志,一国之史也;"[16]"家有谱,州县有志,国有史,其义一也。"[17] 这种观点,也是明

---

[12] 利用地方志来集中考察清代诉讼风气的研究成果,参见侯欣一:《清代江南地区民间的健讼问题——以地方志为中心的考察》,载《法学研究》,2006年第4期。
[13] (清)章学诚:《答甄秀才论修志第一书》,载《章氏遗书》,卷15•方志略例二,商务印书馆1936年版,第68页。(笔者注:《章氏遗书》各卷均独立编页。)
[14] 章学诚:《修志十议》,载《章氏遗书》,卷15•方志略例二,第79页。
[15] 章学诚:《书武功县志后》,载《章氏遗书》,卷14•方志略例一,第50页。
[16] 章学诚:《州县请立志科议》,载《章氏遗书》,卷14•方志略例一,第17页。
[17] 章学诚:《为张吉甫司马撰大名县志序》,载《章氏遗书》,卷14•方志略例一,第36页。

清时期的方志作者的普遍意见。请看："志也者，邑之史也；"[18]"夫志一方之史也；"[19]"今之志书，实史之支流；"[20]"窃谓今志，犹古史也。"[21]在明清时期的地方志序跋中，类似的表述可谓比比皆是。因此，通过地方志的相关描述来考察民间社会的诉讼风气，无疑具有较高的可信度和准确性。当然，这并不是说，地方志的记载是无可置疑的。

就"史"而言，与帝国官方的"正史"相比，地方志不但具有"史"的性质，而且要比"正史"对于地方社会的政治、经济、风俗的记录来得详备和精确。因此而有"史多摄记其要，志则必详综其实"[22]的说法。更为重要的是，正史关注的基本对象通常只是帝王将相的文治武功；也就是说，其所记录的内容也不外乎是一国之要事，而不可能对于一州一县之事全都一一记录在案。因而，古人又有所谓"古史之失在于简略，而方志之得在于详尽"[23]的说法。就此而言，对于考察民间社会的诉讼风气来讲，地方"志"无疑要比国家"史"来得更加丰富，记载也更加细致。实际上，在帝国官方的"正史"中，我们根本无从读到有关诉讼风气的记载；但是，地方志却有大量的记载。另一方面，与小说、戏曲和笔记之类的资料相比，地方志关于诉讼风气的记载也有自身的优点——系统性和完整性；相反，小说、戏曲和笔记往往只是零碎的、偶然的记载，因而很难进行具有统计意义的实证研究。

---

[18] （嘉靖）《武定州志》，刘佃序，载《天一阁藏明代方志选刊》，第44册，上海古籍书店1982年影印版。

[19] （嘉靖）《天长县志》，张天骐后序，载《天一阁藏明代方志选刊》，第26册，上海古籍书店1982年影印版。

[20] （嘉庆）《安阳县志》，纪昀序，清嘉庆四年刻本。

[21] （万历）《通州志》，王世贞序，载《天一阁藏明代方志选刊》，第10册，上海古籍书店1981年影印版。

[22] （乾隆）《中卫县志》，黄恩赐序，载《宁夏历代方志萃编》，天津古籍出版社1988年影印本。

[23] 王世贞：《朝邑志·跋》，转引自曾星翔、李秀国编：《中国方志百家言论》，四川省社会科学院出版社1988年版，第28页。

第二,修志目的与社会风气的关系。为何修志?功用何在?一言以蔽之,在中国古人的心目中,纂修方志与撰写正史的最终目的并无二致,都是为了"资治通鉴",即"经世"和"辅治"是也。这一意义,在明清时期的不少志序中都已明确点出:"国邑之有志,本以经世"[24];"志者,言治之书也。夫纪成垂远为治计也"[25];"其文则载乎事,其义则资乎治"[26];"志者,固辅治之书也"[27]。诸如此类的说法,不在少数。

更为重要的是,由于明清时期在官员任免上实行"回避"制度,[28]州县官不得在本省以及距离家乡五百里以内的邻省任职,因此,他们对于自己执掌之辖区的风土人情,往往是既不了解,更不熟悉。故而,当并非本地人的地方官初来乍到时,面对一个陌生的环境多少会有些许茫然无措,乃至不得不求助于胥吏。对此,古人早已有所诟病:

> 每慨今日之为政者,惟知以吏为师,日汲汲于刀笔筐箧之末。问以一邑掌故,其风土、人情、因革、损益,有茫然不知为何物者,譬犹行暗室而无烛,欲济渡而不问舟楫,怅怅乎靡所适从;将弊何自而除,利何自而兴?是亦居官者之耻也。是书成而一览了然;准而行之,可以为能吏,可以为廉吏,可以为日计不足、月计有余之循吏。[29]

---

[24] (嘉靖)《江阴县志》,唐顺之序,载《天一阁藏明代方志选刊》,第13册,上海古籍书店1981年影印版。

[25] (嘉靖)《龙溪县志》,林魁序,载《天一阁藏明代方志选刊》,第32册,上海古籍书店1982年影印版。

[26] (嘉靖)《淳安县志》,王子言序,载《天一阁藏明代方志选刊》,第16册,上海古籍书店1981年影印版。

[27] (乾隆)《永平府志》,李奉翰序,清乾隆三十九年刻本。

[28] 参见杜婉言、方志远:《中国政治制度通史》,第9卷·明代,人民出版社1996年版,第437—440页;郭松义、李新达、杨珍:《中国政治制度通史》,第10卷·清代,人民出版社1996年版,第544—552页;更为详尽的研究,参见魏秀梅:《清代之回避制度》,(中国台湾)"中央研究院"近代史研究所专刊,1992年第66期。

[29] (乾隆)《长洲县志》,沈德潜序,载《中国地方志集成·江苏府县志辑》,第13册,江苏古籍出版社1991年影印版,第7页。

在这种情况下，地方志所记录的辖区之内的风土人情，也就成为初来乍到的州县官进行施政的"一方之宝鉴"。[30] 由此可见，地方志所记载的内容，对于州县官熟悉当地的风土人情，推行因地制宜的治理措施，无疑有着非常重要的意义。在一定程度上，地方志解决了州县官不可避免的"水土不服"和过度依赖胥吏的问题。[31] 所以，古人曾说："郡之有志，所以表贤敦俗，佐治兴文，考沿革，正疆域，辨险要，察风土，论政教，励官常，详典章，已备掌故者也。"[32] 又说："可以见时令之盛衰，地势之险易，政治之得失，风俗之厚薄，以之斟酌条教，风示劝惩，览一隅知天下，其所裨甚巨。"[33] 特别是地方志"所记人才消长，风俗盛衰，上可以明教化之得失，而裨益乎治道，古今文华事实之故，下可以俟采录而垂之无穷"。[34] 要而言之，地方志对于州县官行政举措的重要意义，犹如药方之于医家，布阵之于兵家：

> 邑之有志，所以备一邑掌故，纪政治之利弊，使官于此者，得有所藉，以相土邑、考风俗、察民瘼、监成宪也。譬之于医，六经子史犹《灵素本经》，志则仲景之一百一十三方，可以对症治也。譬之兵法，六经子史犹孙吴《韬略》，志则武侯之《八阵》，可以按图而布也。

---

〔30〕（隆庆）《海州志》，郑复亨跋，载《天一阁藏明代方志选刊》，第 14 册，上海古籍书店 1981 年影印版。

〔31〕 在明清时期，联络辖区之内的乡绅，也是州县官熟悉风土人情和进行有效治理的一条重要途径。清代的良幕循吏汪辉祖曾经写道："官与民疏，士与民近。民之信官，不若信士。朝廷之法纪不能尽喻于民，而士易解析，谕之于士，使转谕于民，则道易明，而教易行。境有良士，所以辅官宣化也。且各乡树艺异宜，旱潦异势，淳漓异习。某乡有无地匪，某乡有无盗贼，吏役之言，不足为据，博采周谘，惟士是赖。故礼士为行政要务。"参见汪辉祖：《学治臆说》，卷上·礼士，辽宁教育出版社 1998 年版，第 49 页。

〔32〕（咸丰）《兴义府志》，张瑛序，载《中国地方志集成·贵州府县志辑》，四川出版集团、巴蜀书社 2006 年版，第 6 页。

〔33〕（嘉庆）《凤台县志》，卷 10·古迹，清嘉庆十九年刻本。

〔34〕 黄滔：《东郡志·序》，转引自《中国方志百家言论》，第 52 页。

志之不可缺,如此。[35]

地方志对于州县官实施政令的重要作用,顾颉刚曾有这样的概括:"在于备行政官吏之鉴览,以定其发施政令之方针。……使在位者鉴资得其要,发施得其宜。"[36]傅振伦也有类似的说法:"地方行政,即引为准绳;一切纠纷,咸取决于此。此古人所谓'官民设教,体国经野'者,是诚足以当之。名为'地方官吏之资鉴'亦无不可也"。[37]正因为如此,清代的官箴书《吏治悬镜》将"览方志"纳入州县官的"莅任初规"。

为政在乎宜民,宜民则须因俗而治。在传统中国,"风俗"与"政治"乃是须臾不可分的行政之两面。所谓"入境而考俗,因俗而考政"之类的俗语,非常精要地揭示了州县官唯有了解和熟悉辖区的风俗人情,施政才能做到有的放矢。对此,汪辉祖曾说:

> 幕之为学,读律尚已,其运用之妙,尤在善体人情。盖各处风俗往往不同,必须虚心体问,就其俗尚所宜,随时调剂,然后傅以律令,则上下相协,官声得著,幕望自隆。若一味我行我法,或且怨集谤生。古云:"利不百不兴,弊不百不除。"[38]

汪某此言,已经点出体问"风俗人情"对于州县行政的重要意义。事实上,就纂修地方志而言,"问俗采风"同样是必不可少的工作;故而"风

---

[35] 何廷凤:(乾隆)《六合县志序》,转引自黄苇等:《方志学》,复旦大学出版社1993年版,第378页。

[36] 顾颉刚:《中国地方志综录·序》,转引自《中国方志百家言论》,第62页。(笔者注:仅查到朱士嘉:《中国地方志综录》(增订本),商务印书馆1935年版,但并非顾颉刚作序。未能检索到其他同名著作。)

[37] 傅振伦:《中国方志学通论》,商务印书馆1935年版,第11页。

[38] 汪辉祖:《佐治药言·须体俗情》,辽宁教育出版社1998年版,第15页。

俗"一项,也就成为地方志不可或缺的内容,甚至被一些地方志列为首要内容。[39] 在中华帝国,州县官职责的最核心的内容,莫过于征税和司法;对于地方官来讲,一地之诉讼风气,在民风中尤为重要。在笔者寓目的清代地方志中,关于民众好讼与否的记载,乃是在"风俗"中普遍涉及的内容。这些记载对于我们研究传统中国社会的诉讼风气和诉讼意识,无疑具有非常重要的价值。

第三,地方志作者的官方性与记载内容的民间性。如若我们意欲将地方志作为研究诉讼风气的基本素材,必须首先指出如下两点:其一,虽然地方志所记载的内容是地方社会的政治、经济、风土人情,藉此我们可以了解特定区域的诉讼风气;其二,我们也不能忘记,地方志的作者乃是地方社会的特殊群体,因此,其所描述的地方社会的诉讼风气,也就难免夹杂作者的诉讼态度,乃至他们关于诉讼风气的想象;就此而言,这些资料也有助于我们考察地方志作者的诉讼态度。换句话说,地方志有关诉讼风气的记载,似乎有着地方社会诉讼风气的客观性与作者诉讼态度的主观性的双重特性。据此,我们很有必要稍稍考察一下"谁是地方志作者"的问题。以明清时期的官修府志和县志而论,参与编修的人员大致上包括了州县长官、儒学教官与生员、当地的文人名士和官宦乡绅;当然,偶尔也会聘请外地的著名学者操刀。其中,州县长官往往是主修人员,直接担任修志的主持和指导工作,并为地方志撰写序言;而其他成员则分别承担地方志素材的采访、纂写、誊录、校勘等工作。[40] 在这种情况下,在地方志的内容中,虽然包含了当地社会

---

[39] 例如,在《嘉庆如皋县志》中,即有"夫志,首风俗,次户口任民职也,次学校"的说法。在该志收录的 10 篇前代志序中,就有 8 篇都提到了风俗在地方志中的重要性。转引自赵志毅:《关于县志中〈风俗〉部分的编写问题》,载《江苏社会科学》,1983 年增刊。

[40] 有关"修志"人员的构成、职责和分工的具体研究,参见张英聘:《明代南直隶方志研究》,社会科学文献出版社 2005 年版,第 131—153 页。

的风土人情的"真情实况",但是,将这些风土人情记载下来的毕竟是精英阶层。在采访、记录和编纂的过程中,他们难免会对材料进行筛选、加工,甚至加上自己的若干评论。就此而言,我们不仅可以利用地方志的相关记载来对当地社会的风气状况,特别是诉讼风气进行实证的考察和研究;而且,也可以藉此探究精英阶层面对这种诉讼风气时所持有的独特心态。[41]另一方面,由于"风俗"不但关乎世道人心,而且关乎社会秩序——在笔者看来,"风俗"本身就有秩序的功能。在这种情况下,有着强烈的地方文化意识和地方道德关怀的精英阶层,一旦担任地方志的作者,也就占据了地方文化领导权的位置,这时,无论是出于批判抑或是出于虚美,他们都会或彰显或遮蔽当地社会的诉讼风气。故而,根据地方志有关诉讼风气的记载所作的考察,虽然较诸其他史料可能具有相对全面系统的优点,但是也有自身的局限。[42]据此,在利用地方志来考察清代的诉讼风气时,我们必须清醒地意识到这种史料内部可能存在的张力。基于这样的认知,本文考察所得的结论,只有丰富和深化我们对于清代诉讼风气的理解的意义,而非奢望能够藉此给出"板上钉钉"的结论;因此,所得结论仍有开放性的特点。

顺便指出,从地方志所采用的资料来看,有时并非作者通过"调查"所得的资料,而是"沿袭"或"抄袭"以往地方志的相关内容,从而也会"遮蔽"地方志的时代特点。在这一点上,有关"风俗"的记载也不例外,

---

[41] 诚如程美宝教授所言:"中国历代编修方志的传统,使得每一地区都有可能通过地方志的编修,以历史记录和叙述的方式,来表达地方文化意识。自清朝以后,地方志大多是在本地地方官员的主持下,荟集本地最有影响的文人,集体编撰。因而,地方志的内容及其表达方式,反映了地方领袖主导的文化观念以及由此建立的历史解释,是当地各种政治和社会势力较量和对话的结果。"参见程美宝:《地域文化与国家认同:晚清以来"广东文化"观的形成》,三联书店2006年版,第261页。

[42] 当然,一如台湾学者梁其姿所说:"没有史料是完美的,或者说没有史料能百分之百地告诉我们所谓的历史真相。"参见梁其姿:《施善与教化:明清的慈善组织》,河北教育出版社2001年版,第8页。

因而是我们必须特别措意的地方。据此,本文利用的清代地方志,其所反映的诉讼风气或许并不是清代才有的情形。

二、如何理解"好讼"与"厌讼"的记录

为了相对全面地考察地方志所反映的清代中国民间社会的诉讼风气,在已经检阅的明清和民国的400余种地方志中,笔者整理了清代的江苏、上海、山东、广东四省(市)的284种府志和县志有关当地社会是否"好讼"的记载,兹将统计结果制表如下:

表1 清代地方志记载的诉讼情况统计表

省份	方志总数	好讼（百分比）	寡讼（百分比）	好械斗（百分比）	未涉及（百分比）	重复
江苏	71	29(40.8%)	20(28.2%)	7(9.9%)	30(42.3%)	15
上海	15	7(46.7%)	4(26.7%)	—	4(26.7%)	—
山东	120	27(22.5%)	40(33.3%)	6(5.0%)	62(51.7%)	15
广东	78	32(41.0%)	23(29.5%)	11(14.1%)	28(35.9%)	16
合计	284	95(33.5%)	86(30.2%)	24(8.5%)	125(44.0%)	46

制表说明:统计资料来自《中国地方志集成·江苏府县志辑》(江苏古籍出版社1991年版)、《中国地方志集成·上海府县志辑》(上海书店出版社1991年版)、《中国地方志集成·山东府县志辑》(凤凰出版社2004年版)、《中国地方志集成·广东府县志辑》(上海书店出版社2003年版)收录的所有清代府志和县志有关"风俗"的记载。

在进入讨论前,有必要对本文的分析样本进行若干说明。首先,我们之所以特意选择上述"四地"作为研究对象,乃是基于如下的考虑:其一,以往有关传统中国的诉讼风气的研究成果,较多地把目光聚焦于江南地区;在有关的研究者看来,明清时期的江南地区,乃是商品经济发达、人口稠密和文化繁荣的地区,因此相对来说,诉讼之

风也较炽盛,以致"江南"业已成为"好讼"或"健讼"的代表性地区;[43]所以本文选择了江南地区在经济和文化上最为发达的江苏和上海,以期检验以往的研究结论。其二,古人普遍认为,山东乃是历史上的"邹鲁之地",颇有圣人的遗风,故民众朴实而不尚争斗,因此,山东也就成为本文着意考察的一个样本;与此同时,山东的自然环境和经济模式与北方大部分地区比较接近,可以作为华北地区的一个代表。其三,广东地处岭南,在自然、经济和文化上都与中原地区有着很大的差异——所谓"岭南文化"云云,即是指此;[44]据此,我们推测,广东的诉讼风气也必定会有其独特的一面;基于这种考虑,我们将广东纳入本文的考察范围。

其次,本文所说的江苏、上海、山东、广东四省(市),均以现在的行政区划为准,而不考虑其历史沿革。如此处理的原因在于,本文所涉及的地方志资料,全部引据《中国地方志集成》收录的府志和县志;而《中国地方志集成》即是按照今天的行政区划编排的。这种处理方式虽然可能与这些地区的历史状况不尽吻合,但是问题不会太大。

再次,我们之所以选择清代的方志作为研究对象,主要是基于材料完整性的考虑。换句话说,由于战乱、禁毁和保存不善等原因,明代以前的地方志散失比较严重,特别是在明代战争和动乱频仍的南直隶、浙江、山东等东南沿海地区,山西、陕西等边陲地区,湖广、河南等内陆地区,志书佚亡较为严重。[45] 与此不同,清代修志之风大盛,在经历了康、雍、乾和同、光、宣的两次修志热潮后,地方志数量和覆盖范围已经远远超过历史上的任何时期。另一方面,由于清代首次形成了定期修

---

[43] 有关研究江南地区好讼之风的论著不在少数,具体可以参见本文注释[4]。

[44] 对于广东文化在"国家认同"与"地方意识"之间拉锯变迁过程中逐步形成的文化史解读,参见程美宝:《地域文化与国家认同:晚清以来"广东文化"观的形成》,第44—110页。

[45] 参见黄苇等:《方志学》,复旦大学出版社1993年版,第186—189页。

志的制度，[46]地方志得以不断被补充进新的内容，从而使我们能够较好地观察到诉讼风气变迁的脉络；再者，由于保存较为完好，因而选择清代不同地区的地方志进行统计和对比，无疑更有说服力。虽然民国时期的地方志数量较多，保存较好，但是很多在内容上已出现了明显的近代特色，不宜纳入本文的讨论范围。

最后，尚须指出的是，虽然本文使用的资料来自清代地方志，但是我们却不能据此认为其所反映的诉讼风气，也仅仅代表清代的独特状况。这是因为，某种"风气"的形成，本身就是长期演变的结果，未必因为朝代更迭而一朝改变。就像中国文学史上的唐诗、宋词的划分一样，只有相对的意义。另一方面，虽然"风气"会随着社会的政治、经济和文化的发展而有所变化，但是，地方志所记载的内容，却未必都是编纂和出版当时的景象。在笔者所寓目的地方志中，就存在着这样两种情况：其一，在谈到某地的风俗时，地方志的作者往往偏爱征引历代志书的记载，而不限于当下的社会状况。这种征引有些还会注明出处，但是也有一些却没有注明来源，以至于非常容易与当时的"风气"混在一起，难以区分。对于研究者来讲，这是必须小心措意的问题。其二，与这种有意引用稍有不同的是，有些编纂者也会将有关前代情况的记载，误作当代的情况而写入地方志，以至于错置时代而真伪莫辨。[47] 与此类似的

---

[46] 雍正七年，谕旨要求省、府、州、县各志，每 60 年重修一次。在我看来，社会风气的变化与经济发展稍有不同，也就是说，它的变化较慢，以 60 年为尺度来考察，也许是一个比较适中的时间单位。

[47] 2006 年 11 月 6 日，台湾大学历史系徐泓教授在中山大学作了一场以"风华再现：清代福建社会风气的变迁"为题的讲座。其间，徐泓教授也提到了这一问题，并谈到了自己在史料筛选上的若干经验，笔者获益良多。不过，需要说明的是，徐泓教授关注的是明代与清代之间政治军事变化对于经济和社会风气带来的影响，因而特别强调对地方志有关明代风气和清代风气的区分。而本文所关注的仅仅限于诉讼风气，并且，由于明清两朝的司法机构和诉讼程序没有实质性的区别，皇朝权力的更迭并非影响人们诉讼与否的直接因素。因此，本文对于清代地方志所记载的明代的诉讼风气也不再做区分。

另一问题在于，不同层次的地方志之间，也往往存在相互引用和彼此借鉴的情况。例如，在编修地方志时，府志的作者即有可能将其下辖各县的志书内容纳入其中；[48]与此相反，在县志编修过程中，作者同样也会参考或援引府志的记载。有时甚至可以看到这种情形，在相邻两县的县志中，也有极为相似甚至完全一致的表述。不过，由于本文是以省为单位来进行统计和对比的，因而这一问题并不影响统计和对比的结果。

清理了本文研究的相关背景之后，下面我们再来具体分析表1反映出来的问题。我们看到，在地方志的"风俗"中，提到"好讼"的志书不在少数。在284种地方志中，有95种谈到了当时当地的好讼风气，约占1/3。但是，仍有86种提到了不尚诉讼，也接近1/3。[49]如果仅仅从这一统计结果来看，我们似乎很难判断清代地方志反映出来的社会风气是否真的属于好讼。进一步的问题则是：地方志有关"好讼"或"健讼"的记载，是否果真意味着这一地区"诉讼泛滥"呢？与此相反，地方志有关"讼简"或"讼稀"的记载，是否真的反映了当地民众"厌讼"呢？这是两个令人困扰的问题，也是必须回答的问题。

在回答上述问题前，有必要对"健讼"的概念进行若干说明。什么是"健讼"？现代学者在谈论传统中国社会的"健讼"时，往往以诉讼数

---

[48] 有关上级地方志吸收下级地方志资料的具体研究，参见陈如娟：《上级方志对下级方志的取舍和补充——以(乾隆)〈福州府志〉与(乾隆)〈福清县志〉为中心》，载《科技信息》，2006年第3期。

[49] 需要说明的是，有46种方志重复，即同时存在好讼与寡讼的记载。这可能有三种情况：一是记载了某些地区好讼，某些地区寡讼；二是记载某一部分人好讼，某一部分人寡讼；三是在某一时间段出现好讼之风，而某些时间段相反。这些方志在统计时同时计入了"好讼"与"寡讼"中。另外，也有学者做过类似的统计工作，但是统计方法和统计结果均有不同。例如侯欣一教授选取了浙江、江苏、安徽、江西、湖南、湖北、山东等7省的150多种地方志，统计出其中明确注明健讼的方志有70多个，寡讼的有40多个；而就江南地区有诉讼风俗记载的70多个地方志中，记载健讼的有57处，寡讼的有14处，健讼地区达到3/4。参见侯欣一：《清代江南地区民间的健讼问题——以地方志为中心的考察》，载《法学研究》，2006年第4期。

量作为衡量健讼与否的标准,而没有对这一概念本身做出妥当的解释。在我看来,这个问题可以从以下层面来回答。

第一,如果民众提起了法律禁止的诉讼,那么,我们说他们"健讼"无疑是对的。事实上,各种史料在批评民众好讼时,往往是指那些因"口角微嫌"或"睚眦之仇"而动辄告状的行为,而非法律准许的具有正当理由的诉讼。[50]

但是,第二,如果民众提起的诉讼属于法律要求的,比如"谋反"或"命盗"案件,那么,我们是否仍然可以认为,这是"健讼"呢?显然不能。这是因为,对这些犯罪行为,如果知情者不举报、不告发的话,将会受到法律的制裁。[51]

第三,如果有些诉讼属于法律允许但非强制要求的,那么,我们是否也可以认为这是"健讼"呢?对此,笔者多少有些表示怀疑。这是因为,既然法律允许此类诉讼,那么,提起这种诉讼在法律上就是正当的。

---

[50] 例如,乾隆《上海县志·风俗》即有:"大抵士食旧德,农服先畴,缙绅先生或着勋绩或乐恬退,代不乏人;而健讼流风至今不改,小民口角微嫌,易成构斗,听信讼师,辄以重款装头,希图幸准。"引据《上海县志》,卷1,载《稀见中国地方志汇刊》,第1册,中国书店1992年影印版,第280页。再如,清代范濂所著《云间据目抄》卷2"风俗"也有:"上海健讼,视华青尤甚,而海蔡后益炽。凡民睚眦之仇,必诬告人命。遂有赊命之说。……此风原系东土讼师沈姓者启之。"参见范濂:《云间据目抄》,卷2·纪风俗,引据《笔记小说大观》,第13册,江苏广陵古籍刻印社、扬州古籍书店1983年影印版,第22页。比较集中的记载,参见周振鹤撰集、顾美华点校:《圣谕广训集解与研究》,上海书店出版社2006年版,第208—229页。

[51] 在传统中国,至少从"商鞅变法"以来,就有"奖励告奸"与不告奸者受罚的法律规定。清代律例也有类似的规定:凡是"命盗"案件,民众均有告发的义务,法律允许"容隐"的除外。例如,对谋反、谋大逆和谋叛之类的重大犯罪,知情纵或隐匿者,处以斩刑或绞刑。对尊长被他人所杀而私和者,分别情节处以徒刑以下轻重不等的刑罚;对常人私和者,处以杖刑;同行知有他人欲行谋杀而不阻止、不救护、不告发者,杖一百。对"窝藏强盗"和知情不报等行为,也要分别情节处以轻重不等的刑罚。参见田涛、郑秦点校:《大清律例》,法律出版社1999年版,第365—368、441—442、413—417页。在黄六鸿《福惠全书》卷14"庄地呈报"中,即有"阖州县地方、庄头,凡本境遇有人命,该庄地查明立时具呈,州县注明"的要求。参见《官箴书集成》,第3册,黄山书社1997年影印版,第366—367页。与此相关,如若官员不受理此类案件,则杖一百。参见《大清律例》,卷30·刑律·告状不受理,第478页。

而对法律上正当的诉讼行为，我们依然将其视为"健讼"或不正当的行为，理据何在呢？笔者以为，如有理据的话，便是道德上的；具体来讲，就是儒家竭力鼓吹的"无讼"这种道德理想；这是因为，诉讼乃是背弃或破坏这一道德准则的行为。如此一来，所谓"健讼"云云，乃是一种道德评价，而非法律评价。或许，这仅仅是我们的理解，未必符合古人的想法。在我们的祖先看来，对于这些既可以打官司也可以不打官司的"事由"，如果提起了诉讼，就是"好讼"。这是因为，它们没有道德上的正当性可言，而且还破坏了"熟人社会"的秩序和安宁。由此，我们触及了传统中国法律与道德之间的纠缠与背离的深层问题：一方面是道德与法律之间的"纠缠"。可以说，自从西周道德观念的"觉醒"伊始，道德作为一种国家意识形态的基础，受到了统治者高度的重视；越过法家的法律技术主义的短暂的中断，伴随儒家的崛起及其成为帝国官方的意识形态的基础之后，道德的法律化或法律的道德化，从此成为传统中国法律的根本特征。据此，学者认为，传统中国的法律乃是道德的体现和表达。即使在司法实践中，道德与情理仍然是裁决案件的重要依据。然而，另一方面，则是道德与法律之间的深刻"背离"，以致成为困扰人们的核心问题。据笔者看来，那种在法律上准许诉讼，而在道德上鄙视和压抑诉讼的现象，既是上述"健讼"话语的一个根本原因，也是现代学者批判传统中国是否好讼的一个基准。[52]

第四，所谓"健讼"云云，乃是一种经由比较而得出的判断；也就是说，与以往中国社会诉讼相对较少而言，明清时期的诉讼多了起来，以

---

[52] 关于传统中国的道德与法律之关系的详尽讨论，参见瞿同祖：《中国法律与中国社会》，中华书局1981年版，第270—346页；梁治平：《寻求自然秩序中的和谐——中国传统法律文化研究》，中国政法大学出版社1997年版，第251—325页；张中秋：《中西法律文化比较研究》，南京大学出版社1999年版，第119—155页；任强：《知识、信仰与超越：儒家礼法思想解读》，北京大学出版社2007年版。

致在当时人眼里就变成了"健讼"的社会。对此,笔者过去也有类似的看法。但是,仍然可以追问的是:与人口的绝对增长相比,明清时期的诉讼数量是否也有绝对的增长呢?这是一个悬而未决的问题,至少也是一个没有统计数据予以证实的问题。[53]我们没有关于明清以前诉讼的统计数据可资比较,有的只是一种关于"好讼"的感受,尽管这种"感受"也能说明一些问题。我们知道,记载这种"感受"的,基本上是一些野史、笔记、小说、戏曲与方志之类的东西,而这些资料宋代以前留存下来的很少,故而同样无法进行有效的比较。一句话,如果我们意欲用这种"感受"来证明一个社会的诉讼事实,将会显得非常困难,而且其真实性和可靠性也都是可以质疑的。

现在,我们回到正题上来。让我们来看看地方志是如何描述"好讼"之风的:

> 小人尚气好争,或细故辄终讼不已,将何以挽江河而复獉狉之旧也。[54]

> 乡民谨愿者多,每以鼠牙雀角涉讼公堂,讼师暗唆胥吏,又从中煽惑,株连不已。其始,一时逞忿;其后,欲罢不能,经年累月,破家亡身,前志谓动以人命相倾,至今犹然。[55]

---

[53] 作为春秋时期有影响力的名学家和法学家的邓析,曾在民间代理诉讼和招收学徒;其时,民众跟他学习法律的情形,可谓盛况空前,以致《吕氏春秋·离谓》说是:"民之献衣襦袴而学讼者,不可胜数。"如若这一记载可信,那么,我们似乎可以这么说,早在春秋时代,中国已出现了"好讼"的风气。据此,我们更可以作进一步的推论:如果中国古人果真"厌讼"的话,那是由于专制权力的打压。实际上,邓析之死颇能说明问题:一个民间的"讼师"居然凭藉自身的法律知识,却干起了挑战国家权力的勾当,这是专制权力断不能容忍的事情。当然,邓析之死也与他"是非无度"的诉讼行为或辩护策略有关。

[54] (道光)《泰州志》,卷5·风俗,载《中国地方志集成·江苏府县志辑》,第50册,第38页。

[55] (光绪)《南汇县志》,卷20·风俗志·风俗,载《中国地方志集成·上海府县志辑》,第5册,第900页。

> 乡愚无知之民,一有不平,辄尔兴讼,不量事之大小轻重,竟罹法网。有竞毫末财利者,有逞一时小忿者,有自处浑昧受人主摆弄者,更有无良奸徒乐观他人败坏、唆民致讼、于中取利者,虽屡加惩治,种类终难断绝。[56]
>
> 隆津、南桂、上莆、东莆、龙溪五都,习尚华靡且负气,一人雀角,举族哄之。[57]
>
> 讼者曲直混乱,或一倡而百和,平反者鲜能得共情,故泰兴自昔为难治也。[58]

这些都是比较典型的关于"好讼"的记载,类似的例子尚多,不便枚举。总体而言,在谈论某地"好讼"或"健讼"之风炽盛时,地方志的编修者往往是指这些因"鼠牙雀角"或"睚眦细故"而动辄兴讼的行为;当然,也包括了"曲直混乱"或"诬蔑良善"的诬告行为。由此可见,在谈论某地是否"好讼"时,精英阶层所指的具体对象,乃是那些"细故"诉讼以及"不当"诉讼;换句话说,在地方志的编撰者看来,它们只不过是一些不正当因而也不应该的诉讼行为,并非是指所有的诉讼行为。但问题是,在评价传统中国的诉讼状况时,现代学者据以衡量民众是否"好讼"的标准,仅仅是诉讼案件的数量;另一方面,他们在使用相关史料中的"好讼"或"健讼"之类的表达时,又每每脱离了原有的历史语境,而将这一结论放大到各种诉讼上。在笔者看来,这种评价标准既不符合传统中国诉讼

---

[56] (道光)《巨野县志》,卷23·风俗,载《中国地方志集成·山东府县志辑》,第83册,第513页。

[57] (光绪)《海阳县志》,卷7·舆地略6·风俗,载《中国地方志集成·广东府县志辑》,第26册,第446页。

[58] (光绪)《通州直隶州志》,卷1·疆域志·风气,载《中国地方志集成·江苏府县志辑》,第52册,第57页。

的实际状况,也很难让我们的祖先表示赞同。

与此相关的另一问题乃是,精英阶层眼中的这种"动辄兴讼"和"曲直混乱"的诉讼行为,是否真的于法无据？我们发现,在地方志中,只是含糊地使用了"琐碎细故"、"睚眦小忿"、"鼠牙雀角"或"箪食豆羹"之类的描述,但是却并没有说明所谓"鼠牙雀角"之类的修辞,究竟是指哪些事端,它们是否属于法律所禁止的诉由。例如,上引(道光)《巨野县志》提到的"竞毫末财利",系指乡民"辄而兴讼"的原因或者说动机;而(光绪)《宝山县志》亦有"健讼之风,半因田土"的说法。[59] 也就是说,很多经济上的利益纠纷却被地方志的作者视为"鼠牙雀角"的微末琐事,因此提起这类诉讼自然也被他们认为是不正当的"好讼"行为,是"健讼"或"刁讼"的体现。但是,就地方志所提供的信息来看,我们却不能简单地说,这种因"财利"和"田土"纠纷而导致的诉讼,在法律上是不正当的,在道德上果真是不能接受的。说到底,民事诉讼无非就是那些户婚、田土、钱债案件。这些诉讼既然为法律所允许,那么,这种所谓的"健讼"之说,很大程度上就只能看作是一种"高调"或"激进"的道德批判。在传统中国儒家的"君子喻于义,小人喻于利"[60]的价值理念的影响下,士绅阶层或许认为"利"是不怎么重要的;或者说"利"即使真的很重要,但是也不能冠冕堂皇地摆在台面上来讲,更何况因此而闹到衙门。在精英阶层看来,那些"刁民"居然为了争点小利而打官司,实在是世风日下,人心不古。然而,对于小民百姓来说,田土或钱债则恰恰是他们生活当中最可宝贵的东西,与每一个人的生活息息相关。据此,如果站在普通民众的立场上来考虑的话,我们也就很难说因经济动机而

―――――――

〔59〕 (光绪)《宝山县志》,卷14·志余·风俗,载《中国地方志集成·上海府县志辑》,第9册,第403页。

〔60〕 《论语·里仁》。

争讼就是"健讼"、"嚣讼"或滥用诉讼。况且,士绅眼里的"鼠牙雀角",对于小民百姓来说,是否同样也是"鼠牙雀角"呢?恐怕未必。例如(康熙)《顺德县志》即有"轻悍之民,持吏短长,屡陷刑辟不顾,不特讼田盗稼而已"[61]的记载。从这句话中,我们颇能读出作者对于那些小民百姓"讼田盗稼"所表现出来的不屑神情。在作者看来,这样的小事是微不足道的,可是那些乡民居然因此而有"屡陷刑辟不顾"的举动,可谓"刁蛮"之甚!但是,对于财产匮乏的农民来说,田地和庄稼可能就是他们的全部财富,也是一家人生活之维系,面对这样的纠纷,他们不可能不斤斤计较。[62] 于是,在精英阶层看来,为了几分田地或几束庄稼这样的"鼠牙雀角"而到衙门打官司,实在有点小题大做;但是,在民众心里,这恐怕就是天大的事情,也是不能不争的事情。这里,我们看到了不同阶层因生活境遇差异而形成的价值标准的不同。

同样的道理,所谓"曲直混乱"在一定程度上也只是一种道德评价,虽然我们无法判断地方志的作者所认定的"曲直混乱"是否真的缺乏法律依据。退一步说,即使存在因细故微嫌而兴讼,甚至颠倒黑白的诬告;但是,我们无从得知这类情况在所有诉讼中的比例究竟有多少,它们究竟是偶尔为之抑或是普遍现象。如果从"无谎不成状"的角度来看,那么"曲直混乱"就是一种普遍的现象。但是,在笔者看来,即便是普遍现象,我们仍然可以进一步追问:到底是什么原因导致了民众采取"曲直混乱"的诉讼行为?事实上,这种诉讼行为恰恰与帝国法律和司

---

〔61〕 (康熙)《顺德县志》,地理卷1·风俗,载《中国地方志集成·广东府县志辑》,第31册,第82页。

〔62〕 在讨论清代《刑案汇览》所载"擅食田园瓜果"(乾隆五十七年说帖)后,布迪和莫里斯指出:"这种由于摘取三个梨子及被杀的案件,可能反映了中国农民财产匮乏的情形。在中国农民眼中,每一粒谷子都是珍贵的。"参见〔美〕布迪、莫里斯:《中华帝国的法律》,朱勇译,江苏人民出版社1993年版,第225页。

法官员的态度有关;换句话说,民众采取这种诉讼行为,有时只是为了所谓的"耸动官府"而已。[63] 与此同时,由于缺乏历代人口和诉讼数量的统计数据,虽然有些地方志谈到了狱讼较以往增多,但我们却不能据此断定诉讼率有绝对的增长。

综上所述,地方志有关"好讼"或"健讼"的记载,很有可能只是作者对于当时当地的诉讼风气的主观感受和道德评判,因而与民众诉讼的实际状况并不等同;所以,我们也切不可以将它们混为一谈,视若一事。与此相关,不同的人可能会对当时当地的诉讼风气产生迥然不同的感受,例如(光绪)《四会县志》即有这样一段记载:

> 光绪十二年,余以知县需次广东,越三年序补得四会,急欲知其民风土俗,以审苴治之要求。县志不得,得府志。阅吴太守绳年所载四会形胜条下引区怀瑞说曰:"……人多健讼好胜,语云:'入广莫逢二会',古记之矣。"……并引金《通志》云:"轻逃窜,喜告讦,最称难治。"心窃异之。及视事数月,见其民气静谧,士习拘谨,无他邑刁健武断之弊。[64]

据此可见,即使在当时人的眼里,也难以就某地之诉讼风气达成共识。也就是说,在一些人眼中的"健讼",在另一些人看来或许就不能算"健讼"。[65] 特别是上文已经提到,地方志编修者普遍认为"志乃史裁",

---

[63] 具体讨论,参见徐忠明:《诉讼与伸冤:明清时期的民间法律意识》,载《案例、故事与明清时期的司法文化》,法律出版社 2006 年版,第 264—277 页。

[64] (光绪)《四会县志》,卷 1·舆地志·风俗,载《中国地方志集成·广东府县志辑》,第 49 册,第 107 页。

[65] 当然,这条史料也可以从另一角度来解释,即:在《府志》和《通志》中,有关"健讼"的记载并不符合当地的社会风气——"民气静谧,士习拘谨,无他邑刁健武断之弊"的实际情况。如若这样的话,也印证了我们上文对于地方志可能存在的失实现象的分析。

既然作者以一种"修史"的态度来"修志",那么他们就会承袭史家的笔法而针砭时弊。当然,这并不意味着地方志的记载不实,而是说在编写过程中,作者会对自己所认为的不良刁风予以特别的强调,甚至是夸大,以期引起地方官员的注意,及时引导惩治,从而达到"移风易俗"的目的,这本身就是修志的目的所在。

第三个问题则是,从"寡讼"的记载中我们能否推导出民众"厌讼"的结论?答案同样是否定的。我们可以发现,在本文统计的地方志中,只有44%的地方志在"风俗"篇中没有涉及诉讼问题。也即是说,有一半以上的地方志注意到了当时当地的诉讼风气,无论这种风气属于"好讼"抑或"寡讼"。这似乎可以说明,在地方志编修者的心目中,诉讼风气已经成为一个值得人们关注的社会问题,或者说是一种对于社会秩序日趋窳败的焦虑。换句话说,假如并不存在这样一种关注和焦虑,那么,地方志的编修者也许不会特别留意当时当地的诉讼风气如何的问题,因为这原本就不是一个问题。在这种情况下,有关"寡讼"的记载究竟意味着什么呢?首先,并不排除有些地区确实民风淳朴,耻于争讼,而周边地区却十分好讼,从而与其形成鲜明的对比,以致地方志的作者已经明显地意识到当地的这种淳朴民风的难能可贵,由此认为必须在地方志中加以记录,予以强调和表彰。但是第二,更多的可能在于,地方志的编修者均为本地人,他们可能会出于"美化"家乡风俗的心理,而将当地的状况写得"一团和气",从而"遮蔽"了很多实际存在的问题。事实上,清代学者对于这种夸饰之风多有批判,例如纪晓岚就说:

> 故修地志者,以史为根抵,而不能全用史;与史相出入,而又不能离乎史。其相治之通弊,则莫大于夸饰,莫滥于攀附。一夸饰而古迹人物辗转附会;一攀附而琐屑之事迹、庸杳之诗文,相连而登。[66]

---

[66] (嘉庆)《安阳县志》,纪昀序,清嘉庆四年刻本。

另一著名史学理论家也是地方志学大家的章学诚,对此也有如下批评:

> 志乃史体,原属天下公物,非一家墓志寿文,可以漫为浮誉,悦人耳目者。闻近世纂修,往往贿赂公行,请托作传,全无征实。……今之所谓修志,令长徒务空名,作者又鲜学识,上不过图注勤事考成,下不过苟资馆谷禄利。甚而邑绅因之以启奔竞,文士得之以舞曲笔。[67]

与此类似的是,第三,由于地方志的主修之职通常由当地州县长官来担任,他们也有可能为了突出自己"治理有方"的政绩,或者纂写者为了逢迎奉承地方官员,从而刻意描绘出一幅讼狱不兴,乃至其乐融融的太平世界。这样一来,当我们读到地方志将某一地区的风气描述成为"狱讼简稀"或"不尚争讼"的景象时,就不能简单地认为,这是对于当地风气的如实记录;或者说,这种记载如实地反映了当地风气的实际状况。第四,退一步说,即使某一地区确实就像地方志所描述的那样,民风淳朴,不好争讼,但是我们仍然不能推导出"厌讼"的结论。这是因为,民众不愿意用诉讼方式来解决纠纷,并不一定出于道德上的原因,而很有可能是因为"畏讼"或"惧讼"的缘故,它与民风淳朴与否并无必然的关系。在有些地方志中,甚至还提到了当地居民不好诉讼的一个原因,乃是"难通官语",[68]是指与司法官员在"沟通"上出现了语言障碍,[69]这

---

[67] 章学诚:《答甄秀才论修志第一书》,第68—69页。
[68] (道光)《遂溪县志》,卷10·礼俗,载《中国地方志集成·广东府县志辑》,第39册,第693页。
[69] 在语言不通的情况下,民众一旦提起诉讼,就要依靠胥吏转达。例如(乾隆)《增城县志》卷2第29页,记有:"陈诉公庭,辄假吏胥达之。"雍正年间在广东先后担任惠州知府和广东按察使的河北人张渠也说:"官司诉讼,恒凭隶役传述。"参见张渠:《粤东见闻录》,广东高等教育出版社1990年版,第46页。

也是回避制度带来的另一后果。在更多的情况下,民众不愿意采取诉讼方式解决纠纷,完全是出于经济上的考虑。例如,在(道光)《巨野县志》风俗卷中,收有山西进士王发越所作的《劝民歌》,其中这样写道:

> 劝尔民,莫轻斗,凡事情理要讲究。人能忍耐自安然,何苦与人结冤仇。休使气,莫逞酒,常言相打无好手。君子不辞唾面羞,英雄也受袴下辱。身体本是父母生,为人岂不惜皮肉?一朝犯法坐监牢,身家性命都难守。自古吃亏讨便宜,那个凶人得长久?劝尔民,莫轻斗,得罢休时且罢休,想前思后。
>
> 劝尔民,莫轻讼,有甚冤枉到公庭?邻里口角寻常事,钱债田土有公平。一张纸,进衙中,纵使官清吏不清。莫道官事容易打,废时失业又担惊。若听讼棍来唆拨,代作呈词教上控。诓得银钱到了手,不管曲直与输赢。直到身家吃苦累,那时方悔受愚弄。劝尔民,莫轻讼,乡党都是好亲朋,有甚相争?[70]

我们看到,这首《劝民歌》并没有通过道德说教来奉劝民众不要诉讼,而是从利益衡量的角度来告诫人们,打官司是不合算的,切勿轻讼。一来官场腐败,所谓"衙门八字朝南开,有理无钱莫进来";"公人见钱,犹如苍蝇见血";[71]二来打官司不但耗时费力,还要担惊受怕;三来那些讼棍唆人告状,只是为了从中取利,最终吃亏受累的还是两造自己;四来发生纠纷的都是邻里乡亲,彼此都有千丝万缕的联系,若为些许小事就闹到衙门,以后在这个熟人社会里如何生存?在笔者看来,这颇能代表

---

〔70〕(道光)《巨野县志》,卷23·风俗,载《中国地方志集成·山东府县志辑》,第83册,第515页。

〔71〕温瑞政等编著:《中国谚语大全》,上海辞书出版社2004年版,第285页。

一部分人的心理：不打官司并不是因为在道德上贬抑诉讼，而是基于利益上的考虑；他们认为，打官司是不合算的，是得不偿失的，因而不敢打官司，不愿打官司。当然，这种"理性人"的计算并不意味着纠纷可以就此消弭。事实上，在地方志中仍然存在大量关于"好讼"或"健讼"的描述，甚至在纠纷得不到及时解决的情况下，还有可能会演变成为严重的争斗，乃至血腥的械斗：

> 邑之文老缙绅无公事不谒有司，其俗如此。若其可虑者，少年不逞之徒雄悍恣睢为闾阎害，宗族乡党雀角之争，睚眦之嫌，挺刀而斗。[72]

> 本邑庄户长枪、短棍，家家有之，不必深仇大怨，但因口角小嫌，或睚眦细故，一言不合，便挥戈相向，甚或鸠集人众，各持器械，互相斗殴，名曰"打架"。因此致伤人命者层见迭出，一案之内，动辄株连数人至数十人不等。虽分别从严惩办，此风终未能尽息。[73]

在我们寓目的清代地方志中，有 8.5％的府志和县志提到了当地的械斗之风，虽然没有一一道明产生械斗的原因，但是很大程度上与纠纷没有途径得到化解有着直接的关系。

尚有必要指出的是，表 1 也体现出一定程度的地区差异。我们注意到，在江苏、上海和广东三省（市）的府志和县志中，提到"好讼"的比例非常接近，都略高于 40％；而山东却只有 22.5％的地方志提到"好

---

[72]（光绪）《利津县志》，卷 2·地舆图第一·风俗，载《中国地方志集成·山东府县志辑》，第 24 册，第 295 页。
[73]（道光）《巨野县志》，卷 23·风俗，载《中国地方志集成·山东府县志辑》，第 83 册，第 513 页。

讼"的风气。如果仅仅从这一数据来看,或许江南与华南地区是相对"好讼"的,而华北地区则是不那么"好讼"的。另外,在山东的府志和县志中,没有记载诉讼风气的比例也要高于其他三地。而其原因又是什么呢?我们的初步推测是:这或许是因为,与其他地区不同,在山东,诉讼风气并不那么令人焦虑。而更有可能的是,与其他地区相比,山东的诉讼风气确实不是那么炽盛。

三、诉讼类型:一个实证的考察

虽然我们在上文中已经指出,地方志对于好讼与否的描述,在很大程度上只能代表作者的一种感受和价值评判,而不能完全坐实。但是,这并不意味着有关诉讼风气的描述没有任何实证意义。事实上,从地方志所透露的信息中,我们可以了解明清时期最为人们关注的诉讼类型是什么,以及不同地区在诉讼类型上又存在着什么样的差异。总体而言,地方志所记载的诉讼类型,与我们在其他史料中获得的,关于传统中国司法实践基本上处理"户婚、田土、钱债和命盗"案件的印象吻合。例如,在表2统计的83笔资料中,婚姻、田土和钱债诉讼占了30笔,约36%强;命盗案件占了31笔,约37%强;共计61笔,约73%强。这一数字,给笔者留下了深刻的印象。但是具体来看,情形则有不同。因为有些地区没有户婚诉讼,如江苏和上海;有些地区没有钱债诉讼,如江苏;有些地区没有命盗案件,如上海;有些地区没有盗贼案件,如江苏。毋庸置疑,这与实际情况根本不合。据笔者看来,出现这种情况的原因在于,地方志作者所关注的是他们感受较深的社会现象,或者是他们觉得必须予以记录的社会现象,而非基于当时当地的司法实践的全面调查与完整记录。这进一步证实了我们对于地方志特点的分析:既有"实录"的特点,也有"想象"的成分。

我们对地方志"风俗"记载的诉讼类型进行了统计,兹将结果制表如下。

表2 清代地方志记载的诉讼类型统计表

诉讼类型		江苏	上海	山东	广东	合计
户婚		—	—	2	1	3
田土		1	5	4	13	23
钱债		—	1	2	1	4
人命	假命图赖	2	—	3	20	25
	其他人命	—	—	2	1	3
盗贼		—	—	1	2	3
告讦官长		1	3	—	1	5
睚眦细故		5	2	2	2	11
其他		—	1	2	3	6

制表说明:资料来源同表1。

从表2中我们可以看到,虽然地方志所反映的诉讼类型颇具多样性的特点,但是,一如上文所说:民事诉讼中的"田土"纠纷与刑事诉讼中的"人命"案件,在数量上远远高于其他诉讼类型。[74]据此,下面将着重分析地方志所反映的这两种诉讼类型。

(一)田土纠纷

前面已经提到,古人曾有"健讼之风,半因田土"的说法。随着明

---

[74] 但问题是,为什么"田土"纠纷与"人命"案件远远高于其他诉讼案件呢?其原因是,传统中国是一个农业社会,田土乃是基本的经济资源和生活资源,而且价值极高;所以在农民眼里,田土要比其他经济资源来得重要,而田土往往是祖先留下的产业,甚至蕴含着"孝"的伦理价值,更加值得珍惜,因此一旦发生田土纠纷,他们就会不惜代价地将其诉诸衙门,寻求解决之道。在任何社会里,生命总是最可宝贵的东西,传统中国向来就有"人命关天"的观念,而且法律对于"人命"案件也极其重视,在实体法与程序法上都是如此;故而,一旦出现人命事件,不仅会激起苦主的复仇愿望,引起当地社会的震动和关切,也会引起司法衙门的高度重视。在这种情况下,地方志特别留意记载"人命"案件,也是自然而然的事情。

清时期人口的不断增长,虽然垦荒一直都在持续,然而毕竟土地的总量有限,这就必然导致人口与土地之间的矛盾日趋激化。就地方志所记载的内容来看,田土纠纷无疑是当时最为主要的民事纠纷和民事诉讼的类型。地方志作者认为:"田土之讼甚琐,括而言之,其端有三:曰盗卖,曰盗买,曰侵占也。"[75]事实上,清代地方志所记录的田土纠纷,远远要比上述划分复杂,而且表现出明显的地域特征,难以一概而论。

首先,可以这么说,造成田土纠纷的主要根源在于产权界定不清;而在实践中,导致权利界限不明确的原因,则是多种多样的,既有自然因素,也有人为因素。由于自然因素引发的田土纠纷,最为典型的,当属沿海居民为争夺海滩沙地而产生的诉讼。这种情形,在上海和广东两地的部分地方志中均有记载:

> 海滩新涨地,辽阔无际,俗统名之曰"荡"。虽经历届官吏勘丈、升科、召佃,然利薮所在,众所必争。其已承佃者谓之"老荡户",其未承佃谓之"新荡户",省控京控,靡有已时。[76]
>
> 南海之南,洲岛日凝于气,俱积亦势也。顽民利洲岛交利,互争讼,所由棼有司所不能断也。[77]
>
> 香山土田凡五等:……五曰"潮田"。潮漫汐干,每西潦东注,流块下积,则沙坦渐高。以蔶草植其上,三年即成子田。子田成,

---

[75] (康熙)《朝城县志》,卷6·风俗志,载《中国地方志集成·山东府县志辑》,第94册,第78页。

[76] (光绪)《南汇县志》,卷20·风俗志·风俗,载《中国地方志集成·上海府县志辑》,第5册,第900页。

[77] (光绪)《广州府志》,卷15·舆地略7·风俗,载《中国地方志集成·广东府县志辑》,第1册,第269页。

然后报税，其利颇多。然豪右寄庄者巧立名色，指东为西；母子相连，则横截而夺之；往往构讼焉。[78]

从引文中我们可以看到，由河海夹带泥沙沉积而成的沙田、潮田，因产权不明而成为众所必争之地，从而也是"构讼不绝"的根本原因。而其背后的根源在于，清代人口的激增导致了人地关系的紧张，沙田属于新形成的肥沃土地，自然成为民众争夺的目标所在。但是，由于沙田易于变化，往往边界不清，以致纠纷频发。更为重要的是，这种新积土地在形成初期不必缴纳赋税，即"不升科"，因而又称"无税业"；在通常情况下，经过三年的耕种之后成为熟田，才向官府报税，即"勘丈"、"升科"。加之沙田往往亩无常数，税无定额，故而人们竞相争夺。[79] 所谓"南方田亩无鱼鳞号册，彼此最易蒙混。河邑山凹水口消长不常，或昔无今有，或昔有今无。奸民肆其欺诬，以强凌弱，词讼之兴多半为此。"[80] 地方志编修者将这种沙田之争与《商君书·定分》中"兔子的故事"[81]相类比，提出了以下解决对策：

> 顺德、香山多争沙田。该沙田皆海中浮涨之土，原无税也。语曰：一兔在野，众共逐焉；积兔在市，过而不问；有主之与无主也。沙田，野兔之类也；争沙田，逐兔之类也。凡断沙田者稽其籍，果会报税，案籍给之，无籍没官买。如曰："吾所承业，从某户

---

[78] （光绪）《香山县志》，卷5·舆地下·风俗，载《中国地方志集成·广东府县志辑》，第32册，第57页。
[79] 参见傅同钦：《明清时期的广东沙田》，载《学术研究》，1981年第3期。
[80] （同治）《河源县志》，卷11·风俗志·民风，载《中国地方志集成·广东府县志辑》，第17册，第331页。
[81] 这个著名的故事，在《慎子·逸文》中也有类似的记载。

某田崩陷代补者也",则奸民之尤也。勿听,仍没之官,则奸难售而讼亦可省矣。[82]

需要说明的是,沙田之讼并非都因彼此争夺所致。清代广州府顺德县人龙廷槐即指出,争讼的起因之一是"虚税"。他说:"凡田被水冲塌,或佃人不力被人侵蚀疆界,或田高蓄潦、掘通河流,均致欠额……。"这些原因使得实田的面积缩小,与最初申报的鱼鳞册上的面额不符,从而产生"虚税",并由此引发词讼。[83]

与南方沙田因变动不居而导致争讼不同的是,在山东丘陵地区,由于土地贫瘠,难以耕种,乡民多以养牛为业,因而不乏争夺牧场之讼,甚至从田土纠纷激化成命案:

> 乡民畜牛颇蕃,山田硗确与咸卤不可耕者,村庄所共名曰牧场,或一二村一场,或三五村一场。莱黄作牧,旧俗然也。有希图独占者,则必兴讼,执持元明旧契,四至影响,边界不清。官一左袒,则公输私斗,往往拼死相殴,酿成命案。宰斯邑者以牧场之案与南方坟山同一,束手若相。其村庄之大小,畜牛之多寡,秉公酌断,使各有可牧则亦相安无事。[84]

在此,值得注意的是,虽说乡民对牧场的争夺如此激烈,但是他们在"希

---

[82] (光绪)《广州府志》,卷15·舆地略7·风俗,载《中国地方志集成·广东府县志辑》,第1册,第269页。

[83] (清)龙廷槐:《与湖中丞言粤东沙坦屯利弊书》,转引自〔日〕西川喜久子:《清代珠江三角洲沙田考》,曹磊石译,载《岭南文史》,1985年第2期。

[84] (光绪)《文登县志》,卷1下·风俗,载《中国地方志集成·山东府县志辑》,第54册,第33页。

图独占"时,首先采取的策略是"执持元明旧契"来"兴讼"。只是在官员"左袒"和诉讼一造对于判决结果不满的情况下,才会进一步激化成"拼死相殴"的伤害案件或人命案件。检视上引材料,我们很难这么说,中国传统社会的小民百姓真的像以往学者普遍认为的那样,缺乏法律观念和诉讼意识。在发生财产纠纷时,他们懂得以契约作为最重要的凭据;甚至,在某种意义上我们可以说,我们的祖先可能把契约的效力看得要比我们更重一些;在他们眼里,契约不会随着政权更替而必然丧失效力。另外,这一史料也可以用来进一步印证"买卖不明,凭契约"这种将契约作为交易合法凭据的说法。由此,也揭示了契约在中国古人的法律实践中的核心地位。另一方面,就上述材料来看,传统中国的农民也懂得首先选择诉讼作为解决纠纷的途径。只不过,在他们对衙门的判决结果不能认同、纠纷不能得到解决之时,才会诉诸"私力救济"的手段。这或许可以说明,无论古代人抑或现代人,也无论中国人抑或西方人,他们对于纠纷解决的态度的差异,远远没有我们想象的那么大。或许,差别在于法律话语,而非法律实践;当然,法律话语对于人们的法律观念和法律实践会有很大的影响,但是它并不能解释所有的法律问题。总之,我们不宜过分夸大古今或中西的法律文化的差异。

引文提到的"南方坟山",指的便是在广东等地频频发生的争坟山案:[85]

> 民间坟墓,多系官地。旷野累累,无寻址定界,或有造圹而未葬者,谓之"窨堂"。奸民欲夺取他人墓地,潜仆其碑,灭其迹,或易

---

[85] 有关坟山争讼的研究,参见张小也:《清代的坟山争讼——以徐士林〈守皖谳词〉为中心》,载《清华大学学报(哲学社会科学版)》,2006 年第 4 期;张小也:《从"自理"到"宪律":对清代"民法"与"民事诉讼"的考察——以〈刑案汇览〉中的坟山争讼为中心》,载《学术月刊》,2006 年第 8 期。

置骸骨,以是争讼不息。一岁中累数十案,此亦粤风之大概也。奉宪不许立窖亦不许卖窖堂现有成例,此风可革。[86]

不过与沙田案和牧场案不同的是,争夺坟山并非完全出于利益上的驱动;实际上,"风水堪舆"观念的影响,亦是引发纷争的关键原因。由于广东历来迷信风水之说,从而认为祖先坟墓的位置,对于子孙后代的兴衰有着重要的影响,屡屡因争夺坟地而结讼不休:

粤俗本尚堪舆,嘉应于风水之说,尤胶执而不通。往往因争一穴之地,小则废时失业,经年累月;大则酿成人命,家破人亡。事变已成,犹不知悔。于是贫者藉坟以索诈,富者贪穴以冒侵,愚懦者误听术士而产荡家倾,狡黠者串同讼师而架词捏控。[87]

并有假窖占山,冒坟盗墓,致滋讼扰,种种不一。更可怪者,或兄弟,或两房,一盛一衰,便咎祖冢,竟有因此结讼不休,岂堪舆蛊人哉,人自蛊耳![88]

顺便指出,从各种判牍文书与司法档案来看,因坟地风水而引起诉讼的案件,各地都有,而非广东独盛。应该说,它与传统中国文化本身有关。在笔者看来,地方志的作者之所以刻意强调"粤俗本尚堪舆,嘉应于风水之说,尤胶执而不通"的特点,或许是因为他们对于其他地区的风土

---

[86] (同治)《河源县志》,卷11·风俗志·民风,载《中国地方志集成·广东府县志辑》,第17册,第331页。

[87] (光绪)《嘉应州志》,卷8·礼俗,载《中国地方志集成·广东府县志辑》,第20册,第151页。

[88] (嘉庆)《龙川县志》,第38册·风俗,载《中国地方志集成·广东府县志辑》,第18册,第509页。

人情的了解不够,或许是因为他们希望藉此凸现广东的地方文化的特性,或许是因为他们意欲通过这种批判性的话语来消解广东"崇尚堪舆风水"的恶俗。

在地方志的记载中,也有因田价变动而引发的"找赎"之讼。例如,在(光绪)《金山县志》中即有"国初米贵,加赎之讼滋兴"[89]的记载。顺治初年,松江地区米价上涨,因而田价也随之攀升。由此引发的田土争讼,在其他资料中也有所反映。据叶梦珠《阅世编》记载,在松江地区,"顺治初,米价腾涌,人争置产。已卖之业,加赎争讼,连界之田,挽谋构隙。因而破家者有之,因而起家者有之"。[90] 这段描述,颇可以与《金山县志》的记载相佐证。此后田价逐渐下跌,到了康熙十九年庚申春,再次出现"因米价腾贵,田价骤长,……昔年贱价之田,加价回赎者蜂起"[91]的景象。这种因田价涨落而引起的诉讼,在(康熙)《嘉定县志》中也有比较详细的记载:

> 嘉民十室九空,然习而健讼,其风大半起于田土。夫时直有贵贱,岁月有远近,价贱而添,年近而赎,亦恒情也。乃有田价每亩贵至六七两,岁月远至二三十年者,在时直每亩不及二三两,一种刁徒诈求添,动以侵占为名,甚之捏称人命撕抢者。一词在官,草野愚民,其家立破。但使得主不愿添者,止许回赎,则刁风自杜,此亦"息讼"之大端也。[92]

---

[89] (光绪)《金山县志》,卷17·志余·风俗,载《中国地方志集成·上海府县志辑》,第10册,第187页。

[90] 引据(清)叶梦珠著、来新夏点校:《阅世编》,卷1·田产1,上海古籍出版社1981年版,第23页。

[91] (光绪)《金山县志》,卷17·志余·风俗,载《中国地方志集成·上海府县志辑》,第10册,第187页。

[92] (康熙)《嘉定县志》,卷4·风俗,载《中国地方志集成·上海府县志辑》,第8册,第493页。

在这段文字中,特别值得我们留意的是所谓"嘉民十室九空,然刁而健讼,其风大半起于田土"一言。就此而言,我们颇能看出地方志作者与普通"嘉民"在价值观念上的差异。也就是说,对精英阶层来说,即便穷到"家徒四壁"的地步,人们也不应该起而争讼,否则就是"刁而健讼"之徒;与此相反,就"嘉民"来讲,一旦坠落至"山穷水尽"的境地,只要有利可图,哪怕提起诉讼也在所不惜;可见,在利益面前,民众并不那么在意道德伦理。但是另一方面,产生这种民众因超过"回赎"时限而仍然不断"找赎",以及因超过诉讼"时效"而起诉的行为,实际上与帝国司法官员的态度有关。具体而言,一旦民众就此类纠纷提起诉讼,司法官员往往不会一味拒不受理;而且,在受理之后,他们也会出于平衡两造争讼而做出"酌情"的处理,并且每每对"穷民"有利。而这,大概就是前述海瑞处理此类"乡宦与小民"争讼案件的原则吧。如此一来,帝国衙门"止讼"或"息讼"的意图就会落空;反过来说,民众则因受到这种处理结果的"鼓励"而积极诉讼;可见,司法官员的态度和做法,实际上起了"诱讼"的作用。不消说,传统中国民众的"健讼"行为,未尝不与帝国官方的矛盾态度有关。而传统中国的司法实践,即是在矛盾的逻辑上运作的。

在地方志中,佃户与地主之间的纠纷也不少见。譬如,在(道光)《重修胶州志》中不但有此记载,并且进一步将农民划作三类,而把其下等者视为刁蛮:

> 农上者力穑,积财置田,自奉俭而谨租税;其次不识积蓄,遇凶年则窘;其下佃人之田,吝于偿粟,多杂糠秕,退佃则以麦苗少偿,麦熟则强割以待讼,其顺逆恒视乎官法之宽严。[93]

---

[93] (道光)《重修胶州志》,卷 15·志四·风俗,载《中国地方志集成·山东府县志辑》,第 39 册,第 163 页。

这条史料颇可注意:其一,作为下层农民的佃农,不但"刁顽"恶劣,所谓"吝于偿粟,多杂糠秕,退佃则以麦苗少偿,麦熟则强割以待讼"云云,即是指此;而且到了"健讼"成性的地步,文中"待讼"两字可谓画龙点睛之笔。其二,他们的诉讼决策与"博弈论"所阐述的道理也很吻合,所谓"其顺逆恒视乎官法之宽严"云云,即是写照。而广东的情况,更是有过之而无不及。在那里,佃丁已经从"逋租"发展到"占产"。例如,在(乾隆)《潮州府志》和(嘉庆)《龙川县志》中,就有两段非常类似的描述:

> 惟佃丁大半悍黠,视业主如弁髦,始而逋租,继而占产,构讼不绝,粮田质田混淆虚实。[94]
> 更有悍黠佃丁,视业主如稚子,始而逋租,继而占产,混淆虚实,藉讼拖延。[95]

这里,我们看到的不是质朴的农民、道德的农民,而是"刁顽"的农民和"悍黠"的农民;也非谚语所谓"三十亩地一头牛,老婆孩子热炕头"那种躲在家里过小日子的农民,而是经常出入衙门、敢于跟地主对簿公堂的农民。就此而言,简单地说农民"厌讼"固然不够准确,而说农民"惧讼"同样失之偏颇;或许,农民还是颇为"健讼"的呢。

随着宋代以降的社会经济的急剧变迁,土地的商品化程度也日益提高,谚语即有"千年田,八百主"[96]的说法。自洎明清时期,土地交易尤为发达;而土地的频繁转手,就不可避免地带来了纠纷和争讼。对

---

[94] (乾隆)《潮州府志》,卷12·风俗,载《中国地方志集成·广东府县志辑》,第24册,第129页。

[95] (嘉庆)《龙川县志》,第38册·风俗,载《中国地方志集成·广东府县志辑》,第18册,第509页。

[96] (清)杜文澜辑、周绍良点校:《古谣谚》,中华书局1958年版,第418页。

此现象,地方志也有记述。请看(光绪)《化州志》的记载:

> 一田数易其主,子孙犹取贴契钱;悻壬之徒,设游辞而启争构。讼狱之兴,由之以蔓延。[97]

在地方志中,这种普通类型的田土交易纠纷并不多见,但是,这并不表明它们不常发生;也许,这仅仅意味着它们尚未成为一个令精英阶层"焦虑"的问题。从修辞的角度来看,这种语调平和的记载,或许恰恰反映了这类案件的普遍存在,以至于不值得大惊小怪。与此不同的是,前面讨论过的那些案件倒是措辞激烈。在笔者看来,地方志作者之所以措辞激烈,很有可能是因为他们对于这类案件感到深恶痛绝;而实际上,诉讼两造的行为并非地方志作者想象的那样恶劣,他们之间的冲突也非地方志作者想象的那样严重。准此而论,无论措辞平和抑或激烈,既有可能是真实的描述,也有可能是失实的夸张。总之,地方志对于诉讼风气的记载,决非人们想象的那样简单,这是毋庸置疑的真情实况。

(二)人命案件

从表 2 中我们可以看到,人命案件是地方志提到最多的诉讼类型。在我们寓目的清代地方志中,有 28 种地方志的"风俗"都提到了当地人命案件如何多发,因而远远高于其他案件类型被提到的频率。这一统计结果多少让我们有些惊讶,为什么人命案件会成为地方志作者所关注和焦虑的对象?对此问题,在上文注释中,笔者已经作过简要的说明,兹不赘述。值得注意的是,在这 28 种地方志中,有 25 种谈到的是

---

[97] (光绪)《化州志》,卷 2·舆地志·风俗,载《中国地方志集成·广东府县志辑》,第 38 册,第 45 页。

"假命图赖"的情况,仅有3种提到其他类型的人命案件。[98] 从地域上来看,这种"假命图赖"的案件,又在广东地方志中得到了特别的关注,有20种谈到了这一问题。那么,为什么广东地方志对于"假命图赖"的案件情有独钟呢?原因不很清楚,或许是那里此类案件确实多发吧?[99]

所谓"假命图赖",具体可以分为两种情况。一种可以称为"轻生诬命",是指双方发生冲突、矛盾、纠纷和争讼之时,处于劣势的一方往往采取轻生自尽的极端手段,给对方造成不利影响;另外一种我们姑且称为"藉尸图赖",是指发生命案(无论是否轻生)之后,死者的亲属或假冒亲属借此兴讹敲诈。无论是哪一种情况,都是利用"人命关天"的信仰与法律严惩的规定,将"人命"作为一种诉讼策略,藉此达到"把事情闹大"的目的。[100]

现在,我们来看看地方志究竟是怎样描述这种"假命图赖"现象的:

愚者好勇轻生,与富豪斗不能胜,则服胡蔓草以诬之。禁之

---

[98] 例如,因私斗或械斗而引发的人命案件。据(道光)《长乐厅志》记载,当地民众颇为"负气好胜,毫不受挫,挺刃相加,死而无悔。故命案多于邻邑数倍。近来稍染械斗之风"。引据《中国地方志集成·广东府县志辑》,第23册,第277页。

[99] 在明末担任广州府推官的颜俊彦所著《盟水斋存牍》(中国政法大学出版社2002年版)中,确实收入了若干"假命图赖"的案件;而这些案件,也是在广州府发生的。读者可以检阅,这里不便具体罗列。顺便指出,在明清时期的小说、戏曲之类的作品中,对于"假命图赖"倒是不乏描述。另外,梁其姿在谈到清代的助葬善会时指出:"除了收殓路边尸骨之外,助葬善会还有另一个重要的实际工作,那就是防止地方衙吏及无赖以路边弃尸为借口,勒索邻近居民。这些情形至少在江南市镇极为普遍,以致许多地方都不断下令禁止,并责令助葬善会辅助执行禁令。"参见梁其姿:《施善与教化》,第295—296页。

[100] 将"自杀"作为诉讼策略的相关讨论,参见徐忠明:《诉讼与伸冤:明清时期的民间法律意识》,载《案例、故事与明清时期的司法文化》,法律出版社2006年版,第273—275页。也见〔日〕上田信:《被展示的尸体》,王晓葵译,载孙江主编:《事件·记忆·叙述》,浙江人民出版社2004年版,第114—133页。

不绝。[101]

　　斗力不胜,即服胡蔓羊角纽诸毒草致死以诬之。[102]

以上两段材料乃是典型的"轻生诬命",在地方志中屡见不鲜。在弱者与强者的斗争中,自杀或许是处于弱势一方最有力的武器,也是没有办法的办法。这是因为,一旦发生命案,不但死者家属必须报案,而且地邻也有报案的义务;就地方司法官员而言,他们同样必须立即受理,并且慎重对待。实际上,这是法律赋予各方的义务和职责。[103] 在这种情况下,被卷入命案的一方,就算不落下"威逼人致死"的罪名,[104]也难脱干系;即使不身受杖责,也总要花费若干银两打点衙门和尸亲;有时,还可能所费不赀,甚至有倾家荡产之虞。对于有些小民百姓来说,既然无法凭借自身的力量与强势的对手抗衡,那就索性一死了之,藉此给对方造成不利影响。[105] 而死者家属也就可以趁此机会"藉尸图赖",捞一笔死人财,又称"吃人命"。这一陋俗令地方志的作者深感忧虑:

---

[101] (康熙)《阳江县志》,卷1·星野考·风俗,载《中国地方志集成·广东府县志辑》,第40册,第12页。

[102] (光绪)《德庆州志》,地理志6·风俗,载《中国地方志集成·广东府县志辑》,第51册,第427页。

[103] 与此相关的法律,参见注释[51]综述的内容。另外,在法律上,即使是自杀行为,家属原则上也须报官呈验;而地方司法官员则必须带领刑书、仵作亲自前往尸体所在地检验。当然,如若"自缢、溺水、事主被杀等案,尸属呈请免验者,听"。参见《历代刑法志》,群众出版社1988年版,第589页。

[104] 参见《大清律例》,卷26·刑律·人命·威逼人致死,第438—441页;庄以馨:《从〈刑案汇览〉看清代〈威逼人致死〉律例的法律论述》,见 http://saturn.ihp.sinica.edu.tw/~AdjTP/ZhuanOnThreateningCases.pdf;王志强:《清代刑部的法律推理》,载《法律多元视角下的清代国家法》,北京大学出版社2003年版,第68—97页。

[105] 平襟霞所编《刀笔精华》(山东友谊出版社2000年版,第6—7页)首例"香钩沾泥之恶祟"即是孀妇与富翁以死抗争的故事。有趣的是,富翁聘请的讼师则以"移尸图赖"反诉。

> 人命之讼多端,而其急宜严禁者气忿与自尽也。在男子愚鲁负气者,或因口角微嫌,或因争论地土、钱债、琐细之事,辄而轻生者有之。在妇女秉性悍厉者,或不孝公姑,或不睦邻里,或失闺门之范,或主中馈无材,致丈夫少加詈言,邻里偶与争论,则跳井悬梁,是其长棱矣。此乃愚夫愚妇识短,自作之孽。律书所载,原置不究;即是有威逼之事,到官亦止杖遣,量给埋葬银耳。近多奸徒,一闻凶信,即统亲族、仆人、老少、妇女,各持凶器,或抬尸上门,或入内抄打,如近日南关之事可为寒心。非执法者严以禁焉,刁恶恐无所止也。[106]

> 又或妇女悫赖短见轻生,外家纠众登门,谓之"吃人命"。或毁其家具,或挞其舅姑,抢谷索钱,不满其欲不止。此陋俗也,所望有司禁止之。[107]

在这种情况下,死者亲属不肯轻易罢休尚可理解。但是,更有一班无赖棍徒,一旦发现无名尸体,便觉奇货可居,冒充尸亲讹诈富家;更有甚者,不惜故杀乞丐,借尸敲诈勒索。

> 里中无赖性尤犷险,或藉丐尸冒作亲人,昇至富家;或故杀病丐,移尸勒诈。非有司明决,往往全家倾陷。[108]

从地方志和其他资料来看,自杀事件在传统中国似乎并不少见,以

---

[106] (康熙)《朝城县志》,卷6·风俗志,载《中国地方志集成·山东府县志辑》,第94册,第78页。

[107] (光绪)《吴川县志》,卷2·舆地下·风俗,载《中国地方志集成·广东府县志辑》,第42册,第52页。

[108] (乾隆)《潮州府志》,卷12·风俗,载《中国地方志集成·广东府县志辑》,第24册,第129页。

致成为帝国官员非常头痛的问题,[109]因而也想采取某种措施予以禁绝。那么,怎样才能禁绝这种现象呢？在某些地方官员看来,断绝用以自杀的毒草来源,或许可以达到减少自杀的目的。不过,从地方志的记载中我们可以发现,这种治标不治本的方法似乎收效不大。

> 胡蔓毒草遍地丛生。虽奉檄令民间纳断肠草到县,积而焚之,计斤给价;然轻生不免,图赖尤多。[110]

虽然这条资料提到了禁绝用来自杀的毒草来源的措施,可惜没有说明效果究竟如何;不过根据下引资料来看,效果不会很好。既然如此,唯有对于此类案件严加审理。也就是说,司法官员在查明案件真相的基础上,对藉尸图赖者予以严惩,使其没有"图赖"的机会可乘,甚至令其得不偿失。只有这样,才能从根本上治理这一陋俗。

> 惟有讼服毒草自尽者,审无威逼,立使尸亲买棺自瘗。详请痛惩,俾无利而有害,庶恶俗或可不禁而自绝云。[111]
> 愚夫愚妇一时小忿,以致轻生,所在皆有。顾赴水者他人可救,投缳者为事犹难。惟南方毒草,一入口而悔已无及,故致毙独多。河俗从前假命之禁未严,稍有嫌隙,即以是图诈。本人亲族或反利其死,以饱其欲。近奉列宪严饬验明报毒,于所控之人毫无扰

---

[109] 在《刑案汇览》中,我们发现因自杀而引起的案件,约有 441 例,可见数量确实不少。具体讨论,参见胡海燕:《从自尽案看清代法制与社会——以〈刑案汇览〉为范围》,中山大学 2005 年硕士学位论文。

[110] (乾隆)《新兴县志》,卷 27 · 风俗志,载《中国地方志集成 · 广东府县志辑》,第 48 册,第 429 页。

[111] 同上。

害,亲族架词罪反坐,此风得少息。然一岁之内,以是殒命者犹未尽绝。虽再三晓告,而无知之辈以身命等于鸿毛,不特枉死堪怜,亦且验伤实惨,若在妇女,犹不忍言。[112]

鉴于第二条资料已经包含了第一条的内容,因此我们撇开第一条资料不谈。就第二条资料提供的信息来看,我们可以读出三层意思:其一,由于简单禁绝用以自杀的毒草,不能真正遏制民众的自杀行为,因此必须采取"连根拔起"的措施,以期杜绝"假命图赖"的可能,使其无法藉此获利。其二,严厉惩罚尸亲"架词诬告"的行为,使其得不偿失。其三,之所以"假命图赖"现象层出不穷,屡禁不止,是因为帝国衙门在司法实践中没有严格贯彻依法办案的精神。试想,如果司法官员能够真正做到依法办案,那么,这种"假命图赖"行为也就很难得手;这样一来,图赖者也就可能放弃道德上当受谴责、法律上必须严惩的行为。进一步讲,地方志作者提到的,作为遏制"假命图赖"措施的"架词设讼"和"诬告反坐",[113]都是帝国法律的固有内容;因此,司法官员只要遵照办理即可,何必"再三晓告"呢。而"再三晓告"的背后,恰恰透露出了"架词设讼"和"诬告反坐"的律例条款几乎形同虚设;事实上,从司法档案和判牍资料来看,对于这两种行为的处罚确实不重,甚至不予执行;有的时候,司法官员审完案件之后,往往会说"念尔乡愚无知",一杖了之。

这种"假命图赖"现象无法彻底禁绝的原因何在?我们再看地方志的解释:

首先,正如引文所说,虽然自杀行为是愚夫愚妇的"自作之孽";但

---

[112] (同治)《河源县志》,卷11·风俗志·民风,载《中国地方志集成·广东府县志辑》,第17册,第331页。

[113] 参见《大清律例》,卷30·刑律·诉讼·教唆词讼、诬告,第481—486、490—491页。

是，在地方志作者眼里，毕竟属于"枉死堪怜"和"验伤实惨"的情形，乃至产生令人"犹不忍言"的一腔哀怜。在（道光）《封川县志》中，即有"愚民有睚眦之忿，辄服毒草以陷仇家，不惟破产者可悯，而伤生者尤可念也"[114]的说法。在这种情况下，即便被告没有威逼情形，可以避免法律的追究，然而，死者毕竟是因为与被告发生纠纷才自寻短见的，多少难逃干系。况且人死不可复生，而被告又大多有些经济实力，责令其出银子安抚苦主，也是人之常情。而这种想法，在（光绪）《吴川县志》中体现得最为明显：

> 邑多"假命案"。病丐小偷饥寒道毙，其同姓奸人必唆尸亲赴控，或称凶手，或指喝令，风影株连，择肥而噬。一经官验，被告者已费不赀。*虽验无伤，向无反坐，仍以体恤孤寡，责被告出钱埋葬了事*。[115]

可以说，正是司法官员"虽验无伤，向无反坐。仍以体恤孤寡，责被告出钱埋葬了事"的做法，在一定程度上诱发了人们"假命图赖"的诉讼行为。可谓民众"健讼"，谁其诱之？于是乎，我们再一次看到了帝国衙门的自相矛盾的司法逻辑。诚如瞿同祖所说：法律"条文的规定是一回事，法律的实施又是一回事"。[116] 还可以说，有什么样的政府，就会有什么样的人民。事实上，正是司法官员的道德意识弱化了帝国法律的刚性规定，此乃传统中国"道德本位"意识形态的必然结果。与此相关，

---

[114] （道光）《封川县志》，舆地志1·风俗，载《中国地方志集成·广东府县志辑》，第50册，第525页。

[115] （光绪）《吴川县志》，卷2·舆地下·风俗，载《中国地方志集成·广东府县志辑》，第42册，第52页。

[116] 参见瞿同祖：《中国法律与中国社会》，中华书局1981年版，导论第2页。

在与帝国衙门的"博弈"过程中，民众形成了这种看起来非常败德的"假命图赖"的诉讼策略。就此而言，法律及其实践可以成为民众道德生活的底线；相反，因高喊道德而鄙视法律，反而导致了"高不成，低不就"的尴尬。如果从反省传统中国法律文化的角度着眼，这一问题值得引起我们的关注和深思。

其次，面对人命案件，地方司法官员不得不谨慎行事。一旦处理不当，尸亲很有可能控告到上级衙门——府控、省控、京控，乃至告御状，永无底止，[117]这无疑会给地方官员带来非常不利的影响和极其沉重的压力。因此，司法官员即使明知原告"藉死图赖"，有时也不得不让被告破费烧埋银，从而将案件摆平理顺。诚如学者所说："对官府来说，比起判断事件的是非曲直，更重要的是息事宁人。"[118]但问题是，一旦人们"窥破"司法官员"示弱"的心态和举措，他们就会紧紧抓住机会，采取这种"刁告"行为。可谓前门意欲堵住"假命图赖"的诉讼，却又打开后门放进这种案件，从而陷入自相矛盾的困境。

最后，在"假命图赖"的案件中，讼师所起的作用也不可小觑。翻检清代律例，我们看到，"藉尸图赖"原本是法律禁止的行为。[119]那么，为什么以这种违法手段却能从司法实践中获取利益，而又不致受

---

[117] 一个极端的例证是，清代嘉庆二十二年发生了一起因索找屋价不遂而引起的命案。此案历时17年，先后控告多达178次。参见《大清宣宗成（道光）皇帝实录（7）》道光十四年的记录,（中国台湾）华文书局1970年版，第4501—4502页。另外，艾马克曾着重分析过的若干案件也颇能说明缠讼问题。编号"22202案：抗租"，缠讼26年；编号"22609案：争财"，缠讼11年；编号"22403：租赁——案由是笔者所加"，缠讼17年。参见〔美〕艾马克：《19世纪的北部台湾：晚清中国的法律与社会》，王兴安译，（中国台湾）传播者文化有限公司2003年版，第86、147、191页。缠讼案件的例证很多，这里不便枚举。关于"京控"的讨论，参见〔美〕欧中坦：《千方百计上京城：清朝的京控》，载高道蕴、高鸿钧、贺卫方编：《美国学者论中国法律传统》（修订版），清华大学出版社2004年版，第512—551页。

[118] 〔日〕上田信：《被展示的尸体》，载孙江主编：《事件·记忆·叙述》，第122页。

[119] 《大清律令》，卷26刑律·人命·杀子弟及奴婢以图赖他人，第435—436页。

到法律的惩处呢？如此"高超"的诉讼技巧如何可能？对于民众来说，其间的界限很难拿捏。这时，我们看到了幕后操纵的讼师所起的作用。

> 犷险烂愚或藉丐尸移害，或因病死讹诈，或服毒草图陷。株连罗织，索扰不厌，遂以鸣官。而猾吏狡役因之舞弊，有拖累数载而不能伸者，皆讼师暗伏其中以为之唆使也。明有司旦夕而防之，使奸者无所用其谋，险者无所用其伎，强者无所用其力，则人心平而讼狱息。[120]

可见，这种"藉尸图赖"的案件之所以能够得逞，之所以难以禁绝，是因为"讼师暗伏其中唆使"的结果。事实上，在宋代以降的各种史料中，我们看到的讼师，基本上是被彻底"妖魔化"的形象。值得注意的是，由于帝国法律的严格禁止，地方官员的竭力查拿，讼师只能躲在地下，方能生存，就像"昼伏夜出"的幽灵，随处可见，而又飘忽不定；与此同时，虽然地方官员竭力查拿讼师，而到头来却每每深受其害。[121] 顺便一提，尽管讼师不无"教唆词讼"的弊害，但是，作为提供法律服务的卖方市场的讼师，如果没有作为买方市场的民众诉讼的需求，他们如何兴风作浪？虽然有些史料往往认为，民众之所以变得如此"好讼"，甚至"嚣讼"，是因为讼师的教唆和挑拨；但是，诚如谚语"一只碗不响，两只碗叮当"所说的那样，如果民众没有诉讼的念想，单凭讼师的挑唆，他们就会蓦然兴讼吗？在笔者看来，讼师的活跃，显然与民众诉讼的日趋增长有

---

[120] （嘉庆）《龙川县志》，卷38·风俗，载《中国地方志集成·广东府县志辑》，第18册，第509页。

[121] 汪辉祖的遭遇，可谓典型。参见汪辉祖《病榻梦痕录》，卷下，载《续修四库全书》，第555册·史部·传记类，上海古籍出版社1995年影印版，第646—647、665—666页。

关。换句话说,如果讼师"教唆词讼"果真是明清时期诉讼增长的原因,那么,也决不会是主导因素,而只能是辅助因素。讼师"暗中唆使"民众"藉尸图赖",只是诸多诉讼策略中的一个例证罢了。另一方面,帝国法律之所以禁止讼师,地方官员之所以查拿讼师,是因为与其自身利益息息相关;也就是说,由于讼师的存在,不但挑战了帝国法律的权威,而且挑战了司法官员的权威。[122]

四、地方志作者眼里的"好讼"原因

实际上,在前面的讨论中,我们对于清代的"好讼"的原因已经有所涉及。这里,笔者希望透过地方志作者的视野来解读清代民众"好讼"的主要原因。也就是说,在地方志作者的眼里,究竟是什么原因导致了当地的"好讼"风气呢?从表3中我们可以看到,引起当地民众"好讼"的原因,有着复杂性与多样性的特点。兹将原因制表3如下,以供读者参考。从地方志记载的数量来看,比较主要的原因依次是:性格,共58种;鼓煽唆讼,共25种;经济利益,共24种;风气习尚,共12种。另外,颇为令人惊讶的是,土客相争严重的地区广东,居然地方志没有予以记载,这又不能不让我们怀疑地方志的实录性或客观性。另需说明的是,本文不打算面面俱到地讨论地方志提到的全部诉讼原因,而是想着重分析性格、土客和讼师唆讼等问题。对于其他以往研究措意不够的原因,也拟略作讨论;对于以往学者普遍认同的因经济利益而引起的诉讼问题,不作具体讨论。

---

[122] 关于讼师参与诉讼的积极意义的讨论,参见〔美〕麦柯丽:《挑战权威——清代法上的寡妇和讼师》,载高道蕴、高鸿钧、贺卫方编:《美国学者论中国法律传统》,第552—578页;徐忠明:《讼师的眼睛》,载高鸿钧主编:《清华法治论衡》,第4辑,清华大学出版社2004年版,第468—472页。

表 3　清代地方志记载的好讼原因统计表

好讼原因		江苏	上海	山东	广东	合计
经济利益		1	4	7	12	24
风气习尚		5	—	5	2	12
性格	负气好斗	9	—	9	12	30
	犷悍愎戾	—	—	8	4	12
	狡黠刁险	5	1	1	9	16
鼓煽唆讼		13	2	4	6	25
土客相争		3	—	—	—	3
堪舆惑人		—	—	—	3	3
不重礼义		1	—	—	2	3
持吏短长		1	3	—	1	5
族党帮和		2	—	—	1	3
其他		—	1	2	4	7

制表说明：(a)资料来源同表 1。(b)"其他"包括"猾胥蠹役把持窃弄"；"赌博所害"；"无赖谎告"；"地沃人稠"；"不服族乡之判"；"多熟法律喜役公门"；"土豪劣少武断乡曲，匿名揭帖，诬蔑良善"等。

（一）性格因素

从表 3 中我们可以清楚地看到，有相当一部分地方志把"好讼"的原因归结为诉讼两造的性格，其比例明显高于其他原因。其中，有 30 种地方志提到了当地民众"负气好斗"；有 16 种地方志认为"狡黠刁险"乃是"健讼"的原因所在；有 12 种地方志把"好讼"归因为民性"犷悍愎戾"。如果地方志的概括理据充分的话，那么，以往那种"印象式的"论断——诸如"民风浇漓"或"人心不古"等等，是导致民众"好讼"的主要原因的观点，我们均有必要予以重新考虑。但是，对于"重新考虑"的议题，我们也必须保持清醒的认识。这是因为，所谓"负气好斗"或"狡黠刁险"或"犷悍愎戾"的性格因素的概括，在一定程度上也是对民风特点的解释，因而未尝与"文化"和"道德教化"的程度毫无关系；换句话说,或许正是"文化"不够,乃至"道德教化"不力,才导致了人们的性格特征和民风特点。事实上,性格也好,民风也罢,都与"文化"和"道德教化"的程度有关。另外,性格固然是与生俱来的禀赋,但是也与后天养成密切相关;俗话"一方水土养一方人"更是说明,民风不但与自然环境有关,而且与文化氛围不可须臾分离。就此而言,性格因素与表3所列的"风气习尚"也有内在的关系,不能完全把它们敲作两端来理解。读者可能要问:既然如此,你们为什么还将它们分别归类呢?这不是自相矛盾吗?答曰:并不矛盾。我们的初步想法乃是,这种"归类"只是为了尊重地方志作者的固有表达。而这,恰恰也是我们标举"地方志作者眼里的'好讼'风气"的根本原因之所在。实际上,这更是文化解释的内在要求。至于本文是否真正做到了这一点,则是另外一个问题。

有了上述理论上的简单解释,我们来看地方志作者的具体表述。且以(乾隆)《兖州府志》为例,在记载所辖各县的风俗时,作者提到泗水县乃"淳庞朴厚,风犹近古,然劲悍尚气,争斗好讼,则习俗使然也";但是,相距不过几十公里的鱼台县则是"其俗谨厚畏法,词讼甚简"。[123] 又如,根据(同治)《韶州府志》的记载,乳源县系"习于朴鲁,民无告讦之风";仁化县也是"俗尚真率,士朴民醇,……嚣讼鲜作,犴狴时空";可是,同属韶州府所辖的翁源县却是"人多负气好讼";英德县更加特殊,作者写道:"性习居刚,私忿健讼,服蔓轻生向多有之。"[124] 诸如此类的记载,反映出来的民性和民风的差异居然如此巨大,果真是这样的吗?进而,即便我们承认"性格"因素确实重要,也确实可以影响人们的举止态度和行为方式;但问题是,面对人们如此千差万别的个体性格,我们

---

[123] (乾隆)《兖州府志》,卷5·风土志,载《中国地方志集成·山东府县志辑》,第71册,第121—122页。

[124] (同治)《韶州府志》,卷11·舆地略·风俗,载《中国地方志集成·广东府县志辑》,第8册,第225页。

如何在一般意义上概括出一个地区民众的"普遍性格"呢？据此，这里所谓的"性格"因素，说到底，并非仅仅是指个体的禀赋，而应该包括风气和习尚；至少，也是两者兼而有之。在心理特征上，虽然"性格"可以进行类型概括，而且，同一地区的民众由于社会文化的影响和熏陶，可能也会获得某些类似的"性格"特点；但是，当我们说某人性格如何如何时，所要描述的主要还是个体的心理特征，而非社会意义和文化意义上的"性格"特征，所以我们很难说，某一地区的民众具有类似的"普遍性格"。就大家熟悉的《秋菊打官司》中的秋菊来说吧，她之所以不屈不挠地决意将诉讼进行到底，在笔者看来，乃是个人性格使然，而非文化所致——并非当地的民众都与秋菊一样倔犟。就此而言，所谓"普遍性格"恰恰是指"文化性格"，也即地方志作者所谓的"民风"，尽管也不排斥个人的禀赋特点。

综上所述，我们或许可以做出进一步的推论：在很大程度上，所谓"性格因素"也许只是地方志的作者根据自身经历和个体感受，以及当地民众的行为模式和文化意识做出的概括，或者仅仅是借用前人的概括。更有可能的是，这种当地居民"普遍性格"的特征，很有可能是地方志作者根据他们的行为模式和某种文化意识建构出来的类型特征。甚至，地方志作者很有可能使用了一种"倒退"或"回溯"的认知方法，也就是说，当他们感到当地民风"好讼"时，便自然而然地认为，这是由当地民众性格好斗或狡黠所造成的后果；而当他认为当地"不好争讼"时，同样也会理所当然地认定，当地民众的性情纯朴谨厚。

（二）土客冲突

随着明代中叶以来的人口增长、商业活动的不断展开、本地资源的相对紧缺等原因，人口流动日益频繁，甚至出现了大规模的移民浪潮。在这种背景下，土客之间的冲突，也就不可避免地成为一个严重的社会问题和政治问题,甚至因此引发血腥的仇杀和超大规模的械斗;其间,也会伴随相应的诉讼。有时,甚至就是因为争讼没有得到及时和合理解决而激化成仇杀和械斗的事件;与此同时,又因地方衙门的介入而转化为新一轮的政治问题和司法问题。[125] 对于土著来说,客民的入境意味着家门口突然出现了一群虎视眈眈的陌生人或敌人;也就是说,客民的到来意味着要和他们争夺原本已经有限的经济资源,尤其是土地资源。在这种情况下,纠纷、冲突和诉讼,也就在所难免。而在身为土著的地方志作者看来,这种纠纷和冲突的产生,在很大程度上,就是因为有着不同生活习惯和文化意识的客民"坏了"当地的风气。因为土著居民相信,在一个熟人社会中,他们彼此之间原本可以相安无事——实际上,也有内部的纠纷和诉讼,正是那些陌生人的突然闯入,打破了乡土社会的和谐与安宁,还要和他们这些祖祖辈辈出生于此、成长于此、终老于此的本地人争夺稀缺的生活资源,破坏当地原有的社会秩序,简直与强盗无异。于是乎,在(光绪)《宜兴荆溪县新志》中,我们读到了编纂者不无忧虑的话语:

> 就宜兴、荆溪目前而论,风俗之患半在客民。一曰:侵敚新甿暴桀,地隙则踞,田荒则垦。持械争雄,悍不问主,斗狠之风坏驯谨之俗也。[126]

---

[125] 有关土客冲突与械斗的研究,参见池子华:《土客冲突的文化学考察——以近代江南地区为例》,载《河北大学学报》,2000 年第 1 期;黄志繁:《国家认同与土客冲突——明清时期赣南的族群关系》,载《中山大学学报》,2002 年第 4 期;刘平:《被遗忘的战争——咸丰同治年间广东土客大械斗研究》,商务印书馆 2003 年版;王日根、张学立:《清代科场冒籍与土客冲突》,载《西北师大学报》,2005 年第 1 期;〔韩〕朴基水:《清中期广西的客民及土客械斗》,载《中国经济史研究》,2005 年第 4 期;李恭忠:《客家:社会身份、土客械斗与华南地方军事化——兼评刘平著〈被遗忘的战争〉》,载《清史研究》,2006 年第 1 期。

[126] (光绪)《宜兴荆溪县新志》,卷 1·疆土·风俗记,载《中国地方志集成·江苏府县志辑》,第 40 册,第 45 页。

可见,地方志作者确实将败坏风俗的原因归咎于客民,并且将引发械斗的原因同样归咎于客民;但是也非全部归咎于客民,毕竟他们只说"半在客民"。据此,土著也难辞其咎。

事实上,土客之间争夺经济资源尤其是土地资源,只是问题的一个方面。而更为重要的是,由于客民的语言、文化、风俗习惯都与土著存在着差异,彼此难以沟通和融合,从而极易产生矛盾和冲突。以(光绪)《续纂句容县志》的记载为例:

> 同治初,虽承平未久,民气未复,而居乡者多土著。即所招佃户,大半江以北人,与吾乡习俗不甚相远,所以民皆安堵,讼狱不生。自客民入境,多强暴,不循土风,于是盗贼丛起,讼狱繁兴,敦庞之风亦为之顿减矣。[127]

由此我们看到,面对客民入境,地方志作者表现出了相当的不安、不满和焦虑的心态,并把"盗贼丛起,讼狱繁兴"的原因都归咎到客民身上。仔细审读这段记载,我们固然可以发现,作为"流动人口"的客民,确实给"侨居"地区的社会秩序带来了不安定的因素。这是因为,他们的生活水平一般较低,没有固定的田宅,成分也较为复杂,很有可能对当地的治安构成威胁。但是另一方面我们也看到,地方志作者对客民产生敌视的一个重要原因,就是他们"不循土风",也就是说"入乡"而不"随俗",不像以前的佃户那样,"与吾乡习俗不甚相远"。也正因为风俗习惯的不同,使得客民难以融入"侨居"地区的社会环境。而在土著居民看来,由于这些外地人(客民)不能遵循他们祖祖辈辈流传下来的风俗

---

[127] (光绪)《续纂句容县志》,卷6下·风俗物产,载《中国地方志集成·江苏府县志辑》,第35册,第136页。

习惯，这意味着客民是在破坏他们的生活秩序，[128]从而就对客民产生了敌视和排斥的心理。加之在乡土社会，人与人之间总是存在着千丝万缕的联系，彼此知根知底；因而，在面对一群游移不定的陌生人时，土客之间自然会缺乏信任感。而对土著来说，他们就会产生警惕，甚至造成惶恐；进而，土客之间就有可能产生纠纷、冲突、争讼、仇杀，甚至械斗。

（三）讼师唆讼

在很多地方志作者的眼中，讼师的活跃乃是导致"好讼"之风炽盛的一个重要原因。在他们看来，乡民大多是愚昧无知的，他们之所以兴讼，在很大程度上是受了讼师的唆使和挑拨。故而，在地方志中，讼师的形象被描绘得尤为可憎：

> 但时有一二流移之徒，健讼喜斗，胁制官司，愚民堕其术中，往往以兴讼破家。[129]

> 乡民谨愿者多，每以鼠牙雀角涉讼公堂，讼师暗唆胥吏，又从中煽惑，株连不已。其始，一时逞忿；其后，欲罢不能，经年累月，破家亡身，前志谓动以人命相倾，至今犹然。[130]

---

[128] 在我看来，由于土著的风俗习惯，不但具有社会秩序的意义和功能，而且还是他们维系日常生活——包括经济活动、人际关系、思想、情感和信仰的依凭，要比帝国法律来得更为"贴近"他们的日常生活和心灵世界；故而，客民的到来对于土著风俗习惯造成的破坏，也就不是一件无足痛痒的事情，而是一件足以引起土著的情感震动与秩序不宁的事情。就此而言，土著敌视客民，排斥客民，甚至彼此之间发生纠纷、争讼、仇杀或械斗，也就不单单是一个争夺经济资源的问题，也是一个文化冲突的问题。

[129] （嘉庆）《重修扬州府志》，卷60·风俗志，载《中国地方志集成·江苏府县志辑》，第42册，第369页。

[130] （光绪）《南汇县志》，卷20·风俗志·风俗，载《中国地方志集成·上海府县志辑》，第5册，第900页。

或许,最令地方司法官员头痛的,既不是民众之间寻常发生的诉讼案件,也不是讼师的参与诉讼,而是他们的"捕风捉影",甚至"随结随翻"。可谓兴风作浪,可恶之甚:

> 健讼之风,半因田土。亦有讼师唆弄,捕风捉影,辄行讦告者,谓之"春状"。或因被控之人实系无力,而良懦无辜辄多牵涉。近奉宪檄,各州县当堂收牍,先录原供,此风渐息。[131]
>
> 其平常词讼,则两造各有讼师,为主之海市蜃楼,互相斗巧,随结随翻,仇延数世。非痛惩讼师,恐积牍终无清厘之日也。[132]

就引文来看,讼师的存在给地方官的日常工作带来了不小的"麻烦"。第一,讼师唆使乡民兴讼,对于本已繁忙的地方官来说,无疑是增加了他们的工作量。第二,司法机器的运作,当然需要添加"燃料"——人手和经费;但是,由于许多地方衙门没有专门的办案经费,即使有,数量也少得可怜;也不收取诉讼费,但收纸笔费。在这种情况下,诉讼案件越多,经费支出也就越多。对地方官而言,可能是很不情愿的事情。第三,讼师往往巧言善辩,所谓"捕风捉影"或"为主之海市蜃楼,互相斗巧"即是例证;而这,就给司法官员查明案件真相带来了极大的困难。第四,由于讼师熟知法律知识,故而每每与司法官员在法律知识上斗智斗勇,一旦抓住司法官员在审理案件上的疏漏,便可以"随结随翻",屡败屡诉;更要命的是,讼师还会以此"胁制官司"。凡此,不仅加重了司法官员的工作负担,而且增加了他们的心理压力和审案风险,因为一旦

---

[131] (光绪)《宝山县志》,第 14 卷·志余·风俗,载《中国地方志集成·上海府县志辑》,第 9 册,第 403 页。

[132] (嘉庆)《海康县志》,卷 1·疆域·风土,载《中国地方志集成·广东府县志辑》,第 44 册,第 45 页。

上级官员"驳案"或变更原判,就很有可能会影响到初审官员的仕途。第五,毕竟"讼简狱空"也是"考绩"的基本内容,而"爱民"更是帝国官员的道德理想;尽管真正在乎这一政治原则的官员很少,但是它与"考绩"多少有些关系。因此,讼师教唆词讼,牵连无辜,不但是地方社会不安的因素,而且也是地方官不愿意看到的事情。基于此,地方衙门自然要"痛惩讼师"。只是,其直接动机恐怕未必就是想要"解救"愚昧受惑的乡民,而是第二段引文所说,不打击讼师"恐积牍终无清厘之日也"。

清代的咸丰时期,广东省兴宁县知县仲振履发布了一通"禁止争讼坟山田宅告示",其中的大部分内容都是谈论讼师之害。兹将原文征引如下:

> ……惟是能文之士间习刀笔,不自重其身;农商无知,时或蹈于法网。推原其故,良由为贫所逼,而所以致其贫者,则好讼之一念阶之也。夫人虽至愚,莫不知身家之为重,至于讼则不能自保。无论大小事故,一入讼师之门,百端蛊惑,贿买干证,谋和保家,批票甫行,书差需索,两造尚未对质而动用亦已不赀,至势成骑虎,悔之无及。小者废业荒功,需延时日;大者倾家荡产,无所不至。而尔等锢蔽已深,率不知悟,或因山坟田宅,争尺寸而不能让人;或因口角微嫌,架空词而肆其诬捏。一经镜讯,鞭楚是从。输固不免于剥肤,赢亦何殊于剜肉,身受其灾,讼师何尝过问?本县虽屡拿讼棍,分别轻重示惩,而每逢告期,以小事渎控者正不乏人。……近日清厘积案,庭讯时刁健之徒亦渐知畏法。倘再能深鉴争讼利害之故,痛改前非,各安本分,馀三馀九,自有家给人足之乐,将见衣食足而礼义兴,以之复敦庞之治不难矣。[133]

---

[133]（咸丰）《兴宁县志》,卷 10・风俗志・习尚,载《中国地方志集成・广东府县志辑》,第 23 册,第 542 页。

说起来，这通告示与其他各种官方的"禁讼"或"息讼"资料的内容和口气并无两致。值得我们稍事解释的是，虽然这是县衙的告示，但是，这位知县似乎并没有期望能够通过道德教化来劝民息讼，而是从他们的切身利益的角度来告诫乡民：你们不要糊涂，听信"恶"讼师的蛊惑，遽而动辄兴讼。兴讼之事不仅耗时伤财，而且还要在公堂上受到皮肉之苦。再者，败诉固然损失惨重，就算胜诉也已花销巨大，算起来仍是吃亏；可是，讼师便宜捞尽，其何尝管你们花了多少银子，受了多少苦楚？还是莫打官司，安守本分为好。

不仅如此，这位仲姓知县似乎对讼师尤为痛恨。在他所作的"十诫诗"中，便有一首叫作"笔如刀，诫讼棍也"。其诗文字通俗，内容与上引"告示"可以参照。

> 笔如刀，自作孽。杀人纸上本无声，忍见堂前日流血。愚民奉尔教，至死不休歇；良民受尔累，平地相波涉。长官原有父母心，小罪何难立昭雪。奈何尔毒入人深，诱使鞭笞不改说。事外安身置等闲，局中负罪遭缧绁。孽重灾生刀自杀，神鬼鉴临无解脱。尔独不见刘学斌（邑之恶棍），雷击其子，官囚其身，虽有面孔难为人。[134]

此诗将一个州县官对于讼师的深恶痛绝，表现得可谓淋漓尽致。在知县看来，在动用了刑讯之后，一些案件原本可以很快了结；可偏偏因为这些讼棍的存在，"诱使"两造在捶楚之下仍不改口，使得长官难以结案，这岂不是与官府作对？着实可恨。不过恶有恶报，纵然逃得过恢恢

---

[134] （咸丰）《兴宁县志》，卷11·艺文志·诗，载《中国地方志集成·广东府县志辑》，第23册，第540—541页。

法网,也难以逃脱冥冥之中鬼神的惩罚。这种想法,一方面代表了地方官员欲将讼师惩之而后快的迫切心情,但另一方面。却也表现出几分无奈。换句话说,虽然对于讼师深恶痛绝,却难以惩治,或许只能寄希望于鬼神之力,给他们应得的报应。

虽然清代官府对讼师的活动一直采取管制和打压的措施,[135]但是,似乎并没有影响讼师的活跃。根据(光绪)《睢宁县志》的记载,当地"刁悍之民,略识之无,便习唆讼。故事无大小,讼必有师。民受其害,远乡尤甚"。[136] 睢宁县地处苏北,与江南地区相比,经济并不发达,一般认为其风气也较为保守质朴。然而,即便如此,当地却也"事无大小,讼必有师",讼师的活跃可想而知。有趣的是,我们可以将这段材料与上引(光绪)《续纂句容县志》的描述做一番对比。在《续纂句容县志》中,作者提到,以往"所招佃户,大半江以北人,与吾乡习俗不甚相远,所以民皆安堵,讼狱不生";而客民入境之后"盗贼丛生,讼狱繁兴"。[137]但是,在《睢宁县志》中我们却可以发现,与句容县习俗相近的"江以北人",诉讼和讼师之业已经相当繁盛,因此,恐怕未必像《续纂句容县志》所描述的那样,原本其乐融融,讼狱不兴;所以也很难将"兴讼"的罪名全部扣在客民的身上。

总结一下,就讼师参与诉讼活动而言,我们可以将其归结为以下几种:其一,在通常情况下,某些法律水平较低的讼师只能代写契约文书

---

[135] 参见林乾:《讼师对法秩序的冲击与清朝严治讼师立法》,载《清史研究》,2005年第3期;邓建鹏:《清代讼师的官方规制》,载《法商研究》,2005年第3期;邱澎生:《争讼、唆讼与包讼:清代前期的查拿讼师运动》,见http://www.sinica.edu.tw/~pengshan/PSChiuOn-LitMaster2005.pdf,2006年2月16日访问;张小也:《清代的地方官员与讼师——以〈樊山批判〉与〈樊山政书〉为中心》,载《史林》,2006年第3期。

[136] (光绪)《睢宁县志》,卷3·疆域志·风俗,载《中国地方志集成·江苏府县志辑》,第65册,第318页。

[137] (光绪)《续纂句容县志》,卷6·风俗物产,载《中国地方志集成·江苏府县志辑》,第35册,第136页。

和诉讼文书,他们很难真正达到"架词设讼"和"蛊惑"两造的程度;其二,有些讼师的法律水平不错,在道德上也能自我约束,他们往往不愿意"教唆"民众任意兴讼,而仅仅给贫弱无助的两造提供必要的法律帮助。[138] 在我看来,这两种讼师参与诉讼的情况,都不应该视为导致民众"好讼"的原因。其三,真正导致民众"好讼"的讼师,乃是那些教唆词讼、暗中煽动、捕风捉影、颠倒是非甚至贿通胥吏、挟制官府的一类"恶"讼师。而我们的疑问是,在明清时期,是否"恶"讼师真的占据了绝对主导的地位?以致在史料中我们触目所见都是这类"恶"讼师的描述?反过来问,讼师形象之"恶"是否是因为精英话语的"妖魔化"刻画所致?

(四) 其他原因

除了上文列举的几个导致民众"好讼"的原因以外,在地方志中还记载了其他诸多原因。试举几例,稍作解释,以为例证。

其一,族党帮和。在一些地方志编纂者看来,家人或宗族之间互相帮和也是"好讼"之风日盛的一个原因。所谓"一人雀角,举族哄之"。[139] 儿女与他人发生纠纷,便让年迈的父母出头;对方往往念其

---

[138] 清代徐珂编撰《清稗类钞》第3册《狱讼类》(中华书局1984年版)记有如下故事,可供我们参考。其一说:"雍正时,松江有吴墨谦者,通晓律例,人请其作呈牍,必先叩实情,理曲,即为和解之,若理直,虽上官不能抑也。"(前书,第1047页)其二说:"光绪时,某邑有宿守仁者,讼师也,善刀笔,一生无踬颠,尝语人曰:'刀笔可为,但须有三不管耳。一、无理不管。理者,讼之元气,理不胜而讼终吉者未之前闻;二、命案不管。命案之理由,多隐秘繁赜。恒在常情推测之外,死者果冤,理无不报,死者不屈,而我使生者抵偿,此结怨之道也。三、积年健者为讼油子,讼油子不管。彼既久称健讼,不得直而乞援于我,其无理可知,我贪得而助无理,是自取败也。'"(前书,第1190页)任何职业群体,除了坏人,总有好人;精英阶层总是自我标榜道德境界如何如何的高尚,但是,在中国历史上恶吏赃官充斥官场。讼师也不例外。那么,讼师的自我叙述怎样呢?事实上,在"讼师秘本"中,他们也将自己描绘成道德高尚的形象。参见党江舟:《中国讼师文化——古代律师现象解读》,北京大学出版社2005年版,第223—230页。

[139] (光绪)《海阳县志》,卷7·舆地略6·风俗,载《中国地方志集成·广东府县志辑》,第26册,第446页。

衰老,不敢妄动,只得忍气吞声。

> 薄俗倚亲图赖,或以口角微嫌,或以钱债细故,使其亲出头。助斗,则人畏其衰老;索欠,则人畏其惫烂。或吞声以隐忍,益扬气而咆哮。愚父母拼命帮架,不知反重其子之害凶;悍儿借亲累人,不知总为自作之孽。[140]
> 民间私斗,辄率老羸疲癃为奇货,以争胜局。[141]

实际上,这种亲族之间的相互"帮和"的诉讼方式,可能会进一步激化矛盾,致使纠纷不仅得不到解决,反而小事闹大。因此,在各种史料中,都有提到禁止老人和妇女"出头"告状的条款。[142] 更有甚者,便是合族相斗,进而杀死仇家之后买凶顶罪:

> 且以大族凌小族,强宗欺弱宗,结党树援,好勇斗狠。每百十为群,持械相斗,期于杀伤而后快。预择敢死者,得重贿抵命,名曰"买凶"。公庭严鞫,虽茹刑不肯实吐。大为风俗人心之害,有牧民之任者安可忽诸。[143]

---

[140] (光绪)《香山县志》,卷5·舆地下·风俗,载《中国地方志集成·广东府县志辑》,第32册,第57页。

[141] (万历)《汶上县志》,卷4·政记·风俗,载《中国地方志集成·山东府县志辑》,第78册,第181页。

[142] 清代黄岩诉讼档案所收《状式条例》即有涉及禁止利用老人和妇女出头告状的内容。例如"凡有职及生监、妇女、年老、废疾或未成丁无抱告者,不准"。引据田涛、许传玺、王宏治主编:《黄岩诉讼档案及调查报告》(上卷),法律出版社2004年版,第234页。此类资料很多,不拟枚举。

[143] (乾隆)《潮州府志》,卷12·风俗,载《中国地方志集成·广东府县志辑》,第24册,第129页。

在地方志作者看来,这些"陋俗"乃是造成当地争讼不息的原因所在。

其二,诬禀谎告。谚语"无谎不成状"和"种肥田不若告瘦状"两言,即已点破民间诉讼类多谎状的情形。并且,已经明确提到"谎告"在动机上的差异:一种是由于"细故"诉讼往往遭到衙门的驳回,不得受理,因此为了"耸动"司法官员,使其受理案件不得已而采取的诉讼策略。另有一种"谎告",则是为了达到敲诈富裕人家,因未能达到目的而凭空捏造;或者只是微嫌细故,便凭空捏造罪名,上告官府,旨在遗祸对方。请看:

> 道光以来,几多饥馑。各乡匪类横行,往往见有饶裕之家,凭空索诈。稍不遂即诬以行奸,或捏以赌博,从而结队呼群,牵牛夺货。甚则饰词诬禀,拖累不休。因而破人之家,荡人之产。更有事出不测、偶遭服毒自缢等类人命,乡中族中匪徒即相与成群,入室肆行抢夺,事主家中财货为之一空后,复架词鸣官贻累。[144]

> 独是近日恶者,有名虽非盗而害实类盗,所谓无赖谎告乎。其初始于一二奸诈之人假公济私,偶尔得意,后遂科党结众,横行市里,或因微物小嫌,动辄捏款上诉。官吏忌其利舌,士民畏其凶铎,故或一告而驰名,或再告而成家。由甲辰以迄壬子,风俗尚可问哉。今幸当事贤仁,劝谕严切,而向习顿止,孰谓移风易俗不在上耶。至于不黠乡愚,迹远城市,或因牌甲之扰,或因里胥之索,身辱家破,不得已而一鸣,司谳者又当加意矜察,非与无赖之徒可概论已。[145]

---

[144]（道光）《长宁县志》,卷8·风土志·习俗,载《中国地方志集成·广东府县志辑》,第4册,第258页。

[145]（康熙）《朝城县志》,卷6·风俗志,载《中国地方志集成·山东府县志辑》,第94册,第78页。

就所引内容来看,说明"谎告"的目的可能有二:第一,就像第一段材料描述的那样,谎告的动机乃是为了拖累对手,使其不得不为此付出代价——花费大量的时间和钱粮,甚至还要忍受皮肉之苦。第二,第二段材料提到的"或因微物小嫌,动辄捏款上诉",似乎就是为了"耸动官府"而夸大其词,达到让官府受理案件的目的。不过,无论是哪种目的,既然已经作为一地之风气而载入地方志,那么至少可以说明,这种诬禀或者谎告,在很大程度上并不适用"诬告反坐"的法律规定,因而屡屡出现。第二段材料特别提到:"不黜乡愚,……不得已而一鸣,司谳者又当加意矜察,非与无赖之徒可概论已。"可以说明,即便士绅阶层有时也会认可小民百姓的这种诉讼策略,视其为不得已而为之。

其三,人口问题。在(乾隆)《揭阳县志》中,作者提到:"国朝以来,文风日盛,不愧海滨邹鲁之称。然而地沃人稠,蜉蝣是尚,雀鼠兴争。"[146]这句话点出了引起"好讼"风气的又一个原因:人口密集。由于明清时期人口的迅速增长,人口密度也随之增加,尤其是在土地肥沃的东南地区。所谓"地沃人稠"表明,单位面积土地上所承载的人口多了,从而变得相对拥挤,以致人与人之间的接触和交往也相继增多,发生摩擦的几率自然相应上升,因而引起纠纷和争讼在所难免。而"蜉蝣是尚"则说明,人口流动较之往日来得频繁,诚如上文所说的那样,随着人口的增长,经济资源和生活资源变得相对"匮乏"起来;在这种情况下,为了争夺资源,人们同样也会发生竞争,乃至提起诉讼。

总之,清代地方志作者给我们留下了考察民众"好讼"风气形成原因的丰富资料,从而也加深了我们对于民间诉讼的理解。在笔者看来,这是研究地方志的一个重要收获。

---

[146] (乾隆)《揭阳县志》,卷7·风俗志,载《中国地方志集成·广东府县志辑》,第29册,第441页。

五、结语:简短的概括

写到这里,笔者觉得有必要对本文的议题稍稍做些说明和概括。

正如在"研究前提"中交代的那样,地方志所记载的内容包括了地方社会的政治、经济和风土人情的方方面面,可以说是地方社会的通史或全史。但是,关于一地民众的"好讼与否"的记载,虽然是"风俗"卷中普遍涉及的内容,然而基本上是一种粗略的描述。尽管如此,通过整理和统计地方志"风俗"卷中的资料,我们仍然可以对特定区域的诉讼风气形成一个大致的印象。与此同时,地方志不仅描绘了一地诉讼风气的普遍状况,而且往往也粗略地记录了当地的主要诉讼类型以及引发争讼的原因。就此而言,地方志对于我们了解地方社会的诉讼状况具有一定的实证价值,而对地方志资料的梳理可以说是一种实证研究。

进而,就这种"实证研究"来说,地方志与研究传统法律文化的其他素材相比,同样有其特殊的价值。首先,本文使用的资料绝大部分出自县志,而"县"恰好是明清时期的最低一级地方政府。一方面它位于整个帝国政权体系的末梢,另一方面又直接连接着普通民众的日常生活。因此,县志记录的风气习尚,可以说是"一般邑人之思想与其性情",或者说是"底层社会思想之表现"。[147] 据此,阅读这些资料,可以弥补我们阅读正史难以获得的信息;换句话说,地方志可以起到弥补其他文献和档案资料的作用。例如,虽然司法档案详尽地记录了大量的诉讼活动,但是却不可能概括某一地区诉讼风气的总体面貌;地方志则不同,它不但描绘了某地民众"好讼"的原因,而且还解释了"不好争讼"的原因。这些,通常都是难以进入官方诉讼档案的。其次,虽然其他民间性

---

[147] (民国)《川沙县志》,导言,载《中国地方志集成·上海府县志辑》,第7册,第26页。

的材料诸如日记、传记、谚语、诗词等,也都在一定程度上透示出民间法律意识和诉讼风气的状况,但是相对来说比较散乱;而地方志则有体统性和完整性的优势。正因为如此,它使本文对于清代的四省(市)的诉讼风气、诉讼类型和好讼原因的统计与分析成为可能,而且也颇有成效。

除了"实证分析"以外,本文也尝试对地方志记载的诉讼材料进行文化的解读。如果说实证分析是想揭示清代诉讼风气的总体面貌的话,那么,文化解释则是我们意欲解释这些诉讼风气蕴含的意义特征。例如,将诉讼风气载入地方志的,乃是当地的精英阶层;但是,他们毕竟是根据自己的经验和感受来进行描述的,并且也是按照他们自己的道德观念和文化意识来做出评论的。在这种情况下,即使他们果真能够秉执据实直书的修志立场来编纂,也不可避免地会在筛选和加工材料的过程中"羼杂"作者本人的价值观念和文化意识。在此一意义上,地方志不仅是我们据以研究清代社会的诉讼状况的实证材料,同时也可以用以解读地方精英阶层对于诉讼所持的独特心态。在本文中,之所以特别关注地方志作者的视域,并且还着重分析了他们的"著述立场"的可能意义,是因为我们不但希望藉此揭示地方志的史料价值,而且能够比较好地站在他们的立场上来观察和思考清代中国的诉讼风气,尽量做到像作者那样来描述和解释民众的诉讼风气。在笔者看来,这种把握诉讼风气的姿态本身,也是一种文化解释的内在要求。再者,文本试图探究的问题,并不仅仅是地方志所呈现出来的诉讼状况,更为重要的是试图解释形成这些诉讼风气背后的文化意义和社会特质。

但是,坦率地说,阅读和梳理材料的过程多少让笔者有些彷徨。的确,地方志所记载的内容有些可以与其他材料相互印证。例如,我们对于案件类型的统计结果,在整体上可以与在其他史料中获得的、关于传统中国司法实践基本上处理"户婚、田土、钱债和命盗"案件的印象吻合。再如，对于"好讼与否"的统计，其所反映出来的情形——以江苏和上海为代表的江南地区，以广东为代表的华南地区相对"好讼"一些，而山东等华北地区的诉讼风气则不那么炽盛，这与我们在其他材料中读到的印象也大致相符。但是另一方面我们也发现，有很多统计结果与以前获得的印象不太一致。例如，有30％的地方志提到了"好讼"，数量固然不少，但是谈到"寡讼"的地方志同样接近30％，这似乎让我们很难对于明清时期好讼与否的问题做出"板上钉钉"的结论。又如，地方志作者们普遍认为，经济利益乃是引发争讼的一个重要原因，然而民众的"好讼"却主要是当地的风气习尚和民众的性格使然。这与我们以往所认为的，由于明清时期的经济发展和人口增长导致了健讼之风日盛的观点，也不尽相同。还有一些统计数据与我们的经验、常识以及以往的研究成果相违背。比如，在我们统计的地方志中，只有3笔材料提到了户婚案件，而在档案或判牍中，这类案件却比比皆是。另外，上海各府志和县志，在谈及诉讼风气时居然没有提到人命案件，这在常理上无论如何也是不可能的。甚至，地方志本身就存在着大量相互矛盾的声音。我们看到，在不同时期的同一区域地方志中，在同一时期的相邻地区地方志中，甚至在同一本地方志中，有时也会出现对于诉讼风气的截然不同的看法。这种"嘈杂"的声音，致使我们在下笔时不免有些犹豫。由此，当我们说某时某地"好讼"或"寡讼"时，也不免疑惑重重。

事实上，正是这种"嘈杂"的声音，使本文的写作充满了张力。这种"张力"可能来自以下诸多层面：地方志与其他史料之间的背离，地方志本身的背离，民众的诉讼实践与精英阶层表述之间可能存在的背离，官方话语与实践之间的背离，致使我们在明清时期诉讼风气问题的考察和解释上，得以搭建出一个多维空间。各种元素就游移于这一空间之内，它们固然会有相互接近、重叠或融合的场合；但是，同样也有可能出现彼此背离、冲撞或抗衡的另一局面。据此，本文的写作目的，恰恰是要保持这一空间的立体感和丰富性,而非人为地消减各种元素之间的对立和关联。正是出于这种考虑,本文并不想通过地方志的研究,对明清时期是否"好讼"的问题做出什么定论。刚好相反,我们希望尽可能完整地、如实地将这一问题的各个侧面展现出来,并且予以适当的解释,通过分析这些彼此竞争和冲突的话语,来进一步丰富和深化我们对于清代中国社会的诉讼风气的理解。

当然,我们也不是毫无基本判断。就目前所见资料来看,与过去相比,清代的诉讼可能多了起来,民众的"好讼"风气也可能比较炽盛;而在民众"好讼"的周边,也可能存在着"厌讼"或"惧讼"的心态。但是,如果我们意欲真正把握清代民众的诉讼风气,那就不仅需要把握整个国家意识形态和法律环境,进而了解地方社会的语境,并且还要具体分析个案的社会构成与两造的个人背景——性格特征和经济状况;准此以论,我们似乎很难在一般意义上谈论清代民众究竟是"好讼"、"厌讼"或"惧讼"的问题。基本上,导致"好讼"风气的原因,除了经济发展和人口增长以外,民心和民风也是关键的因素。

那么,清代民间社会的诉讼风气究竟怎样呢?

或许,这仍然是一个有待进一步探究的问题。

明清时期民间诉讼的态度与策略[*]

俗话"上有政策,下有对策"一言,似乎可以用来概括国家与社会的"博弈"关系。据我看来,中华帝国官方对于民间诉讼的态度和规范,不仅构成了民众的诉讼语境,而且型塑了民众的诉讼态度和诉讼策略。换句话说,民众的诉讼态度和诉讼策略的形成,乃是与帝国官方的诉讼态度和诉讼规范进行反复"博弈"之后产生的一种结果。就此而言,如果我们意欲了解民众的诉讼态度和诉讼策略,那么,除了把握民众诉讼的社会语境和生活境遇,理应分析帝国官方的诉讼态度和诉讼规范。基于上述考虑,本文试图将这一问题置于帝国官方与民间社会的关系结构当中来仔细讨论明清时期民众的诉讼态度与诉讼策略。

具体来讲,明清时期的小民百姓之间如若发生"鼠牙雀角"[1]或"箪食豆羹"[2]之类的睚眦小忿,迫不得已而必须用诉讼方式来解决

---

[*] 本文系台湾地区"中央研究院""中国传统法制的形成与发展"研讨会(中国台北,2006年12月14—16日)论文,此处略有修改。在此次会议上,柳立言、陈登武、张建国、郭建诸位教授曾对本文提出过若干修改意见,在此一并致谢。当然,文责自负。

[1] 典出《诗经·召南·行露》。诗曰:"厌浥行露,岂不夙夜,谓行多露。谁谓雀无角,何以穿我屋?谁谓女无家,何以速我狱?虽速我狱,室家不足。谁谓鼠无牙,何以穿我墉?谁谓女无家,何以速我讼?虽速我讼,亦不女从。"引据(清)阮元校刻:《十三经注疏》(上册),中华书局1980年版,第288页。对于诗的意涵,学者尚有不同的解释,参见王元明:《〈诗经·召南·行露〉看周代的诉讼》,载《法学研究》,1984年第3期。关于"鼠牙雀角"的确切含义,颇多争议。对此言的修辞技巧的讨论,参见钱锺书:《管锥编》,第1册,中华书局1986年版,第74—75页。

[2] 引自周振鹤撰集、顾美华点校:《圣谕广训集解与研究》,上海书店出版社2006年版,第209页。

纠纷，那么，他们会有什么态度和应对措施？又表达了怎样的法律意识？采取怎样的诉讼技巧？此乃本文将要分析的主要问题。

在此，必须稍作说明的是，本文的基本立场乃是，尽量用常人的角度来探讨明清时期民间百姓的诉讼态度与诉讼策略，而避免采取精英阶层的姿态和视角——当然，我也将细心体会精英阶层努力提倡"无讼"和"息讼"思想的深层动机和良苦用心。我觉得，这种研究立场的优点在于，能够较好地体贴民众的诉讼心态，理解他们的诉讼甘苦。

一、民众的诉讼态度：好讼与惧讼

通说认为，与近代西方的诉讼观念相比，西方人好讼，中国人厌讼或者贱讼。[3] 这既是一个事实判断，也是一个价值判断。[4] 这种意见，表面看来似有道理，其实未必。尽管时下的西方（尤其是美国）已经出现了"诉讼爆炸"这种令人困扰的局面；而传统中国却一再提倡"息讼"之道，追求社会秩序和谐的"无讼"境界。只是，西方人是否果真好讼成性？则不无疑问。律师出身的美国总统林肯，就曾奉劝美国人民

---

[3] 讨论传统中国的"厌讼"或"贱讼"的研究文献很多，参见胡旭晟：《无讼："讼"的失落——兼与西方比较》，载《比较法研究》，1991年第1期；何勤华：《泛讼与厌讼的历史考察——关于中西法律传统的一点思考》，载《法律科学》，1993年第3期；邢ययययय晓军：《传统中国的"厌讼"现象及其对现代社会的启示》，载《汕头大学学报》，1998年第2期；张媛：《再论"厌讼"心理的根基》，载《当代法学》，2001年第10期；冯霞：《中国人"厌讼"心理的历史分析》，载《中南民族大学学报》，2002年第3期；张文香、萨其荣桂：《传统诉讼观念之怪圈——"无讼"、"息讼"、"厌讼"之内在逻辑》，载《河北法学》，2004年第3期；潘宇：《中国传统"厌讼"观念辨析》，载《华北大学学报》，2004年第2期；王石磊：《试析中国传统诉讼观念——官府"无讼"、"息讼"与百姓"畏讼"、"厌讼"》，载《北京市工会干部学院学报》，2005年第1期；周赟：《传统中国厌讼文化考》，载《山东大学学报》，2006年第4期。

[4] 所谓"事实判断"，是比较西方与传统中国的诉讼数量而得出的结论；而"价值判断"，则是藉此评说西方与传统中国的权利观念之强弱，法律意识之浓淡，乃至整个法制状况之优劣。

不要热衷于诉讼。[5] 在我看来,如果西方人真的一贯好讼,德国法儒耶林大可不必撰写《为权利而斗争》这篇著名论文。这也表明,传统德国人似乎并不那么好讼。至于传统中国人是否果真在道德上"厌恶"诉讼？同样令人怀疑。必须指出,我们这么质疑,并不是要否认中西法律文化在诉讼态度与诉讼实践上的巨大差异,而只是想提醒人们不要过分强调它们之间的差异,乃至对立；也就是说,好讼与厌讼是中西两种文化反映的诉讼态度的"极端"类型,它们之间尚有若干中间形态；即便在同一法律文化语境(比如中国)里,不同社会群体的诉讼态度也会有所差异,甚至表达上的厌讼与实践中的好讼也会同时并存。故而,谈论一种法律文化的诉讼态度的基本特征的问题,尚待我们进行更加"具体而微"的检讨,切忌笼统概括,以免以偏概全；至少,在这一研究对象的细节尚未弄清之前,暂时不要冒险进行理论上的概括；[6]进而,我们不仅需要考察中华帝国精英阶层有关诉讼态度的话语表达,而且,更要感受庶民百姓的诉讼实践及其反映出来的诉讼态度,藉此勾勒明清时期中国民间社会的诉讼态度的独特意蕴。

现在,我们来看精英阶层与帝国官方的表达。

----

[5] 美国人的"好讼"风气,与开国时期"多元化"的社会构成与"异质性"的思想信仰极有关系。也就是说,由于缺乏传统资源的依托,美国人不得不从法律中寻求解决纠纷的途径。参见[美]史蒂文·苏本、玛格瑞特·伍:《美国民事诉讼的真谛》,蔡彦敏、徐卉译,法律出版社2002年版,第1—9页。事实上,即使好讼的美国人,也说"社会变得如此好讼,真是一件耻辱的事"。参见[美]帕特里夏·尤伊克、苏珊·西尔贝:《法律的公共空间——日常生活中的故事》,陈益龙译,商务印书馆2005年版,第240页。

[6] 史华慈(Benjamin I. Schwartz)曾经提出:对学者研究的个人与团体意识中面临的问题的反映,应该设法尽量去做彻底的了解。这意味着,学者要去了解其所研究的个人与团体所处的情况就像研究对象自己所看到的那样,要去了解他们的思想一如研究对象自己所了解的那样。换句话说,学者应该尽可能获得对其研究对象的内在世界完整的了解。参见 Benjamin I. Schwartz, "The Intellectual History of China: Preliminary Reflections", in John K. Fairbank, ed. *Chinese Thought and Institutions*, University of Chicago Press, 1957, p. 19, pp. 24—25。我觉得,这一论断对我们研究明清时期的民众诉讼意识与诉讼策略,同样适用。

孔子曾经说过："听讼，吾犹人也，必也使无讼乎！"[7]这是传统中国流播广泛、影响巨大的经典表达，成为后来帝国官方的立法活动和司法实践的指导思想，[8]也是现代学者据以谈论传统中国诉讼观念——无讼、厌讼、贱讼的理论依据。此言背后的根据，当然是"礼之用，和为贵"[9]的思想；达到这一理想境界的手段，不外是道德教化——只有道德教化在前，方能取得"使民无讼"的效果；至于"无讼"理想的终极渊源，则是"天人合一"的理念。特别值得指出的是，孔子提出"使民无讼"的主张，并非是要压抑民众的诉讼；否则的话，所谓"听讼"两字，也就无法落到实处。实际上，在孔子眼里，"听讼"既是一条实施道德教化的途径，也是一个进行道德教化的场所。因而，朱熹认为：这句话表达了"圣人不以听讼为能，而以无讼为贵"[10]的旨趣。据我看来，这是切中要旨的解释。后世儒家认为，天人感应相通，合而为一，天道之自然和谐的秩序应该成为人类社会秩序的样板和准则。由此，儒家以及秉承儒家思想的帝国官僚倡导爱人、孝顺、忍让、不争，提倡教化为先，德治为本；即使发生纠纷，提起诉讼，也要设法调处息讼；即使调处息讼不成，迫不得已而用刑罚，也要努力通过刑罚达到"无刑"的效果。

我们再来看看影响帝制中国法律既深且巨的法家，他们是怎么对待民众诉讼的。尽管商鞅主张重刑，但是也以"去刑"为归依，期盼"至德复立"[11]的理想社会，这也就是商鞅"德生于刑"[12]的意思。而所

---

[7]《论语·颜渊》。
[8] 对此问题的具体讨论，参见郭建、姚荣涛：《试论孔子的"无讼"思想及其影响》，载《复旦法学》，第1辑，复旦大学出版社1986年版，第266—281页。
[9]《论语·学而》。
[10] 引自朱熹：《四书集注·论语·颜渊》。
[11]《商君书·开塞》。在商鞅看来，这是"吾以效刑之反于德，而义合于暴"的深刻所在。
[12]《商君书·说民》。

谓"至德复立"的社会,其实也是"无讼"的社会。[13] 只是,与儒家希望通过道德教化实现"无讼"不同,法家认为,面对民众"务胜则争,力征则讼"的现象,他们主张制定"正"的法律予以约束和禁止——前提就是确定"作为土地、财货、男女之分",进而采取"重罚"的手段来实现这一目标,[14]所谓"褊激之民不斗,很刚之民不讼"。[15] 事实上,"定分"也是"大诈贞信,民皆愿愨而各自治也"[16]的条件。由此可见,法家同样希望民众具备贞信、诚实的道德品格,也同样希望他们不斗、不讼,其与儒家的根本差异,只是达到这一"不斗、不讼"的社会理想的手段而已。

  道家更是主张效法自然,顺从天道,所谓"常道无为而无不为。侯王若能守之,万物将自化"。[17] 又说:"我无为而民自化,我好静而民自正,我无事而民自富,我无欲而民自朴。"[18]至于道家有关"小国寡民"的构图与"绝圣弃智"的思想,不仅意在描绘"无需法律"[19]的社会图像,而且意在弃绝争讼的智识能力。据此,道家从形而上的"道法自然"到形而下的"无为"政治,再从民众"自化"进而达到"无讼"境界。就墨家而言,他们既然主张"兼相爱,交相利",[20]也就自然不会认为争

---

[13]　张中秋也说:去刑＝无讼。参见《中西法律文化比较研究》,中国政法大学出版社2006年版,第364页。
[14]　实际上,《商君书·开塞》通篇讨论的就是这样一个问题。
[15]　《商君书·垦令》。
[16]　《商君书·定分》。
[17]　《老子·三十七章》。
[18]　《老子·五十七章》。
[19]　这种"鸡犬之声相闻,老死不相往来"的社会图像,实际上与费孝通描绘的"乡土社会"具有异曲同工的特征。在费孝通看来,乡土社会乃是一个"无需法律"的"礼俗"社会,也是一个"无讼"社会。参见费孝通:《乡土中国》,三联书店1985年版,第48—59页。这种人际关系简单的熟人社会,通过礼俗、道德、舆论,乃至"闲言碎语"即可维系社会秩序。由此,对生活在这种社会里的民众来说,诉讼"远离"他们的日常法律生活;甚至,诉讼是一种违背他们意愿的不当行为。对此问题的相关讨论,参见〔美〕罗伯特·C.埃里克森:《无需法律的秩序——邻人如何解决纠纷》,苏力译,中国政法大学出版社2003年版。
[20]　《墨子·兼爱》。

利、争讼是什么好事。只是，鉴于墨家思想对传统中国官方和精英阶层的影响不大，这里不作具体的数据罗列。汉代以降，随着法律儒家化或儒家法家化运动的推进，[21]儒家与法家的逐步合流——所谓"阳儒阴法"的帝国官方意识形态的最终确立，无论是通过儒家道德教化来"使民无讼"，抑或是采取法家严刑峻罚来"使民无讼"，总之，反对诉讼和压制诉讼成了传统中国法律文化的基调。

综上所述，传统中国的主流学派以及后世信奉儒家思想的帝国官僚，他们大多咏叹这种"无讼"的高调，否认诉讼的正当性和合理性，并且挪用《易经》所谓"讼则终凶"的话语作为理论基础和规劝民众的说辞。在《易经》作者看来，诉讼乃是凶险之事，不但"自下讼上，患至掇也"；而且"以讼受服，亦不足敬也"。[22] 这种视诉讼为畏途的言述，无疑成了传统中国官僚精英有关诉讼（厌讼和贱讼）的基本价值取向；[23]因而"安民之道，首先息讼"[24]也就成了司法官员处理民众诉讼的基本原则。

由此，为了维护道德风化，建构"不争"和"无讼"的社会秩序，对于民间社会日益增长的诉讼现象，帝国官僚不但视为洪水猛兽，制定各种"禁约"加以压抑，而且对于民间诉讼也制定了种种限制条件，清代黄岩诉讼档案所收《状式条例》即有若干条目涉及禁止民众正当诉讼的内容。例如"凡有职及生监、妇女、年老、废疾或未成丁无抱告者，不准"。又如"户婚田土细事，干证不得过三名，违者不准"。再如"告盗贼，不投明地保，验明出入情形，不开明确赃者，不准"。还有"不遵状式并双行

---

[21] 参见瞿同祖：《中国法律与中国社会》，中华书局1981年版，第328—346页。
[22] 具体解说，参见《周易正义》，《十三经注疏》（上册），第24—25页。
[23] 相关资料，参见周振鹤撰集、顾美华点校：《圣谕广训集解与研究》，第23—34、208—229页。
[24] （清）董沛：《汝东判语》，卷1《刘金元呈词判》，光绪正谊堂全集本。

叠写,无代书戳记,副状及呈首不填写新旧字样,并不另纸写粘历次批语者,不准"。更有"呈词过三百字者,不准"。〔25〕值得指出的是,制定此类"状式"条款,虽说均有其他原因——维护道德伦纪、避免牵连过广、便于司法管理和节约诉讼资源,其中不乏正当性和合理性,但它们也是帝国官僚试图通过程序性与技术性的办法压抑民众诉讼的例证。对于"越诉"行为,明清法律不但拒不受理,而且还要给予严厉惩处,〔26〕仅仅在"本管官司不受理,或受理而亏枉"的情况下,方才准许"赴上司陈告"。同条律文所附例文规定:"若已经督抚或在京法司问结,发落人犯,赴京奏诉冤枉者,方许改调无碍衙门,勘问辩理。"又说:"凡在外州县有事款干碍本官,不便控告,或有冤抑审断不公,须于状内将控过衙门审过情节开载明白,上司官方许受理。"〔27〕据此,越诉乃是例外的诉讼手段。况且,帝国法律允许越诉的原因,固然与平反冤抑有关,但是,更为深层的理由则是控制司法官员和疏导民情。对于那些所谓的"健讼之徒"和"助讼之人"(讼师),帝国官僚更是进行不遗余力的

---

〔25〕 田涛、许传玺、王宏治主编:《黄岩诉讼档案及调查报告》(上卷),法律出版社 2004 年版,第 234 页。在明清时期,这类规定非常普遍,恕不一一罗列数据。必须说明的是,张建国提醒我,其中有些"不准"条款的用意并非一味出于反对民众的诉讼,比如"凡有职及生监、妇女、年老、废疾或未成丁无抱告者,不准"一款,也有避免这些在法律上享受"优遇"权利的人可能会利用这种特权而滥讼的意图。这一提醒有其道理,但是,无论如何,禁止他们以自己的名义来诉讼,多少也有限制他们诉讼权利的意图。论文定稿之后,读到了邓建鹏《清代健讼社会与民事证据规则》(载《中外法学》,2006 年第 5 期,第 610—623 页)一文。在"结语"中,邓建鹏指出:"《状式条例》等涉及证据规则的法规将讼案当事人的举证义务提前到审查起诉阶段,限止与阻碍当事人滥诉甚至合理诉讼。"(前文,第 623 页)这一结论,可以补证笔者的观点。总之,这类规定虽然不无其他方面的积极意义,但它们的根本目的则是限制民众的诉讼权利。

〔26〕 参见怀效锋点校:《大明律》,卷 22,法律出版社 1999 年版,第 174 页。清代法律也有同样的规定,参见田涛、郑秦点校:《大清律例》,卷 30,法律出版社 1999 年版,第 474 页。有关传统中国法律压抑民众诉讼的简要讨论,参见《试论孔子的"无讼"思想及其影响》,载《复旦法学》,第 1 辑,第 270—279 页。

〔27〕 参见《大清律例》,卷 30·刑律·诉讼·越诉,第 473、475、476 页。

追查和处罚。[28] 在司法实践中，那些秉承"无讼"和"息讼"理想的儒家官员，还会采取"拒绝"、"拖延"和"教化"等具体措施，来应对不断涌现的民众诉讼。[29] 即使帝国官方推行"令民读法"[30]的措施，其根本旨趣也非让民众在了解法律的基础上得以捍卫自己的利益或"权利"，而是希望民众知法守法，从而成为帝国治下的良民和顺民，与我们当下进行的"普法"教育的旨趣有所不同。当然，如果从这种措施的"溢出"效果来看，我们似乎也必须承认，民众在知晓法律之后，自然就会增强法律意识和诉讼意识。进而，对于自身利益或"权利"的维护，也会变得更加自觉；对于国家司法资源的利用，同样也会变得更加积极。这是"读法"制度的另一面相。从技术角度来讲，在传统中国社会，司法官员制作的给予诉讼两造的裁判理由——"断由"，也被认为是"无讼之道"。

---

[28] 关于清代法律和官府对讼师的控制和打击的详尽讨论，参见林乾：《讼师对法秩序的冲击与清朝严治讼师立法》，载《清史研究》，2005 年第 3 期；邱澎生：《争讼、唆讼与包讼：清代前期的查拿讼师运动》，见 http://www.sinica.edu.tw/~pengshan/PSChiuOnLitMaster2005.pdf，2006 年 2 月 16 日访问；邓建鹏：《清代讼师的官方规制》，载《法商研究》，2005 年第 3 期；张小也：《清代的地方官员与讼师——以〈樊山批判〉与〈樊山政书〉为中心》，载《史林》，2006 年第 3 期。

[29] 具体讨论，参见瞿同祖：《中国法律与中国社会》，中华书局 1981 年版，第 286—303 页；马作武：《古代息讼之术》，载《中国古代法律文化》，暨南大学出版社 1998 年版，第 164—174 页。我想指出的是，对于拖延案件解决和拒绝受理案件，似乎不能简单或完全归结为"息讼"问题。事实上，帝国官员拖延案件解决与拒绝受理案件的原因很多：比如，司法审判经验不足；再如，州县衙门难以承受审理案件花费的时间、人力和物力等资源；又如，司法官员贪图安逸，乃至玩视民瘼；最后，对于命盗案件刻意拖延规避的做法时有记载，等等，原因非常复杂。对此问题，需要专文讨论。

[30] 如果《周礼》读法之制可信，那么中国很早就有普法教育的制度与实践。明代朱元璋也极为重视普法教育，广为人知。特别值得指出的是，清代康熙圣谕 16 条的第 8 条"讲法律以儆愚顽"是专讲法律宣传的条款；另外，第 2 条"和乡党以息争讼"与第 12 条"息诬告以全善良"也涉及诉讼问题，其他各条与法律也有相当的关联。至于对圣谕的各种注释更是层出不穷，而且还专门摘录了《大清律例》的相关条文和个别成案附在圣谕 16 条之后，以供乡民了解和遵循。参见周振鹤：《圣谕、〈圣谕广训〉及其相关的文化现象》；王尔敏：《清廷〈圣谕广训〉之颁行及民间之宣讲拾遗》，载《圣谕广训集解与研究》，第 581—649 页。

根据《宋会要辑稿》的记载:"州县遇民讼之结绝,必给断由,非固为是文,具上以见听讼者之不苟简,下以使讼者之有所据,皆所以为无讼之道也。"[31]而其原因在于,"断由"有着"说服"诉讼两造的功能,故而可以视为一种通过司法进行"教化"的措施。总而言之,一切都是为了"无讼"。必须指出的是,制作"断由"的原因不仅在此,它与帝国官方的司法管理有关,即与"审转"程序下的、对于司法官员的控制有关。

然而,到了明清时期,终于有人出来反对这种"息讼"的老调。刘基曾说:

> 仆往尝观于牧民之以简讼名者,之其庭草生于阶,视其几尘积于牍。徐而访于其乡,察其田里之间,则强梁横行,怨声盈路。问其故,曰:"官不受词,无所诉,受之而已矣。大吏至,则曰:'官能不生事,民哗,非官罪也。'则皆扶出之,诉者悉含诟去,则转以相告,无复来者。由是,卒获简讼之名。"[32]

刘基此言暴露了那种被虚假"无讼"现象所遮蔽的弊害。也就是说,表面上衙门似乎门可罗雀,而实际上则强梁横行乡曲,小民诉讼无门。对此,清代的崔述说得更加直接:

> 自有生民以来,莫不有讼。讼也者,事势之所必趋,人情之所断不能免者也。故《传》曰:"饮食必有讼。"柳子厚曰:"假物者必争;争而不已必就其能断曲直者而听命焉。"讼之来也久矣。

---

[31] (清)徐松辑:《宋会要辑稿》,第 7 册,中华书局 1957 年版,第 6595—6596 页。
[32] (明)刘基:《书苏伯修御史断狱记后》,载《文渊阁四库全书·集部·164·诚意伯文集》,卷 7,(中国台湾)商务印书馆 1986 年版,第 189—190 页。

曰:"孔子曰:'听讼,吾犹人也,必也使无讼乎!'然则圣人之言亦非与?"曰:"大学释之明矣,曰:'无情者不得尽其辞,大畏民志。'然则圣人所谓'使无讼'者,乃曲者自知其曲而不敢与直者讼,非直者以讼为耻而不肯与曲者讼也。若不论其有情无情而概以讼为罪,不使之得尽其辞,曰'吾欲以德化民',是大乱之道也。且无讼之治,圣人犹难之;今之吏岂惟无德且贪莫甚焉,民之相争固其所也,而欲使之无讼,舛矣。"[33]

圣人知其然,故不贵人之争而但论其曲直,曲者罪之,直者原之,故人竞为直而莫肯为曲。人皆不肯为曲则天下无争矣。然则圣人之不禁争乃所以禁争也。

是故,以让自勉则可,以不让贵人则断不可。夫责人则亦惟论其曲直而已矣!惜乎世之君子未尝久处闾阎,亲历险阻,而于人情多不谙也![34]

他的基本理由是:其一,即便圣人尧舜也不能消灭诉讼,何况后世的庸凡官僚;其二,一味提倡高调的"无讼"和"息讼",只能是为强者张目,而使弱者忍气吞声。进而,崔述批评那些一味高调谈论"不争"和"无讼"的精英,指责他们不通人情世故。

刘基和崔述之论,尽管是边缘化的言述,但确有见地,也很平实。

事实上,所谓"无讼"只是一种社会秩序的道德理想而已,而"息讼"也仅仅是一种消弭纠纷的手段罢了。因为"曲高",必然"和寡"。也就是说,精英官僚的理想话语,未必符合社会的实际情形,也未必符合民

---

[33] (清)崔述:《无闻集》,卷2"讼论",载顾颉刚编订:《崔东壁遗书》,上海古籍出版社1983年版,第701—702页。相关讨论,参见陈景良:《崔述反"息讼"思想论略》,载《法商研究》,2000年第5期。

[34] 崔述:《无闻集》,卷2"争论",载顾颉刚编订:《崔东壁遗书》,第700页。

间百姓的胃口,甚至未必就是帝国官僚司法实践的行动指标。另一方面,帝国官僚也未必不知道一味提倡"无讼"这种难以企及的理想,只能导致对于民众诉讼的无端压制;一味提倡"息讼"这种多少有些回避民众诉讼的措施,同样也会产生人为的讼累,从而产生本该而且能够迅速解决的纠纷延宕不决的后果。由此,不但社会秩序无法及时稳定下来,而且还有可能"诱惑"民众不断提起新的诉讼,从而产生更多的诉讼,结果反而背离帝国官僚希望达到的减少诉讼的目标。当然,也有某些帝国官员确实是出于"爱民"的意图而反对民间百姓的"好讼"风气,甚至采取若干便民的诉讼措施,例如明代归有光即有所谓:"每听讼,引儿童妇女案前,刺刺吴语,事解立纵去,不具狱。"〔35〕当然,这仅仅是"便民"措施的一个例证而已,恐怕也是一种个人化的做法。但问题是,这种"爱民"的循吏好官究竟有多少呢?他们是否能够代表当时帝国官场的普遍现象呢?对此,我们不无疑问。事实上,明清史传的记载可谓少而又少。〔36〕

下面,我们再来考察一下民间诉讼的实践。

---

〔35〕 引据(清)钱谦益:《列朝诗集小传》,上海古籍出版社1983年版,第559页。归有光自述:"虽儿妇人,悉至榻前与语。每日庭中尝千人,必尽决遣而后已;不为门户阑人之禁。至所排击,皆大奸。"引据(明)归有光著、周本淳点校:《震川先生集》,上海古籍出版社1981年版,第885页。

〔36〕 王子今指出:"李日华在《从阶级本性看清官》(参见《学术研究》,1966年第3期。徐忠明按:数年前承《学术研究》的编辑郭秀文告知,当期刊物并无这篇论文,不知刊登何处。据此,王子今的注释可能有误)一文中分析,明代地方官约3万人,而清官数目,在《明史》卷281《循吏传》和卷161未标循吏传的循吏传中,略计170人左右,'加上散见其他各卷的,估计至多亦不能上250人。有明一代,275年,平均每年不到1人。3万人中仅一人,真是少数! 而贪官,则'滔滔者天下皆是!'"参见王子今:《权力的黑光——中国封建政治迷信批判》,中共中央党校出版社1994年版,第185页。有关明代清官的讨论,也见陈梧桐:《明代清官循吏的数量与声名》,载《历史学家茶座》,第2辑,山东人民出版社2005年版,第30—34页。

实际上，中国古人的"好讼"态度，早在春秋时代即已初露苗头。[37]对此，我们只要稍稍留意一下邓析的故事，也就可见一斑。据《吕氏春秋·离谓》记载：

> 子产治郑，邓析务难之。与民之有狱者约：大狱一衣，小狱襦袴。民之献衣襦袴而学讼者，不可胜数。以非为是，以是为非，是非无度，而可与不可日变。子产患之，于是杀邓析而戮之，民心乃服，是非乃定，法律乃行。[38]

暂时撇开邓析被杀之原因不谈，[39]单就"民之献衣襦袴而学讼者不可胜数"一言，即可看出当时民众"学讼"的盛况。而导致这一盛况出现的根

---

[37] 根据《左传·昭公六年》有关"郑人铸刑书"而叔向"惧民之有争心也"的记载，我们可以探知，在叔向看来，公布法律乃是导致民众"好讼"的原因。参见杨伯峻编著：《春秋左传注》（修订本），中华书局1990年版，第1274页。对此，史华慈教授也有同样的解释：叔向"认为该种法律会不可避免地导致民众的好讼精神"。参见许纪霖、宋宏编：《史华慈论中国》，新星出版社2006年版，第45页。

[38] 据《左传·定公九年》记载："郑驷歂杀邓析，而用其竹刑。"关于谁杀邓析的简要辨析，参见杨伯峻编著：《春秋左传注》（修订本），中华书局1990年版，第1571—1572页。

[39] 对邓析被杀的原因，马作武做过很好的讨论，参见马作武：《中国法律思想史纲》，中山大学出版社1998年版，第23—26页。但是，我想指出的是，如果子产确实杀过邓析，那么，与其"不毁乡校"（据《左传·襄公三十一年》记载）——赞同民间公共舆论的政治意义的主张，就有不小的矛盾。据此，子产为何要杀邓析？也就成为一个值得我们深思的问题。对此，马作武教授认为：其一，子产确实杀过邓析；其二，子产也能懂得民间舆论的"防民"作用，但是它与言论自由不同；其三，子产之所以杀邓析，是因为邓析持不同政见，进而对子产的施政提出异议。参见《中国法律思想史纲》，第22—23页。然而，如果《吕氏春秋·离谓》的记载可信，那么子产杀邓析的原因乃是邓析"以非为是，以是为非，是非无度"的讼学思想和辩护伎俩，而非批评子产的施政措施。因而，我们不必拔高邓析之死的政治意义。事实上，即便在现代的自由民主社会，如若一个律师在代理法律业务时同样采取"是非无度"的做法，虽然不至于有杀头之虞，但是也会受到职业纪律乃至国家法律的追究和惩罚，这与言论自由基本上扯不上干系。不过，邓析之死还是有其象征意义的，亦即在一个专制国家里，任何意图挑战政治权威的行为，必将遭到无情的打压。邓析之流以及后来的讼师，之所以一直遭到帝国权力的压制和打击，其根本原因就在于此。

本原因,我们恐怕只能从随着封建政治解体和礼乐制度崩溃,以及社会经济变迁而来的民间诉讼剧增这一角度来推断。正因为民间诉讼的急剧增长,才会出现"讼学"的社会需求,也才会形成民众如此热衷于学习诉讼知识的社会风气。总之,是民众"好讼"风气导致了"讼学"的繁荣。

关于民间诉讼的事实,汉唐之间少有记载,因而我们对之不甚了解。但是,随着宋代社会经济的急剧变迁:土地交易日趋频繁,其他商品交易在时间、空间、数量、价值上的迅速展开;人口的迅猛增长,从汉唐的6000万到晚清的5个亿,导致了人口与资源和财富之间的高度紧张,也造成了民众生活的绝对贫困化;与此同时,人们的"义利"观念也出现了变化,不再将"言利"和"逐利"视为羞耻的事情。在这种社会语境中,"好讼"风气逐渐形成。现在,人们到处都能读到"好讼"、"健讼"、"嚣讼"的记载,[40]所谓"舌唇细故而致争,锥刀小利而兴讼"[41]的说法,也不鲜见。再者,民间还出现了"习律令,性喜讼"[42]的现象,有关"讼学"的著作也相继出现,广为流播,诸如江西"有一书名《邓思贤》,皆讼牒法也";[43]江西"教儿童之书,有如《四言杂字》之类,皆词讼语"。[44]令人惊讶的是,就连儿童读物都是"讼牒"之书,好讼之风可

---

〔40〕 从《宋会要辑稿·刑法三·诉讼》的相关记载来看,提到"讼牒繁多"和"健讼"之类的文字,也颇不少。关于宋代好讼的讨论,参见郭东旭:《论宋代的讼学》,载《河北学刊》,1988年第2期;雷家宏:《从民间争讼看宋朝社会》,载《贵州师范大学学报》,2001年第3期;刘锡涛:《宋代江西民俗特征述论》,载《江西师范大学学报》,2002年第2期;许怀林:《宋代民风好讼的成因分析》,载《宜春学院学报》,2002年第1期;陈景良:《讼学、讼师与士大夫——宋代司法传统的转型及其意义》,载《河南省政法管理干部学院学报》,2002年第1期;龚汝富:《江西古代"尚讼"习俗浅析》,载《南昌大学学报》,2002年第2期;牛杰:《宋代好讼之风产生原因再思考》,载《保定师范专科学校学报》,2006年第1期。

〔41〕 (宋)真德秀:《真西山集》,卷40"潭州谕俗文"。

〔42〕 (宋)欧阳修:《欧阳文忠公全集·导士外集》,卷11。

〔43〕 参见(宋)沈括:《梦溪笔谈》,卷25"杂志二"。也见(宋)郑克:《折狱龟鉴》,卷7"严明·韩琚邓思贤附"。

〔44〕 参见《宋会要辑稿》,第6590页。

谓炽盛。明清以降,这种"好讼"的风气,更是愈演愈烈,以致精英官僚哀叹道德沦丧,世风浇漓。[45] 甚至地方志的作者也对诉讼风气特别措意,将是否"好讼"作为评判社会风气良败的指标,而且对于社会日趋好讼的现象也深感焦虑。[46] 另外,明清时期讼师的活跃,讼师秘本的流播,以及"公案"文学的繁荣,都与这种"好讼"的社会风气有关。可见,民间百姓的法律意识与官僚精英并不等同;这种隐蔽的、悄无声息的、潜滋暗长的民间法律意识和诉讼热情,倒是非常真切地反映了现实社会的日常景象,也多少消解了官僚精英有关"无讼"的道德话语。

在司法实践中,地方衙门受理的案件也以民事诉讼为主。根据学者的估算,清代州县民事案件约占全部"自理"案件的 50%。[47] 黄宗智也说:

> 在清代后半期,县衙门每年处理五十至五百个民事案子,好些县可能每年在一百至二百件。平均而言,每县每年大概有一百五十件左右。[48]

---

[45] 关于明清时期好讼风气的研究,参见雷家宏:《北宋至晚清民间争讼解决方式的文化考察》,载《船山学刊》,2003 年第 4 期;卞利:《明清徽州民俗健讼初探》,载《江淮论坛》,1993 年第 5 期;张小也:《健讼之人与地方公共事务》,载《清史研究》,2004 年第 2 期;邓建鹏:《健讼与息讼——中国传统诉讼文化的矛盾解析》,载许章润主编:《清华法学》,第 4 卷,清华大学出版社 2004 年版,第 176—200 页;方志远:《明清湘鄂赣地区的"讼风"》,载《文史》,2004 年第 4 期。另外,邱澎生所著《明清讼师的官司致胜术》("中国传统法律文化的形成与转变"研讨会论文,台湾地区"中央研究院"历史语言研究所,2006 年 12 月 14—16 日)对明清时期的经济发展与诉讼频繁的原因作了有益的探讨,颇可参考(前文,第 3—12 页)。

[46] 关于地方志与明清时期诉讼风气的讨论,参见徐忠明、杜金:《清代诉讼风气的实证分析与文化解释——以地方志为中心的考察》,载《清华法学》,2007 年创刊号;侯欣一:《清代江南地区民间的健讼问题——以地方志为中心的考察》,载《法学研究》,2006 年第 4 期。

[47] 参见曹培:《清代州县民事诉讼初探》,载《中国法学》,1984 年第 2 期,第 135 页。

[48] 黄宗智:《民事审判与民间调解:清代的表达与实践》,中国社会科学出版社 1998 年版,第 171 页。

黄宗智教授进一步指出：清代民事诉讼的统计数字显示，在一定程度上，清代已是一个"健讼"社会。[49] 假设每县平均人口为 30 万，每年约有 150 个案子闹到县衙，那么一年当中每 2000 人就有一个新案子，一年当中每 200 户就有一户涉讼。[50] 可见，对于民间社会的小民百姓来说，一旦自身利益或"权利"遭到侵犯，在提起诉讼时，他们并不担心在道德上有何障碍。对此，包恒（David C. Buxbaum）和艾马克（Mark A. Allee）通过分析《淡新档案》之后指出：事实上，晚清中国的民众并非以往人们想象的那样"忌避"诉讼。[51] 可资比较的是，在分析了《历年记》所载清初上海低级文人姚廷遴一生当中亲友之间发生的 24 起诉讼之后，日本学者岸本美绪也说："到了 16 世纪末，情况变化了，农民的世界扩大了。他们或纳赋当役，或行商做工，时常进城，往来于县衙周边，与县衙书役时有接触。县衙和庶民的距离，在心理上接近了，打官司成为庶民要解决纷争时容易想到的一个途径。"[52]果真如此的话，那么，所谓"厌讼"和"贱讼"显然难以表达明清时期民众的法律意识；换句话说，我们必须从相反的视角来重新评估他们的"好讼"或

---

[49] 有关明清时期属于"诉讼社会"的提法，参见〔日〕夫马进：《讼师秘本〈萧曹遗笔〉的出现》，载《日本学者考证中国法制史重要成果选译·明清卷》，中国社会科学出版社 2003 年版，第 490 页；〔日〕寺田浩明：《中国清代的民事诉讼与"法之构筑"——以〈淡新档案〉的一个事例作为素材》，载易继明主编：《私法》，第 3 辑第 3 卷，北京大学出版社 2004 年版，第 306 页。

[50] 黄宗智：《民事审判与民间调解：清代的表达与实践》，第 173 页。

[51] 有关分析，参见 David C. Buxbaum, "Some Aspects of Civil Procedure and Practice at the Trial Level in Tanshui and Hsinchu from 1789 to 1895", *Journal of Asian Studies* 30, No. 2, 1971, p. 268, pp. 270—271；〔美〕艾马克：《十九世纪的北部台湾：晚清中国的法律与社会》，王兴安译，（中国台湾）传播者文化有限公司 2003 年版，第 147—157 页。必须指出的是，艾马克的结论虽然不无所见，但是，仅仅拿一个案件来证明一个具有普遍意义的命题，很不适当。另外，涉案寡妇的缠讼行动，虽然不无积极利用司法机构的热情，但是，如果我们说她之所以缠讼，是因为性格怪癖，似乎也很难反驳。

[52] 参见〔日〕岸本美绪：《清初上海的审判与调解——以〈历年记〉为例》，载《近世家族与政治比较历史论文集》（上），（中国台湾）"中央研究院"近代史研究所 1992 年版，第 256 页。

"健讼"态度。事实上,从近来学者研讨宋代以来的民间诉讼风气来看,好讼、健讼确实给我们留下了深刻印象。也有相反的说法,周荣德认为:"政府已变成'远在天边'的东西,而不是农民能用手触摸得到的东西。"[53]但是,这并不表明明清时期的民众真的无法接近衙门。

综上所述,传统中国的平民百姓颇有"好争"和"好讼"的性格,这是他们的日常生活体现出来的真情实况。然而,俗话"屈死不告状"一言,又当怎样理解呢？事实上,这仍然是对于传统中国平民百姓的诉讼心态的概括,只不过说的是另外一种情形。

我们必须牢记的是,理解和解释任何一种社会现象,切忌固持"单向度"的立场,而应该采取"多元化"的视角,应将研究对象置于特定历史语境当中加以考虑,做出解释。或许,法国思想家帕斯卡尔(Blaise Pasccal)那种反思性的思考方法,有助于我们对这一问题的解读。他在《思想录》第 228—298(385)208—390 号片段中这样写道:

怀疑主义——每件事物在这里都是部分真确的,部分谬误的。根本真理却不是这样;它是完全纯粹的而又完全真确的。这种混杂玷污了真理并且消灭了真理。没有什么是纯粹真确的;因而当真确是指纯粹真确的时候,也就没有什么真确的了。……我们只不过具有部分真和善,同时却掺杂着恶和假。[54]

对考察传统中国的小民百姓的诉讼态度来讲,我们也应该采取这样一种思考问题的方法。因此,如果认为他们"好讼"或"健讼",无疑是事

---

[53] 周荣德:《中国社会的阶层与流动——一个小区中士绅身份的研究》,学林出版社 2000 年版,第 55 页。

[54] [法]帕斯卡尔:《思想录》,何兆武译,商务印书馆 1985 年版,第 171 页。

实;而认为他们"畏讼"或"惧讼",也不完全是虚构。这是因为,在不同语境中,人们表现出来的态度(厌讼抑或好讼、畏讼)也会有所差异,他们的行为选择(提起诉讼还是忍气吞声)自然会有不同,这是极其正常的现象。况且,我们现在读到的数据只是真实历史的"雪泥鸿爪"而已,或者说,它们都是真实历史的"片面"记载罢了。因此,在言述民间法律意识时,一要看语境,二要将这些零星记载整合起来,从而构成百姓不同情景之下的法律意识和诉讼行动的整体认识。

俗话"屈死不告状"所言,其实与传统中国伦理思想中的"忍"很有关系。譬如《尚书》记有:"必有忍,其乃有济;有容,德乃大。"孔子也说:"小不忍则乱大谋。"[55]进而提倡"君子无所争"和"君子矜而不争"[56]的道德伦理;至于老子,则把"忍"提升到了"天之道,不争而善胜,不言而善应"[57]的"形而上"的高度。此外,民间流播广泛而又影响深远的《忍经》和《劝忍百箴》,更将"忍"作为中国古人(从帝皇将相到平民百姓)处世行事的相与之道,所谓"万事之中,忍字为上"是也。可见,"忍"是善,些小琐事,如果能"忍",纠纷自然消弭。反过来说,则是"一争两丑,一让两有"。[58]谚语"退一步,海阔天空",也是此意。这种以忍息争的故事,史书有载:

> 曹节素仁厚,邻人有失猪者,与节猪相似,诣门认之,节不与争。后所失猪自还,邻人大惭,送所认猪,并谢。节笑而受之。[59]

---

[55] 《论语·卫灵公》。
[56] 依次引据《论语·八佾》和《卫灵公》。
[57] 《老子·七十三章》。
[58] 丁世良、赵放主编:《中国地方志民俗资料汇编·华北卷》,中国图书馆出版社1989年版,第505页。
[59] (元)许名奎、吴亮:《忍经·劝忍百箴》,吉林摄影出版社2003年版,第22页。

与此相反，"争"则是恶，不仅损人，而且损己；不仅损身，而且损财。因此就有"得忍且忍，得耐且耐；不忍不耐，好事变坏"。[60] 又有"人心有所愤者，必有所争；有所争者，必有所损。愤而争斗损其身，愤而争讼损其财。此君子所以鉴，易之损而惩愤也"。[61] 诸如此类的谚语或俗话，都可以被用来作解释中国古人"忍让不争"的依据。

这里，孝顺尊长和雍睦邻佑的积极有为的道德伦理，也有可能蜕变成为谦抑不争或克己忍让的消极态度。从理想上来说，遇到损害自身利益之事，当然可以一忍再忍。比如，在琐碎细故上，谦让忍耐确实不是坏事；然而，在大是大非上，孔子毕竟说过"是可忍也，孰不可忍也"[62]的话。对小民百姓来讲，在切己利益上，也有不能"忍"的情形。总之，有人能忍，也有人不能忍；有事可忍，也有事不可忍。况且，一味忍让——有时仅仅是"退缩"的托词而已，对于社会秩序的良性运作也会造成意想不到的灾难。据我看来，有时，争讼本身也有积极和合理的一面，它是社会秩序与社会伦理，乃至法律运作是否顺畅的信号。也就是说，民众之所以争讼，很有可能是因为社会出了问题；这时，需要调整的是伦理与法律，而非一味指责民众的败德。[63] 虽然"忍"属于"好人"应有的品格，可是，如果从"坏人"的视角来看，也许"忍"恰好成了软

---

[60] 丁世良、赵放主编：《中国地方志民俗资料汇编·华北卷》，第99页。
[61] 《忍经·劝忍百箴》，第49页。
[62] 《论语·八佾》。
[63] 具体来讲，其一，民众何以发生纠纷，撇开争讼两造的个人因素不谈，这在一定程度上涉及既有社会秩序和道德法律在利益配置上的安排是否合理，是否合乎正义，是否需要调整。其二，民众为何将纠纷提交司法机构请求裁决，或者说国家为何设置专门机构用来解决民间纠纷，这不仅表明民间纠纷解决机制可能出了问题，而且还表明了国家对于民间诉讼的容忍。其三，司法机构怎样裁决争讼，以及裁决结果如何，这不仅是对既有社会秩序和法律的确认，有时也会做出相应的调整——如若这样的话，无疑是在"建构"新的社会秩序。凡此，都说明了争讼可能具有的社会意义与法律价值。对此问题，也有学者从诉讼理论角度作过分析。参见刘荣军：《程序保障的理论视角》，法律出版社1999年版，第1—57页。

弱可欺的表现，反而助长"恶言恶行"的泛滥。值得指出的是，提倡"忍"的处世态度，或许正是文化精英的统治策略，[64]小民百姓未必如此。即便小民百姓也讲"忍"，或许是面对强势群体，因为力不能较，只得"一忍再忍"而作罢。

总体来说，如果原被两造身份相当，一旦乡里社会无法解决纠纷，提起诉讼乃是非常自然的事情；假定两造权势财力相距悬殊，由于权势可以指使官府，财富能够贿买官僚，处于势单力薄地位的弱者，恐怕难免隐忍含屈。这是"屈死不告状"所要表达的基本含义。就事情本身而言，固然属于"冤屈"；但是，从"隐忍"的态度来看，有时未尝不是一种理性的选择。当然，一旦忍无可忍，弱者也有抵抗的武器：架词设讼、上告越诉、拦驾叩阍、上访直诉、自残自毁、依尸告状、利用妇女老人出头告状，等等，这些都是各种史料经常提及的反抗方式，也是下文所要讨论的内容。对于这些行为，帝国法律均有禁止性的规定。实际上，民众利用诉讼的本身，就有借助政治权威抵抗强势对方的意图。即使到了今天，人们也会叫喊"小心告你"这样的话。而其意图，显然是威胁对方，迫使对方履行相应的义务。这是因为，在小民百姓看来，权力位阶越

---

〔64〕 鲁迅在分析"各人自扫门前雪，莫管他家瓦上霜"时曾经指出："粗略的一想，谚语固然好像一时代一国民的意思的结晶，但其实，却不过是一部分的人们的意思。现在就以'各人自扫门前雪，莫管他家瓦上霜'来做例子罢，这乃是被压迫者们的格言，教人要奉公、纳税、输捐、安分、不可急躁、不可不平，尤其是不要管闲事；而压迫者是不算在内的。"参见鲁迅：《谚语》，载《鲁迅全集》，第4卷，人民文学出版社1981年版，第542页。实际上，鲁迅所引的谚语，也是压迫者对被压迫者提出的要求，而非仅仅是被压迫者的自我意识。即以诉讼为例，清代法律规定的告状条件必须是："切己之事，方许陈告……"参见田涛、郑秦点校：《大清律例》，卷30·刑律·诉讼·诬告条例，法律出版社1999年版，第484页。换句话说，如果案件与自己没有"切己"的利害关系，那么就不能出面告状，否则就是犯罪。当然，对这种"各家打扫门前雪，莫理他人瓦上霜"的"自了汉"的态度，清代官员也有批评。参见《圣谕广训疏义》，载周振鹤撰集、顾美华点校：《圣谕广训集解与研究》，上海书店出版社2006年版，第419页。联系到"忍"上来，如若民众真能以"忍"处世，那么与精英阶层倡导的"无讼社会"的理想，就为期不远了。

高,越能超越具体的社会利益格局,也就越能保持司法公正,故而诉讼本身也就成了一种行动策略,一种权力技术。如若碰到吏治腐败的场合,即便权势财力尚可的涉讼者,也不免含冤忍屈,原因在于,官僚、胥吏、长随和衙役的敲诈勒索的情况随处可见。如若遇见这种司法状况,对于那些势单力薄的当事人,后果更是不难想象。据此,所谓"屈死不告状"反映的是特定语境中的诉讼心态。

在某些情况下,"屈死不告状"或许是一种夸张的说法。例如,乡民之所以不愿意通过诉讼手段解决纠纷而选择隐忍,是因为诉讼可能对既有的人情社会造成冲击乃至破坏,经过一番利弊权衡或得失比较——既是对眼前利益的权衡,也是对未来利益的考虑,当事人选择了隐忍的策略,这是明智的做法。[65] 虽然当事人不至于真的"屈死",但屈于"人情"而隐忍毕竟也是常见的事情。这一态度正可说明民间百姓对于"人情大过天"的深刻理解。可见,导致百姓惧讼的因素,既有双方权势地位的差异和官府的敲诈,也有人情的羁绊。

总之,对历史上的具体行动者(诉讼当事人)来说,究竟应该采取什

---

[65] 毕竟,传统中国是一个"低头不见抬头见"的熟人社会,由于人们常相厮守,彼此之间形成了错综复杂的人情交往,这是简单的诉讼过程难以理顺的,所谓"清官难断家务事"并非一句空话。在我看来,这句话同样适用于邻里关系。据此,保持和睦的邻里关系,对民众的日常生活至关重要。谚语"非宅是卜,惟邻是卜"和"千金买邻,八百买舍"(周振鹤撰集、顾美华点校:《圣谕广训集解与研究》,第218页);又说"远亲不如近邻,近邻不如对门";还说"好亲戚比不上乡乡亲"和"宁灭远亲,不灭近邻;宁灭近邻,不灭对门。"(丁世良、赵放主编:《中国地方志民俗资料汇编·华东卷》,第238、122、163页)可见,乡民把邻里关系看得很重。其原因何在呢? 这是因为"天塌有邻家,地陷有大家"与"人在人情在,人灭人情灭"。(丁世良、赵放主编:《中国地方志民俗资料汇编·华东卷》,第505、400页)在乡民看来,乡党邻居之所以重要,是因为他们有着出入相助和守望相救的价值;而近邻之所以要比远亲重要,则是因为远亲往往难以进行人情交往,而且一旦出现急难之事,也难以及时相助。可问题是,歹邻居毕竟也会殃及好邻居,故而邻居也有潜在的危险。此时,引发纠纷与诉讼也就在所难免了。事实上,即便是"好讼"的美国人,争当"好邻居"也是一种基本的社会共识,一个动辄兴讼的邻居,总是令人退避三舍。

么态度、策略和行动,要看个人性情、社会风气、制度环境、吏治状况而定。从法律社会学的视角来看,每个案件都有它的社会构成,不可一概而论。也就是说,每个案件的不同社会构成,将会影响诉讼的结果。[66] 同样道理,每个纠纷也有不同的社会构成,也会影响两造的诉讼态度和诉讼策略。尽管小民"无知",但是他们并不缺乏"权衡利弊"的常识和理性。正是在这种"趋利避害"的常识指引下,小民百姓才能做出"告状还是屈死"的行动计划。这种说法可能引起某种误解,以为"告状还是屈死"是出于小民百姓的自愿选择。其实,我想说的是,在一定条件下,"告状还是屈死"确实也是一种被逼无奈的诉讼策略。

我们再来考察一下传统中国平民百姓"屈死不告状"的基本原因。帝制时期的皇帝每每认为,必须设置诉讼障碍,使百姓视诉讼为畏途,以便减少诉讼。比如,康熙就曾说过这样的话。[67] 这里,我们根据各种资料,描摹一下小民百姓"畏讼"或者"惧讼"的情形。

其一,经济原因。俗话"靠山吃山,靠水吃水"表明,人们的谋生之道取决于他们的职业。孟子所说"仰事俯畜"[68] 乃是人生的基本需要。但是,明清时期州县衙役的正当收入唯有伙食费——公食银,瞿同祖认为"平均年薪是6两银子",[69] 以当时的物价指数,这点收入维持个人的生活尚且困难,更不必说养家糊口了;有时,就连这点微薄的伙食津贴也被克扣,由此,要求他们"枵腹从公"无疑是强人所难。[70] 他们的生财之道,也只能是借"近水楼台"来"得月"——百姓诉讼,便是他

---

[66] 参见〔美〕唐·布莱克:《社会学视野中的司法》,郭星华等译,法律出版社2002年版。
[67] 参见〔法〕勒内·达维德:《当代主要法律体系》,漆竹生译,上海译文出版社1984年版,第487页。
[68] 参见《孟子·梁惠王上》。
[69] 瞿同祖:《清代地方政府》,法律出版社2003年版,第107页。
[70] 参见(清)李伯元:《活地狱》,上海书店1994年版,第1、77页。

们收入的源泉。诚如京剧《苏三起解》所说:

> 大门里不种高粱,二门里不种黑豆,三班衙役不吃打官司的,吃谁去?

此言不但生动有趣,而且逼真有据。对那些"嗷嗷待哺"的衙役来说,最终难免弄到"公人见钱,犹如苍蝇见血"[71]的地步,甚至"偶遇乡人涉讼,不论是非曲直,先揣其肥瘠,量其身家,自初词以及完案,刻刻要钱,务厌其欲而后已,否则事难了结"。[72]

实际上,即使是那些标榜饱读圣贤之书起家的帝国官僚,尽管满口仁义道德,也一贯高唱"勤政爱民"的曲调,然而只怕也是"千里为官只为财"[73]的德行。清代廖腾煃曾有类似的评论:"前日县官,类皆以词讼为生涯,计词讼一年,可得暮金万有余两";[74]又说:"甲乙相讼,县官则视其金钱之少多而操其短长";[75]乃至"两造之下,只视钱之少多,不分理之长短。锻炼深文,高下其手。"[76]清人更有所谓:

> 世人呼初入仕途者为下炉,言精铁至此,皆熔化也。[77]

由此可见,官场好比熔炉,即使"精铁"之人,也难免会被熔化;官场好比

---

[71] (明)冯梦龙:《醒世恒言》,卷20。
[72] 《申报》,1886年9月28日。
[73] (清)李伯元:《官场现形记》(上册),人民文学出版社1967年版,第18页。
[74] (清)廖腾煃:《海阳纪略》,卷上"复钟世兄",清康熙浴云楼刻本,载《四库未收书辑刊》,7辑·28册,北京出版社1998年版,第409页。
[75] 廖腾煃:《海阳纪略》,卷下"两江总制傅安徽巡抚江详文",载《四库未收书辑刊》,第420页。
[76] 廖腾煃:《海阳纪略》,卷下"招徕示",载《四库未收书辑刊》,第431页。
[77] (清)包世臣:《齐民四术》,卷8。

污浊酱缸,即使"清廉"之官,同样难免遭到熏染。对赃官墨吏,人称"白面盗贼"——因为他们过着室内的生活,很少曝晒阳光,所以脸色大都苍白,[78]实属生动写照。如果不幸碰到那些"灭门刺史,破家县令"[79]承审案件,后果更加不堪设想矣! 最为可怕的是,一旦官僚与衙役沆瀣一气,狼狈为奸,小民百姓还有什么官司可打? 俗谚:"堂上一点朱,民间千滴血";[80]"火到猪头烂,钱到公事办";[81]"廷尉狱,平如砥,有钱生,无钱死",[82]即是指此。

当然,读者不禁要问:这种官场的"贪黩"情形,是否能够代表明清时期司法实践的整体面貌? 我觉得,从常识性的角度来看,如果打官司真的会导致倾家荡产的后果,那么作为理性的庶民百姓,恐怕不至于这么"愚蠢"。事实上,明清时期的诉讼率并不低,这或多或少说明,他们能够承受相应的诉讼费用。据此,黄宗智认为:其一,司法腐败确实存在,但不是普遍现象,也不是很严重;其二,一起进行到底的案件,其所花费的诉讼费用,只是诉讼标的额度的 35% 左右,而且没有超出民众能够承受的范围。[83]当然,民众能够承受诉讼费用,并不表明那时没有司法腐败和官僚、衙役的贪黩行为。据我看来,在评判明清时期的司法官员腐败与民众诉讼热情的关系时,最好的办法是承认其中存在的张力,而不要采取一边倒的解释立场;也就是说,只要司法官员的贪污

---

[78] 参见萧公权:《调争解纷——帝制时代中国社会的和解》,载〔美〕汪荣祖编:《中国现代学术经典·萧公权卷》,河北教育出版社 1999 年版,第 854 页。

[79] (清)杜文澜辑、周绍良点校:《古谣谚》,中华书局 1958 年版,第 639 页。

[80] (清)汪辉祖:《佐治药言·省事》。

[81] 冯梦龙:《醒世恒言》,卷 13。

[82] 杜文澜辑、周绍良点校:《古谣谚》,第 799 页。

[83] 对此问题的详尽研究,参见黄宗智:《民事审判与民间调解:清代的表达与实践》,第 164—190 页。另外,还可参见〔日〕岸本美绪:《清初上海的审判与调解——以〈历年纪〉为例》,载《近世家族与政治比较历史论文集》,第 254—255 页。

腐败尚未达到民众承受的极限,那么民众的诉讼热情也就不会遭到彻底的压抑,从而真的出现所谓"屈死不告状"的情景。

其二,其他原因。早在汉代即有"前有召父,后有杜母"的称谓;宋代以降,地方官也被人们叫作"父母官"这种充满温馨的称呼。[84] 然而"君要臣亡,不得不亡;父要子死,不得不死",也是皇权专制和父权专制的流行看法。对小民百姓来讲,州县长官具有双重身份——君权和父权的特征;因此,老百姓与父母官之间的地位,可谓天悬地隔。州县长官高高在上,公案耸立,号称老爷,可以拍案逞威,撒签打人;小民百姓匍匐地面,丹墀底下,只是蚁民,唯有口称冤枉和该死。一坐一跪,一高一低,一个打人,一个该死;这是"支配与屈服"的权力符号,也是"威严与奴颜"的精神象征。[85] 那些"不入衙门"的朴质农民,听见一阵阵响彻云霄的升堂衙鼓,一连串震慑人心的声声堂威,看见一排排如狼似虎的衙役,一列列夹棍刑杖,已然胆战心惊,如何能够从容陈述?对此,各种文学作品多有征引:

　　　　冬冬衙鼓响,公吏两边排;阎王生死案,东岳摄魂台。[86]

可以看出,小民百姓"屈死不告状"乃是出于"惧怕"的心理。[87] 此外,刑讯逼供的合法使用,乃至非法滥用,导致案件尚未了结,皮肉之苦已经饱

---

[84] 参见(清)钱大昕:《十驾斋养新录》,卷10。
[85] 对"身体姿势"的政治学讨论,参见[德]埃利亚斯·卡内根:《群众与权力》,冯文光等译,中央编译出版社2003年版,第272—278页。
[86] 冯梦龙:《警世通言》,卷35。
[87] 具体的研究,参见徐忠明:《从明清小说看中国古人的诉讼观念》,载《法学与文学之间》,中国政法大学出版社2000年版,第110—111页。更为翔实的分析,参见徐忠明:《传统中国乡民的法律意识与诉讼心态——以谚语为范围的文化史考察》,载《中国法学》,2006年第6期。

受,这使人们必须认真掂量是否提起诉讼这个要害问题——所谓"随你凶奸似鬼,公庭刑法不相饶"[88]并非虚言。当然,根据学者研究,就民事诉讼而言,一般并不刑讯。[89] 不过,对民众来说,可能遭到刑讯的心理影响依然不能低估。事实上,还有其他一些影响民众诉讼的原因。比如,具有"精兵简政"特点的司法体制,尽管因人手不足而拒绝讼案,但往往以息讼为口舌而驳回;又如,在司法实践中待审案件的久拖不决——"县三月,府半年,道里官司不种田",[90]不单造成了大量的讼累,而且也影响了民众的诉讼热情。又如,人情社会和伦理社会的约束,等等。[91]

总体而言,我们更倾向于认为:以往所谓"无讼"、"息讼"和"贱讼",基本上是帝国官方与官僚精英的诉讼观念的表达和解决纠纷的手段,与道德主义的国家治理模式、精兵简政的权力结构、乡土社会的治理方式有关;至于"好讼"、"健讼"和"惧讼",则主要是民间社会小民百姓的诉讼风气和法律意识,与他们的现实利益、纠纷的社会构成、吏治的普遍腐败有关。事实上,为了"说服"小民百姓避免诉讼,维护社会秩序的和谐,帝国官方往往采取"威胁"的手段迫使小民百姓"避讼";即便道德教化与法制宣传,也主要是从利害关系着眼的,所谓"一场官司十样害"乃是《圣谕广训集解》所作的概括。[92] 据此,无论好讼抑或惧讼,根本

---

[88] 冯梦龙:《古今小说》,卷28。
[89] 通过档案资料的实证研究,黄宗智指出:"在实践中,清代法制在处理民事案件时几乎从不用刑,并且经常对产权和契约加以保护。"参见《民事审判与民间调解:清代的表达与实践》,第8页;David C. Buxbaum,"Some Aspects of Civil Procedure and Practice at the Trial Level in Tanshui and Hsinchu from 1789 to 1895",*Journal of Asian Studies* 30, No. 2,1971, p. 268。艾马克也说:动用刑讯的案件,均为刑案而非民案,民事官司显然不用求刑。参见艾马克:《十九世纪的北部台湾》,第238—239页。但是,鉴于明清时期的民事诉讼与刑事诉讼并无严格的界限,因此"打"与"不打"也无制度上的区隔,全凭司法官员的自由裁量。
[90] 丁世良、赵放主编:《中国地方志民俗资料汇编·华北卷》,第432页。
[91] 参见徐忠明:《传统中国乡民的法律意识与诉讼心态》,载《中国法学》,2006年第6期。
[92] 参见周振鹤撰集、顾美华点校:《圣谕广训集解与研究》,第24、228—229页。

原因都是利害上的考虑,而非道德上的反映。

顺便一提,关于中国古人的避讼(厌讼与惧讼)意识,艾马克曾有相反的解释:

> 谚谣里疾法畏律,避官司唯恐不及,很难遽以推论人们痛恶司法体系,反而可以显示卷入司法体系之情事实属常见——不论愿意与否。与上述传统中国的预设相反,民谚里谴责打官司花费需索、危机四伏,不仅非指中国人死活不进衙门,反而明白暗示着官司诉讼非常普遍。[93]

据我看来,如果艾马克的论断可以接受,那么,清代中国确实成了一个"好讼社会"。就此而言,那些关于"厌讼"和"惧讼"的话语,只是一些在道德上使民厌讼,在利害上使民惧讼的策略而已。不过,尽管我们并不认为中国民众完全是(并非没有)基于道德上的考虑而"厌讼",但却认为鉴于利害上的考虑而"惧讼"更为突出,也确实影响了他们的诉讼态度与诉讼实践。总之,"好讼"与"惧讼"乃是明清时期民众诉讼态度的一体之两面。即使到了现代社会,利害上的考虑依然是人们决定是否提起诉讼的关键原因,虽然也不排斥道德上的考虑。而这,也是我在研究方法上秉承常人立场的一个根本理由;换句话说,将传统中国的民众视为"理性人"要比"道德人"来得有说服力,也更符合历史事实。

二、民众的诉讼策略:把事情闹大

由于帝国衙门和精英阶层每每把民间诉讼视作"琐事细故",不是

---

[93] 艾马克:《十九世纪的北部台湾》,第156页。

漫不经心，就是借着满口道德伦理的大词高调予以拒绝，因此就造成了民众诉讼无门的困境。[94] 事实上，精英眼里的"琐事细故"，在乡野的小民百姓看来，或许并非如此；恰恰相反，在他们眼里，引发争讼的事由即便琐碎，但也非无关紧要，因为他们原本就没有经历过什么"大事"。由此，我们可以发现，劳心者与劳力者在认知问题上的巨大差异，从而导致了他们对于争讼的不同理解和不同态度。我觉得，著名清官海瑞的下列言辞颇有启发意义：

> 凡讼之可疑者，与其屈兄，宁屈其弟；与其屈叔伯，宁屈其侄；与其屈贫民，宁屈富民；与其屈愚直，宁屈刁顽。事在争产业，与其屈小民，宁屈乡宦，以救弊也。乡宦计夺小民田产，债轴假契，侵界威逼，无所不为。为富不仁，比比有之。故曰救弊。事在争言貌，与其屈乡宦，宁屈小民，以存体也。乡宦小民有贵贱之别，故曰存体。若乡宦擅作威福，打缚小民，又不可以存体貌。上官意向在此，民俗趋之。为风俗计，不可不慎也。[95]

这里，我们撇开前一句话不谈。单就乡宦与小民之间的争讼而言，海瑞

---

[94] 当然，从明清时期的司法实践来看，面对蜂拥而至的民间诉讼，帝国衙门也非一味拒绝。但是，从触目惊心的大量"谎状"来看，其中必有深刻的原因。据我观察，它与帝国衙门视民事诉讼为"琐事细故"的态度，以及由此而来的拒收民事案件的实际做法，密切相关。关于民事诉状数量和"谎状"比例的初步考察，参见〔日〕夫马进：《明清时代的讼师与诉讼制度》，载〔日〕滋贺秀三等：《明清时期的民事审判与民间契约》，王亚新、梁治平编，法律出版社1998年版，第392—394页；邓建鹏：《健讼与息讼——中国传统诉讼文化的矛盾解析》，载许章润主编：《清华法学》，第4辑，第177—178页。

[95] 陈义钟编校：《海瑞集》（上册），中华书局1962年版，第117页。苏力最近写了一篇专文，对海瑞的这一司法裁判"原则"作了颇为有趣的分析，且与学界历来的观点不同。详细讨论，参见苏力：《"海瑞定理"的经济学解读》，载《中国社会科学》，2006年第6期。这是笔者写完本文之后读到的，补注在此。

这种"听讼"的价值取向,与孔子"君子喻于义,小人喻于利";[96]孟子"何必曰利,亦有仁义而已矣"[97]完全一致。在海瑞看来,乡宦的物质生活比较富裕,而小民则极度贫困;[98]相反,乡宦是帝国礼仪教化的载体,社会风气的标杆,而小民则愚昧无知,不知礼仪大体。[99] 可问题是,民间诉讼的基本类型乃婚姻、田土、钱债,基本上是"争财"的诉讼案件,恰好与帝国官方和精英阶层"何必曰利"的道德取向相反,如果拒不受理也是意料之中的事情。而对民众来讲,由于物质资源的匮乏——"在中国农民眼中,每一粒谷子都是珍贵的",[100]争财夺利乃是关乎日常生活的重大事情,决计不会因统治阶级一句"何必曰利"而轻易放弃。就此而言,马克思的经典理论——经济生活属于基础结构,而道德伦理则是派生性的上层建筑,依然有效。这与中国古典作家"富之……教之"[101]与"仓廪实而知礼仪,衣食足而知荣辱"[102]也相吻合。

在这种精英与民众之间的价值取向存在巨大差异的语境中,如何使帝国衙门受理诉讼案件,乃是民众诉讼特别关注的事情。经由与官府的长期博弈,民众渐渐摸索出了一套颇为有效的应对措施,本文将其称为"小事闹大"的诉讼策略。为了深入理解民众何以形成"把事情闹大"的诉讼心态与诉讼策略的真实内涵,我们必须探讨这种心态和策略

---

[96] 《论语·里仁》。
[97] 《孟子·梁惠王上》。
[98] 参见陈义钟编校:《海瑞集》(上册),第 95 页。
[99] 同上书,第 20 页。
[100] 布迪和莫里斯在分析《刑案汇览》所载,由于在他人田地中拾取豆粒、水果、麦穗等,导致被杀身亡的案件后指出,这"可能反映了中国农民财产匮乏的情形"。参见[美] D. 布迪、C. 莫里斯:《中华帝国的法律》,朱勇译,江苏人民出版社 1993 年版,第 225 页。相关案件,参见第 207、223—224、371 页。
[101] 《论语·子路》。
[102] 《管子·牧民》。

的由来。事实上,所谓"诉冤"话语与这种心态和诉讼策略,也有密切的关系。[103]

下面,我们来看这种诉讼策略的制度安排与思想背景。

首先,集权中国的政治结构和组织原理。虽说中华帝国是一个专制社会,然而这一专制权力也有自身的局限,就是帝国权力止于州县衙门。对于基层的乡土社会,只能采取比较间接的控制方式,比如"半官半民"的乡里组织。[104] 这种政治权力的设计,早在商鞅变法时期已经初具规模;秦汉帝国在继承了这一政治遗产的同时,又有不少的修改和完善,以便适应治理幅员辽阔的巨型国家的要求。此后,帝制中国的政治权力格局基本没变,只是皇帝专制和中央集权日趋强化;但是,这种"强化"的背后,仍有若干制约中央集权和皇帝专制的因素逐步形成——譬如,明清时期渐次兴起的士绅群体,具有抗衡国家权力的内在机能;官僚体制的日趋严格,而其本着自身的运作原则和典章制度,也成为了一种抵拒皇帝专制的强大力量。同时,随着宋明以来商品经济的繁荣发展,人口的迅猛增长,社会权力也呈现上升的趋势——这与商品经济的发展和民众教育程度的提高有关,人们的社会生活空间有了很大的扩展。其结果之一是,帝国治理的难度加大。值得注意的是,明清时期的"士绅权力"的崛起,除了发挥其他社会公共职能以外,还有排

---

[103] 参见徐忠明:《权利与伸冤:传统中国诉讼意识的解释》,载《中山大学学报》,2004年第6期。

[104] 参见赵秀玲:《中国乡里制度》,社会科学文献出版社1998年版。近来,秦晖对那种认为传统中国乡土社会具有自治特征的观点,提出了严厉的批评。参见秦晖:《"大共同体本位"与传统中国社会》,载《社会学研究》,1998年第5期、1999年第3期、1999年第4期;秦晖:《传统中华帝国的乡村基层控制:汉唐间的乡村组织》,载黄宗智主编:《中国乡村研究》,第1辑,商务印书馆2003年版,第1—31页。对于这一治理模式的思想背景的详尽分析,参见秦晖:《吏治改革:历史与文化的反思》,载赵汀阳主编:《论证》,第3辑,广西师范大学出版社2003年版,第312—359页。值得指出的是,秦晖罗列的证据都是汉唐时期的数据,这对其论点的说服力产生了非常不利的后果。

忧解难和解决纠纷的作用。[105]

建基在农业经济上的中华帝国,它的政治制度的宗旨只有一条:集权。实现"集权"的措施有二:皇帝集权和中央集权。皇帝集权以中央集权为条件,中央集权以控制地方政府的权力为基础,两者互为因果。为实现皇帝集权,必须分散中央政府的事权,并使各个部门之间形成相互制衡的格局。为控制地方政府的权力,避免造成"尾大不掉"、地方威胁中央的态势,必须精简机构,减少官员人数。导致州县衙门"一人政府"[106]的这种制度设计的根本缘由,不出于此。当然,如欲实现这一政治构想,尚有一条政治原理——"忠君、爱民"必须严格遵循。法家(儒家亦然)特别强调前者,这是因为,皇帝乃是孤家寡人,独居深宫,故而"思虑不到、耳目不及"的情形在所难免,这就要靠各级官僚的忠诚。与此不同,在承认皇权专制的前提下,儒家非常强调爱民,这是因为,他们或多或少已经看出"绝对的权力必然导致绝对的腐败"(阿克顿语)这

---

[105] 关于传统中国士绅群体的讨论非常之多,我阅读过的专著就有:费孝通、吴晗等:《皇权与绅权》,天津人民出版社1988年版;贺跃夫:《晚清士绅与近代社会变迁——兼与日本士族比较》,广东人民出版社1994年版;王先明:《近代绅士——一个封建阶层的历史命运》,天津人民出版社1997年版;张仲礼:《中国绅士——关于其在19世纪中国社会中作用的一项探索》,上海社会科学出版社2001年版;瞿同祖:《清代地方政府》,第282—330页;徐茂明:《江南士绅与江南社会(1368—1911)》,商务印书馆2004年版;顾鸣塘:《〈儒林外史〉与江南士绅生活》,商务印书馆2005年版;费孝通:《中国绅士》,中国社会科学出版社2006年版;李世众:《晚清士绅与地方政治——以温州为中心的考察》,上海人民出版社2006年版;徐林:《明代中晚期江南士人社会交往研究》,上海古籍出版社2006年版。单篇论文更多,这里仅举代表性的作品:〔日〕寺田隆信:《关于"乡绅"》,载《明清史国际学术讨论会论文集》,天津人民出版社1982年版,第112—125页;〔日〕重田德:《乡绅支配的成立与结构》,载刘俊文主编:《日本学者研究中国史论著选译》,第2卷·专论,中华书局1993年版,第199—247页;〔日〕檀上宽:《明清乡绅论》,同上书,第453—483页;巴根:《明清士绅研究综述》,载《清史研究》,1996年第3期;〔美〕周锡瑞、兰京:《中国地方精英与支配模式导论》,载邓正来主编:《中国社会科学季刊》,夏季卷,1998年5月(总第23期),第148—160页;徐茂明:《明清以来乡绅、绅士与士绅诸概念辨析》,载《苏州大学学报》,2003年第1期。

[106] 借用瞿同祖的概括,参见瞿同祖:《清代地方政府》,第28页。

一政治铁律的深刻意味;德治和爱民,其实可以视作儒家试图通过"道德权力"——专制皇权不但依赖实力,也依靠道德——实现制约政治权力之目的。然而,这是一种非常软弱的约束,每每难以奏效。无疑,德治与爱民,也是帝国官僚必须遵守的道德信条。事实上,历朝历代的循吏清官,大致也是如此行事的。

另有一个政治技术守则:能、勤与清、慎。法家非常重视官僚的"能与勤"的能力和品质。[107] 这是因为,偌大帝国如要得到有效的治理,没有行政才干和管理能力,而仅仅依托道德,那是断断不能奏效的。儒家基于"爱民"的信仰,特别强调官僚的"清与慎"的道德品格。因为他们确信,光有政治能力而没有道德素养,也是难以治理国家的。孟子所谓"徒善不足以为政,徒法不能以自行",[108]说的就是这个道理。汉武帝首倡、历朝历代秉承的"儒法合流"的治理模式,基本上反映了帝制中国的政治哲学和吏治原理。在政治实践中,法吏注重实效,雷厉风行,甚至颇有不畏权贵的精神,因而法家思想更受帝皇的高度重视;由于儒吏往往华而不实,中看不中用,所以儒家思想仅被当作吏治的一种堂皇缘饰,一种政治实践的修辞话语。[109] 当然,这种修辞并非真的毫无意义。就司法实践而言,儒家的"爱民"情结,无论如何也是民众采取"把事情闹大"的道德基础和制度基础;因为,如若民众没有对于官府"爱民"的信仰,他们大可不必把纠纷闹到衙门要求公断。

必须指出的是,这种"粗枝大叶"的治理模式,也与农业产出有限,

---

[107] 当然,也不排斥道德的作用。参见《睡虎地秦墓竹简》,文物出版社 1978 年版,第 281—283 页。

[108] 《孟子·离娄上》。

[109] 汉儒"以经术润饰吏事"或"缘饰以儒术"的实践,与"经义决狱"大有关系。参见余英时:《反智论与中国政治传统》,载《中国思想传统的现代诠释》,江苏人民出版社 1989 年版,第 91—104 页。

以及随之而来的税收瓶颈的制约有关。这就是说,帝制中国的"正项赋税"出自农业,无论古今,农业经济的产出能力始终有限;并且,本着"薄赋轻徭"的道德理念,那么"正项赋税"自然不能征收过多,否则就是苛政。在制度意义上,中华帝国的财政收入显然无法承受庞大的官僚机构的行政经费,也无法支付人数繁多的官僚的薪水,明清时期的行政经费短缺和官员低薪,与此深有关系。[110] 据此,采取"精兵简政"或"粗枝大叶"的组织原则,也是理所当然的事情。在司法领域,地方政府尽量把民事纠纷留待民间自行解决,甚至拒收案件,也同样是可以理解的事情。原因在于,州县官府审理民事纠纷和刑事案件,还有费用必须承担。据说,一个案件经过各级衙门相继审理之后,所有的花费可能达到50两银子之多。[111] 无疑,这是一笔不小的费用。不过,也有更加昂贵的例证,比如《清史稿》卷381《姚文田传》就说:

> 即如办一徒罪之犯,自初详至结案,约需百数十金。案愈巨则费愈多。递解人犯,运送粮饷,事事皆需费用。若不取之于民,谨厚者奉身而退,贪婪者非向词讼生发不可,吏治更不可问。

所谓"每办一案,招解有费,押送有费"[112] 的描述表明,对一直深受经费困扰的州县衙门来说,与其接受诉讼,不如留待民间社会自己解决。有时,对官僚来讲,担忧费用压力远远胜于处理案件或者实现正义。[113] 当

---

[110] 参见瞿同祖:《清代地方政府》,第 40—57 页;〔美〕曾小萍:《州县官的银两——16 世纪中国的合理化财政改革》,黄建中译,中国人民大学出版社 2005 年版。
[111] (清)丁日昌:《抚吴公牍》,转引自〔美〕欧中坦:《千方百计上京城:清朝的京控》,载高道蕴等编:《美国学者论中国法律传统》,中国政法大学出版社 1994 年版,第 479 页。
[112] (清)郭嵩焘:《御史潘斯濂所陈两条始终办理情形片》,载《郭嵩焘奏稿》,岳麓书社 1983 年版,第 248 页。
[113] 欧中坦:《千方百计上京城:清朝的京控》,载高道蕴等编:《美国学者论中国法律传统》,第 479 页。

然,这与传统中国不收诉讼费用的制度安排有关。[114]

但是,我们必须谨记在心,这仅仅是一种"理想形态"的权力结构和治理模式。对直接面对百姓大众的州县衙门来说,这个"一人政府"显然不能胜任愉快,因为需要处理的事务实在太过繁剧。举凡司法、税收、户口、邮驿、教育、治安、公共事业、祭祀典礼,以及其他难以枚举的杂务,光靠一个州县长官,三四五个数量不等的额设(国家编制)吏员——那种"领持大概者,官也;办集一切者,吏也"[115]的治理模式,显然不足任事。这样一来,名目繁多、人数庞大(多至数千)的胥吏、衙役,就被用来参与具体的管理事务。[116] 由于胥吏和衙役来源复杂,品流不一,尽管一时充实了帝国衙门的人手,强化了帝国衙门的治理;然而也带来了吏治上的极大困难。谚语"任你官清似水,难逃吏滑如油"[117]的尴尬局面,也就难以避免;其结果是,治理胥吏、衙役本身也成为了帝国官僚处心积虑、寝食不安的有待解决的问题。可想而知,原本那种"精兵简政"的理想政府体制,终于被纷繁复杂的治理现实(乡土社会与衙门内部)淹没了。这是帝制时代的平民百姓必须面对的政治

---

[114] 虽然传统中国没有法定的诉讼费用,可是,在司法实践中,衙门承差费用有时也要两造负担。对此,各地的具体做法并不相同。另外,诉讼费用征收与否,也会影响小民百姓的诉讼行动。有关记载,参见(清)王有光:《吴下谚联》,卷4《图准不图审》。有趣的是,王有光所记涉及诉讼费用对诉讼率之高低的影响,值得全文抄录:"素史氏曰:余家青浦、嘉定接壤。尝入青县,邑尊悬示通属词讼事件,岁以百计。嘉邑悬示者,岁以千计。何繁简相悬至此?大凡词讼俗名官私。官者,情理之曲直;私者,经占之使费也。青邑原被两造给,事可从缓。嘉邑经差止归被告一面,即倾家而不顾。青民一时之愤,缓则渐销,或经居间劝处,遂不至于成讼。嘉邑呈状者争先而进,亲友解纷不及,亦不便于解纷,恐后控者之为被告也。是必装点情词,以图一准,已足泄愤,后来质审之虚实,不及计矣。此嘉邑事件之所由多也。"

[115] (清)王恽:《秋涧集》,卷46《吏解》。

[116] 参见瞿同祖:《清代地方政府》,第3章"书吏"和第4章"衙役",第65—123页。对胥吏和衙役的总体研究,参见赵世瑜:《吏与中国传统社会》,浙江人民出版社1994年版;也见Bradly W. Reed, *Talons and Teeth: County Clerks and Runners in the Qing Dynasty*, Stanford University Press, 2000。

[117] 冯梦龙:《醒世恒言》,卷20。

现实,他们的诉讼心态和诉讼策略,与这样一种"理想与现实"悖谬困境息息相关。换句话说,小民百姓到底"诉"还是"忍"? 也就成了一个问题。既然衙门不愿或不能处理小事,是否"把事情闹大"也就成了百姓诉讼行动的策略。顺便一提,无论出于何种原因——基于道德、经济、人手,乃至司法官员的好逸恶劳,只要存在拒斥民众诉讼的事情,民众就会采取不同的诉讼策略。

其次,压制社会的组织网络与道德教化。秦汉以降,中华帝国即有"幅员辽阔、交通困难"的地理特征,以及"千里不同风,百里不同俗"的社会风貌。这一空间结构,乃是任何制度建设都必须给予认真考虑的一个内生变量,因而,也是任何统治当局都不能回避的一个根本问题。秦王嬴政统一中国以后,推行"车同轨,书同文"[118]的政策,对于强化中央集权统治来说,不仅具有象征性的文化意义,而且具有根本性的政治作用。

然而,如何实现对郡县底下留出的社会空间进行有效的控制?这是一个难题。秦汉时期基层社会的组织结构基本上是:乡、亭、里。具体是指:

> 大率十里一亭,亭有亭长。十亭一乡,乡有三老、有秩、啬夫、游徼。三老掌教化,啬夫职听讼、收赋税,游徼徼循、禁贼盗。[119]

一县四乡,一里二十五家,里也是户籍编制的基础。[120] 这些组织具有

---

[118] (汉)司马迁:《史记·秦始皇本纪》。这种"车同轨,书同文"的设想和实践,对于秦代实现巨型帝国的政治统治起了极大的作用;但另一方面,秦朝的崩溃,又与信息不畅有关。参见冯树勋:《决策讯息流与秦帝国衰亡的关系》,载《人文中国》,第12期,上海古籍出版社2006年版,第297—331页。

[119] 《汉书·百官公卿表》。

[120] 具体讨论,参见严耕望:《中国地方行政制度史:秦汉地方行政制度》(甲部),(中国台湾)"中央研究院"历史语言研究所,1997年第4期,第245—251页。

"半官半民"的性质,从而有助于国家权力深入到基层社会。如果配合"什伍编制"的管理办法,帝国权力对"编户齐民"的控制,可谓非常严密。这一"伺察＋连坐"的制度,无疑是一张"群众监督"之网。[121] 这是法家路线的反映,那种声称民间自治的说法,恐怕与这一情形邈不相涉。尽管随着"唐宋转型"的出现,[122]尤其是明清以后,社会基层组织(譬如保甲、里甲、里老、乡约之类)有了很大的变化;特别是社会权力的上升,比如士绅阶层的兴起,他们日益成为官民交涉的桥梁;再如,宗族组织的出现和繁荣,以及各种各样的行帮组织、民间会社,雨后春笋般地蓬勃发展起来,这些都是官民之间的中间结构;与此同时,人们的社会生活空间,也有明显的拓展。但是,秦汉时代奠定的乡里社会的组织结构和控制原理,却基本上被继承了下来,而且,对强化社会基层控制的意图和努力,明清皇朝始终没有放松。至于实际上是否真正起到了统治者预期的效果,则是另外一个问题。

"乡土中国"已被诸多学者描绘成为雍睦和谐的农民日常生活的空间场域,对乡民个人来说,首先是充满亲情的家族;接着是和和美美的左邻右舍,皆以叔伯兄弟相称;真是温情浓郁。由此,我们就看到了一幅如画的景致:

> 在错落有致的场屋空地上,一群孩童嬉戏玩耍,三五老者豆棚闲话;鸡鸭牛羊三三两两,自在觅食,散漫鸣叫;尚有蓝天白云,青山绿水,或者晚霞残阳,袅袅炊烟,啾啾宿鸟,牧童短笛,随风飘荡。

---

[121] 这一组织结构,不仅省俭,而且有效。参见张维迎、邓峰:《信息、激励与连带责任——对中国古代连坐、保甲制度的法和经济学解释》,载《信息、信任与法律》,三联书店2003年版,第178—251页。

[122] 关于"唐宋转型"问题的讨论很多,详尽概括可以参见张广达:《内藤湖南的唐宋变革说及其影响》,载《唐研究》,第11卷,北京大学出版社2005年版,第5—71页。

恰如一幅洋溢着宁谧和美的田园风光！[123]

明清时期，民间尚要定期宣讲圣谕，进行人伦道德教化，不外乎是变着法子要求人们：父慈子孝、兄友弟恭、夫唱妇随、和睦乡里、农桑为本、男耕女织、忍愤息讼、不犯刑宪、共享太平，全都成为家族的孝子顺孙、义夫节妇、国家的忠臣顺民。[124] 无论家规族法、乡规民约抑或皇帝的圣谕诰谟、国家的律令典章、衙门的告示训令，虽然内容各有不同，但精神却完全一致，均以道德教化为宗旨。真是一轴弥漫着人伦亲情的风俗画卷！这里，没有一丝帝国权力的影子——这是"天高皇帝远"所致，乡民过着悠悠自在的日子。

美妙是美妙，然而，一如电影《山杠爷的悲剧》描绘的那样，在乡土

---

[123] 这是笔者着意描绘的一幅田园图景。但是，这种田园生活虽然美妙，其实非常脆弱，因为"桃花源"毕竟属于虚拟，一旦与国家权力（衙门的各色人等）接触，美妙瞬息之间就被打破。我读《儒林外史》第一回，就有这种感觉。事实上，清代《圣谕广训集解》的作者描绘就是这样一幅社会图像："讼端尽息，官清民闲，熙熙嗥嗥，岂不成太平之世哉？"参见周振鹤撰集、顾美华点校：《圣谕广训集解与研究》，第27页。

[124] 从纠纷与息讼的角度来讲，随着儒家正统地位的确立，那些秉承儒家思想的帝国官僚一直试图用上述办法来消解争讼与维护"和谐"的社会秩序。例如，汉代基层社会的三老，就是从事教化的专门人员，而循吏更是身体力行，积极推行教化（移风易俗）和息讼活动；明代的乡约和里老，也有非常重要的教化作用和纠纷解决功能；清代虽有变化，但基本上也是延续这一思路，诸如宣讲"圣谕"、发挥宗族、乡里、会社之类的社会组织的纠纷解决功能。相关研究，参见周振鹤：《圣谕、〈圣谕广训〉及其相关的文化现象》，王尔敏：《清廷〈圣谕广训〉之颁布及民间之宣讲拾遗》，载《圣谕广训集解与研究》，第581—649页；完颜绍元：《千秋教化》，福建人民出版社2004年版；余英时：《汉代循吏与文化传播》，载《士与中国文化》，上海人民出版社1987年版，第129—216页；瞿同祖：《中国法律与中国社会》，中华书局1981年版；赵秀玲：《中国乡里制度》；王兰荫：《明代之乡约与民众教育》，载吴智和主编：《明史研究论丛》，第2辑，（中国台湾）大立出版社1984年版，第275—299页；韩秀桃：《〈教民榜文〉所见明初基层里老人理讼制度》，载《法学研究》，2000年第3期；常建华：《乡约的推行与明朝对基层社会的治理》，载朱诚如、王天有主编：《明清论丛》，第4卷，紫禁城出版社2003年版，第1—36页；[日]中岛乐章：《明代后期徽州乡村社会的纠纷处理》，载《日本学者考证中国法制史重要成果选译·明清卷》，中国社会科学出版社2003年版，第40—84页。

社会中,除了温情关爱,其实也有难以忍受与无法诉说的压抑和羞辱。在层层叠叠的社会组织网络中,从己身起,房户、家族、宗族、保甲、乡约,一圈一圈展开,己身(个人)只是这一社会组织网络中的一个纽结而已,几乎没有礼法上的独立空间。[125] 用来编织这一组织网络的纵横交错的绳索,便是上述名目繁多的纲常礼教和习俗。它们强调的宗旨只有一个,即是"无我";贯穿的精神唯有一条,亦即"无违"。从积极方面来说,是"孝";由消极方面来看,是"忍"。一个"忍"字,道尽传统中国社会的压制性格。鲁迅先生《狂人日记》发出"礼教吃人"的呐喊,就是对"忍"的彻底批判,也是对这一社会组织网络和道德教化的批判。正是在这种社会组织网络和道德教化的双重压制下,诉讼或伸冤无疑具有冲破种种秩序压制的特性。为使诉讼或伸冤奏效,必须赋予它力量,而"把事情闹大"无疑是一种可行的办法。

现在,我们再来考察一下民众的诉讼心态与行动策略。

据我看来,把事情闹大,既是一种诉讼心态,又是一种行动策略。这种诉讼心态的基本意涵,就像俗话"会哭的孩子有奶吃"表达那样。其一,民众确信,假定默不作声,官府就无法得知(听到)自己的冤抑;而

---

[125] 黄克武教授指出:一方面,在礼法约束下,帝制中国晚期的私人空间受到禁锢,因而非常狭隘;但另一方面,却在"民不举,官不究"的共识中出现了带状的"自由"地带。参见黄克武:《"民不举,官不究":从乾隆年间的一则刑案探测帝制晚期私人生活的空间》,载《近代中国的城市与乡村》,社会科学文献出版社 2006 年版,第 419—427 页。补充两点:其一,从私人公共空间来说,所谓"官从政法,民从私约"意味着除了礼法的外在约束,乡土社会基本上依靠"私约"来维持,这是"天高皇帝远"另一层含义。就此而言,如果我们意欲理解传统中国的秩序原理,必须把握"政法与私约"的双重结构。其二,就私人个体空间来讲,帝制时期的民众很少具有个人自身的生活(私隐)空间,这不仅与礼法的外在约束有关,而且与他们的生活空间(邻里组织)和物质(居住)条件相关。相关讨论,参见阎云翔:《从南北炕到"单元房"》,载黄宗智主编:《中国乡村研究》,第 1 辑,商务印书馆 2003 年版,第 172—185 页;阎云翔:《私人生活的变革:一个中国村庄里的爱情、家庭与亲密关系(1949—1999)》,上海书店出版社 2006 年版,第 129—155 页。

且，如果声音不够洪亮，同样难以引起官府的重视。有趣的是，诸如"喊冤"、"鸣冤"以及"击鼓鸣冤"这些术语，所要强调的都是"声音"对于传达冤情的重要意义。[126] 其二，他们深知，州县衙门这个"一人政府"不仅庶务繁忙，而且办案经费非常有限——这与帝国衙门的司法资源匮乏有关，无法处理那些琐碎细小的纠纷，故而，必须"把事情闹大"才能引起官府的注意，迅速做出处理。其三，一旦基层社会不能伸张他们的冤抑，就把希望寄托在衙门身上，因为他们相信衙门是一个"讲理"的地方，也是一个可以讨回"公道"的地方；即便当地衙门不成，总有这样的地方，上告越诉、叩阍直诉就是这种信念的体现，最后的希望则是仁慈的皇帝。其四，所谓架词设讼、谎状、诉冤，其实与"把事情闹大"也有内在的关联，前者是指把原本琐碎细事说成大事，他们的动机和目的皆是为了耸动官府；这是乡野百姓告状诉讼的行动策略。其五，这种"把事情闹大"的诉讼心态和行动策略，尚有一个目的，就是给基层社会施加压力；上告越诉、叩阍直诉，乃是给没有做出公平处理（是否公平要看两造的理解和感觉）的地方官僚施加压力，这种压力来自上级衙门的介入和干预。就此而言，我们甚至可以说，诉讼本身也是一种纠纷解决的策略性的选择；这是因为，原告提起诉讼具有给被告施加压力的作用——也就是说，如若被告不能妥善处理业已发生的纠纷，或者不愿接受原告

---

[126] 稍稍发挥一下。在传统中国，"听"和"声音"与政治运作的关系非常有趣。比如，圣人的"圣"，即有"耳聪"的意思。许慎《说文解字·耳部》释作："圣，通也，从耳，呈声。"而《诗经·大雅·皇矣》则有"天视自我民视，天听自我民听"的说法。此类言论很多，参见《郭沫若全集·历史编·第1卷》，人民出版社1982年版，第333—345页。落实到司法上来，则有《周礼·秋官·小司寇》所谓："以五声听狱讼，求民情。"（引据《十三经注疏·附校勘记》（上册），中华书局1980年版，第873页）由此可见，"听"与司法审判之间的关联何等密切。必须指出的是，通过"听狱讼"来"求民情"，虽然不是广义上的"民情"，而仅仅是特指作审案两造的情况，但是"民情"或"案情"的作用，却受到了司法官员的高度重视。进一步说，就"民情"的司法作用而言，俗谚"走得官场，过得乡场"，也意味着对"民情"的重视，而这些都要靠"听"来达到。据此，如何让司法官员"听"到民众的"冤情"，乃是两造必须认真对待的事情。

提出纠纷解决的条件,那就公堂相见。事实上,许多案件之所以中途撤诉,多少与两造迫于诉讼可能带来的压力有关。其六,受到俗话"大闹大好处,小闹小好处,不闹无好处"这种普遍的社会心理的影响。原因在于,人们总是相信,如果没有冤抑,如果冤抑已经得到抒发或者伸张,诉讼两造何苦经县越州,风餐露宿、不辞辛劳,甚至不惜倾家荡产,不断上告上访?当然,结果未必能够如愿以偿,这是因为,帝国官僚每每把它视为刁民缠讼、嚣讼,不仅不予理睬,而且还要给以惩罚。其七,由于地方衙门未能及时地、公平地解决词讼案件,以致事态发展,终于酿成大案。产生这种结果的原因可能有二:一是,诉讼两造根本没有求助官府的意思,只是通过"私斗"来解决冲突;二是,有意制造更大的争端,迫使官府介入,达到告状之目的。

在"把事情闹大"的诉讼心理支持下,小民百姓可能采取以下诉讼策略。[127]

---

[127] 这里,我们仅仅讨论明清时期常见的几种告状方法或诉讼策略,其他诸如利用妇女、老人、小孩或讼师等进行诉讼的情形,为了避免文章篇幅过大,暂时从略。顺便指出,其一,在明清时期的法律和各种"状式条款"中,之所以特别禁止妇女、老人和小孩作"状头"来提起诉讼,是因为在礼法上对于这些群体的违法犯罪一般都予优遇,可以减免刑罚;在司法实践中司法官员每每也网开一面,不忍施加刑罚,所以他们极易成为诉讼当事人的挡箭牌——规避由于缠讼或健讼可能导致的不利后果。其二,除了这里提到以及本文将要讨论的诉讼策略,尚有民众雇请讼师来进行诉讼,则是因为讼师拥有相当专业的法律知识和诉讼技巧,可以提高自己与官府抗衡的技术力量,从而达到胜诉之目的。与此相反,对衙门来说,讼师不但具有利用诉讼牟利的企图,而且也有教唆诉讼的可能;更为重要的是,讼师往往凭借自己掌握的法律知识与诉讼技巧与官府作对,从而给司法审判带来困难。其三,所谓"图准不图审"或"舍着告状"这种惯用的诉讼策略,颇有"恶人先告状"的意味。参见王有光:《吴下谚联》,卷4《图准不图审》;袁兆春:《乾隆年间孔府清厘邹县尼山祭学两田地亩争控案选编》,载韩延龙主编:《法律史论集》,第4卷,法律出版社2002年版,第501页。其四,鉴于"法不责众"心理的影响,民众在提起诉讼时,也会采取"聚众"的方式以壮声势,也可避免司法官员的惩罚。其五,由于帝国官员一贯秉承道德主义的诉讼态度,为了使诉讼能够被官府受理,状词也会使用"道德"性的修辞话语。具体讨论,参见徐忠明:《小事闹大与大事化小:解读一份清代民事调解的法庭记录》,载《法制与社会发展》,2004年第6期,第11—15页。

第一，谎状。谚语"无谎不成状"，[128]是对歪曲或虚构事实提起诉讼的生动刻画。所谓"谎状"，是指小事说成大事，甚至凭空而讼。对此，汪辉祖有一具体的解释：

> 每有控近事而先述旧事，引他事以曲证此事者，其实意有专属，而讼师率以牵摭为技，万一宾主不分，势且纠缠无已。又有初词止控一事，而续呈渐生枝节，或至反宾为主者，不知所以剪裁，则房差从而滋扰。故省事之法，第一在批示明白。[129]

从传统中国法律来看，"谎状"应该包括"告状不实"或"诬告"的意思。说到诬告，自从商鞅变法伊始，已经实施"反坐"的原则。自从《唐律疏议》以来，告状必须"明注年月，指陈实事，不得称疑"[130]已为通例；而"如虚坐诬"或"如虚重惩"，也是明清时期状词末尾的惯常用语，意在表示告状属实，如有"不实"或"诬告"的话，甘愿领受处罚。到了清代，设置代书、规范词状格式、禁止具有补充案情性质的"投词"、限制词状字

---

[128] 汪辉祖：《续佐治药言·核词须认本意》。顺便一提，传统戏曲《四进士》对于"谎状"也有一段生动有趣的描写。原告杨素贞的丈夫被嫂子田氏等人谋杀，告状路上遇见了微服私访的河南巡按御使毛朋，遂请毛朋代写状词；而毛朋却虚构了杨素贞七岁的儿子保童也被田氏谋杀的情节，并解释说："这叫牛吃房上草，风吹仟斤石，状子人公门，无赖不成词。"也就是说，虚构"牛吃房上草，风吹仟斤石"这种在日常生活中绝无可能的情节，仅仅是为了"耸动"司法官员而添加的"一派赖词"。参见刘烈茂、苏寰中、郭精锐主编：《车王府曲本菁华·明清卷》，中山大学出版社1992年版，第259、267—268页。值得指出的是，身为巡按御使的毛朋，为了"耸动"司法官员，在代写状词时居然也不惜"虚构"杀人情节。虽然这仅仅是戏曲故事，但这种描写本身或多或少地反映了明清时期司法实践中的某种真情实况。

[129] 汪辉祖：《续佐治药言·核词须认本意》。

[130] 刘俊文点校：《唐律疏议》，"斗讼·告人罪须明注年月"，法律出版社1999年版，第478—479页。

数,都是为了杜绝"谎状"。[131] 可是,"谎状"依然屡禁不止,乃至泛滥成灾,原因不外乎是衙门漠视些小事情;而小民百姓为了耸动官府,引起重视,只得使用"谎状"的手段。出人意外的是,某些"市饮争詈"的微末细故,原告竟用"跳杀救命"的措辞来捏词越控,[132]以此迫使衙门受理诉讼。[133] 在这种情况下,如若司法官员不能正视纠纷,不把纠纷当作正常乃至合理的社会现象,予以积极应对,那么"谎状"也就难以避免。与此相反的是,如果司法官员知道告状难免架词设讼,甚至难免虚构诬告,往往予以驳回,拒绝受理。这样一来,就会出现案件在"官民"之间"推来推去"而无法及时得到解决的局面,从而导致纠纷不断升级。从现代法律观点来看,一如上文所述,纠纷对于社会秩序的发展和改进颇有积极作用,完全可能成为制度变迁的一种动力和契机。这是因为,纠纷本身具有暴露现行制度的缺陷的功能。但是,在中国古人眼里,纠纷对于社会秩序乃至天道秩序只有破坏的作用,没有什么积极的意义。在这

---

[131] 参见(清)黄六鸿:《福惠全书》,卷11"词讼"。顺便指出,从档案研究方法的角度来看,对"谎状"的解读,必须特别留心其中"虚构"的事实,由此揭示原被两造为何"虚构"事实,以及"虚构"什么事实。通过这一途径,发现"虚构"事实与案件真相之间的张力。对于这一问题的方法论的反思,参见〔美〕娜塔莉·泽蒙·戴维斯(Natalie Zemon Davis):《档案中的虚构——十六世纪法国司法档案中的赦罪故事及故事的叙述者》,杨逸鸿译,(中国台湾)麦田出版社2001年版;徐忠明:《虚构与真实:明清时期司法档案的修辞策略——以〈天启崇祯年间潘氏不平鸣稿〉为中心的考察》,载《案例、故事与明清时期的司法文化》,法律出版社2006年版,第3—21页。事实上,所谓"诉冤"的话语表达,有时就是这种诉状的修辞策略——虚构冤情,它与案件(纠纷事实)没有什么关系。引申一下,在学者断定中国古人没有"权利"意识时,他们的依据是,在诉状中唯有"伸冤"——只有对"冤情"的诉说,而没有对"权利"的主张。其实,我们完全可以转换思考问题方向,"诉冤"乃是为了迎合帝国衙门的道德取向;而实现"权利"才是小民百姓诉讼的真正目的。这里,也有"表达与实践"相互背离的矛盾需要我们特别予以措意。

[132] 参见(明)颜俊彦:《盟水斋存牍》,中国政法大学出版社2002年版,第405—406页。

[133] 清代官员也说:对于民间讼诉,如果"督抚司道诸公欲不准理,无奈满纸冤情,令人可悲可涕,又系极大之题,非关军国钱粮即系身家性命,安有不为所动者。及至准批下属,所告之状,与所争之事,绝不相蒙。"参见(清)贺长龄辑:《皇朝经世文编》,卷94"刑政四·治狱下",中华书局1992年版,第2310—2311页。

种情况下，帝国衙门就会采取压抑告状的态度；而民众为了达到诉讼的目的，就会采取针锋相对的手段来耸动官府——"谎状"就是办法之一。

第二，缠讼。在司法档案判牍和公案文学作品中，我们可以读到一些累月经年，换过数任承审官僚，经过各级不同衙门，乃至进京告状的案件和故事。有时，这些纠纷的起因确实只是一些琐碎的事情，然而原被两造却不惜身家性命，不断缠讼，很有不达目的誓不罢休的气概，恐怕并非事出无因。[134] 萧公权曾说：虽然中国乡村的农民以性好"和平"而著称，可是一旦基本利益发生危机，或者人身受辱、家族声望受损，个人情绪将被激发起来，他们仍然会为任何一种想象得到的事情进行争执和斗争。[135] 为了争得财产、出口恶气、挽回面子与保住声望，[136] "缠讼"即是一种基本手段。有时，缠讼还变成了一种"图赖"的方法，与正常的财产纠纷、出气争气和挽回面子不同，只是无理取闹而已。在人命案件中，缠讼显得非常突出，原因与"人命关乎天"或者"人命大如天"的思想有关；也就是说，人命案件的冤抑最为深重，也最为强烈，故而，此屈不伸，此冤不报，难以吐气、不得扬眉。事实上，缠讼基本上属于贫弱阶层的诉讼心态和行动策略。这是因为，他们手中没有任何社会资源可资利用，与衙门也无任何关节可通，所以，唯有"缠"或

---

[134] 在《十九世纪的北部台湾》中，艾马克着重分析过的若干案件颇能说明缠讼问题。"编号22202案：抗租"，缠讼26年，第86页；"编号22609案：争财"，缠讼11年，第147页；"编号22403：租赁——案由是笔者所加"，缠讼17年，第191页。更可注意的是，清代嘉庆二十二年发生了一起因索找屋价不遂而引起的命案。此案历时17年，先后控告多达178次。参见《大清宣宗成（道光）皇帝实录》道光十四年的记录，（中国台湾）华文书局1970年版，第4501—4502页。这类缠讼案件的例证很多，这里不便枚举。

[135]《萧公权卷》，第858页。

[136] 毋庸置疑的是，出口恶气和讨回面子，对中国古人来说实在是太重要了，以致倾家荡产也在所不惜。关于面子的讨论，参见翟学伟：《人情、面子与权力的再生产》，北京大学出版社2005年版；黄光国、胡先缙等：《中国人的权力游戏》，中国人民大学出版社2004年版；黄光国：《儒家关系主义》，北京大学出版社2006年版；张守东：《鬼神与脸面之间》，载《清华法学》，第1卷第1期，清华大学出版社2002年版。

"闹"一途。[137] 据此,考察缠讼,乃是理解传统中国小民百姓诉讼意识的重要进路。有人可能会问:为了些小事情而缠讼,案件怎么能被衙门受理呢?事实上,也许"讼由"确实微小,无足轻重;然而,缠讼的特殊意义在于"缠讼"行为本身,而非作为"讼由"的纠纷事实。也就是说,缠讼具有放大"讼由"的功能——越级控诉,不仅可能扰乱地方衙门的正常工作,使州县官员感到不胜其烦,而且能使原本只是地方性的纠纷事件获得"超"地方性的效果而引人瞩目,从而给地方衙门造成一种来自外部的压力;京控直诉,更能起到给整个帝国司法机构施加压力的功效;再者,一旦案件"引起"皇帝的垂顾和追究,有关官僚的前程将会受到影响,不仅可能乌纱不保,并且还会引起性命堪忧的严重后果。晚清轰动一时的"杨乃武与小白菜"案件,即是很可说明问题的例证,此案虽然属于刑事案件的范畴,但道理完全可以相通。[138] 在这个意义上,缠讼也是"把事情闹大"的一种形式。另一方面,对于缠讼行为来讲,司法官员每每仅给予缠讼者杖责的处罚,除非造成其他严重的后果,方才引发相应的刑罚问题。[139] 而就杖责来讲,这种处罚并不严重,也正因为如此,决意缠讼者大多甘愿冒险,大不了杖责而已。

---

[137] 即使今天,上访也是社会上的弱势群体采取的斗争策略。其实,上访也有"缠"的意味。只是,在学理上,现在的上访属于行政范畴,而非司法领域,对民众来说,两者之间的界线没有如此严格。关于现代中国上访过程中的"缠"的讨论,参见应星:《大河移民上访的故事》,三联书店2001年版,第69—72页。

[138] 相关研究,参见 Alford, William P, "Of Arsenic and Old Laws: Looking Anew at Criminal Justice in Late Imperial China," *California Law Review*, Vol. 72(1984);王策来编著:《杨乃武与小白菜案——真情披露》,中国检察出版社2002年版;郑定、杨昂:《不可能的任务:晚清冤狱之渊薮——以杨乃武小白菜初审官刘锡彤为中心的分析》,载《法学家》,2005年第2期;徐忠明、杜金:《杨乃武冤案平反的背后:经济、文化、社会资本的考察》,载《法商研究》,2006年第3期;陆永棣:《1877:帝国司法的回光返照——晚清冤狱中的杨乃武案》,法律出版社2006年版。

[139] 可资比较的相关数据,参见颜俊彦《盟水斋存牍》谳略三卷与清代祝庆祺等编《刑案汇览三编》(北京古籍出版社2004年版,第1690—1806页)第46—49卷所收案件,也就可见一斑。

第三,自杀。法国作家阿贝尔·加缪曾经指出:

> 只有一个哲学问题是真正严肃的,那就是自杀问题。[140]

谁拥有支配生命的最高权力?[141] 确实是一个根本性的哲学问题。莎士比亚的《哈姆雷特》也有"生存还是死亡?这是问题所在"的深刻追问。重生,或许是传统中国哲学思想和宗教信仰的根本特征;俗话"好死不如赖活"似乎也反映了中国民众对生命的基本态度。当然,这话多少有点忽略生命的精神价值,而仅仅关注肉体生存的缺陷,在许多社会里,自杀都是重要的宗教、文化、社会和法律问题。传统中国法律没有禁止"自杀"的规定,然而,它有对于"威逼致人自杀"[142]的惩罚。由于"人命关天"是中国民间的民众的普遍信仰,也因为"杀人者死"是法律的自然正义的基本原则,传统中国法律亦然;故而,自杀或者利用尸体夸大纠纷的争点,或者进行令人难堪的图赖,也就成为弱者的诉讼武器。

在《醒世姻缘传》里,作者写了这么一个故事:浪荡子姚大舍先娶计氏为妻,又纳妓女珍哥为妾;大舍宠爱珍哥,冷落计氏,致使妻妾不和。

---

[140] 〔法〕乔治·米诺瓦:《自杀的历史》,林佑等译,经济日报出版社2003年版,第3页。

[141] 从宗教角度看,自杀既是对赋予我们生命的上帝的侮辱,也是对上帝恩赐的拒绝。参见〔法〕米诺瓦:《自杀的历史》,引论,第4页。欧洲中世纪,刽子手属于贱民,不受法律保护;但是,由于刽子手杀人不受处罚,这被认为是至高无上的特权,故而他们深受人们的崇敬。具体的讨论,参见〔德〕布鲁诺·赖德尔:《死刑的文化史》,郭二民编译,三联书店1992年版,第146—157页。

[142] 参见《大明律》,卷19"威逼人致死",第157页;《大清律例》,卷36"威逼人致死",第438—439页。有关研究,参见庄以馨:《清代"威逼人致死"律例发展及其法律论述——以〈刑案汇览〉案件为中心》,见http://ultra.ihp.sinica.edu.tw/~AdjTP/ZhuanOn-ThreateningCases.pdf,2006年10月1日访问。

一天,珍哥诬赖计氏与和尚、道士通奸,导致两人发生激烈的冲突,以致大舍要休计氏。当然,计氏不肯善罢甘休,"算计要把珍哥剁成肉酱,再与姚大舍对了性命。"但是觉得自己身小力怯,万一失手,落入他人之手,必定苦不堪言;然而担个私养和尚、道士的污名,岂能消受?因此,决定自杀。[143] 后来,计氏的父兄抱冤告状,案件结果如何,这里暂且不必追问。非常清楚的是,计氏自杀的动机显然是为了报复大舍和珍哥的欺凌和羞辱。当然,也有"以死明志"的动机和目的。

在《龙图公案》卷8"箕帚带入"中,也有一个类似的故事:李秀如生性妒忌,诬陷弟媳张月英与丈夫黄士良通奸,致使张月英产生"此疑难洗,污了我名,不如死以明志"的想法,终于自缢身亡。这是文学故事,然而,也能反映传统中国民众的诉讼心态。

在档案和判牍里,同样也有这类案件的记录。清代有一案例:婆婆因嫌面饼太硬,要吃饺子,儿子儿媳声言面饼已做,允诺日后再做饺子,婆婆自尽的事。判决以"不孝"来严惩儿子儿媳。[144] 婆婆的自杀可能并无诉讼的意图,但是致使婆婆自杀的后果,也必然会引起官府的追究。据此,虽然不能说是诉讼或者伸冤策略,但是效果并无不同。在某种情形下,乡愚小民的自杀,既是一种要挟的手段,也是一种泄愤的方式。

在《盟水斋存牍》中,记有一个"藉死图赖"的案件。这是一个案中案:案一,胡居贤等人将家信和65两银子寄托欧阳乘登,后来乘登遇风覆舟,意欲干没银两,说是银子已经沉河,无法打捞;遂致居贤兴讼,乘

---

[143] 参见(明)西周生著、翟冰点校:《醒世姻缘传》,齐鲁书社1993年版,第63页。
[144] 第一历史档案馆刑部档案(全宗号16—29)各省秋审缓决20次以上拟准减等清单(顺序号22818)。再如,讼师秘本《刀笔精华》所载的第一个案件"香钩沾泥之恶禀",即是寡妇得不到公正的司法裁判而以死鸣冤的例证。参见李永祥、李兴斌主编:《刀笔精华新译》,山东友谊出版社2000年版,第6页。

登羁狱病死。案二，死者老母萧氏不肯罢休，就以人命上控；为着安抚死者老母，顺德县令判给萧氏26两银子作为安葬费用；居贤又以"抄杀相抵"（反诉）架词设讼。[145] 这是一起"依死图赖"的案件。

说到底，引发此类案件之目的，也是要"把事情闹大"。这里，人命——具体来说，是用"尸体"作为武器来图赖；换句话说，尸体成了一种夸大词讼的修辞手段，一个足以博取社会与官府同情而赢得诉讼的有力武器。[146] 与自杀属于同类性质的"把事情闹大"的诉讼策略，还有"自残"行为。[147]

传统中国的平民百姓之所以惯用"人命"或"尸体"作为诉讼的幌子，显然与"人命关天"这种观念有关；与此同时，也与帝国法律及其实践有关。这是因为，明清时期的法律规定凡是人命案件，地方衙门必须即刻受理，马上着手尸体检验；因此，地方司法档案文书常有"卑职随即单骑减从，带领刑仵，前诣尸所"[148]这样的记载。此外，对于这类人命案件，地方司法官员的责任要远远大于词讼案件，司法管理也远远严于词讼案件，故而，一般不敢拖延。[149] 其结果是，小民百姓"窥破"帝国法律的意图和司法官僚的心思，从而采取这样一种诉讼策略。然而，问题总是相反相成。有时，恰恰因为人命案件（包括强盗）破案难、时间紧、经费缺、责任重、处罚严，反而导致地方衙门讳盗不报，甚至压制报案之人，以致地方社会秩序受到严重的威胁和破坏。对此，清代李之芳指出：

---

[145] 参见颜俊彦：《盟水斋存牍》，第377—378页。

[146] 关于"依尸图赖"的专题论文，参考〔日〕上田信：《被展示的尸体》，王晓葵译，载孙江主编：《事件·记忆·叙述》，浙江人民出版社2004年版，第114—133页。

[147] 有关讨论，参见张全民：《中国古代直诉中自残的现象试探》，载《法学研究》，2002年第1期。

[148] 《清代巴县档案汇编（乾隆卷）》，档案出版社1991年版，第78页。

[149] 参见（清）陈宏谟：《请饬巡道清查讼案疏》，载《清经世文编》，卷93，第2297页。

近来盗贼日多,皆由讳盗;讳盗日多,皆由民间不敢报盗。何者?民间报强盗,官必曰窃盗;民间报强盗杀人,官必曰仇杀、奸杀。盖以强盗杀人,则官有缉贼处分;窃盗与仇杀、奸杀,则官无缉贼处分故也。

其后,李之芳详尽地分析了官府压制命盗案件而导致民众不敢报案的原因。[150]

第四,械斗。关于械斗,目前的研究基本上集中于清代。就清代而言,械斗严重的地区包括:广东、福建、江西、湖南、广西、浙江等省;另外,直隶、山东、安徽、江苏等省也时有发生,时有所见。所谓"械斗",乃是宗族、乡村、土客(土著居民和外来移民),间有土匪参与的规模大小不等的武斗或者私斗。械斗之风的炽盛,与民情、民风、吏治、司法等诸多因素息息相关。从帝国权力控制与司法实践的角度来看,表面上是民间私事的械斗,实际上反映的是国家权力、权威、法律的削弱和失控,[151]也与司法不力相关。[152] 尽管帝制中国的治理模式的基本理念是"爱民",然而,真正把小民百姓的福祉当作施政根本的官僚,可谓少而又少。皇帝真正关心的是税收和秩序,希望百姓成为良民、顺民;官

---

[150] 参见(清)李之芳:《严饬讳盗累民疏》,载《清经世文编》,卷93,第2300—2301页。

[151] 参见刘平:《被遗忘的战争——咸丰同治年间广东土客大械斗研究》,商务印书馆2003年版,第249页。对民间盛行的"勇于私斗,怯于寇战"的行为,中国古人早就有所议论。参见钱穆:《儒礼杂议之一——非斗》,载《中国学术思想史论丛》,卷2,安徽教育出版社2004年版,第106—115页。

[152] 对于清代司法不力而导致民间械斗的原因,陈宏谋作了这样的解释。他说:"惟于民间告词,则以为自理之事,可以推延,上司无案可查,常至经年累月,延搁不结,而两造多人之守候拖累,胥吏、衙役之差提需索,地方讼棍之恐吓唆骗,百弊丛生。有告案未结而两造已至破家,其负屈不甘者,则事外寻衅,藉端报复。每每一案化成数案,小案酿成大案。凡谋故命案,匿名揭帖,聚众械斗,殴差拒捕,行贿营求,一切不法之重案,由小事不结而起者居多。"参见《清经世文编》,卷93,第2297页。

僚热衷的是敛财和乌纱，因此拒讼、讳盗之事每每发生。正是在这种情况下，"老百姓学会了不要去依赖他们的地方官，而且实际上还要尽一切可能地避免和官府直接打交道"。[153] 萧公权此言虽说未必准确，但也有部分道理。顺便一提，这种避免与地方官打交道的做法有二：其一，民间发生的婚姻、钱债和田土之类的一些小纠纷，通过家族组织、行业组织与里甲之类的基层组织自行解决，这与帝国治理的基本要求吻合；其二，采取"自力救济"的办法，摆平争执和冲突，"械斗"就是办法之一种。

导致民间械斗之风炽盛的基本原因如下：其一，官吏玩视词讼。民俗凶悍固然是械斗的原因之一，不过探究肇衅之由，大都出于户婚土地细事。司法官僚对词讼案件，不是迁延时日，就是听断不公，致使原被两造私愤难泄，仇怨相报，没有底止；甚至不准起诉，时间一久，百姓也就不愿报案。这类纠纷的解决办法，不是私和，就是私斗。[154] 其二，官吏勒索两造。史载帝国官僚"每逢听讼，未看词纸，先查粮册"，目的是要摸清两造的家资财力。有钱，曲可为直；无钱，是反作非。"无钱者困受其冤，有钱者苦遭其剥"；不论有钱无钱，总是没有好处，[155] 百姓只得规避衙门。其结果是，纠纷解决同样只有二途：私和或私斗。其三，官僚讳盗讳斗。尽管侦查、缉捕、审理命盗案件属于州县长官的基本职责，但是，这些案件往往也是最难缉捕和审理的案件；而帝国的官吏处分则例却非常繁密，极其严峻，稍有处断不慎或不当，便有罪愆；因此，为着身家性命，为着保住乌纱，他们的应对措施就是讳盗、讳斗。[156] 也就是说，由于矛盾和冲突不得解决，冤抑不得伸释，必然仇怨难泄，转而私斗或械斗。尽管械斗的起因多种多样，但是与衙门的态

---

[153] 《萧公权卷》，第 855 页。
[154] 参见（清）黄爵滋：《会议查禁械斗章程疏》，载《黄爵滋奏疏》，卷 14。
[155] 参见《太平天国(3)》，上海人民出版社 1958 年版，第 3 页。
[156] 参见（清）徐庚陞：《覆本府条陈积弊》，载《不自慊斋漫存》，卷 5。

度、腐败、能力密切关联;也与官民之间(官僚无视民瘼、玩视民间纠纷,以致百姓不信官僚)的极度隔膜,深有关系。

这样一来,械斗也就成为"把事情闹大"的一种行动和策略;只不过是,这种"把事情闹大"与谎状、缠讼和自杀有着很大的差异。此乃因为,在皇帝和官僚眼里,械斗挑战了国家权力,破坏了帝国法律,扰乱了社会秩序,简直形同叛逆。[157] 据此,似乎难以视作"把事情闹大"的一种诉讼策略。然而,在某种情形下,私斗或械斗也会成为上控与京控的根本原因和诉讼事由。[158] 在这个意义上,我们仍然可以将械斗看作"把事情闹大"的一种手段。当然,有组织、大规模的械斗,又与普通的私斗、械斗有所不同,处理也会有所差异。

综上所述,就"把事情闹大"而言,谎状和缠讼是比较典型、比较普遍的诉讼心态和伸冤策略,而自杀(包括自残)和械斗相对少见一些。另外,自杀基本上是平民百姓在绝望与期待中采取的极端措施,尽管也有诉讼策略的某些特征,但是并非严格意义上的诉讼策略,而是给死者家属采取诉讼或者伸冤行动提供了机会和借口;对于械斗来说,只是在纠纷没有得到及时或适当解决的情况下,民间采取的自力救济的行动。一句话,谎状和缠讼乃是"把事情闹大"的自觉行为;械斗具有"把事情闹大"的客观效果,既是一种"私的解决"的极端办法,也有希望官府介入的意图;自杀似乎介于两者之间。

三、简短的结语

现在,我们来总结一下上面的简要讨论。

---

[157] (清)张之洞:《请严定械斗专条折》,引据王树楠编:《张文襄公全集》,卷14,奏议14。
[158] 参见邵鸿:《利益与秩序——嘉庆二十四年湖南省湘潭县的土客仇杀事件》,载《历史人类学学刊》,第1卷第1期(2003年4月),第83—98页;刘平:《被遗忘的战争》,第279—375页。

据我看来,明清时期中国民众的诉讼态度的基本特征,乃是"好讼"与"惧讼";而他们经常采取的诉讼策略,则是"把事情闹大"。本文认为,中国民众的诉讼态度与诉讼策略的形成,与精英阶层和帝国法律的表达及其司法实践有着密切的关系,也与自身的社会生活环境和物质生活条件息息相关。其一,从精英阶层与帝国法律的视野来看,为了维护社会秩序的安宁与和谐,帝国官僚从道德主义立场出发,不仅渲染"无讼"的价值,并且着力推行"息讼"的措施,从而压抑了民众的诉讼热情。其二,由于帝国衙门人手有限,经费短缺,乃至帝国法律本身赋予司法官员过于严厉的法律责任,造成了他们有意拒绝或拖延民间诉讼,也导致了民众的"惧讼"倾向。其三,因为州县衙门经费短缺和司法官员薪水偏低,难以承受处理诉讼案件的必要开支,以致出现了"靠山吃山,靠水吃水"——索取诉讼两造钱财的司法腐败现象,同样造成了民众"畏讼"的心理。其四,鉴于明清时期的家族社会与乡土社会的特殊结构和人情关系,为了顾全眼前利益和未来利益,也会压抑民众的诉讼意愿和诉讼行动;毕竟挑战与破坏这种社会秩序和人情关系,会给生活带来诸多不便。

果真如此的话,明清时期中国民众手持状词蜂拥奔向衙门的情景,或者说"健讼"风气的炽盛和蔓延,也就成了一种虚构和幻觉。据此,我们必须反思这一观点。通过对大量实证资料的考察,我们发现,一来,虽然帝国法律与司法实践不无压抑民众诉讼的企图和做法,但基本上还是能够正视民众诉讼,做出适当的回应,给以相对公正的处理。因为帝国官员也都承认:"吏治,民生之要,莫如钱粮、刑名二事。"[159] 这种将诉讼视作"吏治之本"和"民生之要"的观点,无疑是司法官员积极应对诉讼的思想前提。在他们看来,如若一味压抑民众诉讼,只会造成更

---

[159] (清)李光地:《请严定承审命案处分疏》,载《清经世文编》,卷93,第2301页。

大的社会冲突,乃至酿成命盗犯罪或集体械斗的恶性后果。二来,民众也基本上相信"王法"的正当性与合理性,而衙门则是一个"讲理"的地方,因而一旦彼此之间发生纠纷,他们也就不再回避把纠纷提交帝国衙门来解决。当然,这大体上是指常规状态下的诉讼实践。三来,也是更为重要的一点,由于明清时期中国民众的物质资源的极度匮乏,所以一旦利益受到侵害,因捍卫自身利益而奋起投身诉讼实践,则是民众"好讼"的根本原因。面对"义与利"的较量,在民众眼里,"利"总是占据绝对的上风。这样说,并不是要排斥道德、风俗和个性对于民众诉讼态度的影响。四来,由于帝国法律与司法官员秉承道德主义的立场,也因为他们视婚姻、田土、钱债纠纷为琐事细故,故而,为了"耸动"司法衙门,达到起诉之目的,民众不得已而采取违法的诉讼策略——诸如谎状、缠讼、自杀和械斗,都是非常显著的技巧和手段。这些诉讼策略一则表达了陈诉"冤情"的意图,再则体现了诉讼的直接目的——讨回遭到玷污的公道与恢复受损的利益。

总之,有什么样的生活环境,就会养成什么样的生活习惯;有什么样的政府,也会培养什么样的人民。无疑,有什么样的伦理道德和法律制度,同样也会"型塑"民众什么样的法律意识和诉讼策略——具体来讲,由于帝国官方压制诉讼和司法腐败,导致了明清时期中国民众的"惧讼"态度;因为对于物质利益的高度关注,促成了他们的"好讼"风气。这是辩证的一体两面之事。鉴于司法官员轻视民间细故,从而磨塑了他们独特的诉讼策略。

这,就是本文的基本结论。

清代司法官员知识结构的考察*

一、问题的提出：中国与西方"对极"的理论背景

在讨论西方现代法治社会的成因时，德国社会学家马克斯·韦伯（Max Weber）特别强调法律家阶层对于欧陆政治结构的决定性作用。为了彰显现代西方社会的独特性，在韦伯的理论图景中，传统中国也就成为与西方具有对比意义的典型代表。在他看来，欧陆国家属于形式——理性的国家，传统中国则是家产制的实质——非理性的国家；欧陆法官是专家的，司法审判完全依法进行的，传统中国则是非专家的法官，司法审判也是不具有可预测性的"卡迪式审判"或"所罗门式审判"；欧陆拥有力量庞大的职业法律阶层和专门的法学教育，传统中国则没有这样的职业阶层和教育模式。他说：传统中国的士人是仅仅受过古典人文教育的文人，他们接受俸禄，但没有任何行政与法律的知识，只能吟诗挥毫，诠释经典文献。[1] 这种经典教育追求的是一种通才式

---

* 本文系与中山大学法学院研究生杜金同学合作完成。原载《华东政法学院学报》，2006年第5期。

〔1〕 参见〔德〕韦伯：《学术与政治》（《韦伯作品集Ⅰ》），钱永祥等译，广西师范大学出版社2004年版，第219—222页；也见韦伯：《经济与历史·支配的类型》（《韦伯作品集Ⅱ》），康乐等译，广西师范大学出版社2004年版，第166—170页。关于传统中国法律特征的讨论，参见韦伯：《儒教与道教》，洪天富译，江苏人民出版社1993年版，第120—124、127—158、167—175页。对中西法律文化类型的具体概括，参见林端：《韦伯论中国传统法律》，（中国台湾）三民书局2003年版，自序与导论，第6—7页。

的"君子"的理想,而非专业性、技术性的知识。

对于韦伯的这一命题,黄仁宇有着比较相似的论断。在他看来,以熟读诗书的文人来治理农民,恰恰是中华帝国在制度上长期存在的一个困难。其结果是,"个人道德之长,仍不能补救组织和技术之短"。[2] 在这种情况下,传统中国始终没有形成与现代西方类似的具有形式合理性特征的"数目字管理"的法律体系和技术官僚。与此类似,在进行中西方法律类型的比较时,美国法学家昂格尔(Roberto M. Unger)也注意到:在传统中国,由于君主集权政治的制约,商人阶层未能形成自己的政治力量,也未能发展维护自身利益的法律体系;与此相关,士人阶层又被纳入国家官僚机器而不能成为独立的法律职业群体。结果,传统中国也就"没有摆脱统治者顾问身份的可辨认的法律职业"。[3] 在昂格尔笔下,与西方相比,没有法律职业群体恰好成为传统中国的一个鲜明特征。顺便指出,虽然昂格尔没有征引韦伯关于传统中国法律的论述,但是,一望而知,他的理论视野正是韦伯的延续,既是类型学的,也是"西方中心主义"的。对此,我们必须予以足够的关注,否则的话,我们的评论也就难以切中要害,或者说,本文与他们之间展开的对话也将失去应有的理论基础。

深受德国概念法学影响的日本中国法律史学家滋贺秀三,也秉承了韦伯的这样一套思路;然而,直接作为滋贺秀三的理论资源的却是昂格尔《现代社会中的法律》一书[4]。就此而言,尽管滋贺教授努力尝试从传统中国内部来理解和解释中国法律文化的特征,但是,他的研究

---

[2] 〔美〕黄仁宇:《万历十五年》,三联书店1997年版,第139页。

[3] 参见〔美〕R. M. 昂格尔:《现代社会中的法律》,吴玉章、周汉华译,中国政法大学出版社1994年版,第89、92页。

[4] 参见〔日〕滋贺秀三:《中国法文化的考察》,载〔日〕滋贺秀三等著,王亚新、梁治平编:《明清时期的民事审判与民间契约》,法律出版社1998年版,第3页。

依然未能完全跳出"西方中心主义"的窠臼。[5] 在考察清代民事诉讼的"法源"问题时,滋贺提到,像知州或知县这样的司法官员,他们仍然与法律专家有着本质上的区别,而仅仅是一群普通人或者说广义上的"法"的外行,尽管被期待着拥有深厚教养、敏锐见识和洞察力并有公共威信,但他们毕竟是一群普通人或外行。所谓"君子不器"也已表明,作为小民百姓的父母官,不应该仅仅是偏于某种专业知识的专家。这意味着,官员与民众都是普通人或外行,他们有着共同的判断标准——"情理"。[6] 必须指出的是,与韦伯和昂格尔稍稍不同的是,滋贺秀三从"法源"角度来把握官民对于"情理"的共享特点。

国内学者对于这一问题的研究,同样没有脱离中西二元对立或类型研究的理论背景。例如,贺卫方教授即把"非专业化知识的统治"作为传统中国司法的一个基本特征。这一论断的背后,即是以现代西方"法律专业化知识的统治"为参照依据而得出的;而且,贺教授的问题意识也是由当下中国司法实践逼出来的。[7] 他说,由于长期以单一的儒家学说以及诗文写作技巧作为科举考试的基本内容,从而极大地妨碍了人文知识与法律知识的分化,换句话说,在传统中国,法律知识并无独立的性格,也非治理国家与社会的专门知识。因此,入仕为官者并非法律家,他们对法律知识通常没有专门的研究。虽然他们也要从事纠纷的裁判和解决,但由于其知识背景的整体化或单一性,所以,将这种知识作为司法过程的基础,自然无法成为独立的专业化法律知识得以生长和壮大的温床。[8] 在此,贺卫方想要强调的是,传统中国司法裁判的不确定性以及

---

[5] 据笔者看来,在考察中国家族法时,滋贺的这种西方概念法学的理论倾向已经非常明显。参见〔日〕滋贺秀三:《中国家族法原理》,张建国、李力译,法律出版社2003年版。

[6] 参见〔日〕滋贺秀三:《清代诉讼制度之民事法源的考察——作为法源的习惯》,载《明清时期的民事审判与民间契约》,第80页。

[7] 关于这一问题意识的由来,是在近日我与贺卫方当面交换意见时他亲口告诉我的。

[8] 具体的讨论,参见贺卫方:《中国的司法传统及其近代化》,载苏力、贺卫方主编:《20世纪的中国:学术与社会·法学卷》,山东人民出版社2001年版,第179—183页。

由此带来的法律知识生产的不确定性;进一步说,传统中国的司法审判何以没有形成一如传统英格兰那样,能够基于司法过程而产生裁判的确定性与法律知识生产的确定性。据我看来,这是一个非常敏锐的追问。

通过上述学术史的简单梳理,我们可以发现,尽管中外学者关于中西司法审判与法律知识的特征的考察重点各有不同,具体解释也有不小的差异,但是他们在一些基本问题上却达成了"西方是专业化司法,中国是非专业化司法"或者"西方法律知识具有确定性,中国法律知识没有确定性"的共识,而且理论背景也有相同之处——都是"理想类型"的研究。但是,在近年来的中国法律史研究过程中,也有学者开始重新思考:韦伯二元对立的类型研究思路是否存在问题? 或者说,韦伯式的论断是否真的符合中国历史的真实面相? 例如,台湾大学社会学系的林端教授就对这些问题提出了颇有创见的反思与批判。[9] 不过,学

---

〔9〕 参见林端:《韦伯论中国传统法律》。值得指出的是,在法律多元主义视角下,林端提出的"传统中国法律多值逻辑"的断案是否存在消解"法律与情理"之间固有差异的危险? 这是因为,在林端眼里,情理本身就是法律的一种渊源,它们之间的区别仅仅是程度上的,而非实质上的。在我看来,这一判断尽管与法律多元主义的理论有关,但是也肯定与滋贺秀三所谓"传统中国法律只是情理大海上的一角冰山"的比喻有着密切的关系。参见《清代诉讼制度之民事法源的考察——作为法源的习惯》,载《明清时期的民事审判与民间契约》,第 36 页。事实上,滋贺的"比喻"已经隐含了这样一个悖论:一方面旨在强调法律与情理之间的差异,另一方面又刻意突出它们的共同基础——因为"水与冰"的分子结构完全相同,而仅仅是在不同温度条件下呈现出了不同的表现形态而已。从更深的历史脉络来考察,中国古人向来就有"礼法出于人情"和"礼法出于情理"的认识。比如,清人所谓"根极于天理民彝,称量于人情世故"即是一例。参见(清)赵俞:《读律辩讹序》,载贺长龄、魏源编:《清经世文编》,卷 91,"刑政·律例上",中华书局 1992 年版,第 2247 页。此类表述,在清代法律文书中可谓触目皆是。对此,余廷灿的表述更为直接。他说:"情也,法也,理也,同实而异名者也。"参见余廷灿:《捕奸议》,载《清经世文编》,卷 92,"律例下",第 2273 页。但问题是,一旦消解了法律与情理之间的差异,那么,以往学者对于传统中国"法律与情理"的看法是否应该有所修正? 有关清代司法是否"依法判决"的争论也该重新考虑? 或许,那种凭藉现代西方法律理论所作的对于传统中国"情理与法律"的追问方式本身就该进行反省? 另一方面,传统中国毕竟也有"天理·人情·国法"的格言。这就是说,在传统中国,所谓天理、人情与国法之间仍有某种程度的差异,否则的话,这条格言将会变得毫无意义。这一问题必须另文讨论,这里从略。

者更多关注的是清代中国的诉讼模式、判决依据以及司法官员职业化和法律知识确定性问题,而对传统中国司法官员的知识结构本身并无多少讨论,[10]似乎司法官员的"知识结构"已经成了毋庸置疑的定论。然而我们可能也会产生这样的疑问:在中国传统社会,假如"司法"过程完全交由一个对法律毫无所知的文人官僚来掌控,那么从理论上来说,法律制度的运作应当是举步维艰的。当然,这里有一理论预设:法律是一种人为理性,一种具有独特品质的知识体系,也就是说,法律知识乃是与日常知识不同的知识体系——包括概念、范畴和理论。但事实上,在传统中国社会,这样一套制度却一直在运作着,而且从大多数时间来看,还算运转良好,有效地维持了政治统治和社会秩序,解决了各色各样的社会冲突和法律纠纷,从而推进了传统中国的发展和繁荣。据此,我们可以进而追问:这样一种"非理性"的制度安排为什么能够延续数个世纪,而且或多或少在发挥着效力呢?如此漫长的时间至少可以说明,这样一套制度基本上能够满足帝国管理的需要,满足社会纠纷解决的需要。按照这种推论,我们是否可以认为,这套制度的背后也有其合理性的一面,有其正当性的因素存在?基于这种疑问,本文尝试将科举作为考察的视点,对清代司法官员的知识结构进行探讨。我们试图在这一考察过程中解决两个问题:第一,清代司法官员的法律知识状况究竟如何?第二,这种法律知识状况能否满足案件审理的需要?顺便交代一下,笔者将采取面对事实的现象学研究的策略,而暂时放弃"类型分析"的方法,以期摆脱"先入为主"可能产生的困境。

---

[10] 对此问题,笔者曾有口头报告。参见徐忠明:《传统中国的法律职业与知识结构》,第三届全国"法律方法与法律思维"专题学术研讨会,新疆乌鲁木齐,2004年8月26—29日。

二、从官吏铨选的途径看法官的主要来源

如果我们意欲讨论清代中国司法官员的知识结构问题,那么,也就必须首先对其前提作一必要的界定。也就是说,我们必须确定究竟哪些官员属于司法官员?由此,我们必须考察"司法官员"的来源,框定"司法官员"的范围。简单地说,在清代官僚体制的架构中,几乎每一个"节点"(政府机构)或多或少都有一定的司法职能,各种官员都有可能介入司法过程。就传统中国的政治结构来说,从事司法审判的帝国官员基本可以分为两类:一类是中央政府的官员,他们属于相对专门的司法官员,诸如清代的"三法司"衙门——刑部、都察院和大理寺;一类是各级地方政府的官员,他们都是行政"兼理"审判的官员,特别是州县衙门的官员。当然,尚有其他政府机关(无论中央抑或地方)的官员也参与了司法活动,我们几乎可以这么说,凡是政府官员均有参与司法审判的某种权限和可能。或者,我们可以从有无司法权力的角度来观察。结果,我们发现了如下两个系统:其一,具有专门司法职能的官员,在中央机构中,主要是指掌握司法审判事务的"三法司"衙门——刑部、都察院、大理寺;在地方政府中,则包括了各级行政长官。[11] 其二,没有专门司法职能,但却可以通过各种途径

---

〔11〕 宋代以降,州县长官必须亲自审理各种案件已是一项基本的制度安排。参见《宋大诏令集》卷220乾兴元年十一月《令纠察刑狱提转及州县长吏凡勘断公事并须躬亲阅实诏》。清代也是如此,各级地方行政长官都必须主持管辖范围内的一切政务,而司法就是其中非常重要的一种政务。在这一问题上,笔者比较赞同郑秦教授的观点,即"行政与司法合一"的说法并不确切,这是"因为自古以来就没有过与'行政'相对的'司法','司法'是'行政'应有的一种职责,清朝也不例外。"参见郑秦:《清代司法审判制度研究》,湖南教育出版社1988年版,第35页。也见吴吉远:《清代地方政府的司法职能研究》,中国社会科学出版社1998年版,其书名已经敏锐地揭示了这一特点,将"司法"视为地方政府的一种职能。

介入司法过程的官员,这一范围几乎可以囊括其他所有官员。[12] 据此看来,传统中国的司法审判具有"弥散性的"特点,也是一种反司法、反专业的特点;与此相关,即便是那些拥有专门司法职能的机构,在审判过程中,其运作方式也是非司法的,或者说是行政化的、管理性的,所谓"审转"程序即是如此。也正因为如此,所以,在传统中国的政治语境里,谈论司法专业化与法官职业化可能是一个没有多少理论意义的问题。但是,如若从制度事实与比较视角来理解的话,那么,这一认知仍有自身的价值。必须说明的是,本文主要讨论的是对于司法过程的运作产生常规性与实质性影响的前一个系统。

那么,这些官员从何而来?放眼中国历史,我们大致可以看到,夏商周三代属于官与爵合一的时期,所谓"世卿世禄"就是这个意思;春秋战国以来,随着世卿世禄的瓦解,任贤使能的官僚选拔制度逐步形成;秦汉以后,任用具有军功者与选拔精通法律者成为当时仕进制度的基本途径;魏晋时期,又渐次出现了门阀政治,官员职位被世家大族所把

---

[12] 举例来说,参加秋审会典即所谓"秋谳大典"的官员除了三法司之外,尚有九卿、詹事、科道甚至内阁大学士;而至光绪年间,如"系三品官衙门则与会审"。相关例文,参见(清)薛允升原著,胡星桥、邓又天主编:《读例存疑点注》,"有司决囚等第"条,中国人民公安大学出版社 1997 年版,第 844—845 页。可见,很多官员均可参与秋审程序。当然,在这一过程中他们究竟能在多大程度上真正发挥作用,又另当别论。本文还想进一步指出,这种制度安排的原因,除了追求慎重人命和执法平允的理想以外,也与君王试图控制司法官员和实现司法管理的目标有关。也正是在这一点上,清代中国出现了反司法的特征,或者说出现了行政化的特征;与此同时,也为行政权力干预司法审判提供了可乘之机,所谓司法独立也就无从谈起,司法专门化也同样受到了阻碍。事实上,对地方政府来说,各类官员参与司法审判也是一个非常突出的问题。比如,在明代颜俊彦《盟水斋存牍》(中国政法大学出版社 2002 年版)中,我们即可看到各种地方官员介入司法审判的情形。又如,在清代著名的"杨乃武与小白菜命案"中,我们也能发现同样的问题。参见 William P. Alford,"Of Arsenic and Old Law:Looking Anew at Criminal Justice in Late Imperial China",*California Law Review*,Vol. 72(1984)。也见王策来:《杨乃武与小白菜案:真情披露》,中国检察出版社 2002 年版;孔志国:《法律和制度为何被规避?——兼析晚清命案之鞫讯:从杨乃武案说起》,北京大学法学院 2003 年硕士学位论文,见 http://www.just.net,2002 年 4 月 6 日访问。

持;隋唐以后,科举选官逐步发展成为官吏选拔的基本渠道。明初由于久经战乱,人才匮乏,推行科举考试的条件尚不完备,因而采行所谓"三途并用"[13]的选官制度。然而随着经济、文化的日益恢复,人才的日益充实,教育和科举制度的日益完备,通过科举进入仕途的比例也在不断增加,逐渐成为官员铨选的主要途径,形成了唯科举独尊的局面。清承明制,选官取仕仍以科举为主。当然,清人入关之前与入关之初并未实行过科举。顺治二年,范文程提出:"治天下在得民心,士为秀民。士心得,则民心得矣。请再行乡、会试,广其登进。"[14]建议仿行明朝科举选官制度。这一提议为顺治皇帝所采纳,并于同年八月举行乡试,次年二月举行会试,"又定嗣后以子、卯、午、酉年八月乡试,丑、辰、未、戌年二月会试。奉特旨开科,则随时定期。"[15]科举取仕遂成定制,并逐渐形成了"以科举为抡才大典"[16]的局面。

清代科举包括常科、制科和翻译科,其中常科又分文科、武科,而唯有文科才是清代科举考试制度的主体,其他科目则对选官制度没有实际的影响。以常科中的武科而论,虽然满人具有以骑射为本的民族特征,但是入主中原之后,不断被汉族文官政治传统所同化;加之和平年代,一介武夫对于帝国行政制度的良好运转并不能发挥太大的作用,因

---

[13] 所谓"三途",具体究竟是指哪三种官员选拔途径,说法不尽相同。根据《明史·选举志》记载,"进士为一途,举贡为一途,吏员为一途"。顾炎武在《日知录》中说:"荐举为一途,进士、监生一途也,吏员一途也。"而《明会典》则称荐举、进士举贡、吏员。徐学聚《国朝典汇》又说科举、岁贡、荐举。潘星辉对"三途并用"的说法进行了较为详尽的考察,参见潘星辉:《明代文官铨选制度研究》,北京大学出版社2005年版,第51—65页。此处所要特别说明的是,这种记载上的混乱不清或许恰恰表明,"三途并用"的选官制度可能仅仅是明朝开国之初的权宜之计,并没有发挥太长时间的作用,以致难以考索。

[14] 赵尔巽等撰:《清史稿》,卷232,列传19"范文程",中华书局1977年版,第9353页。

[15] (清)托津等纂:《钦定大清会典事例(嘉庆朝)》,卷264,"礼部32·贡举·乡会试期",(中国台湾)文海出版社1992年版,第1597页。

[16] 《清史稿》,卷180,志83,"选举三",第3149页。

此远远不及文科重要，[17]在编制上也远远少于文科录取名额。[18] 再者，由于武科是选拔军事人才，因此这一官员铨选途径对于整个帝国的文官制度影响不大，对于司法过程来说尤其如此。翻译科则是清代所特设的考试科目，包括满文翻译和蒙文翻译。虽然成绩优秀者有可能被授以六部官职，[19]但因人数极少，在本文讨论中亦可忽略不计。制科属于皇帝特诏举行、用以选拔异等人才的考试，例如博学鸿词科、经济特科、孝廉方正科、经学和巡幸召试等。其中，经学和巡幸召试仅仅在特定范围内偶一举行；博学鸿词科也仅仅出现于康乾时期，乾隆十四年后已不再举行。经济特科的出现乃是光绪二十九年，已经具有一定的近代特征，故而，也可排除在有关传统中国问题的讨论范围之外。虽然孝廉方正科延续的时间较长、人数较多，但是仅在皇帝登基之年举行，而且乾隆元年开始，被举荐者不再授以实官，因此对于选官制度同样不具有实质性的意义，亦可搁置不论。据此，下文讨论的科举，仅仅限于常科中的文科。

通过科举获得功名和官职被称为"正途"，但是还有相当一部分人是经由"异途"而进入这一集团的，这就使得官员的来源问题变得更加复杂化。所谓异途，主要是指通过捐纳获得功名和官职——往往是一

---

〔17〕 事实上，清代的武生多不学无术，习武者往往是无赖之徒，为社会所轻鄙。据清人笔记所载，"江苏人尚文学，习武者少，然武科不能废，当岁试之年，辄搜罗无数，往往不及额而止。"参见（清）陈其元撰、杨璐点校：《庸闲斋笔记》，卷7，"华亭令戏惩武秀才"条，中华书局1989年版，第157页。

〔18〕 以乡试为例，康熙二十六年规定各省武乡试中额"略视各省文闱之半"；"雍正间小有增减，惟陕、甘以人材壮健，弓马娴熟，自康熙讫乾隆，先后各增中额三十名。"参见《清史稿》，卷180，志83，"选举三"，第3172页。

〔19〕 与人头济济的文科考试相比，翻译科向来门可罗雀。原定与常科一样3年举行一次乡试、会试，但往往只有乡试而无会试。乾隆四年由于乡试已举行了6科，而会试只举行了一次。因此，乾隆五十二年改为5年举行一次乡试和会试；但是，实际上自乾隆五十三年至嘉庆八年这16年间才举行过一次，且不足定例60人之数。其冷清程度可想而知。参见《清史稿》，卷180，志83，"选举三"，第3170页。

些商人和科举不中的士人。[20] 由此便产生了一个问题：在讨论清代司法官员的知识结构时，是否有必要对"正途"和"异途"这两条线索同时予以考察？我们觉得，大致上仍然可以放在科举制度的框架下进行整体性的考量。原因在于：首先，就选拔官吏而言，历来以正途为根本，清代亦然。所谓"其由异途出身者，汉人非经保举，汉军非经考试，不授京官及正印官，所以别流品，严登进也"。[21] 由此可见，"异途"出身只能出任较低级别的官职，而上层官吏几乎全部来自正途，所以有"科甲进士，高自位置；他途进者，依附从人"的通说。[22] 当然，官吏职位的高低并不足以说明问题，因为直接面对小民百姓日常纠纷和诉讼的，恰恰是那些官阶最低的州县官员。其次，从"正途"与"异途"的人数的对比来看，两者也非常悬殊。根据张仲礼的估算，以清代湖南十地以及广西容县地方志所载1609名贡生为例，其中正途贡生约占75％，异途贡生约占25％。[23] 可见，正途出身的官员占据了绝对多数，而异途出身的官员只占了1/4而已。最后，也是最为重要的一点，即使是通过异途获得官职，也很难脱离科举制度控制下的教育体制。例如，明清时期崛起的商人阶层无疑成为"异途"的主要来源，但是商人的崛起恰恰是因为科举名额的限制导致了不少士人不得不选择"弃儒就贾"。[24] 也就是说，他们原本可能就是读书人，为了求取功名而寒窗苦读，但是在科举无望的情况下转而从事商业活动，所谓"治生"是也，待到具备一定的

---

[20] 不过，由捐纳而获得的例贡、例监，如系由生员援例入监者，亦属正途之列。参见《钦定大清会典事例》，卷828，"国子监三·六堂课士规则"，第4144页。关于清代捐纳的详尽讨论，参见许大龄：《清代捐纳制度》，(中国台湾)文海出版社1977年版。

[21] 《清史稿》，卷110，志85，"选举五"，第3205页。

[22] (清)何士祁：《候补二十一则》，载盛康编：《清经世文续编》，卷25，"吏政八"，转引自王德昭：《清代科举制度研究》，中华书局1984年版，第56页。

[23] 参见张仲礼：《中国绅士——关于其在19世纪中国社会中作用的研究》，李荣昌译，上海社会科学院出版社1991年版，第164页表30。

[24] 参见余英时：《士与中国文化》，上海人民出版社2003年版，第528—532页。

经济能力,就再度通过捐纳来实现他们对于功名和官职的渴望。更为重要的是,有些考生捐纳学衔仅仅是为了尽早取得参加更高级别考试的资格。[25] 当然,也有部分商人及其子弟采取直接参加科举考试的方式获取功名和官职。在这种社会背景下,我们可以推测:通过异途入仕的官员可能与通过正途入仕的官员有着大致相似的知识结构。笔者认为,以科举制度作为切入点来考察清代司法官员的知识结构,[26] 在方法上是可以成立的。

三、从科举考试的内容看士人的知识结构

科举是唐宋以降最为重要的官员铨选的途径,清代也不例外。陈寅恪在论及隋唐政治时,称科举为"全国人民出仕之唯一正途"。[27] 而到了科举取仕最为鼎盛的明清时期,它几乎成为平民子弟向上进行社会流动的唯一途径。[28] 正如吴敬梓《儒林外史》里的马二先生所说:"人生世上,除了这事,就没有第二件可以出头。不要说算命、拆字

---

〔25〕 参见张仲礼:《中国绅士——关于其在19世纪中国社会中作用的研究》,第4页。

〔26〕 关于清代科举考试,参见商衍鎏:《清代科举考试述录》,三联书店1958年版;王德昭:《清代科举制度研究》;李世愉:《清代科举制度考辩》,沈阳出版社2005年版。

〔27〕 陈寅恪:《唐代政治史述论稿》,载《隋唐制度渊源略论稿》,三联书店2001年版,第205页。

〔28〕 关于科举考试与社会流动之间的关系,国内外学者存在着一定的争议。不过大部分学者都承认,科举对于传统中国的社会流动的确起到了一定程度的促进作用,柯睿格、何炳棣、潘光旦与费孝通等人均持这种观点。参见 E. A. Kracke, "Family vs. Merit in the Examination System", in Johanna M. Menzel (ed.), *The Chinese Civil Service: Career Open to Talent*? D. C. Heath And Company, 1963; Ho Ping-ti, *The Ladder of Success in Imperial China*, Columbia University Press, 1962; P'an Kuangtan and Fei Hsiao-t'ung, "City and Village: The Inequality of Opportunity", in Johanna M. Menzel (ed.), *The Chinese Civil Service: Career Open to Talent*? 值得指出的是,我们断不能夸大经由科举考试产生的这种社会流动的实际意义。这是因为,在清代中国,能够参加科举考试的毕竟是少数,这与科举考试必须具备相当的经济资本有关。

是下等,就是教馆、作幕,都不是了局。"〔29〕可见,在清人眼里,人生世上唯有读书做官才是值得追求的终极理想,此外都非人生途程的最终结局。也因此,当时中国的读书人寒窗苦读数十载,无非是为了在这条独木桥上争得一个功名,谋取一个官职。我们可以想象,既然读书的一个现实目标是为了出仕为官,衡量读书成功与否的标准也是在科举考试中取得功名,那么这种全国统一的官员选拔考试必然会对整个教育体制产生深远的影响。在这样一个"学而优则仕"的社会背景下,如果我们意欲考察那些通过科举考试登进仕途的司法官员的知识结构问题,那就必须从科举考试的内容以及这种考试内容影响下的教育体制入手,来讨论国家考什么,考生读什么,从而测度法律知识在考试中究竟占据多大的比重。俗话说"考试是一根指挥棒",在这个意义上,国家考什么,必然影响考生读什么,故而依据考试内容来推测清代司法官员的法律知识构成无疑是一条非常有效的途径。

(一) 考试科目

清代科举考试的过程大致可以分为四个步骤:童试、乡试、会试、殿试。严格说来,童试只是一种入学考试或者说预备考试,包括县试、府试、院试三个阶段,合格者称为生员(俗称秀才),得以入州县学,所谓"进学"是也。童生的考试内容,基本上来自《四书》、《孝经》、《性理》、《太极图说》、《西铭》、《正蒙》等儒家经典和理学著作。须要注意的是,院试还要默写《圣谕广训》二百字,而《圣谕广训》包含了人们在日常生活中必须遵循的一些最重要、最基本的伦理规范和行为规范。由于这些规范基本上是原则性的、道德性的,所以对于实际解决法律纠纷显然是远远不够的;但是,由于《圣谕广训》与法律的合流,以及广泛的传播,

---

〔29〕 (清)吴敬梓著、张慧剑校注:《儒林外史》,人民文学出版社1988年版,第195页。

所以它对人们避免法律纠纷却有积极的作用。[30] 就此而言,研读《圣谕广训》对那些潜在的官员(将来可能出仕为官)理解法律的精神有一定的现实价值。

对于参加科举考试的士人来说,最为关键的是乡试和会试的考核。乡试中试者称为"举人",只有成为举人之后,才能获得出仕为官的资格。举人只要经过复试、磨勘之后,就具备了参加会试的资格。一旦通过会试,即可获得"贡士"学衔。根据顺治二年颁布的《科场条例》规定,乡试和会试的考试内容是:"首场四书三题,五经各四题,士子各占一经。……二场论一道,判五道,诏、诰、表内科一道,三场经史时务策五道。"[31]此后各朝的考试内容虽有微调,但就整体而言变化不大。值得我们注意的是,在"礼法合流"的传统中国,士人精通经学,实际上也是把握礼学与律学的关键所在。

殿试则是科举的最后也是最高一级的考试,仅考经史时务策一道,又称对策,而不涉及对专门法律知识的考查。由于殿试基本上不淘汰考生,因而贡士在经过殿试后普遍都能够获得"进士"资格,功名也至此到了尽头。值得稍事解释的是,如若我们撇开这些科目的考试可能产生的"虚应故事"的弊端不谈——事实上,这种弊端也是任何考试制度都有可能产生的问题,单单从科举制度设计的预期目标来讲,事实上,经史时务策都是治理国家的基本知识,因为"经"是传

---

[30] 学者业已指出,自从康熙"圣谕十六条"和雍正《圣谕广训》发布以来,各种诠释著作层出不穷,而且还出现了圣谕与法律以及圣谕与善书合流的趋势,从而产生了非常广泛的社会影响。具体研究,参见周振鹤:《圣谕、〈圣谕广训〉及其相关的文化现象》;王尔敏:《清廷〈圣谕广训〉之颁行及民间之宣讲拾遗》,载周振鹤撰集、顾美华点校:《圣谕广训集解与研究》,上海书店出版社2006年版,第581—649页。顺便指出,这种圣谕与法律"合流"的主要表现有二:其一,圣谕本身即有三条专讲息讼、读律和诬告;其二,不少解释圣谕的著述在圣谕之后还摘录了相关法律,以便庶民百姓了解和遵守。这些证据可以说明:古人很早就有可能接触到法律;而且,为了宣传而摘录的法律恰好与州县长官审理的日常案件相当。

[31]《清史稿》,卷180,志83,"选举三",第3148页。

统中国的一切制度的纲要和基础,如果缺乏对"经"的领悟,那就不可能很好地理解制度的精神;"史"是历朝历代治理国家的成败经验和具体事例,在一定程度上,也可以视为"经"的具体化;"时务策"更是当下政治、社会、经济与法律诸问题的对策,同样是在"经"的指导下考生所作的对策。可见,尽管科举考试非常重视人文知识的测试,然而并非完全脱离政治、社会、经济与法律诸问题的考察。这是因为,作为传统中国人文知识载体的经史,并非纯粹"形而上"的玄思,而是国家治理的知识载体。

那么,功名对于官员(尤其是司法官员)的铨选又有什么样的作用呢?一般而言,进士获得官职的几率较大,除了进入翰林院之外,很有可能被授以给事中、御史、六部主事以及诸府推官、知州、知县等官职;前面在界定司法官员的范围时已经指出,上述官员对于司法审判活动的参与较多,这是本文所要考察的主要对象。不过,进士并非入仕的必要条件,在会试中落第的举人,经由拣选、考职或大选的程序,仍有可能出任内阁中书、国子监学正、学录、知县、州学正、县教谕等官职。也就是说,我们可以将乡试与会试看作整个科举取仕过程中的最为关键的一环,因此,当我们通过科举来讨论清代司法官员的知识结构时,也就应当特别关注这两级考试的科目设置。我们必须追问的是:这种考试科目的设置,所要考查的是考生的何种才能?或者说,通过这种考查选拔出来的又是什么样的人才?对此,清人黄中坚对明代科举的评论或许可以帮助我们理解清代科举的制度设计:

> 夫先之以经义以观其理学,继之以论以观其器识,继之以判以观其断狱,继之以表以观其才华,而终之以策以观其通达乎时务。以是求士,岂不足以尽士之才?士果有能与其选者,其不足以当公

卿之任,而佐理国家之治?〔32〕

由此,我们可以发现,至少就考试科目的制度设计而言,虽然清代的乡试和会试的重点仍然是儒家经典,但是,这两级的考试科目已经透露出倾向于考查"待选官员"必须具备的一些基本技能,所要选拔的是兼具器识和才华、胜任裁判和通达时务的通才。事实上,这种知识要求,既包括了待选官员的政治哲学水平和实际政务见解,也包括了他们的行政技术和司法能力。应该说,上述科目的考察范围是相当全面而又务实的。在这些考试科目中,与法律直接相关的当属"判"这种考题。这种类似于"模拟判决"的题型,着重考查的是考生们对于律文的熟悉情况以及从事司法审判实务的能力。当然,实际效果究竟如何?那是另一问题。基于此,我们有必要就这一题型做更加深入的考察和具体的分析。

(二)"判"题与法律知识的关联

传统中国的法律教育与法律考试,有着极为悠久的历史。虽说随着汉代"独尊儒术"而来的政治正统格局的形成,经学逐步占据了主导地位,而律学相对边缘化了,但是,法律教育与法律考试依然是其后各个皇朝的一种基本的制度安排,清代也不例外。〔33〕就清代"判"题考试而言,判题基本上出自当时的律文,试题举出若干违法现象,让考生

---

〔32〕 (清)黄中坚:《制科策》,载《皇朝经世文编》,卷57,"礼政四",转引自王德昭:《清代科举制度研究》,第74页。

〔33〕 参见汤松能等:《探索的轨迹——中国法学教育发展史略》,法律出版社1995年版;王健:《中国近代的法律教育》,中国政法大学出版社2001年版;A. Benjamin, Elman, *A Cultural History of Civil Examinations in Late Imperial China*, University of California Press, 2000, pp. 42—45。

依据法律进行裁决。对于答题的要求,顺治十六年规定:"场中作判,务宜随题剖断,引律明确,不专以骈丽为工。"[34]试以康熙三十年辛未科会试为例,五道判题分别是:擅离职役、揽纳税粮、禁止迎送、多支廪给、侵占街道。某考生作答:

擅离职役

官以职为分,刑名钱谷有攸司;吏以役为程,刀笔簿书惟所任。苟职旷必多废事,而役怠则更疏虞。故非给假与批差,断无署虚而曹冷。(一)今某徒尔备员,罔思职守。倘若官邮如传舍,何如桑苎闲闲;若鄙吏属为繁嚣,曷念劳人草草。(二)分笞与杖,定罪允宜。(三)

揽税纳粮

夏税有期,输将责在户甲;秋粮定限,征收必考丁中。苟非同户之人,毋为越俎之代。(一)今某秋逞狡狯,意在侵渔。故为市井之招摇,借增人而减己;托言亲知之情面,巧通吏以欺官。倘中饱之不知,必民欠之重累。(二)奸民宜杖,主守亦同。(三)

禁止迎送

官严清守,职非候人之轻;士重廉隅,任有民社之寄。苟使郊迎仆仆,末吏何堪;抑且送行劳劳,所司谁任。(一)今某甘为卑属,善事上官。负载前趋,不惮东西奔走;趋承任意,巧为色笑逢迎。是盖素无勺水之操,故尔每深宪节之惧。(二)拟予杖罪,用素官箴。(三)

多支廪给

廪糈有额设,所以恤皇华之劳;职官有稽查,所以重国课之计。

---

[34]《钦定大清会典事例》,卷266,"礼部34·贡举·试艺体裁",第1646页。

是故乘传而至，供应毋容缓期；若其逾额而支，岁会于何销补。（一）今某清操罔励，染指为常。一若遗人之委积，任尔取携；孰非小人之脂膏，乃图冒滥。（二）是宜计赃而定罪，庶其改过而织惩。（三）

侵占街道

地别公私，画疆如同分井；土严尺寸，编户亦等受廛，故天街广为驰骋之衢，而官道以通往来之旅。（一）今某居近城市，计藏窟谋。界守周知，侵蚀若水滴绳锯；基址不问，占造等势恶强梁。（二）应定笞刑，乃令改正。（三）[35]

为了对这份试题和答卷做出大致的评判，我们有必要将其与《大清律》中的相关律文进行对比。《大清律》"吏律·职制·擅离职役"条：

凡官内外文武。吏典吏。无患病、公差之故擅离职役者，笞四十。各留职役。若避难如避难解之钱粮，难捕之盗贼，有干系者。因而在逃者，杖一百，罢职役不叙；所避事重者，各从重论。如文官随军供给粮饷，避难在逃，以致临敌缺乏；武官已承调遣，避难在逃，以致失误军机。若无所避，而弃印在逃，则止罢职。

其在官如巡风官吏、火夫之类。应直不直，应宿不宿，各笞二十。若主守常川看守。仓库、务场、狱囚、杂物之类，应直不直，应宿不宿，各笞四十。俱就无失事者言耳。若仓吏不直宿而失火，库子不直宿而失盗，禁子不直宿而失囚之类，自有本律科罪。[36]

---

[35] 上引试题藏于中国第一历史档案馆藏康熙三十年辛未科会试硃卷第十二号，没有作者姓名。转引自王道成：《科举史话》，中华书局1988年版，第176—177页。

[36] 田涛、郑秦点校：《大清律例》，法律出版社1998年版，第150—151页。

"户律·仓库·揽纳税粮"条:

凡揽纳他人税粮者,杖六十。着落本犯赴仓照所揽数纳足,再于犯人名下,照所纳数追罚一半入官。

若监临主守,官役挟势揽纳者,加罪二等。仍追罚一半入官。

若小户畸残田零零丁,不足以成一户。米麦,因便凑数于本里纳粮人户处附纳者,勿论。包揽侵费正数及多科费用,以诓骗论。若侵欺,以监守自盗论。包与者,不应,杖罪。[37]

"礼律·仪制·禁止迎送"条:

凡上司官及奉朝命使客经过,而所在各衙门官吏出郭迎送者,杖九十。其容令迎送不举问者,罪亦如之。[38]

"兵律·邮驿·多支廪给"条:

凡出使人员,多支领廪给者,计赃,以不枉法论。分有禄、无禄。当该官吏与者,减一等。强取者,以枉法论。官吏不坐。多支口粮,比此。[39]

"工律·河防·侵占街道"条:

凡侵占街巷道路,而起盖房屋,及为园圃者,杖六十,各令拆毁

---

[37] 《大清律例》,第222页。
[38] 同上书,第284页。
[39] 同上书,第357页。

修筑。复旧。其所居自己房屋，穿墙而出秽污之物与街巷者，笞四十。穿墙出水者，勿论。[40]

将考生的答案与律文两相比较，我们可以发现如下问题：从出题的角度来看，五道判题分别涉及吏、户、礼、兵、工律，覆盖的领域较广；其所考查的知识点基本上属于日常公务中比较容易遇到的违律行为。从答题的角度来看：第一，虽然要求"引律明确"，但就这份答卷来看，该考生并没有直接征引律例条文，因而无从讨论引律是否明确的问题。据此，我们可以推测，在实际阅卷中，考官也许并不在意考生是否引据具体律文作答。第二，对于上述违律行为，律文均根据情节的不同作了细致的区分；而在答题时，该考生却将问题一概简单化，并没有针对具体情形进行区分。或者也可以说，考生只需自行拟定其中的一种情形做出回答即可。第三，在量刑上，该考生选择的刑种大致符合律文规定，但都没有给出准确的刑度；当然，这种做法与现在保存下来的清代判牍的风格并无不同。第四，答卷的主要篇幅并不是根据律文来定罪量刑，而是对所涉及的违律行为进行道德上的评判。第五，虽然"不专以骈丽为工"是衡文要求，但就这份答卷来看，考生似乎还是在文字上花了不少心思，不仅使用了骈体文作答，而且五道判语在格式上几乎完全相同，相当工整。

如果这份答卷能够代表普遍的水平[41]那么我们可以由此判断，考生们对于律文的掌握并不是很清晰的，而这种判语的写作方法和写

---

[40]《大清律例》，第617页。
[41] 必须承认的是，仅仅依据这份资料就来推断清代判题的考试状况，似有"以一概全"的缺陷。不过，由于本文引用的这份答卷是转引自王道成的《科举史话》一书，笔者猜测，该书作者在第一历史档案馆选取相关材料时，应该会选择比较有代表性的答卷作为示例。正是基于如上考虑，我们才做出这样一种略带冒险的推测。当然，即使这种推测不能够成立，至少也可以展现出一部分考生的法律知识状况。如果结合唐宋时期的判题考试以及科举答题的基本套路来看，这种推测应该没有什么问题。

作风格也导致了"判题"并不能很好地测试出考生的法律知识状况,往往只能反映出考生对律文的一般了解。根据此份答卷来看,考生似乎没有仔细研读过相关律文,他们很有可能只是准备一些常识性的、道德性的"套话"来应考,甚至是仅仅模拟当时流行的判牍资料和应试范文来从事"判题"的写作。在笔者看来,根本原因在于:其一,这种情况或许反映了清代法律教育的基本格局,亦即缺乏专门的法律教育,考生往往是通过自修而获得法律知识;正因为缺乏专门的法律教育,考生也就无法获得系统的法律知识的训练,故而,在考试时只能凭藉常识性的法律知识与道德性的"套话"对考题做出相对笼统的解答;也因此,判题考试难以反映考生的事实分析和法律推理的能力。其二,由于案件类型和律文数量相对有限,答题篇幅又有一定的限制,因此不仅考题难免重复,而且分析也无法展开,以致答题往往三言两语,所论不痛不痒,也是导致这一考试制度无法较好考察考生法律知识的根本原因。事实上,这也是唐宋以来法律考试的基本问题。顾炎武曾以唐代和明代的判题为例,来讨论"四书疑"与"四书义"的区别。他说:"《四书》疑,犹唐人之判语,设为遗事问之,以观其学识也;《四书》义,犹今人之判语,不过得之记诵而已。"[42] 又说,"至于近年,士不读律,止抄录旧本,入场时,每人止记一律,或吏或户,记得五条,场中即可互换。中式之卷,大半雷同。"[43] 考生不读律例,而仅仅记诵旧本,这种情况不独晚明如此,清代也可想而知。事实上,为顾炎武所表彰的唐宋时期的法律考试,也未尝不是这样。可以说,只要考生的记忆力没有太大问题,不需要熟读律文即可以应对判题。因此,乾隆十年,皇帝认为"其诏、诰、判题亦沿习

---

[42] (清)顾炎武著,周苏平、陈国庆点注:《日知录》,甘肃民族出版社1997年版,第730页。

[43] 顾炎武:《日知录》,第741页。

故套,则举子易于揣摩,何由视其夙学,甚无取也;今科诏、诰、判题总皆系每科习见者,司考诸臣未免草率";〔44〕最终于乾隆二十一年将论、表、判概行删省。至此,乡试和会试中唯一的一项对法律知识的考查——虽然考查效果不那么尽如人意——也不复存在。

(三)科举制度下士子的读书范围

接下来,我们想要继续追问的是:在科举取仕的制度背景下,这些待选官员在他们的学习生涯中又会阅读哪些书籍?以及他们通过日常阅读是否有可能接触到法律知识?需要说明的是,一个人的读书范围可能与其兴趣、目的、经历诸因素有关,因而存在着很大的个体差异。本文之所以将士人的读书范围纳入到科举制度下来考虑,正是希望排除这些个性因素的影响。从整体上来说,一个读书人为了考试中第、踏入仕途,需要在备考过程中读些什么样的书籍呢?总体而言,只要科举是士人的进身之阶,那么他们的阅读范围也只能是所谓科举之学。还是一句老话,考试是一根指挥棒,考试科目的设置,决定了清代士人在科考生涯中的大致阅读范围:蒙书、四书、史书、经典、诗文、时文稿。

首先,在清代中国,一个人的读书生涯往往是从一些基本的蒙学读物开始的,也称为蒙书。事实上,通过阅读蒙书而接受初级教育,并非仅仅为了科举考试,普通的农家子弟和商人子弟为了应付日常生活,也会接受比较初级的启蒙教育,以识字和记账为满足。当然,有时也会触及一些法律知识,以便应付可能面临的法律事务和法律纠纷。就蒙书而言,除了前代流传下来的《三字经》、《百家姓》、《千字文》等识字课本以外,明清时期还涌现出大量的蒙书,诸如《幼学琼林》、《龙文鞭影》、

---

〔44〕《钦定大清会典事例》,卷265,"礼部三十三·贡举·命题规制",第1627页。

《古文观止》、《昔时贤文》、《弟子规》、《小儿语》、《续小儿语》、《千家诗》、《唐诗三百首》,等等。通过检视这些蒙书,我们可以发现,明清时期的蒙学教育出现了两个转向:其一,前代的蒙学教育基本上以识字、写字、阅读为主要内容,并辅以初步的写作训练;而明清时期由于八股取士之风的影响,在蒙学中写作的分量逐渐加重,因而出现了大量指导儿童写作的课本。其二,明清时代的蒙学读物并不完全局限于断文识字和写作练习,其内容之广博已经远远超越前代,因而有所谓"读了《增广(昔时贤文)》会说话,读了《幼学》知天下"的说法。[45] 如若我们以能够"知天下"的《幼学琼林》为例,即可发现,从天文地理到人情世故,几乎无所不包。也就是说,蒙学已经涵盖了相当丰富的传统人文知识与日常生活知识的内容,而《幼学琼林》专门设有"讼狱"一章,涉及一些法律和诉讼的基本知识。[46] 虽然内容比较浅显——只是一些法律和诉讼的基本常识而已,但是至少说明,即使在蒙学阶段,也并不回避法律知识的传授,在某种意义上我们甚至可以说,清代的法律知识启蒙甚至要比今天还早。[47] 当然,这仅仅是启蒙,这种法律知识并不足以让人们了

---

[45] 转引自浦卫忠:《中国古代蒙学教育》,中国城市出版社1996年版,第103页。

[46] 参见(清)程登吉原编、邹圣脉增补、胡遐之点校:《幼学琼林》,岳麓书社2002年版,第182—187页。

[47] 美国学者罗兹曼指出,清代中国的民众读书识字的实用目标包括:一是喜庆,二是技术,三是商业或诉讼。参见[美]吉尔伯特·罗兹曼:《中国的现代化》,国家社会科学基金"比较现代化"课题组译,江苏人民出版社2005年版,第169页。具体来说,"所谓用于商业或诉讼,这包括商业性的和家庭之间的契约关系,如买卖、记账、典当和租佃契约、婚约和过继、领养等,还包括官方文件,如布告、户口登记、完税等,并包括用于纠纷以及由此而引起的诉讼事项。有资料显示,起草契约这种复杂而专门化的事务,是由专门从事这一行当的人家承办的。……乡村每遇有诉讼案件,当地私塾先生就被请来写诉状和辩护状,因为诉讼双方都可以请他帮忙,所以自家有个识字的人,显然就再好不过了。"(参见前书,第170页)毋庸置疑,这种情形恰好说明了初级的法律知识已经内在于传统中国的教育之中。顺便指出,即使起草契约之类的法律文书,也未必就要请私塾先生帮忙。这是因为,根据明清时期流传下来的民间日用全书来看,这类法律文书都有所谓"活套"样本,在需要的时候,人们只要选择适当的样本填写即可了事。

解司法程序的运作和律例条文的规定,更不用说日后处理法律实务了。

其次,经过了启蒙教育之后,读书人即把主要精力投入到《四书》的研习当中。除此以外,他们还会阅读其他一些儒家的经典,以及史书和诗文。自从汉代确立儒家经典的正统地位,以及南宋朱熹推崇《四书》乃至元代把《四书章句集注》作为科举考试的标准以来,明清时期的科举考试科目的基本格局虽有微调但也大抵不出这一范围。我们知道,儒家经典不仅是传统中国人文知识的载体,而且也是帝国统治的制度基础与价值源泉,即使律例条文同样以礼学和经典为基础,被清代"四库"馆臣誉为"一准乎礼"的《唐律疏议》即是一个例证。现代学者也认为:"律的本质是礼,而礼的根本又在儒学。因此如果一代之法是律,那么儒学就可以直接作用于现实政治。"[48]可见,经义与法律的关系可谓密切。顺此而论,精通儒家经典,也是掌握帝国法律的一条有效途径。实际上,从清代礼学讨论的议题,我们同样可以发现礼学与律学之间的关系。[49]至于史书也非泛泛而谈的人文知识,而是直接关乎国家治理的经验教训与具体事例——包括行政和裁判。事实上,在传统中国,向来就有按照前代"故事"处理行政事务与司法案件的传统。可以说,熟读史书也是一种掌握法律知识的间接途径。当然,诗文的写作与法律知识没有什么实质性的关联,可以不谈。

最后,需要特别指出的是,对于备考至关重要的一类书籍——时文稿。[50]这类出版物在明清时期极为流行,几乎成为每一个考生的案

---

[48] 〔日〕宫崎市定:《宋元时代的法制和审判机构》,载刘俊文主编:《日本学者研究中国史论著选译》,第 8 卷《法律制度》,中华书局 1992 年版,第 253 页。

[49] 涉及清代礼学与法律关系的讨论,参见张寿安:《十八世纪礼学考证的思想活力——礼教论争与礼秩重省》,北京大学出版社 2005 年版,第 144—309 页。

[50] 关于"时文稿"的讨论,参见刘祥光:《时文稿:科举时代的考生必读》,载《近代中国史研究通讯》,1996 年第 22 期,第 49—68 页。

头必备。所谓"时文",有与"古文"相对之意,是指时下要用的文字,即科举所考的八股文。由于八股文有着严格的程式限定,因此考生在备考时就会寻找某些中试的考卷以供参照模仿,于是便有人将这些考卷汇编成册,抄录或印刷来卖,这就是时文稿。在明清时期,由于考生数量的激增,对时文稿的需求也随之扩大;加之印刷技术的发展、书商的活跃,坊刻时文极为盛行,以致有"满目皆坊刻矣"[51]的感叹。虽然官方一再禁止私选私刻时文的行为,然而庞大的市场需求以及经济利益的驱动导致这种禁令只能维持一时,甚至形同虚设。吴敬梓《儒林外史》所描述的时文选家就有马纯上、蘧駪夫、匡超人、卫体善、随岑庵、诸葛天申、萧金铉、季恬逸等人,亦提到南京状元楼、嘉兴文海楼、杭州文瀚楼等多处刊印时文的书店,其选家之众、刊行之盛、版本之多由此可见一斑。时文的研习和写作似乎与法律毫无关系,但是,只要我们将时文与判牍的写作风格与修辞策略稍稍比较一下,即可发现,两者之间的关系至为密切。[52] 更可注意的是,其一,时文写作的要旨在于"代圣人立言",亦即揣摩圣人言述的思想和精神,事实上,一份优秀的判牍文书,也要体贴案件真情与法律要义,写得鞭辟入里,方能说服诉讼两造,使其心服口服,这恰恰是传统中国司法所要追求的理想。其二,时文写作必须遵循"程式",否则便是犯格,致有黜落之虞;反过来讲,这种时时要求考生严格遵循"程式"规范,对其秩序意识的养成就会产生不可小视的规训作用。据我看来,这也是未来司法官员必须具备的职业素养。由此,我们发现了时文写作的另一种法律意义。

据此,我们可以得出结论:在科举制度的影响下,清代士人的读书

---

[51] (明)李翊:《戒庵老人漫笔》,卷8《时艺坊刻》,中华书局1982年版,第334页。

[52] Elman, *A Cultural History of Civil Examinations in Late Imperial China*, p. 393, n. 70.

范围是比较狭窄的,基本上局限于现在所谓"文史哲"的领域,他们接受的是人文经典知识的培养和训练,尽管这种阅读与法律知识的养成并非毫无关系,但毕竟是相对间接的,以致苏轼诗有"读书万卷不读律"[53]的批评。就此而言,法律知识在整个阅读范围中是非主流的、被边缘化的。

(四)通过科举入仕者的知识结构

在对清代科举考试的内容(尤其是与法律相关的试题)以及士子的读书范围进行考察之后,我们将以此作为切入点,来分析科举选拔出来的人才具有什么样的知识结构。

首先,传统中国教育的目标是培养"君子",而考试的目标也是选拔"君子"。那么什么样的人才能算是君子呢?孔子曾说:"君子谋道不谋食,……君子忧道不忧贫。"[54]也就是说,君子应当是一个求道者。什么是"道"?一言以蔽之,所谓"道"是指宇宙秩序的根源,也是人类社会道德秩序的源泉,具有"形而上"的品格。对一个"求道"的读书人来说,一方面,读书本身就应当是一个修身的过程,是一个追求道德上的自我完善的过程,也就是成为君子的过程。另一方面,所谓"形而上者谓之道,形而下者谓之器"[55]意味着"道"在中国古人的眼里是与技术性的"器"相互对立的;"君子谋道"即是要求"君子不器",也就是说,君子与专才恰恰是相对的。一如上文所述,虽然儒家经典并非与政治技术毫无关系,但是由于它将"求道"置于崇高乃至神圣的位置,这或多或少压抑了国家治理技术的发育和分化;与此同时,也或多或少阻碍了法律职

---

[53] 转引自徐道邻:《法学家苏东坡》,载《中国法制史论集》,(中国台湾)正中书局1961年版,第309页。

[54] 《论语·卫灵公》。

[55] 《易传·系辞》。

业专门化与法律知识的独立性。

受到这种教育宗旨的影响,科举考试的内容设置也是以识拔通才为目的。在康熙四十一年制定命题规则时已经明确提出:"议准五经取士,务得通才。"[56]这种目标和追求必然导致对专业知识的忽视,其中当然也包括法律知识。道光十五年,御史易镜清奏三场试策,请改用律例一道,遭到礼部的反对。理由在于:

> 国家设科取士,责以报称者甚多,不独在理刑一端。若于进身之始先责以名法之学,无论剿说雷同,无裨实用,即真心讲贯者,亦必荒其本业,旁及专家,以法律为诗书。……该御史所奏,应毋庸议。从之。[57]

据此,通过科举考试选拔出来的士子,其知识结构的主要部分是一些"形而上"的人文经典知识,而基本不具备法律技术知识。在这个意义上,韦伯的判断是正确的。[58]

其次,就这些经典知识而言,其重中之重在乎经义与礼学。毋庸置疑的是,整个科举考试及教育体制都是以儒家经典为核心内容,并贯穿始终的。在经义中,又以"四书义"为首要。所谓"国家设制科取仕,首重者在四书文,盖以六经精微尽于四子书。"[59]我们大致上可以说,能够在科举考试中取得成功的士子,大多对经义有着比较好的掌握。这里,很有必要对经与律的关系特别加以讨论。通说认为,自汉代法律儒家化以来,法律的精神、原则乃至基本制度大抵来自于经义,唐律甚至

---

[56]《钦定大清会典事例》,卷265,"礼部三十三·贡举·命题规制",第1617页。
[57] (清)王先谦撰:《东华续录·道光朝》。
[58] 参见韦伯:《儒教与道教》,第二编"正统",第127—196页。
[59]《钦定大清会典事例》,卷266,"礼部三十四·贡举·试艺体裁",第1659页。

达到了"一准乎礼"的程度。在这个前提下,我们或许可以把"经学"看作是传统中国的法理学或法哲学,它主导着律的制定、律的解释与司法审判的实际运作。就抽象层面来说,如果律是经或礼的形式化与具体化的话,那么反过来也可以讲,经或礼就是律的精神和原则的基础。这一关系好比"礼仪"与"礼意"之间的关系,而"律意"即是经义或礼意。在此,我们特别希望指出这样一点:研究传统中国的律学必须与经学和礼学结合起来,只有这样,才能真正领悟传统中国法律的精神,也才能恰当地描述律学的成就和问题。据此,以往那种就律学而研究律学的方法必须予以改变。进一步说,士人对经义的把握,也意味着在一定程度上对"法理"或"律意"有着较好的把握,亦即对法律的精神、原则有着较好的把握。也就是说,经典训练虽然以经典知识为内容,但是它为士子进入律文本身奠定了良好的理论基础,也为其日后审理案件提供了指导原则。陈惠馨、顾忠华两位学者即认为,"凡是能够通过科举考试,被选择出来,负责审判的人,就是有能力理解法律条文的精神的人。也因此清朝的科举考试着重的是:参与考试的人对于法规范《大清律例》内容的精神是否理解,而不是着重于他对于法规范条文的认识与否。"[60]就此而论,我们似乎又不能遽然断言,这些通过科举入仕的读书人是完全不具有法律知识的。当然,这些未来的司法官员对于具体的律令条文、裁判成案以及司法程序方面的知识是欠缺的。但是平心而论,即便到了今天,我们的法学教育也把重点放在法学理论知识的传授上,我们这些经过专业训练的法律人在毕业之初,同样不能够毫无困难地迅速进入法律实务;而我们的优势在于:在掌握了这种理论之后,可以比其他人更快、更好地理解具体条文,并进行司法实务的操作。在

---

[60] 陈惠馨、顾忠华:《论传统中国的法律教育——以法体系之价值内涵为中心的学习制度》,载许章润主编:《清华法学》,第 9 辑,清华大学出版社 2006 年版,第 105 页。

笔者看来,清代中国的司法官员大致也是具备这种能力的。当然,我们对清代司法官员的知识状况做出这样的评价,并不意味着他们的法律知识结构没有问题。事实上,中国古人对科举考试导致待选官员的政法知识缺乏和实务能力低下早已有所批评。而真正的问题在于,由于受到科举风气和文人习气的熏染,导致了士人和官僚疏于读律甚至不愿读律的弊病。前引苏轼"读书万卷不读律"说的就是这种情形。[61]

再者,能够通过科举考试,至少意味着考生的智商和能力不会太低。以八股而论,今人往往对其大加抨击,认为八股文是"封建旧文化"的象征,束缚思维,压抑个性。诚然,如果与诗词歌赋相比,八股文的确不利于考生个性的展示与发挥。但是,这种对时文格式的严格乃至苛刻的要求,在剔除了考生个性化因素的同时,也尽可能避免了考官个人口味在阅卷过程中的干扰作用,因而在某种程度上保证了考试和评判的客观性和公正性。毕竟,科举不是为了发掘富有个性的诗人,而是为了选拔勤勉的官员;在一个设计精密的行政架构下,各级官员只要"循循于规矩之中"即可保证帝国行政制度的正常运转,太多个性化因素反而是无益的。在这个意义上,一个循规蹈矩的普通文人也许比一个个性张扬的诗人更适合日常行政工作。因此,八股文也许对文学和学术的确没有什么贡献,却也绝对无损于官僚体制的正常运作。甚至,现代学术论文本身也是一种新的八股文,论文的谋篇布局和引证注释,乃至引言与结论等等,均有一定的规范。事实上,八股文的盛行也无损于清代考据学的繁荣,而考据学也非形式主义的繁琐学术研究,而是寻求经典义理的阶梯。那些看似"琐碎饾饤的诂训、名物、度数、仪文就是我们今天看到的礼学考证。其实,考证只是一种论述方式,如同诗歌言语或

---

[61] 清人也有类似的批评,参见(清)张玉书:《刑书纂要序》,载《清经世文编》,卷90"刑政",第2235页。

绘画言语一样，虽然有其工具的抽象性，但只要能通过这坚硬的考证文字，就能接触到礼学的思想。"[62]据此，对八股文，我们也应该持一种平实的态度。

事实上，八股文也并非无法检验考生的能力。何怀宏认为，一个士子要想通过八股文取得成功，必须具备记忆能力、理解义理的能力以及组织文字和发扬文采的能力。记忆能力涉及的主要只是知识，而后两种能力涉及的则是思想、智慧、文字技巧及语言修辞。因而八股文写作主要不是考"记性"，而是考"悟性"，考"会根"和文才。[63]也就是说，想要领悟这种格式的精要所在，多少还是需要有点天分的。就此而论，"八股虽然并不具有总能把最好的人推到最高位置的确定性，它还是把大量的庸才挡在了门外"。[64]在这个意义上，能够掌握八股文之要领、并通过科举考试的读书人，即使在入仕之前没有接受过法律教育，对于他们来说，日后阅读律令条例、处理日常案件也绝非难事。

需要补充说明的是，即便八股文的规范严苛死板，却也绝不至于挑选出一帮书呆子。因为在士子的眼中，八股文无非是一块"敲门砖"。启功对此打了一个比方：拾起一块砖头去敲门，门里的人听见后出来开了门，客人手里的砖头也就扔掉了。[65]金克木也说："由八股考取做官的并不全是书呆子。忠臣奸臣能干人废物都有。八股只是敲门砖，不能限制人做官以后抛弃八股发展才能。"[66]可见，八股时文无非就是士子考试做官的工具罢了。其实，任何考试制度在造就人才的同时也都有败坏人才的危险，这是一种宿命。

---

[62] 张寿安：《十八世纪礼学考证的思想活力——礼教论争与礼秩重省》，第14页。
[63] 何怀宏：《选举社会及其终结》，三联书店1998年版，第206页。
[64] 同上书，第312页。
[65] 启功：《说八股》，载启功等：《说八股》，中华书局2000年版，第50页。
[66] 金克木：《八股新论》，载启功等：《说八股》，第84页。

通过上面的分析,我们大致上可以说,科举所要选拔的是通才而非法律专家。就法律实务而言,通过科举踏入仕途的清代官员并不必然具备相关的专业知识和技术才干,充其量只是对一些基本律文有所了解。但是,由于他们对传统中国的"法理学"——经学和礼学——有着比较好的领悟与把握,加之智商和能力都不算太低,因此我们有理由相信,这些官员在接触一段时间的司法实务之后,应当有能力掌握具体的法律条文和司法技术。

四、科举以外获得法律知识的基本途径

如果我们仅仅把问题局限在科举取仕的制度框架下,那么韦伯等人有关传统中国的"非专业化司法"和"非法律知识统治"的判断,基本上是没有问题的。但是,他们却忽略了另外一个问题:如果中华帝国的司法官员对于法律知识和司法技术果真一无所知,那么这种设计精密而又复杂的司法制度怎么能够运作?因此,除了以科举为目的的经典教育之外,应该还存在着其他途径,使清代的司法官员能够获得从事法律实务必须的基本技能。以下将就几种比较普遍的获得法律知识的途径进行简要的讨论。

(一)自学与家庭的影响

待选官员可以通过自学来掌握相关的法律知识。当然,自学是因人而异的,很难在普遍意义上加以讨论。不过可以确定的是,除了兴趣因素之外,这种自学很大程度上依赖于他们的家庭。例如,一些官宦子弟受到家庭氛围的影响,在他们年少之时就已经对日常的司法审判活动相当熟悉了。一些地方官员往往带着子侄上任,恐怕并不仅仅是出于父子情深,更重要的是为了让他们在真正踏入仕途之前,就能够了解

官场的实际运作情况；还有一些律学名家，也一直保持着律学研究的浓厚兴趣，而且对律学的发展产生了巨大影响。

法国学者魏丕信（Pierre-Etienne Will）曾以戴兆辰（1810—1890）的经历为代表，来说明家庭传统对官员的影响作用。戴兆辰出身于江苏丹徒一个官僚家庭，家中连续十四代都有人做官。而他本人在入仕之前，曾经跟随一位被任命为湖南某处知县的叔祖学习行政方面的知识和技能。虽然戴兆辰五次乡试落第，但是仍然继续与官场交往，继续在地方政府中"实习"。后来，戴兆辰出色地担任了数任知府之职。毫无疑问，这与他过去积累的实践经验不无关系。[67] 不过，并非很多人都能够拥有这样的家庭环境和"实习"机会。又如，清代嘉庆年间的著名循吏刘衡自述出仕之前，其先辈"尝课衡读律"，[68] 也是家庭环境影响的又一例证。当然，科举制度下的社会流动性，意味着有相当一部分士子出身于非官宦家庭，他们即使有兴趣自学法律条文，恐怕也很难通过这种途径来了解法律的实际运作。另外，某些律学名家对律学研究也保持了经久不衰的学术兴趣，并对律学研究和法律知识的传播产生了既深且巨的影响。这种情形不仅汉魏时期曾经出现过，[69] 而且明清时期也同样出现过。[70]

（二）实习

与上面一点的区别在于，这里所说的"实习"，是指帝国的官僚制度

---

[67] 参见〔法〕魏丕信：《中国帝制时代晚期如何学习为官之道》，吴曼译，载《法国汉学》，第 8 辑·教育史专号，中华书局 2003 年版，第 201—202 页。

[68] 参见（清）刘衡：《庸吏庸言序》，载《官箴书集成》，第 6 册，黄山书社 1997 年版，第 174 页。

[69] 关于汉魏时期律学研究的基本情形，参见瞿同祖：《中国法律与中国社会》，附录"中国法律之儒家化"，中华书局 1981 年版，第 323—346 页。

[70] 总体性的讨论，参见何勤华：《中国法学史》，法律出版社 2000 年版。

为未来的司法官员提供的"实习"机会,而不再是取决于家庭和兴趣等非制度性因素。本文所要讨论的主要是观政和候补这两种"见习"方式。顺便指出,这与汉代的"试官"制度不同。

在明清时期,由于人口的急剧增长和官职的相对有限,科举中第并不意味着可以立刻得到官职。或许是出于这种原因,明代创设了进士观政制度,可以理解为是在中试之后、实授官职之前的实习制度。清初沿袭明制,"每科进士除选庶吉士外,分派各部,以主事学习行走。三年期满,始以部署、知县分别录用。"[71]因此,士子完全可以利用观政的机会积累实践经验和相关的法律知识。不过,这种实习制度的效果是值得怀疑的:首先,观政期限长短不一,因此并非每一个新科进士都有充足的时间来学习实务。[72]其次,这些实习生本人可能对于观政抱着一种不太积极和热衷的态度。魏丕信即指出:"最初,这种'实习'应该持续三个月,而很快就被减短至几天:'见习生'们通常到部几天之后就乞假回籍。"[73]看来,这种"见习"制度也是虚应故事,并无实际意义。再者,由于观政主要局限于六部,因此可以想象,除了被派往刑部的新科进士可能有机会接触到大量的案件,其他部门的实习生们可能并没有太多参与司法实务的机会。

不过,除了在中央各部观政之外,清代还存在另一种到地方实习的机会,即候补。这是明代所不曾出现的。清代地方存在着大量的候补

---

〔71〕(清)陈康祺撰、晋石点校:《郎潜纪闻初笔》,卷2,"主事学习行走期满分三等引见",中华书局1984年版,第30页。

〔72〕关于明清时期观政期限问题,各家说法不一。根据钱茂伟的考证,明朝进士观政时间的长短没有明确的规定,而是取决于官员岗位的空缺情况。在他所列举的例子中,最短的不过一个多月,最长则达到五年之久。参见钱茂伟:《国家、科举与社会——以明代为中心的考察》,北京图书馆出版社2004年版,第117—118页。清代同样面临着人才积压和职位紧张的问题,因此观政时间可能同样取决于职位情况。究竟是否如此,尚待进一步的考证,暂不备述。

〔73〕魏丕信:《中国帝制时代晚期如何学习为官之道》,载《法国汉学》,第8辑,第207页。

官员，他们有可能被委派从事各种临时性公务，包括案件的调查和审理，并从中积累丰富的实践经验。以"杨乃武与小白菜"一案为例，在参与案件调查和审理的 14 位地方官员中，即有 3 人是候补知县。[74] 当然，从"杨乃武与小白菜"一案来看，这些候补知县并没有很好地完成任务；也许，对他们来说，这是一项"不可能的任务"，因为案件涉及太多的官场纠葛与利害关系。

（三）游幕

第三条研习法律的途径，是指通过"习幕"的方式来积累法律知识和司法经验。由于读书中第是一个漫长而艰难的过程，一般需要 20 年左右的时间，与现在读到博士毕业所要花费的时间相当。所以，除了少数官宦子弟和富家子弟之外，大多数读书人在中第以前都不得不面对生计问题，[75]因为单凭读书是不可能产生任何收入的，恰好相反，读书是一种"净消费"——除了不事生产的闲暇，购置纸砚笔札和书籍，乃至参加考试的旅费等，[76]可谓只有支出而没有收入。对贫寒家庭来

---

〔74〕 参见王策来：《杨乃武与小白菜案》，第 105 页。
〔75〕 这不仅仅是一个填饱肚子的问题，由于传统中国社会的婚龄和育龄普遍较早，根据《钦定大清通礼》的记载，女子 14 岁，男子 16 岁以上皆可结婚，数年之后就可能生育。具体的讨论，参见王跃生：《十八世纪中国婚姻家庭研究》，法律出版社 2000 年版，第 23—53、210—230 页；郭松义：《伦理与生活——清代的婚姻关系》，商务印书馆 2000 年版，第 180—250 页。在这种情况下，很多读书人在中第之前往往是"成家而未立业"。因此他们必须另谋出路来养家糊口，以及支撑自己继续完成读书考试的过程。有关读书人生计问题的讨论，参见郭润涛：《官府、幕友与书生——"绍兴师爷"研究》，中国社会科学出版社 1996 年版，第 49—52 页。作为个案，我们来看汪辉祖的游幕生涯。有着长达 34 年之久的游幕经历的清代名幕汪辉祖，可以算是一个职业幕友，但是他的愿望还是通过科举考试获得功名，以便出仕为官。当然，命运也眷顾了他的愿望，终于考中进士而实现自己的理想。然而，汪辉祖游幕的主要动机乃是解决生计问题。参见汪辉祖：《病榻梦痕录》，载《续修四库全书》，第 555 册·史部·传记类，上海古籍书店 1995 年版，第 607—733 页；另见鲍永军：《汪辉祖研究》，浙江大学人文学院 2004 年博士论文。
〔76〕 这一方面的讨论，参见杨联陞：《科举时代的赴考旅费问题》，载刘梦溪主编：《中国现代学术经典·洪业杨联陞卷》，河北教育出版社 1996 年版，第 825—840 页。

说,"治生"是一种不可避免的选择。其基本途径包括:从事教学、商业、游幕,甚至充当讼师。[77] 如果有足够的才识和机会,那么担任幕友无疑是一种比较理想的选择。这是因为,首先,幕业是一种与读书相关的工作,而且每日出入官府,也算是相对体面的工作,与其他职业相比具有明显的优越性。其次,与讼师不同,幕友不仅是一种公开和合法的职业,而且收入也比较稳定。再次,对以入仕为志向的读书人而言,从事幕业不但可以积累为官经验,对刑名师爷来讲,从事司法审判更是一项基本工作,而且也可以结交官宦,这对日后的仕途大有裨益。最后,也是最为重要的原因在于,从事幕业往往可以获得丰厚的收入,其中刑名师爷和钱谷师爷的酬金更为丰厚。据汪辉祖所说,幕友一年的收入可能是塾师的几倍甚至十几倍。[78] 按照张仲礼的统计,1880年知府和州县官的幕友约为12200人,平均年收入约为250两银子;而各级官员聘用的幕友总数大约为16200人,其平均年收入估计为560两银子。这大约仅仅是官员平均收入的1/10,然而却是为乡梓服务的绅士平均收入的5倍。[79] 一方面,这一统计数据说明了幕友收入的可观,另一方面也表明了幕友数量的庞大。在他们中,也有很多人日后确实踏上

---

[77] 由于明清时期人口急剧增长和科举相对宽松,因此生源数量明显增多,但官职数量却没有相应增加。这种"供需"之间的矛盾关系导致了很多生员转而充当讼师。相关研究,参见〔日〕夫马进:《明清时代的讼师与诉讼制度》,载王亚新、梁治平编:《明清时期的民事审判与民间契约》,第413—418页;Melissa Macauley, *Social Power and Legal Culture: Litigation Masters in Late Imperial China*, Sanford University Press, 1998, pp. 111—115, p. 123, pp. 147—177;党江舟:《中国讼师文化》,北京大学出版社2005年版,第142—149页。讼师经历无疑也可以积累丰富的法律知识,本文之所以没有将其列入"科举以外获得法律知识的途径",原因在于这种活动是非法的、秘密的,因而无从得知是否有官员在入仕之前曾经有过讼师经历,也就无从讨论这一途径的普遍性和有效性。

[78] 汪辉祖:《佐治药言》,"自处宜洁"条,载(清)郑端等:《为官须知》,岳麓书社2003年版,第191页。

[79] 参见张仲礼:《中国绅士——关于其在19世纪中国社会中作用的研究》,李荣昌译,第81页。

了仕途，而游幕期间积累的行政经验和法律知识，也确实发挥了重要作用。例如，汪辉祖担任知县以后，甚至干脆解聘了原来的幕友。由此可见，游幕经历可以视为一条比较有效的获得法律知识的途径。

入幕之前，幕友一般都会接受专业的幕学教育，又称学幕。明清时期学幕的一个鲜明特点是，通过"师傅带徒弟"的方式进行职业训练，因而与英国早期的"律师会馆"采用的律师培养模式有些类似。相反，它与通过法律理论研习的大陆法系的法律教育模式不同，而是经由司法实务的途径学习和积累具体的办案经验。具体来讲，学幕期间以及游幕之后，他们需要研读大量有关法律和幕务的书籍，包括《大清会典》和《大清会典事例》以及各部院则例、律例、地方法令、整理诠释律例的书籍，收集有关判例，以及与地方政府的刑钱事务有关的书籍、幕友记述处理刑钱事务的经验和心得的著作、有关政经文化的书籍等，[80]涉及的内容非常广泛。经过这种阅读和训练，再辅之丰富的司法和行政实践，可以说，幕友一旦有机会踏入仕途，将会成为非常专业的司法官员。从佐治到为官，最为典型的例子当属清代乾隆年间的模范幕友汪辉祖。他从23岁开始游幕生涯，到考取进士出任知县已经有了30多年的佐治经历。在汪辉祖亲自为官之时，多年的幕友经历已经将他训练成为了一名精通律例、经验丰富的法律专家，他的幕学著述也是当时的经典作品。对于汪辉祖这类有着从幕经历的司法官员，我们很难说他们是非专业化的。当然，这毕竟是少数。[81]

---

[80] 有关清代幕友研读的书籍和研读的方法，参见张伟仁：《清代的法学教育》，载贺卫方编：《中国法律教育之路》，中国政法大学出版社1997年版，第204—223页。

[81] 晚清和民国时代的陈天锡，也是一位留下丰富资料的幕友。参见陈天锡：《迟庄回忆录》，（中国台湾）文海出版社1970年版。顺便一提，在该书中，陈天锡也介绍了自己学幕期间对法律书籍的阅读范围与阅读方法。参见前书，第33—37页。特别值得指出的是，著名幕友的稀少，并不意味着幕友群体的数量也同样稀少。例如，尚小明就统计到清代268年时间的1364名幕友。参见尚小明：《清代人士游幕表》，中华书局2005年版，第4页。与清代将近1500个州县衙门相比，这个数字仍然不算太大。只是，留下历史记述的总是少数。

(四)官箴书的传播

官员获得法律知识的最为普遍而又重要的途径,就是通过阅读"官箴书"来掌握相关的法律知识与司法技巧。唐代以降,即有"官箴书"流传下来,清代可谓数量最多,内容也足够丰富,并且流播更是极为广泛。[82] 事实上,所谓"官箴书"是指官员的从政指南,除了一部分道德性的训诫之外,绝大部分内容都是旨在介绍有关司法、行政方面的知识和技术。就纯技术性的"官箴书"而言,它们往往出自富有经验的官员和幕友(有时二者是有交叉的,比如汪辉祖)之手,写作风格简明扼要、通俗易懂。在内容上,这类纯技术性的"官箴书"以追求方便和实用为目的。例如,有些会就日常公务中的某些基本问题与常见问题给出具体建议和解决办法,从而使官员可以了解州县衙门的司法和行政的工作范围及处置技巧;再如,也有一些会选取律令条例中最为基本、必要的部分进行编辑,刘衡所著《读律心得》即是一例,从而将初入仕途的官员从浩如烟海的法律条文中"解救"出来。这类纯技术性"官箴书"的写作目的就是"帮助读者立刻查找到所需要的内容,以解燃眉之急"。[83] 因此,司法官员可以通过阅读此类著作,比较快捷地掌握与日常司法实务密切相关的那些法律知识和办案技术。又如,有些"官箴书"不仅篇幅巨大,而且内容非常丰富,涉及地方衙门各种事务的方方面面,可谓应有尽有,比如《牧令书》和《福惠全书》即是典型。

明清时期尤其是清代,出现了"官箴书"编撰数量上的高峰,也是质

---

[82] 就笔者所知,黄山书社于1997年整理出版的十巨册《官箴书集成》,是现在所见最为完整的资料。

[83] 魏丕信:《中国帝制时代晚期如何学习为官之道》,载《法国汉学》,第8辑,第200页。

量上的高峰,这在一定程度上反映出市场需求的增长。[84] 同时,印刷技术的发展和书商(包括盗版书商)的活跃也进一步扩大了"官箴书"的传播渠道与范围。以"官箴书"的经典之作《福惠全书》为例,"此书易购,各处书肆皆有"。[85] 在清代官场上,"官箴书"是几乎人人必备、人人必读的书籍,因而也成为了司法官员学习法律知识和司法技巧的主要知识来源。再者,清代"官箴书"数量的上升以及传播范围的扩大,实际上也反映出司法官员的一种自觉:他们已经意识到儒家经典知识在处理司法事务上的不足,并且主动通过其他途径来弥补知识和经验上的缺陷。而传播过程本身也促使了法律知识的平均化和普遍化,有助于形成知识的共同体。

通过上述考察,我们已经看到,虽然科举制度及其影响下的教育体制没有为司法官员提供获得技术性法律知识的途径,但是他们仍然可以通过其他渠道来掌握这种知识。虽然这些渠道是非制度化的,但是

---

[84] 在此,需要补充一点。魏丕信教授认为,之所以明清时期"官箴书"会出现远比过去大的市场需求,其中的一个根本原因就是"明清国家机器的扩展"。参见魏丕信:《明清时期的官箴书与中国行政文化》,李伯重译,载《清史研究》,1999年第1期。这种观点对于我们通常所持的明清官职数量基本保持不变的看法无疑是一个挑战。不过笔者认为,"官箴书"市场需求的扩大也许另有其他原因:第一,明清时期的律例条文愈发繁琐和复杂,因此官员更需要有人把与他们日常公务息息相关的内容整理出来,方便查阅;第二,由于明清时期人口激增、土地等资源相对紧张,因此纠纷和诉讼数量明显上升,新任官员也就更需要一些"司法指南"来帮助他们迅速、准确地处理讼案;第三,商品经济的发展和讼师的活跃都导致了诉讼越来越复杂化,因此更加需要一些老练的官员和幕友总结自身经验,以指导初入仕途的新人来应对这些案件,特别是指导他们如何对抗讼师。在我看来,这些原因都可能导致"官箴书"市场需求的扩大。

[85] 转引自魏丕信:《中国帝制时代晚期如何学习为官之道》,载《法国汉学》,第8辑,第199页。关于"官箴书"流播的情况,我们从陈宏谋印发"官箴书"的做法中也能看到。一是陈宏谋大量印刷《从政遗规》,并在其管辖范围内广为分发。参见 William T. Rowe, *Saving the World: Chen Hongmou and Elite Consciousness in Eighteenth-Century China*, Stanford University Press, p. 328. 该书于1742年编纂,摘录了从宋代到清代几十位政治家、学者有关从政的论述。二是陈宏谋于1743年编写了《在官法戒录》,其主要内容是关于官员如何控制胥吏的。该书在其任职期间被广泛流传,并在晚清时期多次被重印。参见前书,第339页。

对于司法官员知识结构仍然起到了不同程度的影响;尤其是"官箴书",对于法律技术知识的传播具有比较普遍的意义。

五、结论与评论:司法官员能否胜任案件审理

现在,我们再来总结一下清代司法官员的知识结构问题。为了便于讨论,我们大致上可以将"法律知识"划分为两个层次:其一是有关法律精神、原则的知识,姑且将其称为"法理"知识;其二是涉及司法实务的具体知识,暂且把它称为"技术"知识。上文的分析已经表明,科举考试的内容及其影响下的教育体制,使司法官员基本上具备了较好的"法理"知识,但是,在"技术"知识上,他们可能仍有欠缺。另一方面,司法官员也可以通过科举以外的其他途径来获取法律知识,以此弥补"技术"知识上的不足。当然,这种弥补往往是非制度化的,其程度和效果也是因人而异的。所以,如果就中华帝国的制度设计而言,韦伯等人关于传统中国司法"非专业化"的结论,作为一种事实判断基本可以成立。

但问题是,很多学者并不是单纯在事实描述意义上使用这一结论,而是隐含着一种价值判断。[86]在他们看来,西方的专业化司法是进步的、发达的,而传统中国的非专业化司法则是落后的、不发达的。笔者认为,这样一种价值评判或许是有失公允的。一个国家的司法制度是否进步和发达,我们很难一概而论,因为对司法乃至整个法律状况的评价必须回归到具体的社会语境中来做出。借用梁漱溟先生的说法,法律是给事情走得通的一个办法。也就是说,问题的关键在于,这样一种司法状况能否满足社会纠纷解决的需要,能否维持传统

---

[86] 参见林端:《韦伯论中国传统法律》,"自序与导论",第8页。

中国的社会秩序，而不是在抽象意义上来讨论进步与否，发达与否。在我看来，清代法官的法律知识状况已经基本上能够胜任日常案件的审理工作。[87]

首先，案件类型比较简单。传统中国的司法官员面对的是一个农业社会，同时也是一个家族社会。农业社会决定了这一社会具有"安土重迁"的特征，这意味着社会关系相对比较简单，也比较稳定，又有"熟人社会"的特征，因而纠纷和诉讼的类型一般也不复杂；而家族社会则意味着有相当一部分社会秩序依赖于家族伦理道德来维系，并不需要太多的国家法律规则体系来调整。[88]就民事案件而言，司法官员日常处理的大多是有关婚姻、田土、钱债方面的简单案件，而他们熟谙的四书五经也已经涉及了生活中的很多基本制度。因此，他们基本上可以凭借常识和经验来应对司法过程中的很多问题。对于刑事案件来说，州县官员也并不需要特别关注所理案件中的技术问题，相反，他们可以利用程序技巧将大量的刑事案件转为"内结"案件，以笞杖刑来了结。对法律技术知识要求较高的主要是一些命盗案件，但是，命盗案件的发生频率并不高，在法律适用上也不复杂。这类案件之所以难以解决，往往是由于侦查和取证技术的限制，而非纯粹的法律问题。例如杨乃武一案并不存在任何法律适用上的困难，如果在今天的法医检验技术下，这个案件绝对不会成为疑难案件。这样一种社会背景，或许意味着传统中国社会不

---

[87] 我们的看法与郑定和杨昂不同。在他们看来，经由科举考试出仕的清代司法官员根本不能胜任具体的司法事务。参见郑定、杨昂:《不可能的任务：清代冤狱之渊薮》，载《法学家》，2005年第2期。

[88] 必须指出的是：其一，由于清代人口急剧增长，乾隆时期已经突破三亿，因此在相对狭小的日常生活空间中，这种人头涌动的生活条件非常容易导致纠纷的产生。其二，由于清代物质资源日益匮乏，所以一旦面临利益冲突，伦理道德往往难以发挥维护社会秩序的作用，提起诉讼反而是适当的选择。故而，在总体上，清代是一个比较容易发生纠纷，也比较容易引起诉讼的社会。

怎么需要专业化的司法人员。而现代社会或者说资本主义兴起之后的西方社会则不同,社会关系的日益复杂、社会分工的日益精细都决定了需要由专业人员来解决纠纷,甚至需要由不同的专业人员来解决不同的纠纷类型;如今,即使专业司法人员都不能胜任,以至于要有专家顾问的协助——例如,知识产权案件和金融案件就是眼下比较典型的例证。而在传统中国社会,这些问题是不存在的。不能忘记的是,由于农业社会的产出相对较低,不可能支撑一个庞大的官僚体系;另外,由于人口众多,相比之下,清代的官员编制显得相当精简。在这种情况下,中华帝国当然没有必要也不可能专门供养一批社会不怎么需要的专业司法人员,而更愿意选拔一些"通才"来兼理各种类型的公务。

其次,法律条文比较简单。翻检清代中国的律例书籍,我们可以发现,不但法律条文比较简约,而且"技术"含量也不复杂,甚至法律用语与日常语言没有什么根本性的差异,这对通过科举考试出仕为官的具备相当高深的经典知识的司法人员来说,研习起来应该没有多大的困难。事实上,即使是今天我们阅读起来,也几乎没有任何困难,非常简明易懂。也就是说,传统中国的法律体系并非需要专业训练才能够理解。在法律问题上,司法官员的主要困难并不在于阅读和理解,而是没有时间或兴趣去收集整理相关的律例与成案,[89]因此才需要幕友或"官箴书"的协助。必须指出的是,由于韦伯接受的是德国概念法学的繁琐复杂的理论训练,意欲解释的是近代西方资本主义与"形式理性"法律体系之间的内

---

〔89〕 除了这些原因以外,传统中国的司法官员之所以不愿意研究法律,甚至不愿意从事司法职业,是因为宗教信仰上的原因。在他们看来,钻研是"有损阴骘"的行为。具体的讨论,参见霍存福:《复仇·报复刑·报应说——中国人法律观念的文化解说》,吉林人民出版社2005年版,第217—249页;邱澎生:《有资用世或福祚子孙——晚明有关法律知识的两种价值观》,载《清华法学》,第9辑,第155—168页;徐忠明:《办成"疑案":对春阿氏杀夫案的分析》,载《中外法学》,2005年第3期,第301—302页。

在关联这样一个理论问题,这或多或少会使他形成一种"前见"——传统中国法律是一种不同于西方的"实质—非理性"的法律体系。加之他基本上是借助二手资料进行研究,因此当他在讨论传统中国法律问题时,就不太能够理解传统中国的语境,不太能够想象传统中国的法律体系。

再次,幕友的专家功能。尽管前面已经特别强调了传统中国的司法官员能够比较好地理解法律,进而也能够比较好地胜任司法审判工作的理由,但是,司法的非专业化、司法官员缺乏必要的法律训练和研究兴趣,则仍然是一个不可回避的基本事实。对此,明清时期的文人官僚已经指出并批评了这一现象。譬如,明朝苏伯衡在谈到上古圣贤专业化治理的效用时建议:"夫安其分而专其智能于一职,与夫急于进取而无常职,其得失亦可见矣。"[90] 清代卢锡晋也说:"古者任人,择其能,量其才,而后使之。善理刑者,不闻其兼明农;善礼乐者,不闻其兼治兵。"[91] 清代张玉书也批评了士人不喜读律的毛病,他说:"顾律文古质简奥,难以猝读,而经生家又辄视为法律之书,不肯深究。迄身为刑官,乃勉强检按,取办一时,无惑乎学?士大夫之能精于律者鲜矣。"[92] 由于士人平时不肯深究法律知识和行政知识,以致一旦"洎登第入官,而后上自国计、民生,下至人情、风俗,及兵、刑、钱、谷等事,非所素习,猝膺民社,措治无从"。[93] 值得注意的是,虽然帝国衙门缺乏

---

[90] 参见(明)陈子龙等选辑:《明经世文编》,第 1 册,中华书局 1962 年版,第 43 页。
[91] (清)卢锡晋:《吏议》,见《清经世文编》,卷 15,第 371 页。
[92] (清)张玉书:《刑书纂要序》,载《清经世文编》,卷 90,第 2235 页。
[93] (清)李东沅:《论考试》,载葛士濬编:《皇朝经世文续编》,卷 120,"洋务二十",转引自王德昭:《清代科举制度研究》,第 73 页。此类批评不少,例如:"上之所以教,下之所以学,惟科举之文而已。道德性命之理,古今治乱之体,朝廷礼乐之制,兵刑、财赋、河渠、边塞之利病,皆以为无与于己,而莫不关其心。及夫授之以官,畀之以政,懵然于中而无以应,则拱手而听胥吏为之。"参见孙鼎臣:《论治二》,载盛康编:《皇朝经世文续编》,卷 66,"礼政:贡举",转引自王德昭:《清代科举制度研究》,第 81 页。这里不便枚举。

必要的专业分工,司法官员也是非专业化的,但是,他们基本上是在专业化的私人顾问——幕友——的协助下处理行政事务,尤其是司法实务的。就清代而言,虽然幕友不是国家的正式官员,然而却是一个非常普遍的现象,而且各级衙门在聘请幕友时还必须履行备案程序,以便稽考,所以我们完全可以把它作为一种制度化的因素来理解。据此,如果将幕友纳入司法官员的知识结构中来考虑的话,我们甚至可以说,清代的司法官员在某种意义上是专业化的。退一步说,即使不做这种可能产生争议的论断,至少我们也可以认为,司法官员在专业化的、分工细致的幕友的协助下,应当有能力胜任绝大多数案件的审判工作。

最后,司法程序的作用。就少数疑难案件而言,由于传统中国司法程序的独特设计,也在一定程度上缓解了司法官员尤其是地方衙门司法官员的法律知识的不足。众所周知,秦汉以降,凡是疑难案件,重大案件亦然,都要通过"审转"程序逐级上报,最终汇聚到相对专门的中央司法机构——例如秦汉的廷尉、唐宋的大理寺,明清的刑部,有些案件甚至还要上报到皇帝那里。[94] 必须指出的是,传统中国的审转程序与现代西方的上诉程序的意义和作用有着巨大的差异;但是,无论如何,通过"审转"程序,绝大多数涉及法律知识要求较高的疑难案件,最终会自动汇集到刑部,甚至皇帝手里,从而较好地避免了地方衙门司法官员可能出现的审断差错。据笔者看来,这种程序设计的意图有三:一是落实慎重刑罚的思想;二是监控司法官员;三是实现帝国法律的统

---

〔94〕 有关传统中国司法程序的通论研究,参见那思陆、欧阳正:《中国司法制度史》,(中国台湾)空中大学 2001 年版,第 4—354 页;张晋藩主编:《中国司法制度史》,人民法院出版社 2004 年版,第 1—464 页。有关清代司法程序的专门研究,参见那思陆:《清代州县衙门审判制度研究》,(中国台湾)文史哲出版社 1982 年版;那思陆:《清代中央司法审判制度》,(中国台湾)文史哲出版社 1992 年版;郑秦:《清代司法审判制度研究》;吴吉远:《清代地方政府的司法职能研究》。

一。撇开这些不谈,如果仅仅将地方衙门的司法官员与刑部衙门的司法官员作一比较,那么我们可以发现:其一,在司法分工上,刑部属于专门机构;其二,在法律知识上,任职刑部的司法官员可谓训练有素,业务也非常娴熟。

这里,尚有必要回应一下本文开篇提出的韦伯问题。我们觉得:第一,如果仅仅从比较中西司法制度的角度来衡量,那么,韦伯等人提出的关于传统中国司法的非专门化与非知识化的论断,基本上是可以成立的,这一观点较好地彰显了中西司法制度的差异极大化的类型特征;但是,如果据此评论中西司法制度的优劣,则是无法令人赞同的;毕竟,中西司法制度乃是为了解决各自的社会问题,而非纯粹的理论构想。第二,如若单单就传统中国社会的独特语境出发来考察,那么我们就可以说,司法制度是否专门化以及法律知识是否专门化也许不是一个真问题,或者说是一个伪问题;然而,就清代而言,随着人口的急剧增长与经济的迅速发展,帝国衙门所要处理的事务也大幅增长,而且日趋复杂,由此,对于帝国衙门的职能分工也被作为一个问题提了出来,司法专门化的苗头也已初步显露。

一个绅士眼里的清初上海的司法实践[*]

——以《历年记》为范围的考察

关于清代中国的司法实践——诉讼与裁判,乃是近来学者特别关注的问题,已有大量的论著问世,也引发了激烈的学术争论。就诉讼而言,已有的讨论主要涉及清代中国的民众究竟是"厌讼"抑或是"好讼"的问题。对所谓中国人"厌讼"的传统观点,如今受到了学者的强烈质疑;他们认为,清代中国已经是一个"诉讼社会",中国人决非人们想象的那么"厌讼"。[1]从裁判来看,以往的研究大致聚焦于清代中国的司法官员究竟是按照"情理"来裁判抑或是根据法律来裁判。其中,又可

---

[*] 本文原载《现代法学》,2007年第3期,现有增补。

[1] 讨论传统中国的"厌讼"或"贱讼"的研究文献很多,参见胡旭晟:《无讼:"讼"的失落——兼与西方比较》,载《比较法研究》,1991年第1期;何勤华:《泛讼与诉讼的历史考察——关于中西法律传统的一点思考》,载《法律科学》,1993年第3期;邢晓军:《传统中国的"厌讼"现象及其对现代社会的启示》,载《汕头大学学报》,1998年第2期;张媛:《再论"厌讼"心理的根基》,载《当代法学》,2001年第10期;冯霞:《中国人"厌讼"心理的历史分析》,载《中南民族大学学报》,2002年第3期;张文香、萨其荣桂:《传统诉讼观念之怪圈——"无讼"、"息讼"、"厌讼"之内在逻辑》,载《河北法学》,2004年第3期;潘宇:《中国传统"厌讼"观念辨析》,载《华北大学学报》,2004年第2期;王石磊:《试析中国传统诉讼观念——官府"无讼"、"息讼"与百姓"畏讼"、"厌讼"》,载《北京市工会干部学院学报》,2005年第1期;周赟:《传统中国厌讼文化考》,载《山东大学学报》,2006年第4期。与此相反,关于宋代以来的"好讼"风气的记载也很突出,例如从《宋会要辑稿·刑法三·诉讼》的相关记载来看,提到"讼谍繁多"和"健讼"之类的文字,也颇不少。关于宋代"好讼"的讨论,参见郭东旭:《论宋代的讼学》,载《河北学刊》,1988年第2期;雷家宏:《从民间争讼看宋朝社会》,载《贵州师范大学学报》,2001年第3期,刘锡涛:《宋代江西民俗特征述论》,载《江西师范大学学报》,2002年第2期;许怀林:《宋代民风好讼的成因分析》,载《宜春学院学报》,2002年第1期;陈景良:《讼学、讼师与士大夫——宋代司法传统的转型及其意义》,载《河南省政法管理干部学院学报》,2002年第1期;龚汝富:《江西古代"尚讼"习俗浅析》,

以进一步分为命盗案件与田土案件的裁判依据的差异问题。主流观点认为,命盗案件基本上是依法判决的,而田土案件则是按照"情理"裁判的;最近的相反意见指出,无论命盗案件抑或田土案件基本上都是依法判决的。[2]但是也有学者认为,不应过于夸大命盗案件与田土案件在裁判依据上的差异;事实上,仔细考虑它们的解决办法,我们可以发现,它们只是程度上的不同,而非原理上的差异。[3]进一步讲,这些争论还包括纠纷解决机制——民间调解与衙门裁判的不同类型问题。[4]

载《南昌大学学报》,2002年第2期;牛杰:《宋代好讼之风产生原因再思考》,载《保定师范专科学校学报》,2006年第1期。关于明清时期"好讼"风气的研究,参见雷家宏:《北宋至晚清民间争讼解决方式的文化考察》,载《船山学刊》,2003年第4期;卞利:《明清徽州民俗健讼初探》,载《江淮论坛》,1993年第5期;张小也:《健讼之人与地方公共事务》,载《清史研究》,2004年第2期;邓建鹏:《健讼与息讼——中国传统诉讼文化的矛盾解析》,载许章润主编:《清华法学》,第4卷,清华大学出版社2004年版,第176—200页;方志远:《明清湘鄂赣地区的"讼风"》,载《文史》,2004年第4期;侯欣一:《清代江南地区民间的健讼问题——以地方志为中心的考察》,载《法学研究》,2006年第4期;徐忠明:《传统中国乡民的法律意识与诉讼心态》,载《中国法学》,2006年第6期。另外,邱澎生所著《明清讼师的官司致胜术》("中国传统法律文化的形成与转变"研讨会论文,台湾地区"中央研究院"历史语言研究所:2006年12月14—16日)对于明清时期的经济发展与诉讼频繁的原因作了有益的探讨,颇可参考,参见第3—12页。有关明清时期"诉讼社会"的提法,参见〔日〕夫马进:《讼师秘本〈萧曹遗笔〉的出现》,载《日本学者考证中国法制史重要成果选译・明清卷》,中国社会科学出版社2003年版,第490页;〔日〕寺田浩明:《中国清代的民事诉讼与"法之构筑"——以〈淡新档案〉的一个事例作为素材》,载易继明主编:《私法》,第3辑第3卷,北京大学出版社2004年版,第306页。

〔2〕 前者的代表人物是日本学者滋贺秀三,参见〔日〕滋贺秀三:《中国法文化的考察——以诉讼的形态为素材》,载王亚新、梁治平编:《明清时期的民事审判与民间契约》,法律出版社1998年版,第1—18页。后者的代表人物是黄宗智,参见黄宗智:《民事审判与民间调解:清代的表达与实践》,中国社会科学出版社1998年版。

〔3〕 参见徐忠明:《明清刑事诉讼"依法判决"之辨析》,载《法商研究》,2005年第4期;徐忠明《依法判决?:明清时期刑事诉讼的一个侧面》,载《案例、故事与明清时期的司法文化》,法律出版社2006年版,第301—323页。对此问题的更为详尽的讨论,参见徐忠明长达7万余字的论文:《清代中国司法裁判的形式化与实质化——以〈病榻梦痕录〉所载案件为中心的考察》,载《政法论坛》,2007年第2期。

〔4〕 对滋贺秀三来说,清代中国的民事诉讼属于"教谕式的"调停,而非依法裁判。参见〔日〕滋贺秀三:《清代中国の法と裁判》,創文社1984年版。但黄宗智却认为,就民事纠纷而言,它在民间是通过调解来解决的;与此不同,它在官方是通过裁判解决的。参见黄宗智:《民事审判与民间调解:清代的表达与实践》,第1—21页。

必须指出的是，本文不拟检讨上面的所有问题，而只是希望通过《历年记》所记载的案件来考察如下四个问题：一是《历年记》描述的姚廷遴的生活世界；二是《历年记》的史料价值；三是《历年记》能否作为反映清初上海"健讼"风气的例证；四是《历年记》刻画的清初上海司法实践的几个侧面。我之所以"割舍"其他问题，是因为《历年记》所记载的案件大多数仅仅是片言只语，以致面目不清，难以解读其中的细节问题。

有关姚廷遴和《历年记》所录案件的基本情况，日本的明清社会经济史学者岸本美绪已经相继发表了两篇学术论文。在《〈歷年記〉に見る清初地方社会の生活》中，岸本对清初姚廷遴的亲友关系和社交群体、姚廷遴的经济生活、国家权力与地方社会作了比较翔实的考察；特别是在第三节"国家权力与地方社会"里，作者重点考察了清初的诉讼和征税。[5] 在这篇论文的基础上，她又写了《清初上海的审判与调解——以〈历年记〉为例》，除了继续简单讨论姚廷遴的亲友关系和经济生活以外，该文着重讨论的问题则是清初的司法实践。[6] 就清代司法实践而言，这篇论文的基本观点如下：其一，随着社会经济的发展和民众活动空间的拓展，通过诉讼来解决民间纠纷已经成为主要的手段，它与史称"上海是健讼之地"的说法吻合；其二，从"民间调解"到"国家审判"，同时又从"国家审判"到"民间调解"——纠纷解决的手段在两者之间转换，更多是出于两造的自由选择；其三，作者指出，滋贺关于清代

---

〔5〕 参见〔日〕岸本美绪：《〈歷年記〉に見る清初地方社会の生活》，载《史学雜誌》，95编6号，1986年；收入岸本美绪：《明清交替と江南社会——17世紀中国の秩序問題》，東京大学出版会1999年版，第235—279页。

〔6〕 岸本美绪：《清初上海的审判与调解——以〈历年记〉为例》，载台湾地区"中央研究院"近代史研究所编：《近世家族与政治比较历史论文集》（上），台湾地区"中央研究院"近代史研究所1992年版，第241—257页。

州县民事"自理"案件以"情理"为基准的看法,是正确的。[7] 应该承认,岸本美绪对《历年记》所载案件的检讨颇有成效,也是本文的基础。换句话说,笔者试图在岸本研究的基础上进行更为仔细和深入的讨论,藉此推进对清代司法实践的研究。

一、姚廷遴的生活世界

从"知人论世"的角度来说,我觉得,如果我们意欲理解《历年记》所载案件的价值与姚廷遴为什么介入了这么多的诉讼案件,那么,似有必要稍稍介绍一下上海姚氏家族与姚廷遴的基本情况——教育和职业,进而勾画作者的活动空间。这是因为,《历年记》所载案件与姚廷遴的家族背景、生活境遇和活动空间密切相关。

与姚廷遴同时代(明末清初)的上海人叶梦珠,在《阅世编》中写道:

> 姚方伯通所永济,由万历戊戌进士入礼垣,历两浙藩臬长,家甚丰腴。鼎革之际,散于兵火。顺治中,年九十,步履矍铄如六十许人,远近慕为人瑞,寿九十七而卒。今子孙寥落,不异寒士矣。[8]

叶梦珠所撰"门祚"2 卷共 67 家,而姚永济与焉。又据乾隆《上海县志》卷 10 专列"姚永济传"来看,作为上海地区的著姓望族的姚氏,姚

---

[7] 必须指出的是,就姚廷遴《历年记》所载案件来看,无论是民间调解抑或国家裁判,其中没有一个案件明确提到纠纷藉以解决的依据。故而,岸本美绪对滋贺秀三有关"情理"是清代解决民事"自理"案件基准的说法,并无事实根据;可以说,只是一种"借题发挥"的看法而已。

[8] (清)叶梦珠著、来新夏点校:《阅世编》,卷 5·门祚 2,上海古籍出版社 1981 年版,第 129 页。

廷遴的这位叔祖姚永济乃是家族兴衰的关键人物。[9] 再者，按照《历年记·自叙》所说，姚氏原籍浙江慈溪，十一世祖姚颙迁居上海，其后，在姚氏家族兴衰史上的关键人物共有三位：一是八世祖姚谏，兴于"土木之难，正统帝北狩，扈从沙漠"，获得恩宠，被"赐一品服俸，年高乞归"；二是五世祖姚一祥，监生出身，历任江西的临江府知事和九江府知事，[10]后获"诰赠通奉大夫"；三是前面提到的叔祖姚永济，万历二十二年(1598年)戊戌进士，曾经担任宗室子弟的选考，因而有"姚公桃李皆皇族"的美誉，最高官职是浙江左布政使；即使退休乃至家财遭到兵丁大肆"抢劫"[11]之后，姚永济依然是上海地区的重要人物，也是维系姚氏家族的著姓望族的核心人物。对此，我们从出席其九十大庆与葬礼的地方官员和本地乡绅的名单上，[12]也可见一斑。然而，自洎姚廷遴那一代，特别是姚永济去世之后，姚氏家族已经"子孙寥落，不异寒士"。[13]

――――――

[9] 参见(乾隆)《上海县志》，卷10，中国书店1992年影印版，第672—673页。

[10] 清代李延罡所撰《南吴旧话录》(上海古籍出版社1985年影印版，第152—153页)卷下记有姚一祥的两则故事：一是在太学生时倾囊救病友，一是任临江知事时释罪囚。也见前揭《上海县志》，卷10，第672页。

[11] 参见《清代日记汇抄·历年记》，上海人民出版社1982年版，第57—58页。

[12] 出席姚永济九十寿诞的有"本县文武多官及乡绅士庶，及别郡门生故旧亲戚，男女毕集，称觞拜贺，拥挤一日，家宴戏酌而散"。后来，在其吊丧的那天，前来参加祭奠的有："松江提督来，府厅来，吴淞赵总兵来。请陆知县题主，本地乡绅祭奠。"事实上，即使在姚廷遴的大伯姚庚明63岁的庆典时，前来参加贺寿的官员也不少，计有"张提督、韩理刑、姚知县，俱来拜门生、认年侄孙者、通谱者"。前揭《清代日记汇抄·历年记》，第69页。所谓"年侄孙者"，显然包括姚廷遴在内。这也说明，经济实力(财富)并非维护著姓望族地位的前提，是否具有科举功名和仕进身份，才是基本的条件。

[13] 参见《清代日记汇抄·历年记》，第41—42页；吴仁安：《明清时期上海地区的著姓望族》，上海人民出版社1997年版，第390—392页。关于姚氏家族兴衰的讨论，参见肖卫华：《论明清交替时期上海"望族"的兴衰——以〈历年记〉为例》，载《理论月刊》，2004年第4期。顺便指出，肖卫华说："在上海姚氏望族上述六代承袭中就经历三次盛衰。"参见前文，第123页。我觉得，这一说法显然有误。

从《历年记》的记载来看,上海姚氏家族的衰落,既与明清鼎革的宏观历史背景息息相关,[14]也与作为家族核心人物姚永济的谢世有关。就前者而言,在《历年记》所载"弘光元年(笔者按:顺治二年),岁次乙酉"中,姚廷遴这样写道:

> 更有把总沈虎臣者,与潘我其相厚,商及我叔祖九年浙江左藩,家内金山银穴,煽动贼兴,统领兵丁,将三大宅围住,打开内室,搜抢金银财宝,扛负绫罗缎疋,鸣金呐喊,分旗捱队而肆掠焉。沉香犀玉,狼藉满途;牙珀珍珠,多余撒路;数千人搬运三昼夜不停。更有在城之恶少,及村野之强徒,趁彼匆忙,混入党而掳劫。又将富厚家人,锁厅拷打,逼献金宝。又寻我二伯,拥之上舡,逼要买命助饷焉。此时有家人潘龙等商议,发掘窖金一万两,觅人装载,星夜赶赴吴淞,央田总兵关说,得见本彻,送金验收,方得大伯、二伯归来。此番一抢,连叔祖任宦已久,亦不知家有多少藏蓄也。[15]

这段记载可以说明以下两点:第一,作为明清时期经济发达地区的浙江,确实成了地方官员聚敛财富的"渊薮";第二,经由此番兵丁明火执仗的大肆"抢掠",姚氏家族的经济实力也受到了致命的打击。但是,经济实力遭到兵火的摧破,并不必然导致家族的衰落。明清易代对于江南绅士阶层造成的冲击,尚有更深的政治上的原因,即是由"民族"认同遭受困扰而带来的仕途晋身上的阻隔;与此同时,也与清朝最高统治当

---

[14] 根据叶梦珠《阅世编》卷5"门祚"记载,明清易代之间破家的约有20余家,占30%以上。

[15] 《清代日记汇抄·历年记》,第57页。类似的"拔富"事件,也见第64—65页。

局对于江南绅士阶层的敌视和打压有关。[16]例如《历年记》有所记载的"丁酉科场案"和"辛丑奏销案",对于江南绅士的打击可谓沉重。[17]当然,这与本文的核心问题无关,这里不作详细的论述。

从后者来看,姚廷遴在记述顺治九年叔祖姚永济九十大庆时写道:

> 其日天色又好,本县文武多官及乡绅士庶,及别郡门生故旧亲戚,男女毕集,称觞拜贺,拥挤一日,家宴戏酌而散。先期二伯在京师,亦归请酒数日而止。自此盛后,再不能见此光景矣!气运盛衰,人事得失,倏尔变幻。[18]

这一出自作者之口的有关"气运盛衰,倏尔变幻"的感慨,乃是姚氏家族"由盛而衰"的前兆。到了顺治十六年姚氏家族顶梁柱——姚永济"气绝"之后,为了维持丧礼的体面,姚家已经开始变卖房屋和遣散奴仆来筹措费用,[19]经济状况的拮据可见一斑。在姚氏家族的后裔中,虽然也有几名贡生、监生和秀才等,[20]但是已经不成气候,也无仕进的

---

[16] 参见吴仁安:《明清时期上海地区的著姓望族》,第62—66页;马学强:《乡绅与明清上海社会》,载《上海社会科学院学术季刊》,1997年第1期,第166—167页;徐茂明:《江南士绅与江南社会》,商务印书馆2004年版,第84—95页。关于清廷敌视江南绅士的简要讨论,参见[美]孔飞力:《叫魂:1768年中国妖术大恐慌》,陈兼、刘昶译,上海三联书店1999年版,第94—97页。顺便指出,这种皇朝兴衰与绅士阶层沉浮的现象并不是清初所特有,比如明初也曾出现过这样的事情。参见郑克晟:《明初江南地主的衰落与北方地主的兴起》,载《北京师范大学学报》,2001年第5期,第49—58页。

[17] 参见《清代日记汇抄·历年记》,第75、84页。关于"科场案"与"奏销案"的详细讨论,参见孟森:《心史丛刊》,中华书局2006年版,第3—21、34—78页。

[18] 《清代日记汇抄·历年记》,第69页。

[19] 同上书,第78—79页。

[20] 姚永济之子庚明、襄明"俱恩贡生",侄孙廷让为"太学生"。参见《上海县志》,卷10,第673页;另见岸本美绪:《清初上海的审判与调解》,载《近世家族与政治比较历史论文集》(上),第243页。

记录。由此,姚氏家族很难继续维持著姓望族的地位;换句话说,在"学而优则仕"的清代中国,一旦功名无望,仕进无路,想要继续维持绅士身份也就变得非常困难。

就姚廷遴来讲,对其一生影响深远的事件与经历主要包括以下数端。先说事件。第一件事是崇祯二年祖父姚永丰去世,这时姚廷遴刚满"周龄"。这件事之所以对姚廷遴的一生都留下了不可磨灭的影响,是因为他的父亲姚崇明是在"先祖虽爱而权柄母操"的情况下长大的,这对"自少即失欢于祖母"的姚崇明来讲,随着父亲的去世,就连仅有的一点"爱"也失去了。更加糟糕的是,父亲去世不久,姚崇明的经济状况也恶化起来。因为"祖母将祖父所遗细软,俱托次婿赵公繁、家人陈胜等,尽数窝藏寄顿,田房及家人文契尽皆焚烧。余幼年记得家父常述此事"。可见耿耿于怀。在这种情况下,姚廷遴一家只得依赖"叔祖外祖等提携。"[21]第二件事是姚崇明过世,那时姚廷遴只有13岁。父亲的丧葬"大费虽系叔祖,而我家亦大费矣"。而后就是分家,所得钱财交纳漕粮和还贷之后,已是"从此傲去为失业之始",家道已衰落得很不堪了;与此同时,也饱尝了"世态炎凉"的滋味。当然,叔祖姚永济一如既往地担当起抚育孤寡的责任:"汝等不必忧,由我在不妨耳。待丧事毕,大官我领去读书,二官大房抚养,娘娘独领小者守孝。"但祖母却依然"将我母子视为陌路",以至姚廷遴有"普天之下再无第二家矣"[22]的感慨。第三件事是叔祖姚永济的谢世,此时虽然姚廷遴已经32岁,但

---

[21]《清代日记汇抄·历年记》,第40—41、43页。
[22] 同上书,第47—49页。顺便一提,所谓"大官"和"二官"云云,是指兄弟排行老大、老二的意思。这种叫法,在上海至今尚且流行。我推测,它可能与明代以来的称呼习惯有关。范濂曾说:"缙绅呼号,云某老某老,此士夫体也。隆万以来,即黄发孺子,皆以老名,如老赵老钱之类,漫无岂惮。至帮闲一见倾盖,辄大老官、二老官,益觉无谓。而娼优隶卒,呼号尤奇。"参见范濂:《云间据目抄》,卷2·纪风俗,引据《笔记小说大观》,第13册,江苏广陵古籍刻印社、扬州古籍书店1983年影印版,第23页。

是这一事件不但对姚氏家族有影响,而且对姚廷遴一家同样有影响。这是因为,叔祖在世的时候,"上台显要如张抚台、黄江院、张按台等,时常馈送,来礼必重,门墙重新热闹,余亦大有利益"。[23] 在我看来,这种"利益",不但有经济上的,无疑也有社会关系上的。不待言,随着姚永济的辞世,就风光不再了,姚廷遴也失去了依靠。

再讲经历。虽然姚廷遴在6岁时"开蒙"读书,先后师从赵新台、蔡淡然、黄先生、姚先生、陆黄池、瞿先生、卢先生等,学习过"四书"和《诗经》之类的儒家经典。从《历年记》来看,一直到18岁仍有关于从师读书的记载;但19岁以后,不再出现此类记载。不过大体上说,姚廷遴接受过比较良好的教育,只是不甚用功而已。也许,这是由于少年时代的"家内纠纷"而致使其"放弃举业";或许,此乃因为"任情放荡"而不愿意参加科举考试——所谓"余自父亡之后,名曰读书,任情放荡,顽梗异常,十五年分,竟废务外,心散气浮,口无好语,及至叔祖拘管之后,一字写不出矣"。[24] 但是,无论如何,这样的教育程度,对姚廷遴后来的职业生涯还是很有帮助的。也是18岁那年,在《历年记》里出现了姚廷遴"我欲卖为生意"的记载。随即出售田房,获银120两,以为生意资本,一共做了两次前往苏州贩卖腌肉的生意,第一次获利,第二次赔本——他说"初学生意,初任家事,动用颇大,生活竟少,不半年而费六十余金"。后来,借了母舅的一间米店开账买卖,虽然获利不少,但"不满一载,偶与外祖不和,即停止"。从商经历到20岁结束。[25] 从21岁起,姚廷遴开始了务农生涯。日记写道:这一年的"春三月,找西宅屋价五十金,赎钱清之梅爱溪田,即与舍内人分种,俱大有收,因而思种田甚

---

[23] 《清代日记汇抄·历年记》,第69页。
[24] 同上书,第53页。关于姚廷遴放弃科举原因的分析,参见〔日〕岸本美绪:《清初上海的审判与调解》,载《近世家族与政治比较历史论文集》(上),第241、244页。
[25] 参见《清代日记汇抄·历年记》,第62—63页。

好"。[26] 姚廷遴务农的经验到 29 岁终止,因为顺治十三年的日记还有"春夏之间,余学种田"[27]的记录。

对于中国人来说,男人 30 岁是一个颇具象征意义的年龄——所谓"三十而立"是也。我觉得,对于姚廷遴来讲,其时不但"有室",并有儿女需要养育,因此,放弃获利相对微薄的农业而改做胥吏,同样具有非常重要的意义。顺治十四年的日记这样写道:

> 是年四月,因老家人吴元受、顾明甫等商议,对大兄二兄曰:"看来我家官私还有,不如将大官进一房科,一可识熟衙门人面,二可习熟文移律例,后日好去作幕,每年可得百金,比处馆者差几倍。"因此乘阊县将去,随入供招房,拜徐翰远为师,学习律例起,自此沦落十五年,后悔无及。[28]

在这段资料中,值得我们稍事疏解的地方有七:其一,姚廷遴改做胥吏,无疑是为了缓解经济压力,甚至是改善生活条件,从他不断尝试各种谋生手段的过程中,我们确实可以发现这一经济上的焦虑;而其前提则是,姚廷遴曾经接受过比较良好的文化教育。其二,充任胥吏必须支付相当的费用,如果没有一定的经济能力,也就很难谋到这样的职

---

[26] 参见《清代日记汇抄·历年记》,第 64 页。所谓"找",即是"找贴",是指将原来典卖的房屋改作绝卖,补足价差,这里是 50 两银子。而"赎",则是把原来出典的田亩赎回。姚廷遴将其作为务农的土地资本,再与别人采取"分种"的办法经营——姚廷遴出田,承种者出力,收获时对半分配。

[27] 《清代日记汇抄·历年记》,第 74 页。岸本美绪曾说:由于顺治十年米价低落,加以赋役繁重,种田之利锐减,田价也暴跌,此时姚廷遴停止农业经营,改做胥吏,随即征引顺治十四年的日记。参见《清初上海的审判与调解》,载《近世家族与政治比较历史论文集》(上),第 246 页。从《历年记》叙述的衔接上来看,就出现了不必要的空当或模糊。事实上,从顺治十三年到十四年的记载来看,两者非常连贯。

[28] 《清代日记汇抄·历年记》,第 75 页。

位。[29] 其三,经营农业、充任胥吏、成为"三家村"塾师与幕友四种职业之间,幕友不但要比塾师体面,而且收入也要丰厚许多——"每年可得百金",即是一笔不小的收入;[30] 与幕友相比,尽管胥吏不甚体面,所谓"自此沦落,后悔无及"云云,即有此意,[31] 但其收入不会太低。虽然"三家村"塾师是明清时期读书人谋生的一条重要途径,可是收入一般不高。[32] 必须指出的是,通常来讲,选择充当幕友、胥吏或塾师,往往是因为家里的土地很少,甚至没有土地;反过来说,如果有足够的土地,这三种职业就不会成为读书人的选择。其四,从胥吏既"可识熟衙门人面",又"可习熟文移律例"来看,它与幕友具有相通之处。事实上,姚廷遴之所以改做胥吏,也是为了将来"作幕"准备的。就其经常参与衙门的调解活动来看,似乎更像一个神通广大的讼师。其五,要做胥

---

[29] 乾隆时期的袁守定曾说:充任胥吏者大多数是没有田产的市井无赖。参见袁守定:《图民录》,卷2《民得自言其情则不畏吏》,载《官箴书集成》,第5册,黄山书社1997年影印版,第206页。这样看来,他们似乎都是穷人。但是储方庆则说:"若胥吏之役,不过人数十金、数百金之资于官。"可见,谋取胥吏职位必须交纳银两。引据(清)贺长龄编:《清经世文编》,卷24"吏政·驭吏论",中华书局1992年影印版,第611页。

[30] 关于清代幕友收入的讨论,参见瞿同祖:《清代地方政府》,法律出版社2003年版,第186—187页;张仲礼:《中国绅士的收入》,上海社会科学院出版社2001年版,第72—82页。就清代而言,一旦得知有人出任地方官员,那么,这位官员的上司同僚和亲朋好友就会向其推荐幕友,这种风气非常流行。对此,笔者在阅读清代广东省南海县知县杜凤治的"日记"(同治十年)时,留下了非常深刻的印象。

[31] 胥吏遭人歧视和贬斥,可谓由来已久。侯方域曾说:如今的胥吏乃是"奸猾者为之,无赖者为之,犯罪之人为之,搢绅豪强之仆、逃叛之奴为之,胥吏之子孙沿袭,亲若友相援引者更迭为之"。参见《清经世文编》,卷24"吏政·额吏胥",第609页。加以胥吏没有正经薪水,唯有伙食补贴,贪黩之事比比皆是,故而胥吏在官员眼里简直是一群衙门蛀虫和败类,而丑诋胥吏的言论也充塞各种文献。关于清代胥吏的讨论,参见〔日〕宫崎市定:《清代的胥吏和幕友》,载刘俊文主编:《日本学者研究中国史论著选译》,第6卷,中华书局1992年版,第508—513页;瞿同祖:《清代地方政府》,第65—94页。

[32] 关于清代"三家村"塾师与高级教师收入的讨论,参见陈宝良:《明代儒学生员与地方社会》,中国社会科学出版社2005年版,第309—310页;张仲礼:《中国绅士的收入》,第86—98页。

吏,那就必须熟悉衙门文移和律例,这就需要接受"专业"的训练,拜师学习也就成了当时的普遍做法。[33] 其六,姚廷遴首先充当的是"供招房"的胥吏,而这一机构主要负责的是准备庭审文书和记录庭审招供。[34] 这说明,姚廷遴将有机会接触和了解州县衙门的司法活动。康熙三年,他被调到"工房"任职,日记里有"县官拿我做工房,余不愿,将余收铺",不得已而"递过愿充甘状而放"[35]的记载。所谓"甘状",也叫"甘结状",即是表示愿意充当工房胥吏的保证书。在明清时期的衙门运作中,这类文书的使用非常普遍。[36] 其七,特别值得指出的是,作为一个出身著姓望族的低级文人,姚廷遴为什么愿意充当在清代士大夫眼里只有那些"人渣"才会充任的胥吏的呢？看来,生存的压力确实是人们选择职业的重要原因。就此而言,马克思所谓经济基础决定上层建筑的论断仍然不失效力；换句话说,"治生"问题要比道德问题来得重要。可以说,在生存压力和经济利益面前,道德说教不堪一击,其结果只能是"落荒而逃"。

姚廷遴的胥吏生涯到康熙五年止,之所以他不愿意继续充当胥吏,可能与倒贴银两和身心受辱有关。在《历年记》中,姚廷遴道出了原因：

> 因旧岁跋涉,异常辛苦,不愿至县。正月二十四日有签来,因县公要我管比各项修理,故特差人来也。明日到邑,实对官说:"二

---

[33] 清代宗稷辰在"幕友说"里指出:"习名法家,三年能佐郡邑治矣。"引据(清)葛士濬编:《皇朝经世文续编》,卷23·吏政。可见,当时学幕时间一般约在3年左右。

[34] 参见(清)黄六鸿:《福惠全书》,卷2,载《官箴书集成》,第3册,黄山书社1997年影印版,第239页。

[35] 《清代日记汇抄·历年记》,第87页。

[36] 在明清时期的"日用类书"里,收有各种"呈状体式"以供民众套用,其中就有"结状"体式。参见《新锲全补天下四民便观五车拔锦》,24卷"体式门",引据〔日〕酒井忠夫监修,坂出祥伸、小川阳一编:《中国日用类书集成》,第2卷,汲古书院1999年影印版,第389—392页。其他类书也有记述,可以参考。

年多费，欠营债百金，难于措处，若充役在县，将何抵补？"承县公曰："案上无人，你比各项完工，自有另处。"余无奈，勉强管比一月有余，受责差人及图中诸友，似觉生怨。故余官之里宅，外之班头，再四嘱托，案上有未完者，件件托好友带管。三月十五日，一意回家，绝不至县。[37]

不仅如此，康熙四年，姚廷遴曾因"顶修公费，甚急"，而被"收大铺"的屈辱体验，以致"是日家中岳母病亡，不及见面盛殓"。[38] 这是多么令人难堪的事情啊！

值得注意的是，姚廷遴的胥吏生涯，对其后来参与各种纠纷案件的解决，有着不可忽视的作用。实际上，从《历年记》著录的各种案件来看，姚廷遴自己与别人之间发生的两起诉讼，都在他23岁之前；并且，如果撇开他少年时代（15岁以前）亲友之间引起的诉讼，那么直到充任胥吏，姚廷遴出面料理的案件只有一起。换句话说，绝大多数案件都是充任胥吏之后发生的，而且也有不少是他出面解决的。毋庸置疑，充当胥吏不但使姚廷遴有机会熟悉衙门文移和帝国律例，而且联络衙门上下的人脉，[39] 同时也拓展活动的空间。

康熙七年，也就是姚廷遴41岁的那年，他开始了一种新的"算计坐守，就近有四五学生，开馆在家"的务农与坐馆兼顾的生活方式，直到日记结束的70岁那年，共30年。日记写道：康熙三十六年正月廿七日

---

[37]《清代日记汇抄·历年记》，第93页。
[38]《清代日记汇抄·历年记》。在《历年记》中，胥吏挨打、被押之事常有，例如第89页即有两起。
[39] 俗谚"铁打的衙门，流水的官"表明，虽然叔祖姚永济生前与衙门官员保持着良好的关系，但是，他的辞世与官员的流动，都意味着这些关系不可能持续存在，而必须不断有人去维护。据此，作为胥吏的姚廷遴就有可能发挥这一方面的作用。而这，恐怕就是"识熟衙门人面"的意思吧。

"至馆中开馆"。[40] 就我统计的案件看来，[41]这段时间姚廷遴记录和参与解决的案件数量很多，内容也很丰富。

从姚廷遴不算短暂甚至漫长的一生来看，[42]他的人生遭遇是比较曲折的，涉世经历也是比较丰富的；更为重要的是，他的生活空间随着年龄的增长和"治生"职业的转换，而展现出不断拓宽的图景。总体而言，在18岁经商以前，姚廷遴的生活空间基本上不超出亲友范围与上海城乡之间；其中，15岁那年已有"初出交与，夜必饮酒，更深而归"的事情，幼年去过松江府城，17岁那年曾经跟随叔祖姚永济去过杭州。[43] 在18岁经商特别是充任胥吏之后，到41岁"开馆在家"止，他的活动空间有所扩展，而且往返频繁，先后到过苏州、嘉兴、松江、嘉定、丹阳、镇江、南汇、川沙和闵行等地，[44]主要包括现在的上海和周边城市。另外，由于胥吏职业本身的性质所致，与官场（衙役、胥吏和地方官员）的接触，自然也变得频繁了起来。在41岁以后，他的生活空间又缩小了，基本不出上海城乡；但是，由于参与各种诉讼案件的解决，出入衙门依然不可避免，也比较频繁。

传统中国向来就有士、农、工、商——所谓"四民社会"的说法，根据梁漱溟先生的意见，那是一种"职业分途"而非"阶级对立"的社会结构。[45] 从《历年记》的记载中我们已经看到，姚廷遴先后从事过其中

---

［40］ 参见《清代日记汇抄·历年记》，第97、156页。
［41］ 我对《历年记》所载案件的统计与岸本美绪有所不同。对此，我将在下一节再作分析，暂时不赘。
［42］ 虽说日记结束于70岁的那一年，但我猜测姚廷遴可能活到70岁以上。理由在于，从《续历年记》开篇的解释来看，之所以结束于70岁，是因为那是一个具有象征意义的年份；又，就"花甲一周，可以止矣"的表述而言，也是截取整数的意思。据此，日记结束于70岁，并非是指姚廷遴死于70岁。
［43］ 参见《清代日记汇抄·历年记》，第51、54、59页。
［44］ 同上书，第62、63、69、76、82、87、88、92页。
［45］ 参见梁漱溟：《中国文化要义》，学林出版社1987年版，第142—161页。

的四种职业——经商、务农、作吏和教书;虽然他没有科举功名,也没有出仕为官,但却读过书、教过学、作过吏,也可以算是一种介乎士人和官僚边缘的身份和经历吧。就《历年记》所载案件来说,姚廷遴的职业与经历使其能够胜任解决诉讼案件的工作;与此同时,虽然处于姚氏家族的衰落时期,但是他那生于"著姓望族"的特殊身份,我们依然可以把其视为绅士阶层的一员。[46] 在乡土中国,绅士阶层的一个重要的社会功能,就是排解民间纠纷,并且发挥"沟通"地方社会与帝国衙门的桥梁作用。这不仅是乡土中国"熟人社会"的内在需要,也是明清时期的国家权力止于州县这种政治结构的必然结果。就此而言,姚廷遴参与解决民间纠纷——事实上,更多的是通过参与州县衙门的调解活动来解决纠纷,而非纯粹的民间调解,乃是非常自然的事情。

另有一点也很关键,因此值得一提。姚廷遴之所以能够参与诉讼案件的解决,也与其态度和能力有关,尤其是后者。检视《历年记》我们可以发现,姚廷遴不是那种满口仁义道德和处事文质彬彬的士君子,而是一个"口无好语"乃至"快意恩仇"的读书人。例如,在一单土地典卖

---

[46] 虽然"绅士"的概念很有争议,但学者大致同意,所谓"绅士"是指具有初级以上的科举功名、赋闲或退休的居家官员及其家属成员。据此,我们将姚廷遴视作绅士阶层的一员应无问题。当然,随着姚永济的去世,这种身份就会逐渐丧失。有关"绅士"概念的讨论,参见费孝通、吴晗等:《皇权与绅权》,天津人民出版社1988年版;瞿同祖:《清代地方政府》,第282—330页;徐茂明:《江南士绅与江南社会(1368—1911)》,商务印书馆2004年版,第13—61页;费孝通:《中国绅士》,中国社会科学出版社2006年版;李世众:《晚清士绅与地方政治——以温州为中心的考察》,上海人民出版社2006年版,第16—44页。另有代表性和综述性的论文:〔日〕寺田隆信:《关于"乡绅"》,载《明清史国际学术讨论会论文集》,天津人民出版社1982年版,第112—125页;〔日〕重田德:《乡绅支配的成立与结构》,载刘俊文主编:《日本学者研究中国史论著选译》,第2卷·专论,中华书局1993年版,第199—247页;〔日〕檀上宽:《明清乡绅论》,同上书,第453—483页;巴根:《明清绅士研究综述》,载《清史研究》,1996年第3期;〔美〕周锡瑞、兰京:《中国地方精英与支配模式导论》,载邓正来主编:《中国社会科学季刊》,夏季卷,1998年5月,148—160页;徐茂明:《明清以来乡绅、绅士与士绅诸概念辨析》,载《苏州大学学报》,2003年第1期;郝秉键:《日本史学界的明清"绅士论"》,载《清史研究》,2004年第4期。

的交易中，由于"赔本"——这与交易对方毫无关系，然而却把对方"大骂尽畅"。再如，和祖母之弟赵思槐对簿公堂，虽有叔祖姚永济的支持，但毕竟是与祖母公然对抗的举动，而他却说："余虽破家，亦稍舒先父之气。"尽管叔祖姚永济一直待其不薄，但因叔祖"不为娶妇归家，反将我赘入他家，自此出门，断不思返也"。可见其态度之决绝。据我看来，他的这种"泼辣"和"决绝"的处世态度，对于解决乡民之间的纠纷来讲，或许还真能奏效呢。另外，姚廷遴似乎办事颇为干练，口才也不错。譬如，在一起母姨夫谈季勋攻击漕粮舞弊的案件中，宗族和亲友"众口交推，我去得妥"。又有一件姚廷遴自己被诬告的案件，他说："幸而官府清廉，余登答快便，脱然无累。"〔47〕据我看来，这些都是姚廷遴成为一个民间调解者的前提条件，也意味着《历年记》所载案件的独特意蕴。

综上所述，姚廷遴之所以在《历年记》中记载了大量的诉讼活动，并记载了自己直接参与解决的不少案件，显然是因为他有这一方面的兴趣和能力。事实上，这是我阅读过的记载案件较多的"日记"资料，〔48〕也是我有兴趣写这篇论文的根本原因。

二、《历年记》的史料价值

具体分析姚廷遴所记载的案件之前，似有必要稍稍检讨一下《历年记》的史料价值。据我看来，这些资料对于我们理解清代司法实践有着非常重要的意义；也就是说，它们可以帮助我们从另一角度来揭示清代

---

〔47〕 这5个事例的记载，参见《清代日记汇抄·历年记》，第66—67、68、70、82、145页。
〔48〕 与具有将近40年佐幕和为官经历的汪辉祖所撰《病榻梦痕录》和《佐治药言》诸书记录的35单案件相比，姚廷遴《历年记》所载案件的数量更多——约62件，但是记录比较简单。关于汪辉祖记载案件的详细讨论，参见《清代中国司法裁判的形式化与实质化——以〈病榻梦痕录〉所载案件为中心的考察》。

诉讼活动的某些特点。这里,所谓"另一角度"是指,它们能够"弥补"目前学界热衷使用的判牍文书(与司法档案不同)的不足;换言之,由于判牍文书只是司法官员的裁定,因而缺乏案件提交衙门之前的背景介绍,以致我们很难了解它们的"社会构成"[49]的情况,而姚廷遴的记载则多少可以缓解这一遗憾。基于这样的考虑,笔者打算围绕《历年记》所载案件来考察清代司法的若干面向,看看能否发现什么新问题,提出什么新观点,藉此推进我们对于清代诉讼实践的理解。当然,姚廷遴的记载也有不少令人遗憾的地方,而其核心问题,就是记载太过简单,个别案件只有寥寥数言而已。

那么,姚廷遴所著《历年记》是一部怎样的书呢?我们来看编者的介绍:

> 历年记三卷,续记一卷,拾遗一卷,清上海姚廷遴撰。……所记始于崇祯元年迄清康熙三十六年(公元一六二八至一六九七年)历叙七十年间亲身涉历诸事,按年叙述。姚氏生当易代之际,少作县吏,老为乡农,对当时宰官循酷,吏治兴废,年岁丰歉,物产盈虚,风俗变革等,所知较详,记载特备,足补正史之阙讹。民国初年,浦东陈行乡胡祖德氏,尝于《胡氏杂抄》中辑印其十分之三,而可采之资料,似不止此。[50]

这段简要的编者按语,对于《历年记》的史料价值作了很好的概括,可以信据。我想略加申说的意见有五:第一,虽然我在前面称《历年记》为"日记",但是,这仅仅是遵循《清代日记汇抄》的表达而已;实际上,这

---

[49] 参见〔美〕唐·布莱克:《社会学视野中的司法》,郭星华等译,法律出版社2002年版。
[50] 《清代日记汇抄·历年记》,第39页。

是一部与汪辉祖《病榻梦痕录》和《续录》性质类似的自传或者说回忆录,[51]与"日记"的写作体例完全不同。我们再看姚廷遴的如下自述:

> 廷遴今四十有一岁矣。睹日月之推迁,世事之更易,人情之冷暖,涉历之风波,思此能无感慨而委之笔札乎!是以记历年之所经及身之所闻于左。
>
> 世有繁华靡丽,顷刻而化为冰消瓦解;风波万丈,转捷而形影皆无。……余记此乃鸿迹也,虽不能高飞远举,而身涉兵火灾荒、人情恶薄之候,记此以待后人之览焉。
>
> 余思六十年来涉历多矣,经见亦多亦,忽然成老翁……
>
> 余所编记事一书,分作上中下三卷,自幼年而至六十,意谓花甲一周,可以止矣。不意天假之缘,又经数载,时事益奇,风俗益薄,涉历更难矣。……每有涉历,随于窗下援笔记之,不觉又十载。[52]

这些"章前篇后"的略带序言后记性质的文字,适足以证明《历年记》并非"日记"而是姚廷遴的自传或回忆录,与传统中国的"自订年谱"也相类似。

第二,《历年记》的叙事结构颇具特色,能将姚廷遴的日常生活与明清易代之间的宏观历史事件有机结合起来,使《历年记》的叙事具有"复调"的效果——个人命运的迁播、姚氏家族的兴衰、地方社会的离乱和帝国政权的鼎革,可谓历历在目。虽然叙述不尽翔实,但却能使后人深深地感受到一种历史变迁的情绪和氛围;换言之,作者居然能在不到8

---

[51] 参见(清)汪辉祖:《病榻梦痕录》和《续录》,载《续修四库全书》,第555册·史部·传记类,上海古籍出版社1995年影印版,第607—733页。
[52] 《清代日记汇抄·历年记》,第42、70、129、131页。

万言的篇幅中勾勒出如此丰富多彩的历史场景,实属不易。例如,姚廷遴13岁那年,父亲姚崇明去世,此乃家庭惨剧。可紧接着,14岁碰上"四方流贼大乱,我地戒严,百姓惊惶,……种种惨状,难以尽述"。15岁遭遇自然灾害,以致出现了吃树皮、食草根、煮小孩食其肉以求生,尸体满街,闯王李自成攻城略地,强梁蜂起,民心惶惶。16岁插入一段安逸读书与"兵戈载道,风鹤皆惊"并存的叙述。17岁则写了"闯贼攻破京师,崇祯帝煤山自缢",吴三桂"请借"清兵攻破京师,随后清兵挥戈南下;民间乡绅组织团练进行抵抗,赤贫无赖伺机创乱,奴仆反主……等等。[53]就阅读效果来看,一年挨着一年,一页接着一页,扑面而来的都是这些家破国亡的触目惊心的事件,很有震撼力和感染力。

第三,就传记或回忆录而言,作者每每都会对自己的身世做出"讳饰"和"虚美"的表述;但是,姚廷遴的记载却显得比较真实可信。这是因为,作者并没有刻意"虚美"姚氏家族和他本人的为人处世;[54]更为难能可贵的是,姚廷遴对自己的"恶言恶行"几乎不作有意的隐瞒,颇具"实录"的品格。如《历年记》先后讲述了无疑会遭到传统道德诟病的事件:15岁,在"民死道路、填沟壑者无算"的凄惨恐怖的情况下,作者仍然"初出与交,夜必饮酒,更深而归",并毫无惧色地在死人堆里穿行,自誉"见死人而不惧";16岁,对自己"任情放荡,顽梗异常"和荒废学业,甚至于"心散气浮,口无好语"的品性,也有如实的检讨;19岁,"因家中气闷,有友杨尚息劝余往外,一则做生意,二则好散心,三则冷赌债,即同往嘉兴";22—23岁,先后两次与祖母的弟弟赵思槐"相打",终于因被打伤而对簿公堂;26岁,由于交易赔本,竟然对毫无过错的对方"大

---

[53]《清代日记汇抄·历年记》,第47—55页。
[54] 就对于姚氏家族的叙述而言,姚廷遴在《历年记》中的记载与《上海县志》和《南吴旧话录》相比,基本上是一致的,只是详略稍有不同罢了,而这是任何历史著述都会存在的问题,不足为病。

骂尽畅";29—33岁,其间三次记录嫖娼宿妓的行为,以致"发起便毒广疮"——也许是"梅毒"之类的病症吧。[55]可以说,年轻时期的姚廷遴,曾经是一个吃、喝、嫖、赌、打"五毒俱全"的货色,但是日记并不隐讳。在我看来,作者能够如此直面自己的品行,无疑需要足够的道德勇气。

第四,或许读者会说:这类自传或回忆录是写给自己看的,并没有公开流播的意图,因此可以毫无隐讳地如实写来。然而,事实并非如此。我们在《历年记》里可以读到:"身涉兵火灾荒,人情恶薄之候,记此以待后人之览焉";"风俗益薄,涉历更难,使后之览者,未必非涉世之一助云耳。"[56]据此,我们可以推想,在姚廷遴的心目中,写作《历年记》是有预期读者的,也是有"讽诫劝世"意图的,虽然不一定有"藏之名山,传之后世"的抱负,但是并非徒然的"感世伤生"之作。也正因为如此,他对风俗人情的描述,对吏治良窳的毁誉,均有不容忽视的历史内涵,皆可作为我们研讨清初历史的丰富资料。

第五,虽然《历年记》颇具"实录"的风格,其所记载的内容也很丰富,然而这并不意味着记录的质量也高。总体而言,姚廷遴的叙述比较流畅,但有首尾脱落和史事记录错误的现象,文字功夫也平平。如对"庄廷鑨明史案"的记述,就有错误:

康熙元年壬寅,其时有嘉兴府南浔镇人朱姓,据说其家有几万之富,养一子,少年聪慧,无书不读,为擅修国史事发,全处死。连累浙直二省富宦名家廿户,并害现任宪司官府俱削籍,构成大狱,处死者百人。妇女皆发配满洲,用囚车解北,见闻颇惨。此江南第一巨案也。[57]

---

[55] 参见《清代日记汇抄·历年记》,第51、53、63、66—67、70、74—75、82页。
[56] 同上书,第70、131页。
[57] 同上书,第84页。

这段根据"道听途说"的见闻而对当时著名事件的转载,不但含混,而且有错。第一,南浔镇非属嘉兴府,而属湖州府;具体来说,是浙江省湖州府乌程县(现为浙江吴兴)南浔镇。第二,关于巨富"朱姓"的记述,也有问题。本案涉及的"朱姓"有二:一是朱国桢,系故明首辅,博闻强记,尤嗜史书,专研明史,著有《明史》稿本等;但已去世多年,家道也已衰落,到了孙辈更是贫穷潦倒,乃至出售祖遗《明史》稿本取利。凡此,皆与《历年记》不合。二是朱佑明,系当地巨商,曾经出资刊刻引发本案的《明史辑略》,可是并非作者,也无参与著述的记载。毋庸置疑,他与姚廷遴的记载不合。第三,庄廷鑨乃当地富豪,家产巨万,15岁成为京师国子监生,博学多才,但并无修史的才能;因双目失明而追慕司马迁所谓"左丘失明,乃著国语"之说,誓志修史;其后购得朱国桢所撰《明史》,延聘当时名士参与修订,而成《明史辑略》一书。据此,庄廷鑨的家世背景和所作所为,均与《历年记》合辙;然而,仍有姓氏不合的问题。在我看来,这种错误可能出于"张冠李戴"的缘故;也就是说,它很有可能是姚廷遴将朱佑明与庄廷鑨混为一谈所致。这是因为,朱佑明不但是庄廷鑨的岳父,而且出资刊刻《明史辑略》。第四,对受到牵连的家族和人数的记载,也与相关的历史记载有所出入。另外,此案事发东窗是顺治十八年,而定谳则是康熙二年。[58] 这个例子说明,姚廷遴并不是一位博闻强记的读书人,可谓学养平平。

但问题是,既然对于如此重大的历史事件的记载都有错误,那么,姚廷遴对于其他琐碎事件记载的真实性和可靠性又会怎样呢?我们必须坦承,它们已经无法考究。既然如此,我们对于《历年记》是否应该抱

---

[58] 对此案的讨论,参见郭成康、林铁钧:《清朝文字狱》,群众出版社1991年版,第83—97页;谢苍霖、万芳珍:《三千年文祸》,江西高校出版社1991年版,第400—409页;胡奇光:《中国文祸史》,上海人民出版社1993年版,第122—128页;钱茂伟:《庄廷鑨修史考论》,载《宁波大学学报》,1998年第3期。

一种怀疑的态度呢？我并不反对，但也不能一概而论。这是因为，首先，历史记载出现差错在所难免，此乃任何历史著述都不可能避免的事情；其次，就总体而言，这些记载毕竟确有其事，作者没有必要作伪，因而我们也没有必要一笔抹杀。再次，即使某些事件的时间、地点和人物出了差错，但是，如果我们着眼于传统中国的日常生活的角度来考虑，其所记载的内容仍然反映了普遍的真实性，从而有其可靠性，尽管不是具体事件的真实性与记载的可靠性，故而依然能够成为探究历史的有用资料。最后，就本文试图研究的问题来说，如若意欲解读《历年记》所载案件的司法意义与社会意义，那么，即使具体案件的时间、地点和人物都有错误，但也并不影响我们对于清代司法实践的理解，它们仍然可以作为我们考察清代司法实践的绝佳素材。

　　从更为一般的意义上来讲，在中国历史上，与正史之类的"官方"史料相比，那些具有"私性"话语性质的日记、传记或回忆录，对于我们研究中国历史而言，有着在细节和视角上远远超过正史的价值，充分挖掘这类史料的意义不可小视。翻检司马迁《史记》以降的正史著述，我们可以发现，其所关心和记载的都是军国大事，运作这些大事的都是帝王将相一类的政治人物，几乎没有平民百姓的身影；即使有，也是他们卑微时期的历史。然而，无论官僚、文人和小老百姓，如果有所记述的话，无疑会将他们生活周遭的事件、人物和风俗诸事予以记载，乃至对随时波动的物价之类均有详细的著录。而这些记录，对于我们研究地方社会的风土人情、个体民众的日常生活，有着正史根本不能比拟的学术价值。进一步说，如果我们能够系统"打捞"和利用这些资料来进行历史著述，那么，其所呈现出来的也就不是"单调"的官方话语，而是国家、地方与私人之间的交互并存的"复调"话语，它们将会改变我们对于传统中国社会的理解。必须指出的是，国家史、地方史与私人生活史往往难以切合无间；也就是说，它们彼此之间会有矛盾、断裂或空白。不过，在我看来，正是它们之间的融通、矛盾、断裂或空白，才能充分彰显历史的复杂性与丰富性。甚至可以说，历史研究的魅力，就在于此；如若历史能够一览无余，我们将对历史研究感到"绝望"！

具体来说，从姚廷遴《历年记》所记载的内容来看，其所涉及的范围非常广阔，诸如对婚丧嫁娶、家庭关系、粮价波动、田土典卖、钱债交易、灾荒赈济、地方治安，特别是对地处江海边缘的上海地区的比较独特的治安问题——"海贼劫掠"的记载，如此等等，可谓丰富多彩；即使就法律史而言，其所记载的内容也非仅仅限于诉讼案件，举凡赋税漕粮、吏治状况、衙蠹诈害，地方衙门特别是州县衙门的运作过程和具体细节，都是我们透视清初法律实践的重要资料。尤其值得我们注意的是，在《历年记·记事拾遗》中，姚廷遴还对明清时期一些重要的制度改革与风俗流变，进行了卓有成效的比较考察，提出了一个身处明清易代之际经历者自己的提纲挈领的分析和评判，[59]这是很有学术价值的资料。

综上所述，我觉得，姚廷遴的《历年记》就是这样一部值得留意的自传或回忆录，理应受到我们的重视。另一方面，笔者之所以利用传记和日记资料来研究中国法律史和法律文化史，乃是鉴于国内学者甚少留意此类资料。[60]因而，有着"抛砖引玉"的微意，希望将来能有更多的学

---

[59] 参见《清代日记汇抄·历年记》，第162—168页。譬如对明清时期"会审"制度的比较，就很有价值，不妨引述如下："明朝人命强盗及万恶访犯，新犯死罪，皆三推六问，情真罪当，始上长枷监候。凡巡按及巡抚、盐院、江院等宪，审录罪囚一次，截去长枷一寸，俟长枷截完方解。决囚必在冬至之前几日，因冬至后，一阳生也，所以不决。监刑时稍有可矜可疑者，刀下留还，朝廷又差刑部官为恤刑，按临各省，必开豁几百件，甚至廿余年而未处决者。今我朝法律，极恶大罪，俱限一年奏销，或决或处，不两载而结案，不独原差省盘驳起解之费，而承行者亦省略节造册之劳，实为简便，此又罪囚处决之一变也。"参见前书，第163页。

[60] 事实上，研究中国社会史与文化史的学者，已经注意到了这类史料，也有相关成果问世。笔者寓目的论著如下，罗志田：《科举制的废除与四民社会的解体——一个内地乡绅眼中的近代社会变迁》，载《清华学报》，1995年第12期；关晓红：《科举停废与近代乡村士子——以刘大鹏、朱峙三日记为视角的比较考察》，载《历史研究》，2005年第5期；Henrietta

者进入这一领域，挖掘相关的法律史资料，推进中国法律史的学术研究。

三、关于"健讼"的商榷

从中国法律史研究的角度来看，姚廷遴对征税与诉讼的叙述最为丰富，而它们恰恰是清代中国衙门当中最为基本的日常事务。或许，这也是岸本美绪在《〈历年记〉に见る清初地方社会の生活》和《清初上海的审判与调解——以〈历年记〉为例》中特别讨论清初的"征税"和"诉讼"的原因吧。[61] 如果我们细心阅读，则又可以发现，在《历年记》中，对征税工作的描述要比诉讼来得详尽；从中我们可以看到，地方官员这一方面的压力很大，为了完成征税的繁重任务，经常采取"比较"这种限期完成的手段，而且那些未能按时和足额完成征税任务的胥吏和衙役，经常给予锁拿和杖责的惩罚。与此相反，对司法审判，地方官员似乎并无多大的热情，不但田土纠纷批归民间调处，甚至人命案件也允许民间

Harrison, *The Man Awakened From Dreams: One Man's Life in a North China Village, 1857—1942*, Stanford University Press, 2005；张德昌：《清季一个京官的生活》，香港中文大学出版社 1970 年版；王标：《〈越缦堂日记〉1865—1871：晚清浙东一个归乡官宦的生活空间》，载高瑞泉、[日]山口久和主编：《城市知识分子的二重世界——中国现代性的历史视域》，上海古籍出版社 2005 年版，第 29—74 页；蒋竹山：《晚明江南祁彪佳家族的日常生活史——以医病关系为例的探讨》，载《都市、帝国与先知》，上海三联书店 2006 年版，第 181—212 页；迟云飞：《从恽毓鼎日记看百年的北京城》，载李长莉、左玉河主编：《近代中国的城市与乡村》，社会科学文献出版社 2006 年版，第 31—38 页；邱捷：《知县与地方士绅的合作与冲突——以同治年间广东省广宁县为例》，载《近代史研究》，2006 年第 1 期；郝平：《近代太原县的灾害与基层社会——以〈退想斋日记〉为中心》，载李文海、夏明方主编：《天有凶年——清代灾荒与中国社会》，三联书店 2007 年版，第 64—81 页。就清代法律史研究而言，已有前揭岸本美绪的论文及笔者关于汪辉祖《病榻梦痕录》和《续录》的论文。

〔61〕 有关"征税"和"比较"的记载，始于姚廷遴充任胥吏之后。参见《清代日记汇抄·历年记》，第 81—84、103—107、112—114、136—137、157—159 页，等等。参见[日]岸本美绪：《〈历年记〉に见る清初地方社会の生活》，载《明清交替と江南社会——17 世纪中国の秩序问题》，第 264—268 页。

私了,这与我们的阅读经验形成极大的反差。而这,正是引起笔者研究兴趣的一个问题。

那么,姚廷遴《历年记》所载案件的基本情况如何呢?它们又意味着什么呢?岸本美绪的两篇论文,已经对此问题作过很好的整理。她的统计标准似乎是与传主和其亲友有关的诉讼案件,共有24起。[62]而我的统计标准则有所不同,乃是对《历年记》记载的所有案件的梳理,合计62单。然而必须指出的是,统计结果的差异并非仅仅由于统计标准的不同;换言之,即使根据同样的统计标准——与传主和其亲友有关(事实上,有时也很难区分哪些涉讼者是传主的亲友),我们得到的数据也有很大差距。关于我的统计,请看表1。

表1 姚廷遴《历年记》所载案件一览表

编号	时间	事由	基本事实或争议	处理方式或结果	页码
1	1632	——	外祖(金姓)与火姓诉讼	所费百金,体面	44
2	1632	——	外伯祖金宪愚被知府、知县访砌	大费周折,无害	44
3	1634	——	外祖与他人诉讼	——	44
4	1639	——	黄姨夫被知府控告?	冤死于狱	46
5	1642	杀人	五人因饥荒而谋杀幼儿煮食	被知县杖毙	52
6	1642	杀人	趁饥荒而放火杀人	被知县烧死	52
7	1642	抢劫	趁饥荒而抢劫	被知县枷死	52
8	1642	——	童生沈烈卿遭到知县控告	垂情,薄责15板	53
9	1645	抢劫	棍徒抢劫客商粮米	被乡兵斩首	58

---

[62] 对《历年记》记载的与传主及其亲友有关的案件的统计,参见〔日〕岸本美绪:《〈歷年記〉に見る清初地方社会の生活》,载《明清交替と江南社会——17世紀中国の秩序問題》,第258页;或《清初上海的审判与调解——〈历年记〉为例》,载《近世家族与政治比较历史论文集》(上),第250页。

续表

10	1649	——	元升状告梅爱溪,县衙	不亏,大费精神	66
11	1649	打架	与祖母弟弟赵思槐打架告到县衙	——	66
12	1650	殴伤	因与赵思槐打架被伤而告到县衙	揭债使费因而破家	67
13	1652	纳妾	杨赞王与姨夫谈季勋诉讼	——	69
14	1657	科举	上海知县参与江南科举考试舞弊	商知县被处死	75
15	1659	漕粮	百姓控告漕粮运官和知县	会审,周被斩首	82
16	1660	漕粮	谈季勋攻击漕粮弊窦	会审,总书被杖	82
17	1661	奏销	上海县乡绅卷入江南钱粮奏销	秀才、缙绅受罚	84
18	1662	明史	庄廷鑨《明史辑略》文字狱案	被处死、发配多人	84
19	1666	打劫	凌天、王安打劫	——	93
20	1666	谋反	凌天等招出徐二官谋反	凌迟、斩首、发配	93
21	1666	谋反	贼党徐上欣谋反,诬攀蔡宿一	死于狱中而被戮尸	94
22	1666	——	谈季勋控告邹知县等人,御状	会审,差役被罚	94
23	1667	——	为姨夫官司事,接连往吴门两次	——	96
24	1667	——	邹知县获赦,又被科臣参奏	按察司往苏州拿人	97
25	1668	诈索	百姓控告满洲官员肯某,御状	勒去妇女男子放回	98
26	1669	霸妻	朱卿状告陆华海等埋尸霸妻	陆姓费200金	99
27	1670	诈索	吴秀斋将衙蠹嚼民事告到府衙	批转县衙和息	100

续表

28	1671	纳妾	吴俊超与孙佛彼此反复告状	孙佛和孙仲杖徒	101
29	1671	——	披甲奴控告江南江西总督,御状	两江百姓进京保留	102
30	1671	——	知县被革职拿问,交部议处	上海欠粮百姓保留	103
31	1672	贪污	30保粮户控告知县匿蠲、私征等	抚院具题革职	105
32	1675	贪酷	陈知县被董漕揭参	军门疏题革职	107
33	1675	人命	谈周调状告钟登一,由臬批府县	和息,大费银钱	108
34	1680	人命	姚瑞官状告朱奎打死其兄姚三官	县衙当官和息	112
35	1682	打劫	海贼抢劫漕米、妇女,杀死官员	四名海贼斩首	114
36	1684	——	捉住贼船三只,贼首转解江宁	——	117
37	1685	——	汤抚台访上海土豪、衙蠹等四人	分别配驿,枷责	121
38	1686	妖术	周秀才之女因被神摘魂而告状	汤抚台差人毁庙	122
39	1686	——	访拿六灶傅某、张某,押送上海	傅问流,张移居	123
40	1686	私盐	盐商陶尧初告发穷民贩卖私盐	引起民众罢市	124
41	1687	——	姚廷让因控告知县而被访拿	无罪释放,多费	126
42	1688	——	捉住海兵抢劫六船,知县审理	夹打成招,枷号	132
43	1688	田土	赵舜来因赎田纠纷与姚德明诉讼	——	133

续表

44	1688	打伤	赵某打伤朱某,互告粮捕厅等	和息,费300金	133
45	1688	——	为松年官司事	——	133
46	1689	伸冤	邱仲为父伸冤而告陈瞻甫,御状	牵连官员甚众	135
47	1690	——	吴秀裔与陈元宰诉讼	和息,费几十金	137
48	1690	财产	谈庆官为争家私与叶姓诉讼	和息?	137
49	1690	——	寡嫂与谈成官相互讦告,捕衙	族长求和息,20金	137
50	1691	——	为姚君宠官司事	——	139
51	1691	——	为康定官家官司事	——	139
52	1691	骚乱	因"保留"康知县而引发骚乱	分别释放、杖责等	140
53	1691	——	谈西官与他人同案两次告到县府	和息,大费周折	141
54	1692	——	为毛三官官司事	和息	144
55	1692	诬告	黄天官母子诬告姚廷遴私吞银两	无事	145
56	1692	房产	黄天与康姓诉讼,府、海防、县	和息,各费20金	145
57	1694	拐逃	陈姓控告陈三官诱拐孀妇逃跑	和息,约费30余金	148
58	1695	口角	谈建侯与谈尔师诉讼,县衙	调处无效	151
59	1695	重伤	姚惠官兄弟与方未家相打	写和息议单	151
60	1696	——	为收拾谈公瑛官司事	逐件安放	155
61	1697	人命	陈上官状告孟三官,县衙	和息,费几千金	157
62	1697	骚乱	因陈知县严酷"比较"而引发	解散	158

必须说明的是,通过表1我们可以看到,笔者与岸本美绪的统计数据差距很大。前面也已说过,导致这种差距的原因,并不仅仅在于统计标准的不同。比如,在岸本制作的表中,姚廷遴与他人之间的诉讼案件只有两例(编号2、3);在笔者制作的表中,姚廷遴与别人之间的诉讼案件则有三起(编号11、12、55)。其中,编号55是黄天官与康秀官之间发生的赎房诉讼的"案中案"。[63] 之所以我将此案单独列出,是因为黄天官以姚廷遴诈索银两为"告状装头"而提起诉讼;所谓"告状装头",乃诉讼"案由"的另一说法。据此,它是一个独立的案件。再者,即便是《历年记》作者的亲友卷入其中的诉讼案件,也非只有其他的二十二例。撇开亲友关系不甚清楚的案件不谈,从我的统计来看,数量也比岸本的统计要多——编号2、3、4、5、10、45、49、50、51、60等,它们都是岸本教授没有计算在内的案件。由此,与姚廷遴和其亲友相关的诉讼案件,至少也有三十五单。不必讳言,我的统计可能也有疏漏或不够准确的地方,但这并不影响本文对于岸本统计的修正。

那么,姚廷遴所记载的数量颇为可观的诉讼案件又说明了什么呢?我们来看岸本的论证策略:其一,批评以往的西方学者和日本学者认为传统中国民众普遍"厌讼"的观点,[64] 再据近来学者研究"淡新档案"得出的相反看法——清代中国州县衙门的诉讼案件很多,即使"婚姻田

---

[63] 具体记载,参见《清代日记汇抄·历年记》,第145—146页。
[64] 岸本教授的参考文献如下:参见〔英〕S.斯普林克尔:《清代法制导论:从社会学角度加以分析》,张守东译,中国政法大学出版社2000年版。顺便一提,岸本使用的是英文版,为了方便学者查考,笔者改用中文版。也见〔日〕仁井田陞:《中国法制史(修订版)》,岩波书店1963年版,第96页。斯普林克尔的基本观点是:"总之,由于开支大,输赢难以预料,冒风险,残酷等原因,人们有一个普遍的倾向,就是不去启动官府的法律机器;倘若能避免,也不肯作为证人陷进去,而宁愿让其他社会组织去处理它们能解决的所有问题。仅当它们未能了结,或当某些公然犯下的暴行不能被官府置之不理,才会让官府插手。"

土"的细故案件也不少。[65] 其二,根据《历年记》的记载,试图进一步证明《上海县志》和范濂《云间据目抄》对于明清时期上海地区的"健讼"风气的概括;换句话说,在姚廷遴的一生中,与其"直接有关"的案件有二十四起,可以说是数量相当可观,并与《上海县志》和《云间据目抄》的记载吻合。[66] 就表面而言,岸本的判断很有道理,笔者曾经也表示赞同。[67] 但是现在仔细读了《历年记》之后,我觉得,如果认真推敲起来,这种论证方法似有问题,至少是论证逻辑不够严谨。换句话说,从《历年记》中我们固然可以看到,在一个低级文人的一生之中居然碰上(岸本)二十四单案件,或者(笔者)三十五起案件,确实数量不少。然而,这些数据并不能很好地印证清初上海的"健讼"现象。[68]

---

[65] 岸本的征引文献如下:David Baxbaum(包恒),"Some Aspects of Civil Procedure and Practice at the Trial Level in Tanshui and Hsinchu from 1789 to 1895",*Journal of Asian Studies* 30—32,1971;[日]中村茂夫:《伝統中国法=雛型説に対する一試論》,载《法政理論》,1979 年第 12-1 期。中村茂夫接受了包恒的意见,批评"民间处理"的观点。有关清代社会是否"好讼"的研究成果很多,本文第一个注释已经罗列,不再重复。

[66] 参见[日]岸本美绪:《〈歴年記〉に見る清初地方社会の生活》,载《明清交替と江南社会——17 世紀中国の秩序問題》,第 264—268 页。有关上海"健讼"的记载,除了岸本美绪征引过的(乾隆)《上海县志》之外,该志"风俗"还有:"大抵士食旧德,农服先畴,缙绅先生或着勋绩或乐恬退,代不乏人;而健讼流风至今不改,小民口角微嫌,易成构斗,听信讼师,辄以重款装头,希图幸准。"引据《上海县志》,卷 1,载《稀见中国地方志汇刊》,第 1 册,中国书店 1992 年影印版,第 280 页。范濂《云间据目抄》卷 2"风俗"也有:"上海健讼,视华青尤甚,而海蔡后益炽。凡民间睚眦之仇,必诬告人命。遂有赊命之说。……此风原系东土讼师沈姓者启之。"参见前书,第 22 页。

[67] 笔者曾经在两篇论文中援引岸本教授的观点,参见徐忠明:《传统中国乡民的法律意识与诉讼心态》,载《中国法学》,2006 年第 6 期,第 79 页;徐忠明:《明清时期民间诉讼的态度与策略》,台湾地区"中央研究院"历史语言研究所举办的"中国传统法制的形成与展开"研讨会论文,台北,2006 年 12 月 14—16 日。

[68] 这里,值得我们特别指出的是,现代学者在谈论传统中国社会的"健讼"时,有一个问题始终没有在理论上得到妥当的解释,即:究竟什么是"健讼"? 事实上,这个问题可以从以下层面来回答:第一,如果民众提起了法律禁止的诉讼,那么,我们说他们"健讼"无疑是对的。事实上,前引《上海县志》和《云间据目抄》在批评上海"健讼"风气炽盛时,都是指那些因

为什么这样说呢？现在，我们稍作分析。首先，姚廷遴记载的与其

"口角微嫌"或"睚眦之仇"而动辄告状的行为，而非法律准许的具有正当理由的诉讼。其实，其他批评民众"好讼"的资料也是如此。第二，如果民众提起的诉讼属于法律要求的，比如"谋反"或"命盗"案件，那么，我们是否仍然可以认为，这是"健讼"呢？显然不能。因为，对这些犯罪行为，如果知情者不举报、不告发的话，将会受到法律的制裁。在黄六鸿《福惠全书》卷14"庄地呈报"中即有"阖州县地方、庄头，凡本境遇有人命，该庄地查明立时具呈，州县注明"的要求。参见前书，第366—367页。与此相关，如若官员不受理此类案件，则杖一百。参见《大清律例》，卷30·刑律·告状不受理，第478页。第三，如果有些诉讼属于法律允许但非强制要求的，那么我们是否也可以认为，这是"健讼"呢？对此，笔者表示怀疑。这是因为，既然法律允许此类诉讼，那么提起这种诉讼在法律上就是正当的。更何况，清代法律还规定：如果州县衙门对"斗殴、婚姻、田宅等事不受理者，各减犯人罪二等，并罪止杖八十"，参见《大清律例》，卷30·刑律·告状不受理，第478页。而对法律上正当的诉讼行为，我们依然将其视为"健讼"，或不正当的行为，理据何在呢？我想，如有理据的话，便是道德上的；具体来讲，就是儒家竭力鼓吹的"无讼"这种道德理想；这是因为，诉讼乃是背弃或破坏这一道德准则的行为。如此一来，所谓"健讼"云云，乃是一种道德评价，而非法律评价。由此，我们可以回到本文上来，在有明确诉讼"事由"的案件中，除了编号58"口角"以外，其他都是法律允许提起诉讼的案件；也就是说，没有被法律所禁止。既然如此，我们能否认为，这些诉讼乃是清初上海民众"健讼"的体现呢？恐怕不能这么说。或许，这仅仅是我们的理解。在中国古人看来，对这些既可以打官司也可以不打官司的"事由"，如果提起了诉讼，就是"好讼"，因为它们没有道德上的正当性可言，而且还破坏了"熟人社会"的秩序和安宁。由此，我们触及了传统中国法律与道德之间的纠缠与背离的深层问题：一方面是道德与法律之间的"纠缠"。可以说，自从西周道德观念的"觉醒"伊始，道德作为一种国家意识形态的基础，受到了统治者的高度重视；越过法家的法律技术主义的短暂的中断，伴随儒家的崛起及其成为帝国官方的意识形态的基础之后，道德的法律化或法律的道德化，从此成为传统中国法律的根本特征。据此，学者认为，法律乃是道德体现和表达。即使在司法实践中，道德与情理仍然是裁决案件的重要依据。但另一方面，则是道德与法律之间的深刻"背离"，以致成为困扰人们的核心问题。据我看来，那种在法律上准许诉讼，而在道德上鄙视和压抑诉讼的现象，即是上述"健讼"话语的一个根本原因，也是现代学者评判传统中国是否好讼的一个基准。关于传统中国的道德与法律关系的详尽讨论，参见瞿同祖：《中国法律与中国社会》，中华书局1981年版，第270—346页；梁治平：《寻求自然秩序中的和谐——中国传统法律文化研究》，中国政法大学出版社1997年版，第251—325页；张中秋：《中西法律文化比较研究》，南京大学出版社1999年版，第119—155页；任强：《知识、信仰与超越：儒家礼法思想解读》，北京大学出版社2007年版。第四，所谓"健讼"云云，乃是一种经由比较而得出的判断；也就是说，与以往中国社会诉讼相对较少而言，明清时期的诉讼多了起来，以致在当时人眼里就变成了"健讼"的社会。对此，我过去也有类似的看法。但是，仍然可以追问的是：与人口的绝对增长相比，明清时期的诉讼数量是否也有绝对的增长呢？这是一个悬而未决的问题，至少也是一个没有统计数据予以证实的问题。换句话说，我们没有关于明清以前诉讼的统计数据可资比较，有的只是一种关于"好讼"的感

有关的全部案件的时间跨度有66年——从1632年至1697年。据此，平均两年只有一单诉讼，而姚廷遴的亲友范围却不是很小；他们之间的空间距离同样如此，例如"外伯祖金宪愚住在府城东关外"，松江府城与上海县城之间的空间距离以当时的交通条件来衡量，应该算是蛮远的吧，并且已非局限于上海县，而是扩展到了松江府的范围。又如编号23的案件记有"六月二十日起，接连往吴门二次，为母姨夫官司事也，至七月初七日方归"。[69] 由此可见，其所花费的时间很长，相距的空间同样很远，而且未必寻常的民事案件。

其次，所谓"健讼"，准确的说法应该是指民众自己提起的"婚姻、田土、钱债"的民事诉讼，而非衙门追诉的刑事案件或者其他案件；[70] 然

受，尽管这种"感受"也能说明一些问题。我们知道，记载这种"感受"的，基本上是一些野史、笔记、小说、戏曲、方志、法律文书和官方告示之类的东西，而这些资料宋代以前留存下来的很少，故而很难进行有效的比较。一句话，如果我们意欲用这种"感受"来证明一个社会的诉讼事实，将会显得非常困难，而且其真实性和可靠性也都是可以质疑的。不过，即使是根据这种"感受"，大致上我还是愿意承认，明清时期的诉讼确实要比以前多了。

在我看来，岸本美绪将《历年记》反映的诉讼案件视为"健讼"的论断，乃是秉承了中国古人的道德主义观点；换言之，她用《历年记》的记载来印证《上海县志》之类的古典文献对清初上海"健讼"的概括，乃是一种"以古释古"的方法。对此，我们应该表示欢迎。但是，她却未能指出所谓"健讼"，基本上是一种道德批判；当然，道德判断也有可能包含事实的因素。然而令人困扰的是，这种话语将法律上允许的诉讼也视作"健讼"；甚至，在岸本美绪的研究中，将法律上强制告诉的案件——比如"人命"案件，同样看成"健讼"的证据，因为她对自己制作的统计表中的案件，没有做出必要的区分，对它们的含义也没有给予应有的解释，只是笼统的判断，从而不适当地夸大了清初上海社会的"好讼"风气。而这，无论如何都是一个令人遗憾的论断。在此，笔者不厌其烦地写上这一冗长的注释，乃是希望对此偏颇有所纠正。

〔69〕 参见《清代日记汇抄・历年记》，第45页。
〔70〕 在传统中国，至少从"商鞅变法"以来，就有"奖励告奸"与不告奸者受罚的法律规定。清代律例也有类似的规定：凡是"命盗"案件，民众均有告发的义务，法律允许"容隐"的除外。例如，对谋反、谋大逆和谋叛之类的重大犯罪，知情纵或隐匿者，处以斩刑或绞刑。对尊长被他人所杀而私和者，分别情节处以徒刑以下轻重不等的刑罚；对常人私和者，处以杖刑；同行知有他人欲行谋杀而不阻止、不救护、不告发者，杖一百。对"窝藏强盗"和知情不报等行为，也要分别情节处以轻重不等的刑罚。参见田涛、郑秦点校：《大清律例》，法律出版社1999年版，第365—368、413—417、441—442页。据此，我们可以推断，所谓"健讼"，主要是指那些基于伦理道德本不应该诉讼的事由而提起诉讼；反之则否。另外，必须指出的是，在岸

而,我们从上表中可以看出,明确提到诉讼"事由"的民事案件,只有编号11、12、13、26、27、28、43、48、56、58十例;如若把"事由不明",但尚可以推断为民事案件和"州县自理"案件的也包括在内,则有编号1、3、10、23、45、47、49、50、51、53、54、60十二起;两者总计22单。这样平均下来,每三年只有一起诉讼案件。这里,之所以我排斥了其他案件,是因为它们与通常所说的"健讼"容有差异。具体来讲,那些"事由不明"的编号2、4、8、41等,属于衙门主动"访拿"的案件,很有可能都是刑事案件或者其他官方认为必须追究的事由,因此它们与民众的"健讼"与否没有直接的关系,不应混为一谈。

再次,前面已经说过,姚廷遴是一个有着从商、务农、作吏、教书等各种经历的低级绅士,特别是41岁之后,由于充任胥吏长达10年之久的经历,故而我们有理由相信,他对法律已有相当全面的把握,对州县衙门的司法运作也有深入的了解;或许,更为重要的是他对衙门"人面"的熟悉。在传统中国这样一个"关系社会"中,熟悉衙门"人面"乃是与官员、胥吏和衙役进行交涉的政治资本;实际上,姚廷遴之所以充任胥吏,目的之一就是"识熟衙门人面"。[71]正因为如此,人们邀请他出面调处诉讼案件,并与衙门进行交涉,那是不难想象的事情。由此,姚廷遴也就成为"案件之箭"投射的"箭垛",从而有机会接触到比常人更多的诉讼案件;而对他来说,似乎也很乐意参与亲友之间诉讼案件的调解。在这种种"机缘"的凑合下,姚廷遴最终得以在《历年记》里留下众多的诉讼案件。[72]有趣的是,他不但参与了不少案件的解决,而且还

本美绪的统计表中,把3起人命案件和其他明显属于刑事性的案件,也统统视为清初上海民众"好讼"的例证,这无论如何是说不过去的。因为"私和"人命,清代法律是严格禁止的;换句话说,一旦发生这类案件,死者家属必须向衙门告诉,否则就是犯罪,将会受到法律的制裁。

〔71〕 参见《清代日记汇抄·历年记》,第75页。

〔72〕 这里,我想举一个或许是不适当的例子。虽然我也活了46岁,但是,在亲友中(尽管范围不广)尚未发现和听说有人打过官司;作为一个研究法律的学者,我也没有参与任何案

热衷于将它们记录下来;甚至将以现代标准来衡量属于童年时代(5岁、7岁、12岁)发生的诉讼案件——编号1~4,也录了下来。

复次,值得一提的是,虽然《历年记》记载了数量不少的诉讼案件,而且姚廷遴也每每发出"人情恶薄"的感叹,但是,他并没有遣责"健讼"的世风,反而积极参与诉讼案件的解决。这是为什么呢?似乎有些令人费解。是否在他看来,诉讼原本就是正当的行为,所以没有什么可以谴责的地方? 如若这样的话,那么,在《上海县志》里刻意记上"健讼"的一笔,是否仅仅代表"地方志作者"的看法呢? 或者只是沿袭以往作者的"老套故伎"呢? 说实在的,翻检"地方志"这种史料,我们不难发现其中渗透着作者的"道德偏见"和"沿袭旧说"的特点。[73] 另外,具有"与

件的调解——当然,职业工作除外。那么,这能否证明我们今天这个日趋崇尚权利的社会与清初上海那个强调"无讼"的社会相比,就不那么"好讼"呢? 显然不能。相反,对一个像姚廷遴那样乐意出面调处民间纠纷和参与衙门交涉的绅士来讲,在《历年记》中记载众多的诉讼案件,就能证明清初上海"好讼"吗? 同样不能。有时,我甚至有点怀疑姚廷遴可能充当了讼师的角色。这是因为,许多案件并非普通的"婚姻、田土、钱债"案件,而是地地道道的刑事案件;并且,他在这些案件中的作用,也非仅仅是与衙门交涉之后进行调处,相反,是从衙门里"捞人",而这恰恰是讼师干的活计。例如编号33就说"后虽和息,大费银钱"。参见《清代日记汇抄·历年记》,第108页。又如编号61也说"花费几千金,人财、家业、田地、屋宅变卖殆尽"。参见前书,第157页。像这样的"人命"案件,难道是一般意义上的调处和息吗? 我很怀疑。与此同时,本案花费的几千银两,难道全部用来"补偿"原告吗? 承审官员难道毫无"进账"吗?姚廷遴仅仅是"义务"奔波吗? 凡此种种,均让我们有理由怀疑姚廷遴的讼师角色。如果这一怀疑可以成立,那么《历年记》记载案件数量的众多,就更不能简单用来证明当时上海的"好讼",而只是佐证了笔者关于"姚廷遴有机会接触到比常人更多的诉讼案件"的推断,从而给我们留下了这些记录。再者,在明清时期,成为讼师或被人们视为讼师,并非是指专门从事法律业务;事实上,只要有数次这样的经历,就有可能被看作讼师。

〔73〕 在我看来,使用"地方志"这类史料,最难把握的就是"风俗"部分。当然,这并不是说其他部分就容易掌握。例如"税则"即是非常复杂的部分,理解起来极其困难;但是,那是技术性的问题。而"风俗"则不同,虽然它具有外在的表现形式,可是"风俗"也是一种观念和态度的表达,因此,对"风俗"的概括与评判,即有非常突出的主观色彩和文化意识。其中,最可瞩目的地方,就是作者会有意无意地将经由儒家道德礼教浸淫而形成的理想标准,拿来描述和评估当地当时的"风俗"。据此,被"地方志作者"表达出来的"风俗",即有价值与事实"交融"的特点。对"健讼"的描述,也有如此特点。事实上,岸本美绪对"风俗"很有研究,参见〔日〕岸本美绪:《"风俗"与历史观》,载《新史学》,第13卷第2期,2002年9月。

世龃龉"和"愤世"性格的范濂所著《云间据目抄》的一个特点,[74]即是批评上海的世风,甚至对乡绅阶层也多有指责。

最后,我想特别提醒的是,如果从传统中国缔结婚姻关系基本上遵循"门当户对"的原则来看,那么,姚廷遴的亲属的经济状况一般不会太差;编号1、2、3、4、11、12、13、16、22、23、33、41、43、55、58十五单案件,都是与姚廷遴本人及其亲属有关。从不少案件花费多金上来看,我们也能推断两造必非普普通通的农民;编号1、26、33、41、44、47、49、56、57、61等,即是例证,所费银子从20两到几千两不等。从"纳妾"引发争讼来看,编号12和28两例,至少其中一造的经济状况应该不错,甚至可能具有科举功名。从朋友关系来看,他们之间的身份应该也不会相去太远,编号57的陈三官与姚廷遴属于师生关系。合计起来,共二十四例。凡此等等,均可说明在《历年记》中记载下来的案件两造颇为特殊。如果以岸本美绪制作的表格为参照,那么几乎囊括了所有案件——十九起;其他案件虽然没有提到费用,但是像第12例是"和息"命案,不费钱几乎不可能。总之,我们如今读到的《历年记》乃是一份非常特殊的材料;其中,属于"口角"细故的只有一单,编号58;一起"诬告",编号55。在上述案件中,既有民事,也有刑事和"民告官"的案件,因此与"唇舌细故致讼"的情形不同。从案件主体来看,他们都有一定的政治、经济和社会地位,所以,在人口总数中所占的比例应该不会很高。因此,他们之间的诉讼量大,并不证明整个社会的诉讼率高。要言之,在这种情况下,我们就很难说这些案件乃是清初上海"健讼"的体现或典范。据此,我们能否依然将《历年记》这样一份特殊意义的材料,作为反映清初上海地区民众诉讼的普遍情况的标本?据我看来,尚有不少的疑问。

---

[74] 参见《云间据目抄·序》,系高进孝所撰,载《笔记小说大观》,第13册,第100页。

通过上述分析，我想指出的是：姚廷遴在《历年记》中记载的数量不少的案件，并不能用来证明清初上海地区的"好讼"风气；但是，我也不想否认当时当地的"好讼"现象，而是希望藉此进行必要的学术反省，重新评估史料和以往的研究成果。并且，这种反省也包括了对于我自己过去的研究成果。回到主题上来，明清时期江南地区的经济发展、风气变化和人口增长，确实导致了诉讼的增长，这是许多资料均有反映的社会现象，也是不容否定的历史事实。而我只是想问：鉴于姚廷遴《历年记》的记载非常特殊，因此是否可以拿来证明一个具有普遍意义的命题？进而，这种仅仅以诉讼数量来推断的论证方式是否得当？都是值得进一步推敲的问题。总之，笔者反对用《历年记》来证明清初上海地区的"健讼"风气，但是并不简单否定这一社会现象，因为那是两个相关但却并不完全相同的问题。

四、清初上海的司法实践

作了上述必要的"铺垫"之后，我们再来分析《历年记》记载的诉讼案件。不过，鉴于《历年记》对案件的记载大都三言两语，以致很难对其进行细节上的解读；因此，我想考察其中的几个宏观方面的问题，从而揭示清初司法实践的某些特点。

（一）地方社会与案件类型

通观《历年记》里面的案件，我们发现，其所包罗的范围非常广泛，既有微不足道的"口角"之争，也有普通的"相打"事件；既有寻常的田土和房产之争，也有伤害纠纷；既有"性命攸关"的杀人和抢劫的命盗案件，也有非常时期的杀人吃人的惨剧，甚至是政治性的谋反和谋逆案件；尤其值得注意的是，向来被看作"胆小怕事"的民众，居然敢于控告州县衙门的官员、胥吏、衙役的"沆瀣一气"的贪黩暴虐,其中"民告官"的案件有编号15、16、23、25、27、31等;更有甚者,还发生了因州县官员的贪黩暴虐而导致民众"抗议"的事件,编号52和62等,即是例证。顺便指出,这种民众集体"抗议"的行动,是否与晚明以降日趋增长的类似事件有关呢?[75]在我看来,这些案件折射出了清初上海州县衙门的常规司法与非常规司法的丰富信息;当然,并不仅仅限于上海地区。与此同时,我们也大致看到了传统中国民间社会可能发生的纠纷、犯罪与诉讼的基本类别。并且,由于这些案件集中在篇幅短小的《历年记》里,以致阅读起来会有一种应接不暇的、非常强烈的刺激效果,给人一种传统中国所谓的"伦理本位"[76]的乡土社会,实际上并不是一个"礼让谦抑"的道德社会,更不是一个"雍熙和睦"的世外桃源,而是一个充满生存压力,也充满着矛盾、冲突和争斗,乃至"动辄诉讼"的社会。正因为如此,从而非常容易给人留下一种"健讼"的印象。但是,通过第三节的分析,我们已经知道,姚廷遴在《历年记》中记载的案件,只能反映清初上海的一个相对特殊的社会群体的诉讼状况,而不能用来说明整个清初上海社会的诉讼状况。据此,尽管笔者也非常强烈地感受到《历年记》所产生的阅读效果,然而,并不认为它是清初上海"健讼"风气的整体反映。

---

〔75〕 相关讨论,参见巫仁恕:《节庆、信仰与抗争——明清城隍信仰与城市群众的集体抗议行为》,载(中国台湾)《"中央研究院"近代史研究所集刊》,第34期,2000年12月;巫仁恕:《民间信仰与集体抗争:万历承天府民变与岳飞信仰》,载《江海学刊》,2005年第1期;巫仁恕:《明清江南东岳神信仰与城市群众的集体抗议——以苏州民变为讨论中心》,载李孝悌编:《中国的城市生活》,新星出版社2006年版,第132—182页;刘志琴:《城市民变与士大夫》,载《晚明史论》,江西高校出版社2004年版,第133—158页。顺便指出,在史料的记载和过去的研究中,所谓"民变"每每包括了民众集体抗议。但实际上,晚明"民变"更多的是指后来被视为"农民起义"之类的历史事件。参见李文治:《晚明民变》,中华书局、上海书店1989年版;樊树志:《晚明史:1573—1644年》,下卷,复旦大学出版社2003年版,第896—988页。

〔76〕 参见梁漱溟:《中国文化要义》,第77—94页。

这里，姑且撇开上述问题不谈，我想追问的是：面对形形色色的诉讼案件，州县官员应该怎样应对？在"应对"过程中他们又有什么权力？如何行使权力？

（二）州县长官的常规权力与非常规权力[77]

所谓"万事胚胎始于州县"[78]或"朝廷敷布政教，全赖州县奉行"[79]或"天下之治始乎县，县之治本乎令"[80]之类的说法表明，中华帝国"治理"的基础在于州县衙门；而州县治理的良窳，则又端赖州县长官的实力奉行，视乎他们的贤愚和能力。在《学治臆说·自序》中，汪辉祖也说：

> 夫天下者，州县之所积也。……自州县而上，至督抚大吏，为国家布治者，职孔庶矣。然亲民之治，实惟州县，州县而上，皆以整饬州县之治为治而已。

由此可见，一座小小的州县衙门，却构成了中华帝国政治统治的基础，以至于现代学者也将州县衙门视为"帝国缩影"。[81]然则，州县衙门究竟有些什么权力呢？总体而言，其权力有：宣教化、抚百姓、均赋役、恤贫困、理民讼、审冤抑、禁盗贼，等等，可谓无所不包，应有尽有。[82]

---

[77] 这对概念借自孔飞力的论著，参见《叫魂：1768年中国的妖术大恐慌》，第246—291页。

[78] 引自郑秦：《清代司法审判制度研究》，湖南教育出版社1988年版，第38页。

[79] （清）凌如焕：《敬陈风化之要疏》，载《清经世文编》，卷23，第581页。

[80] （清）张望：《乡治》，载《清经世文编》，卷23，第592页。

[81] 参见郭建：《帝国缩影：中国历史上的衙门》，学林出版社1999年版。

[82] 同上书，第170—306页；瞿同祖：《清代地方政府》，第7—9章，第192—281页；徐炳宪：《清代知县职掌之研究》，（中国台湾）商务印书馆1974年版，第97—286页。

只是，虽然州县长官的权力范围很广，但是，实际上却并不大。这是因为，他们处在"层层叠叠"的上司监督之下，更有"多如牛毛"的法律约束，往往动辄得咎，以致汪辉祖称他们"如琉璃瓶，触手便碎"。[83] 换言之，由于州县长官受到的牵制过多，难以充分发挥"治权"的作用——所谓"成我者惟上，格我者亦惟上"[84]即是此意，因而变得毫无权力可言。顾炎武从胥吏"窃权"的角度，也指出了州县长官"无权"的尴尬地位。[85] 就州县衙门的常规司法权力而言，我们确实可以发现其责任重而实权轻的特点。

根据《清史稿·刑法三》的记载：

> 各省户、婚、田土及笞、杖轻罪，由州县完结，例称自理。词讼每月设立循环簿，申送督、抚、司、道查考。巡道巡历所至，提簿查核，如有未完，勒限催审。徒以上解府、道、臬司审转，徒罪由督、抚汇案咨结。有关人命及流以上，专咨由部汇题。[86]

---

[83] 汪辉祖：《学治臆说·公过不可避》，辽宁教育出版社1998年版，第78页。

[84] （清）徐栋：《牧令书》，卷5"事上序"，载《官箴书集成》，第7册，第97页。我读杜凤治《广宁日记》的记载发现，作为广东省广州府南海县的知县，杜凤治在办理各项公务时，几乎都要"禀报"各级上司，毫无决断的权力；事实上，每天的日常工作之一，就是到上司衙门"禀报"工作情况和"接受"工作任务。当然，这可能是南海和番禺作为广东"首县"的特殊情况。这是因为，各级官长均在同城办公，便于请示汇报的缘故吧。在办理一起中外交涉案件时，杜凤治非常感叹地写道："宽了，上游谓不善办理，以后洋人无厌进而愈进；严了，上游又谓洋人不怿，必与上游躁聒，失了和好之意，亦是办理不善。左右皆非所可，而上游言语可进可出、可轻可重。敢诘之乎！今日运台之意，亦有上司面目。可知作小官之难，作小官而权大任重，更难也。"引据《杜凤治日记》，中山大学图书馆藏，第18本，《广宁日记》，第89页。

[85] 君王为了避免臣下弄权，力图将权力"移于"法律，其结果是官吏不能超越法律的界限；与此同时，胥吏通过操纵法律的便利，窃取了官吏本该享有的权力，致使官吏丧失了实权。参见（清）顾炎武著、黄汝成集释：《日知录集释》，卷9"守令"，中州古籍出版社1990年版，第212—213页。如此一来，州县长官不但受上司的牵制，而且也受胥吏的操控，而处于"无权"的尴尬境地。

[86] 《历代刑法志》，群众出版社1988年版，第583页。

不待言，在通常情况下，州县长官仅有审理婚姻、田土、钱债和笞杖等"自理"案件的有限权力；而对徒刑以上的案件，则必须遵守严格的"审转"程序。由于《历年记》对诉讼程序的描述非常简单，以致难以看出州县衙门的司法权力具体运作的过程与方式；但是，在个别案件中，我们仍然能够"探知"若干蛛丝马迹。请看《历年记》的如下记载：

> 康熙十年辛亥，余四十四岁，……四月间，有地邻孙佛者，兄弟皆贫苦人也，伊叔孙四无子，四亡后，存妻张氏，亦村中骚妇，吴俊超欲娶作妾，孙佛借此哄其逃出，扛嫁东图赵君辅。俊超构孙族往府告状，赵寅买孙佛往苏，在抚院告，为号宪治乱事，准发本县拘解，俊超等俱诉余为四邻。六月初八日听审，先唤我进后衙，问其详细。余秉公细剖，官亦心服，将孙佛、孙仲责四十板一个，拟孙佛诬告律，热审减等问徒，详抚院，批发吴江平望驿。（编号28）

从引文提供的案件事实并参照《大清律例》卷10"婚姻"的规定来看，吴俊超纳孀妇孙张氏为妾，应属合法，因为"孀妇自愿改嫁"既为法律所允许，[87]也为礼俗所不禁——"再嫁由己"即是此意；作为晚辈的孙佛，并无干涉尊长改嫁的权力。[88]另外，从孙佛"哄扛"的行为特征来看，似乎触犯了《大清律例》卷25"略人略卖人"所附的"诱拐"条例。其中一款规定：如凡人诱拐女性，并以其为妻妾，则主犯绞监候，从犯杖

---

[87] 参见田涛、郑秦点校：《大清律例》，第207页。
[88] 如果孙佛是孙四亲侄的话，根据《大清律例》卷3"服制"的规定，孀妇是孙佛的期亲尊长。参见田涛、郑秦点校：《大清律例》，第65页。

一百、流三千里;若和诱知情女性,并以其为妻妾,则主犯充军,从犯和被诱女性"俱减等满徒";如"有服亲属犯者,仍各照本律科断"。[89] 根据注释[90]引据的资料,孙佛至少也要被判充军;但是,本案记载却说孙佛诬告,也不说明"诬告"指向的罪名究竟是什么,只说"减等问徒",可谓语意不明。不过,我们可以不必纠缠于此。单单从徒刑来看,已非州县衙门的审判权限,所以必须"详抚院,批发吴江平望驿",这是符合清代法律规定的司法程序。

此乃问题的一个方面。但是,从《历年记》编号5、6、7三例中,我们却可以发现,知县的权力很大,与清代法律规定的"常规权力"截然不同。也就是说,在上述杀人吃人和放火杀人的案件中,知县在没有通过"审转"程序的情况下,就将案犯"三男二妇杖毙在县场上"。[90] 何以如此呢?我觉得,唯一的原因就是案发当时乃"民死道路,填沟壑者无算"的灾荒之时,也可以说是非常时期;这时,如若对于这种杀人吃人和放火杀人的行为仍然采取严格的"审转"程序,必将"贻误"时机,从而导致更多的类似事件,因此必须采取"非常举措"方能遏制危机。所以,姚廷遴说"幸而不至大乱"。可见,姚廷遴对州县长官的这种做法颇为赞同。在这种"赞同"的背后,我们又能发现什么样的问题呢?这是否意味着在当时的司法实践中经常会有类似的做法

---

[89] 田涛、郑秦点校:《大清律例》,第406页。这条例文的来龙去脉颇为复杂,具体考证,参见马建石、杨育棠主编:《大清律例通考校注》(清乾隆年间吴坛原著),中国政法大学出版社1992年版,第750—751页。据考,关于"有服亲属犯者,仍各照本律科断"系雍正三年题准的内容。对此条款,薛允升指出:"大抵指尊长者居多,其不言卑幼者,以事属绝无,故不立此等条例也。即或有犯,凡人尚应拟绞,岂有略卖尊长反得从轻之理?照凡人定拟,原属正办。后又定有亲属略卖、分别期功治罪专条,复牵及因奸不拐,殊觉无谓。"参见胡星桥、邓又又主编:《读例存疑点注》,中国人民公安大学出版社1994年版,第513—514页。

[90] 《清代日记汇抄·历年记》,第52页。

呢？事实上，某些酷吏确实喜欢如此行事。而这，恰好说明了州县长官除了拥有常规权力，尚有非常规的专断权力，尽管为法律所禁止。此时，我们就看到了州县长官的"无权"与"专权"的双重面目。我觉得，它是我们了解清代州县衙门的司法实践的一个极其重要的面相。

顺便指出，在档案管理与司法程序上，这些案件似乎并没有被记入司法档案，也没有进入"审转"程序。在这种情况下，即使上司想要"查考"案件，也是无从"查考"的。与此相反，如果它们真的被记入司法档案，那么，在走完"审转"程序前，州县长官根本无权做出死刑裁决，并予执行。由此，我们应该反思这样一个问题：清代州县的司法档案的制作是否反映了司法实践的真情实况？如果"是"，那么，对于这种"规避"将案件记入档案的做法，或者说司法官员"吃掉"案件的做法，必将无法解释。如果"否"，那么，我们是否能够仅仅凭借司法档案记载下来的那些"依法判决"的案件，就匆匆忙忙断言说：司法官员是"依法判决"的呢？接下来的推论则是，司法档案没有记载的，并非就意味着现实社会没有发生过这样的事情，也不意味着司法官员没有处理过这样的案件。在我看来，这个问题非常重要，它可以帮助重新思考学界争议已久的关于清代司法裁判是否依据法律的问题。

根据我对清代司法审判、档案制作和司法文书写作技巧的了解，本文认为，在审判案件和制作档案时，司法官员大致可以采取如下手段：第一，在常规情况下，他们都会严格审查案件事实，然后选择相关法律做出判决，也能"如实"制作档案。第二，采用"剪裁"事实的技巧，来建构事实与法律之间的逻辑关联，以期取得"依法判决"的效果，通过"审转"程序的查考。第三，在某些特殊的情况下，他们将会通过"外结"手段来规避"审转"程序的查考;这时,是否"依法"并非他们考虑的关键问题。[91]当然,如果"苦主"上诉的话,那么,这种规避"审转"程序的策略,往往难以奏效;事实上,来自"苦主"上诉的压力,正是司法官员之所以"依法判决"的一个重要原因。第四,面对一些非常事件,司法官员还有可能采取"吃掉"案件的手段,来"逃避"上司的"查考";换句话说,在这种情况下,根本没有留下可资上司"查考"的档案记录。第五,甚至可能出现这样一种情况,倘若"如实记录"罪犯的口供,将给司法裁判带来"麻烦";这时,司法官员就会采取"删除"口供的办法。总之,在司法实践中,处理案件事实的办法,可谓五花八门,不一而足。[92]

除了基本遵守法律与绝对无视法律的上述案件,实际上,帝国法律对于州县司法官员的约束,或许不是人们想象的那么严格。例如,编号28、56的处理结果,显然与清代法律关于"越诉"和"停审"的规

---

[91] 关于案件"制作技术"的相关讨论,参见高浣月:《清代刑名幕友研究》,中国政法大学出版社2000年版,第73—81页;邱澎生:《真相大白?:明清刑案中的法律推理》,载熊秉真编:《让证据说话:中国篇》,(中国台湾)麦田出版公司2001年版,第172—177页;王志强:《清代刑部的法律推理》,载《法律多元视角下的清代国家法》,北京大学出版社2003年版,第73—79页;徐忠明:《依法判决?:明清时期刑事诉讼的一个侧面》,载《案例、故事与明清时期的司法文化》,法律出版社2006年版,第314—318页;徐忠明:《清代中国司法裁判的形式化与实质化》,载《政法论坛》,2007年第2期。

[92] 在杜凤治《广宁日记》同治十年的记载中,我们可以读到如下令人惊讶的记载:第一,先由书吏写好供词,再让案犯"照供",然后强行按上罪犯的"指印"了事。参见前书,第64页。第二,如果主犯逃逸,那就掉换案件的主犯,以便结案。参见前书,第70页。第三,采取"删除"口供的办法,获取司法官员想要的案件事实,而"删除"不想要的案件事实;如果案犯"如实"招供,那么"重刑打回去就是了",显然是不让案犯"如实"招供。参见前书,第133页。由此,我们可以发现,作为定罪量刑基础的"供词",似乎具有事后根据需要来"制作"的特点。第四,甚至在执行死刑时,司法官员也敢采取"无札无文,凭空请令,提犯到彼一杀"的简便措施。参见前书,第150页。所谓"请令"的"令",是指执行死刑的令箭。可见,即使执行死刑,也可以凭空执行而无须基本的法律文书。但是,这显然是总督滥用"就地正法"的权力。关于"就地正法"讨论,参见李贵连:《晚清"就地正法"考论》,载《近代中国法制与法学》,北京大学出版社2003年版,第416—436页。

定相悖。[93] 当然，对于这类案件，人们可能会说，这是中国古人向来轻视司法程序所致。那么，对于被现代学者认为特别注重实体法律的中国古人来讲，情形又将如何呢？编号33、34、61都是人命案件，却被司法官员以"和息"的手段了结。这难道是遵守实体法律的表现吗？非也。由此可见，在清代中国的司法实践中，确实存在"超越"法律的现象，此乃无法否认的事实。

这里，我们发现了清代中国的司法权力运作的一个"秘密"，即：司法官员往往游走于常规权力与非常规权力之间。对一个"老练"的司法官员来说，必须具备平衡这两种权力的能力和技艺；否则的话，必将被官场所淘汰。这是因为，如果固守法律，不是一事无成，就是动辄得咎，从而显得特别"无能"和平庸；如果完全无视法律，虽然可能被看作有决断或能担当，但是也有可能被视为专横跋扈，把握不准，后果自然堪忧。总体来看，在通常情况下，州县衙门的司法官员都会遵守法律，其权力受到了法律的严格制约；而在非常时期，他们却有可能"超越"法律之上，乃至毫不顾及法律的制约，行使一种可以说是"专断"的权力。对于司法程序的处理，基本上介乎两者之间；这是因为，清代中国对于司法程序的约束原本就不那么严格，所以他们的裁量空间就相对大一些。

(三) 国家审判与社会调解的互动

自从汉武帝采纳董仲舒提倡的"罢黜百家，独尊儒术"以降，作为"儒教"国家，政府的一个特殊功能即是推行教化；也就是说，教化本身就是政治的一个有机组成部分。这种道德政治传统，无疑与儒家宗师

---

[93] 参见田涛、郑秦点校：《大清律例》，卷30·刑律·诉讼·越诉，第477页。另外，此条律文所附条例对"农忙停讼"也有规定。参见前书，第479页。《福惠全书》卷11同样有"农忙停讼"的规定。参见前书，第334页。

孔子"为政以德"的教诲有着精神上的渊源关系。就实践而言,这种道德政治特别要求帝国官员发挥"移风易俗"的作用;〔94〕与此同时,也很重视百姓"自正"和"自化"的道德觉悟。另一方面,秉承法家倡导的集权政治与"法治"的遗产,必然要求国家机器的运作和官僚权力的行使,必须严格遵循法律规则,所谓"移权于法"的意图就在于此。实际上,在中国古人看来,之所以要制定法律和公布法律,就是为了实现"移权于法"的目的。〔95〕一句话,通过兼采儒法两家的政治学说,并予推行和落实,久而久之,在礼法并用或德主刑辅的政治实践中,帝国官员就渐渐获得了"父母官"的角色自觉——推行教化与实施法律并重。

我们知道,首先,中华帝国的经济基础是农业;这种经济的特点是"靠天吃饭",从而养成一种依循"天道秩序"生活的心理机制;而落实下来说,这种"心理机制"必然要求人们尊重和维护社会秩序。这是因为,

---

〔94〕 汉代基层社会的三老,就是从事教化的专门人员,而郡县长官(循吏)更是身体力行,积极推行教化(移风易俗)和息讼活动;明代的乡约和里老,也有非常重要的教化作用和纠纷解决功能。清代虽有变化,但基本上也是延续这一思路,诸如宣讲"圣谕"、发挥宗族、乡里、会社之类的社会组织的纠纷解决功能。相关研究,参见周振鹤:《圣谕、〈圣谕广训〉及其相关的文化现象》;王尔敏:《清廷〈圣谕广训〉之颁布及民间之宣讲拾遗》,载《圣谕广训集解与研究》,上海书店出版社 2006 年版,第 581—649 页;完颜绍元:《千秋教化》,福建人民出版社 2004 年版;余英时:《汉代循吏与文化传播》,载《士与中国文化》,上海人民出版社 1987 年版,第 129—216 页;瞿同祖:《中国法律与中国社会》,第 270—346 页;赵秀玲:《中国乡里制度》,社会科学文献出版社 1998 年版;王兰荫:《明代之乡约与民众教育》,载吴智和主编:《明史研究论丛》,第 2 辑,(中国台湾)大立出版社 1984 年版,第 275—299 页;韩秀桃:《〈教民榜文〉所见明初基层里老人理讼制度》,载《法学研究》,2000 年第 3 期;常建华:《乡约的推行与明朝对基层社会的治理》,载朱诚如、王天有主编:《明清论丛》,第 4 卷,紫禁城出版社 2003 年版,第 1—36 页;〔日〕中岛乐章:《明代后期徽州乡村社会的纠纷处理》,载《日本学者考证中国法制史重要成果选译·明清卷》,中国社会科学出版社 2003 年版,第 40—84 页。

〔95〕 对于春秋时期郑国"铸刑书"一事,后世儒家即有所谓:"刑不可知,威不可测,则民畏上也。今制法以定之,勒鼎以示之,民知在上不敢越法以罪己,又不能曲法以施恩,则权柄移于法,故民皆不畏上。"参见《十三经注疏·附校勘记》(下册),中华书局 1980 年版,第 2044页。可见,"移权于法"不但有着保护民众权益的作用,而其更为重要的目的,乃是约束官僚的权力,以免滥用而侵犯民众的权益。

它是"天道秩序"的表达。[96] 所以在传统中国，人们看重的不是国家建构出来的法律规则——尽管它很重要，而是基于"天道秩序"演化而成的社会秩序，或者说日常生活的自发秩序，所谓"礼俗秩序"就是这样一种东西。[97] 这样一来，民间社会自发形成的纠纷解决机制也就显得特别重要。事实上，所谓"风俗"云云，本身即有"秩序"的独特内涵和功能，或者说就是自发秩序的体现。其次，在儒家政治道德与帝国税收机制的双重约束下，虽然中华帝国的幅员辽阔，官僚机构的规模庞大、结构复杂，但官僚数量则相对较少，在这种情况下，国家的正式权力只能止于州县衙门；而"乡里"等基层单位，充其量也只是"半官半民"的组织。另一方面，随着明清时期乡绅阶层的崛起——这意味着社会权力的上升[98]，其与宋代以来逐步形成的旨在"敬宗收族"的宗族共同体

---

[96] 相关研究，参见梁治平：《寻求自然秩序中的和谐》，第326—350页；徐忠明：《"天人合一"与中国古代法律观念》，载韩延龙主编：《法律史论集》，第1卷，法律出版社1998年版，第341—372页；葛兆光：《在法律史、社会史与思想史之间》，载《思想史研究课堂讲录》，三联书店2005年版，第242—265页。

[97] 参见费孝通：《乡土中国》，三联书店1985年版，第48—53页。

[98] 关于传统中国士绅群体的讨论非常之多，我阅读过的专著就有，费孝通、吴晗等：《皇权与绅权》，天津人民出版社1988年版；贺跃夫：《晚清士绅与近代社会变迁——兼与日本士族比较》，广东人民出版社1994年版；王先明：《近代绅士——一个封建阶层的历史命运》，天津人民出版社1997年版；张仲礼：《中国绅士——关于其在19世纪中国社会中作用的一项探索》，上海社会科学出版社2001年版；瞿同祖：《清代地方政府》，第282—330页；徐茂明：《江南士绅与江南社会(1368—1911)》，商务印书馆2004年版；顾鸣塘：《〈儒林外史〉与江南士绅生活》，商务印书馆2005年版；费孝通：《中国绅士》，中国社会科学出版社2006年版；李世众：《晚清士绅与地方政治——以温州为中心的考察》，上海人民出版社2006年版；徐林：《明代中晚期江南士人社会交往研究》，上海古籍出版社2006年版。单篇论文更多，这里仅举代表性的作品：〔日〕寺田隆信：《关于"乡绅"》，载《明清史国际学术讨论会论文集》，天津人民出版社1982年版，第112—125页；〔日〕重田德：《乡绅支配的成立与结构》，载刘俊文主编：《日本学者研究中国史论著选译》，第2卷·专论，中华书局1993年版，第199—247页；〔日〕檀上宽：《明清乡绅论》，同上书，第453—483页；巴根：《明清绅士研究综述》，载《清史研究》，1996年第3期；〔美〕周锡瑞、兰京：《中国地方精英与支配模式导论》，载邓正来主编：《中国社会科学季刊》，夏季卷，1998年5月(总第23期)，第148—160页；徐茂明：《明清以来乡绅、绅士与士绅诸概念辨析》，载《苏州大学学报》，2003年第1期。

和日常生活的村落共同体配合起来,从而使国家与社会之间形成了一种相对分化的结构。而这,就给民间调解提供了可能的空间。据此,如果我们意欲考察国家审判与民间调解,那就必须将其置于这种政治国家与民间社会的关系结构当中予以把握。实际上,这也是我们解读《历年记》所载案件的政治与社会语境。但必须指出的是,姚廷遴记载的案件解决的情形,依然超越了这种多少带有理想色彩的政治与社会的构图,因而有其独特意义。

具体到清代中国的司法实践,在我看来,基本上可以将其分作"国家审判"与"民间调解"两种理想类型;与此同时,可以将国家层面的司法实践进一步划为"审判"与"调解"两种理想类型。其中,对"命盗"案件,采取审判的方式,国家的审判权力占据绝对的主导地位;而对"婚姻、田土、钱债"之类的所谓州县"自理"案件,则既可以审判,也可以调解,因而具有"超职权"与"协作式"混合司法的类型特征。[99] 更可注意的是,在帝国衙门处理民事案件的过程中,并非处在一个"与世隔绝"的法律的空间里面;恰恰相反,它与民间社会的纠纷解决之间,处在一

---

[99] 对此问题的详细讨论,参见徐忠明:《小事闹大与大事化小:解读一份清代民事调解的法庭记录》,载《案例、故事与明清时期的司法文化》,第46—60页。必须指出,在清代衙门解决民事案件时,虽然会有民间人士的参与,而且官民双方也会通过"商谈"的手段解决纠纷,并且写下具有保证性质的"甘结"——和息协议。但是,司法官员的权威依然不可忽视;甚至,有些所谓"调解和息"的案件,也是在司法官员的权威压力下达成的和息协议。在对清代民事调解的特征进行概括时,日本著名学者滋贺秀三强调的是,在听讼过程中,"父母官"往往采取劝诱和教导并用的手段,因而将其视为"教谕式的调解"(didactic conciliation)。参见[日]滋贺秀三:《清代诉讼制度之民事法源的概括性考察》,载梁治平、王亚新编:《明清时期的民事审判与民间契约》,法律出版社1998年版,第21页。我想强调的是,如果"教谕式的调解"这一概念有其学术价值的话,应该突出清代民事诉讼兼有"教"和"谕"的双重性格。也就是说,它应该揭示"父母官式诉讼"兼具教化说服与威吓屈服的双重特点。在此,所谓"谕"应该具有彰显"权威"的意味,它是一种司法官员"居高临下"的指令或命令,而非仅仅采取劝诱和教导。如此理解是否得当,尚祈高明教正。

个"相互交流"的动态的过程当中。[100] 进而,民众是否将民事纠纷提交衙门,完全视乎他们自己的意愿。[101] 清代中国的这样一种司法过程,乃是政治国家与民间社会的结构关系的反映。对这种情形,以下两句谚语可谓绝妙的概括:一是"民不举,官不究";二是"走得官场,过得乡场"。前者说的是,本着"无为"的政治理念与"爱民"(积极)和"不扰民"(消极)的实践原则,在通常情况下,官员不该也不会随便干预民众的日常生活;反过来说,民间社会拥有相对"自治"的空间。[102] 落实到纠纷解决上,如果民众不告状,官员也就不究举;换句话说,只有在民众告状的前提下,官员才会启动相应的司法程序。就此而言,清代中国的民事诉讼程序的启动,也是消极型的,而非能动型的。后者讲的是,基于"民本"的政治理想,帝国衙门的政治决策和司法裁判,必须充分考虑民间社会的舆情——"民愤"即是其中之一;而这,既是政治合法化的本意,也是司法正当化的要求。《尚书·泰誓》所谓"天视自我民视,天听自我民听",即有深意存矣。当然,对于那些挑战皇权秩序与民众生命安危的命盗犯罪,则是采取国家追诉的司法原则,这与"无为"和"民本"的政治理想并不矛盾。我们可以想象,如果"无为"政治放弃了保障民众的生命和财产的基本安全,也就失去了社会基础和经济基础,其正当性和合法性根本无从谈起;与此相关,因为"民本"并非民众的自主政

---

[100] 这种官方审判与民间调解的互动,被黄宗智称为"第三领域"。参见黄宗智:《民事审判与民间调解:清代的表达与实践》,中国社会科学出版社1998年版,第108—132页。但是,黄宗智的理论却遭到了梁治平的批评。参见梁治平:《清代习惯法:社会与国家》,中国政法大学出版社1996年版,第9—29页。

[101] 岸本教授指出:究竟是选择国家审判抑或民间调解,视乎民众自己的意愿。参见《清初上海的审判与调解》,载《近世家族与政治比较历史论文集》(上),第254页。对此说法,笔者深表赞同。而且,在我看来,即使清代民众选择诉讼,有时也仅仅是一种解决纠纷"策略"而已。

[102] 参见黄克武:《"民不举,官不究":从乾隆年间的一则刑案探测帝制晚期私人生活的空间》,载李长莉、左玉河主编:《近代中国的城市与乡村》,社会科学文献出版社2006年版,第419—427页。

治——与现代民主政治不同,而是"圣君明主为民做主"的政治,故而确保君王权力的神圣不可侵犯,才是这一政治的终极目标。[103]

现在,我们来看《历年记》的相关案件。

首先说明三点:第一,下面的考察仅仅分析与姚廷遴亲友圈有关的民事案件和刑事"自理"案件,其他案件暂时不予涉及。第二,由于许多案件的结果不明,[104]以致很难看清它们究竟是通过什么方式解决的,因此本文也只讨论结果相对明确的案件。第三,先对案件的总体情况进行必要的介绍,再对个案进行具体的分析。

其一,民事案件和刑事"自理"案件且有明确结果的案件,编号1、8、10、12、13、26、27、44、47、48、49、53、54、55、56、58、60十七起;其中,提到"惩罚"的只有编号8,薄责15板;另有一例"口角"之争的案件,编号58则是调解无效;提到"费用"的有编号1一百金,12揭债破家,26二百金,44三百金,47几十金,49廿金,56两造各费廿金;还有一些提到"其他因素"的有编号10和53两例。由此,我们可以看到,提交州县衙门的民事案件与刑事"自理"案件,基本上都是通过"和息"了结的。如果允许稍作推测的话,我想进一步说,另外8例没有明确记录处理结果的案件,可能也是"和息"结案的。[105] 如此一来,通过"和息"手段解决纠纷,也就可能成为清初上海县衙处理民事案件和轻微刑事案件的基本手段。也许读者会问:这种做法又有多大的普遍意义呢?鉴于史料不足,不便过度猜测。但是,姚廷遴在《历年记》里的记载,恐怕不是

---

[103] 正因为如此,谋反之类的侵犯君权的犯罪才会被帝制中国列为"十恶"之首而予以严厉打击。参见甘怀真:《皇权、礼仪与经典诠释——中国古代政治史研究》,(中国台湾)台湾大学出版中心2004年版,第313—362页。

[104] 共有八例,编号3、11、13、23、43、45、50和51。

[105] 我之所以作这样的推测,是因为《历年记》没有提到经由这些诉讼给两造家庭带来了什么恶果,尤其是编号11姚廷遴与赵思槐的"相打"案件,如果不是通过"和息"的手段解决,那么对其自身利害如此重要的案件,作者竟然只字不提,这是很可奇怪的事情。

空穴来风；因此，它或多或少能够反映清初上海州县衙门的解决民事纠纷和轻微刑事案件的某些特点。

其二，就《历年记》而言，让我们感到比较惊讶的是，某些原本属于地地道道的刑事案件，但是在清初上海的州县衙门，居然也以调解的手段结案。编号33、34、59和61等，即是典型例证。此外，编号2、27、41和57四例，我也将其视为刑事案件。因为编号2和41都是衙门"访拿"的案件，与普通民事案件明显不同；而编号27是民众控告衙蠹"嚼民"的案件，也非寻常民事案件可比；编号57乃是"诱拐孀妇逃跑"的案件，参照孙佛一案，把它列入刑事案件，应无问题。这四起案件，都是"和息"结案的，其中编号41提到"多费"，而编号57则说约费三十金。令人惊讶的是，在《历年记》中，居然"重伤"与"人命"案件也能通过"和息"的方式加以解决。故而，值得我们展开讨论一下。先看姚廷遴的记载：

例一：康熙十四年乙卯，余四十八岁。……四月，有谈宝被人打死，累及钟登一。谈周调告准按察司，发本府提审，其时母姨夫要与周全，知我与赵圣庸相好，登一即圣庸亲家，两面周全。七月，任知县到任。八月，在长寿寺与谈周调、钟登一讲和，备酒议明。时府中新到刘太守，性暴乖戾，难于听审，故余与赵圣庸同至府中，费银十二两，做得发县，不料任公又认真人命，将被告俱打成招，后虽和息，大费银钱。

例二：康熙十九年庚申，余五十三岁。正月初六日，余秀官来，为江境庙前朱奎打死姚三官也。三官之弟瑞官来寻，初八日至北，初九日出邑。十二日告准本县，差康旭初，时有陆文宗、周裕凡调停，当官和息，虽不近钱，竟有人感激。

例三：康熙三十六年丁丑，是年余七十岁。……二月初九日，莫孟嘉与吴允之之子陈上官递和息，十二日请酒定局。些须小事起见,孟嘉子三官一时短见,竟领几人将吴允之一打,岂料允之原来有病,因而卧床五十日而死。先期保甲在县投准人命,知县自来相验,带县收铺,顷刻将莫孟嘉做几千金,人财、家业、田地、屋宅变卖殆尽。幸而讲和,而受其益。

例四:康熙三十四年岁次乙亥,其年余六十八岁。……是日姚惠官弟兄与方未官家相打,各被重伤。方未官于二十日击鼓告准,差陆中符子,二十日姚惠官央我出邑会差友。二十八日,在邑庙中与他说明,写和息议单,至十二月初四日出城,收拾衙门,初十方回。[106]

其中"例四"可以不必讨论,这是因为,既然人命案件都能通过"和息"的途径解决,伤害案件自然不在话下。就"例一"而言,写得比较精要,可信息很丰富。第一,有关本案的诉讼程序的叙述还算清晰:原告谈周调直接到江苏省按察司衙门起诉,[107]并获得批准,随即由其批转松江府提审;据此,原告并非先到县衙告状,而上海知县一开始也没有参与本案的审理。在这种情况下,我相信,如果没有两造亲友的介入和干预,司法衙门恐怕就会按照通常的"命案"程序来运作。但是,第二,两造的亲友——姚廷遴与赵圣庸却"操控"了本案的司法程序;其中,提到松江知府刘标"性暴乖戾,难于听审"一言,颇可措意。这似乎暗示如果让刘标来审理此案的话,双方可能难以措手;故而,原告的亲友姚廷遴与被告的亲友赵圣庸一起前往松江府交涉,终于使案件发回上海县审理,费 12 两银子。这里,姚廷遴和赵圣庸似乎充当了"司法黄牛"的

---

[106] 《清代日记汇抄·历年记》,第 108、112—113、151—152、157 页。
[107] 据考,清初的松江府原属江南省,康熙六年将江南省分作安徽和江苏两省。因此,案发当时的松江府隶属江苏省。参见《上海通志》,第 1 册,上海社会科学院出版社 2005 年版,第 408 页。

角色;事实上,这也是我在前面推测姚廷遴可能是讼师的一个关键原因。在我看来,设法把案件批转上海县衙来审理,实际上即有将其纳入操控的势力范围的意图。第三,出乎意料的是,上海知县任辰旦[108]"认真人命,将被告俱打成招",看来任辰旦是想以法律的司法程序和实体规定来审理此案的。根据史料的记载,任辰旦在供职上海知县时的"官声"不错,而且听讼断狱也颇有能力。[109]但在"大费银钱"的情况下,此案终于"和息"了结。据此,我们有理由说:本案"和息"乃是"贿赂"知县而达到的;也因此,这种"和息",实际上是以"贿赂"为前提,在衙门的主持下"了结"命案,即"例二"所谓"当官和息",还有经过制作"和息合同"——即"例四"所谓"写和息议单"的程序。而更为重要的是,在这种情况下,帝国法律已被完全置之不顾,所谓"审转"程序似乎也没有发挥其"查考"案件的功能。我们可以进一步追问:"审转"究竟在多大程度上发挥了要求司法官员"依法判决"的作用呢?[110]第四,

---

[108] 参见《上海县志》,卷8,第580页。
[109] 《上海县志》卷8说他:"登extendsKX丁未进士,除上海。简狱讼,宽力役,务为安静,奏绩最。诸县行取,授工科给事。慷慨敢言,既熟知松郡利弊,遂上章请减浮粮,以均国课,复恺切面陈。"参见前书,第599页。
[110] 必须特别指出的是,几乎所有的中外学者都认定,在清代中国的司法实践中,命盗案件之所以能够做到"依法判决",在很大程度上是因为"审转"程序的约束。但是,从《历年记》记载的三起人命案件中我们却发现,事实并非如此简单。暂时抛开其他因素不说,笔者认为,造成这种印象的根本原因乃是,目前留存下来的司法档案记载的案件,可能只是进入"审转"程序的案件;而被学者作为研究命盗案件"依法判决"的基本资料的《刑案汇览》,更是中央司法机构刑部制作的司法文书,它们根本无法反映州县衙门的司法实践的全部。由此,我想重申,研究清代中国的司法实践,档案固然重要,然而它并不是全部;另外,档案固然属于原始记录,可是我们不要忘记它有"制作"的可能。虽然《历年记》只是个别史料,但是,鉴于其所记录内容的随机性和偶然性,反而更能说明,在州县衙门的司法实践中,司法官员实际关心的问题,或许并非案件是否"依法判决",而是纠纷能否得到及时的解决,社会秩序的"安宁"能否得到有效的维持;在这种情况下,如果两造愿意"和息"案件,司法官员也就大可不必费心劳神地去琢磨与案件有关的法律依据。这是因为,诉讼已经到此为止,档案也无记载,或已经"制作"妥帖,上司难以"查考"。我想,前面曾经分析过的"因饥饿而杀人吃人"的案件,何以知县当机立断予以"杖毙"和"烧死",原因恐怕就在于此。此外,来自两造的压力,也是司法官员考虑

根据《大清律例》的规定:"凡官司故出入人罪,全出全入者,徒不折杖,流不折徒。以全罪论。谓官吏因受人财,及法外用刑,而故加以罪,故出脱之者,并坐官吏以全罪。"[111]根据此一规定和前引"私和人命"的规定,那么知县准予"和息"人命是否属于"故出人命"呢? 但是知县依然照做不误,个中原因深可玩味。我想,收受"贿赂"或许是根本原因吧。第五,既然被告已经"成招",那么,必然在司法档案中会有记载。在这种情况下,倘若州县长官仍然"详申"上司,结果又将怎样呢? 由此我们可否推测:本案档案可能会被"裁剪",从而通过上司的"查考"。或者,从司法档案中将其删除,不留任何痕迹。第六,就国家审判与民间调解的互动过程而言,毫无疑问,两者是同时进行的。案件"告准"之后,原告邀请姚廷遴出面,被告邀请赵圣庸介入;而姚廷遴则与赵圣庸"相好",两造沟通的"桥梁"已经架好。进而,调停者与双方当事人"讲和,备酒议明"。而"议明"应该包含被告"补偿"原告的条件吧。从此,原被两造退居幕后,而由调停者出面与衙门沟通;所谓"沟通",恐怕就是"贿赂打点"承审官员乃至相关的胥吏衙役吧,而"大费银钱"则是脚注。

接着,我们再来看看其他两件命案。实际上,第一例已经基本上囊括了"和息"程序的所有环节,这里只是稍作补充而已。在"例二"中,姚廷遴提到:"十二日告准本县,差康旭初,时有陆文宗、周裕凡调停,当官

"依法判决"的重要原因。总之,姚廷遴记载的这些案件足可引起我们重新思考清代司法实践中的"依法判决"问题。另外,从笔者前引《杜凤治日记》的资料中,我们同样可以发现,清代司法官员"制作"司法文书的类似特点。当然,读者可能会问:杜凤治记载的是同治十年的事情,其时,清代的司法权力已经伴随"就地正法"而出现了"下移"的局面;并且,这些案件的处理都得到了地方最高官员——总督的批准,乃至就是总督自己授意的。这一疑问很有道理,但是,撇开司法权力的"下移"问题不谈,这些案件反映出来的司法技艺和档案制作的道理,则与笔者的分析并无不同。

[111] 田涛、郑秦点校:《大清律例》,卷37·刑律·断狱下,第579页。

和息,虽不近钱,竟有人感激。"值得解说的是,由于这起命案的调停者是陆文宗与周裕凡,故而姚廷遴说"虽不近钱,竟有人感激。"据此我看可以推断:在通常情况下,调停者是有"酬谢金"的。我们来看"例三"的记载:"顷刻将莫孟嘉做几千金,人财、家业、田地、屋宅变卖殆尽。幸而讲和,而受其益。"可见,这起命案的"和息"所费不赀,多达几千银两。在我看来,更为关键的是"幸而讲和,而受其益"一句。这是什么意思呢?若说两造"受益"应无问题,但是如果与"虽不近钱,有人感激"结合起来考虑,我觉得,正因为调停者也有"酬金"可得,故而"受益"。唯有如此解释,才能贯通文意而获得正解。[112] 如若这一看法能够成立,那么我想作进一步的推测:姚廷遴无疑是"职业性"的调停者,他总共参与调解的案件有编号 13、16、23、27、28、33、34、43、44、45、50、51、53、56、57、58、59、60、61 十九单,数量可谓不少;其中,编号 27 和 28 是作为"干证"而被司法官员要求出面调解案件的事例;另外,尚有编号 44、47、51、53、54、56 六单案件,乃是与毛八起或吴允之等人共同参与调解的例证。而他们如此频繁地共同参与案件的调解,难道不是"职业性"调停者的一个证据吗?其中编号 16 和 23 都是姚廷遴充任胥吏期间解决的案件;从编号 27 到 61 等十七单案件,则是卸却胥吏之后调解的案件。据此,笔者推测姚廷遴充当着讼师或"司法黄牛"的角色,于此又得一证。也就是说,姚廷遴出面解决纠纷,尤其是发挥与州县衙门"沟通"的作用,无疑是利用了他的特殊身份和曾经有过的胥吏经历——懂得法律和熟悉衙门"人面"。总之,在上述案件的解决中,姚廷遴不但参与了民间调解;更为重要的是发挥了与衙门"沟通"的作用,从而使原本根

---

〔112〕 顺便一提,就诉讼费用而言,无论民事案件抑或人命案件,如果"和息"的话,可能都应包括"摆酒听戏"之类的花费。例如,编号 33"备酒议明";编号 27"摆酒廿桌,做戏";编号 47"在邑酒馆演戏和分";编号 53"备酒请刑房及允之、曹军荣等,允之等辞不赴席";编号 55"备酒酬答",等等。

本不属于调解范围的重伤案件和人命案件,也得以"和息"的方式结案,从而规避了国家的法律。据我看来,与民间"私和人命"相比,这种结案方式更加令人震惊!

经由上述的考察,我们可以概括如下:在"婚姻、田土、钱债"案件与州县"自理"的刑事案件中,一旦发生了纠纷,民间社会就可能有人出面进行调解;如若两造不愿调解或调解不成的话,原告就会提起诉讼。这时,司法官员究竟是通过审判抑或是调解的方式来解决案件,是不确定的;这是因为,两造请来的调解者可能会介入州县衙门的司法活动,或在民间继续调解,或在衙门与司法官员沟通,设法"和息"案件;只有在这两种调解都失效的情况下,司法官员才会进行审判,做出裁决。与此同时,无论民间调解还是衙门调解,在这种场合下,法律均非考虑的依据;换句话说,如何"摆平理顺"纠纷,怎样"和息"案件,才是原被双方和司法官员关心的焦点;只有在所有调解全都失效的情况下,法律才会成为司法官员必须认真对待的问题。故而,在清代中国,民事诉讼的过程最能体现国家审判与民间调解之间的独特关系。从前面讨论的"和息"人命案件来看,说白了,就是如何设法从衙门中"捞人"的活动。虽然这种"活动"更能体现帝国衙门与民间社会之间的互动,但是,无论按照清代法律抑或根据现代法律,都是"破坏"司法运作的事情。这时,司法活动也就蜕变成了两造与衙门的力量角逐,其中还夹杂着拉关系和搞腐败的因素。

(四)道德理想与现实生活的紧张

孔子曾说:"孝悌也者,其为仁之本欤。"[113]孔子将人类最为根本的道德情感——孝悌置于心理结构的深层,[114]以期支撑整个道德系

---

[113] 《论语·学而》。
[114] 参见李泽厚:《中国古代思想史论》,人民出版社 1986 年版,第 15—33 页。

统。在我看来,这是儒家道德论证的独特之处。同篇又说:"其为人也孝悌,而好犯上者,鲜矣。不好犯上而好作乱者,未之有也。君子务本,本立而道生。"还说:"'孝乎惟孝,友于兄弟,'施于有政,是亦为政,奚其为为政?"[115]据此,儒家将作为家族伦理基础的"孝悌",当作政治伦理的核心。又讲:"君子喻于义,小人喻于利。"又讲:"君子怀刑,小人怀惠。"[116]由此可见,"务本"的君子乃是道德的践行者和守护者,因而远离刑罚;相反,小人则是利益和恩惠的追逐者和乞求者,故而极易因利而争,不惜兴讼,甚而至于触犯法律。[117]通过这一简要的梳理,我们对于传统中国的道德理想,或可有一粗略的把握。顺着这一脉络,我们可以进一步发现,这种道德传统直到本文讨论的清初,仍然是儒家的流行话语。

但是,在现实社会中,究竟又有多少所谓的"道德君子"呢?对此,我们不无疑问;而事实上,中国古人自己也深表怀疑。总体而言,现实生活中的士大夫、读书人与老百姓,都是一些对于利益斤斤计较的凡夫俗子。因此一旦利益当前,彼此争竞在所难免,起而诉讼也很自然。如

---

[115] 《论语·为政》。

[116] 《论语·里仁》。

[117] 此乃传统中国"一以贯之"的君子与小人在道德上的基本定位。我老是这么想:既然孔子都承认小人是利益和恩惠的追逐者和乞求者,那么他们之间发生争利争财的诉讼,也是自然而然的事情;况且,在法律上确实也不禁止小人基于利益方面的诉讼;那么,何以在道德上必欲将这种行为斥为"健讼"呢?或许这是孔子的宽容,后世儒家却丧失了这种宽容精神,变得教条或不宽容。在解释孔子"使民无讼"时,清代学者崔述也持此种宽容精神。参见崔述:《无闻集》,卷2"讼论",载顾颉刚编订:《崔东壁遗书》,上海古籍出版社1983年版,第701—702页。那位被黄仁宇视为"古怪的模范官僚"的海瑞,虽然也有"读书知礼"的看法,并且批评浙江省淳安县"风俗日薄,人心不古,词讼繁多,百姓健讼"的社会现象;但他力图在教化与司法上设法改变这种社会风气,而非一味指责民众的"健讼"。进而,对乡宦与小民之间的争讼,提出了解决之道,同样没有以指责了事的态度来对待民众的诉讼。分别参见黄仁宇:《万历五十年》,中华书局1982年版,第134页;陈义钟编校:《海瑞集》,上册,中华书局1962年版,第20、114—118页。

此一来，道德理想与现实生活之间就出现了强烈的紧张。现在，我们来看岸本美绪曾经分析过的姚廷遴与其祖母的弟弟赵思槐打官司的记载：

> 顺治七年庚寅，二十三岁。有祖母膳田六亩六分，在舍房周围，出户即是，向系祖母之弟赵思槐霸种，凡住我屋之人，或有鸡犬出户，即遭其打骂，被其驱逐而去者已数辈矣。今我亲往其地，奚肯受其放肆乎，所以余要种此田。祖母必竟要使我置身无地，必欲使我性命须臾，谋约已定，故意将车在我宅河内戽水，我起而视之，彼即不逊，手持锄头，砍伤我脑后。余即出邑白知叔父叔祖，岂料祖母先在宅内，正说我不好，岂非约定乎！叔祖亦大怒云："大老官只有此孙，看汝屡屡摆布，快叫管数王成来，同去禀官。"祖母忿恨而去，余即呈准告知县，差严铨提审。差人即十一官，系我好友，到祖母家去寻赵官。祖母对他说："姚大官是有银子用的，我的兄弟是没银子用，人自在我家，见官时我去说。"天下有祖母留兄弟在家，而与孙子打官司者乎？将祖遗之田与外人，而摆布孙子者乎？总之世上必无，我家独有。此番官司，直至十月而定，彼田亦荒，揭债使费，自此破家，而后夫妇贫极而死。余虽破家，亦稍舒先父之气。[118]

这是姚廷遴叙述最为详尽的一起民事纠纷，也是最具特色的一件民事案件。而其独特之处在于，姚廷遴虽然是与赵思槐打官司，可实际上是与祖母打官司，因为祖母偏爱弟弟赵思槐而憎恨姚廷遴。另外，姚廷遴是祖母的长房长孙，在祖父和父亲都已去世的情况下，

---

[118]《清代日记汇抄·历年记》，第66—67页。

姚廷遴乃是"承重"的嫡嗣，可以说是"家长"。但是，从身份伦理的角度来讲，他与祖母毕竟是服制攸关的关系，故而"孝顺"祖母乃是必须严格遵循的伦理原则；否则，即是"不孝"，如果祖母以此告到衙门，那就完全可以对姚廷遴治以"不孝之罪"。[119] 不过，姚廷遴起诉的对象是赵思槐，因而在法律上毫无问题，所以状子即可获得批准。这里，最为关键的是姚廷遴的叔祖姚永济的作用，因为正是他"下令"姚廷遴起诉赵思槐的；而且，案件之所以得到批准，恐怕与姚永济的声望也有关系。试想，难道小小的州县衙门胆敢拒绝代表了他的意志的诉讼吗？而"不得罪巨室"乃是传统中国地方政治的一条金科玉律。前面已经说过，姚永济是"万历戊戌进士"，如今则以远远高于知县级别的"左布政使"的官衔退居林下，又是上海地区的著名缙绅，理应"知书达理"，但他却毫不犹豫地指使姚廷遴与赵思槐打官司。由此可见，姚永济遵循的是家族的实际利益，[120] 而非"空洞"的伦理道德。由此，我们也可以发现，所谓"健讼"基本上是一种道德批判，而与现实生活的常识不符。

我觉得，在上表统计所有的民事案件中，最能反映清初上海民众的诉讼热情的案件——说是"健讼"也无妨，有编号13、56和58三起。请看《历年记》的记载：

顺治九年岁次壬辰，二十五岁。母姨夫（谈季勋）为娶妾故，被

---

[119] 这是广义上的"不孝之罪"，如果祖母决意控告姚廷遴的话，可以援引《大清律例》，卷30·刑律·诉讼·子孙违反教令。参见田涛、郑秦：《大清律例》，第488页。对"违反教令"的讨论，参见瞿同祖：《中国法律与中国社会》，第8—15页。

[120] 姚廷遴的祖母姚赵氏"偏袒"弟弟赵思槐——但他是外亲，来伤害姚氏家族的嫡派孙子，这在传统中国是不能容忍的事情，哪有"胳膊肘往外拐"的道理。因此，姚廷遴说："天下有祖母留兄弟在家，而与孙子打官司者乎？将祖遗之田与外人，而摆布孙子者乎？总之世上必无，我家独有。"可谓理直气壮。

松城杨赞王讼在本府,又讼华亭,又讼海防,诈而又诈,不服其翰林之势。趁十六日告期,要余苏州去,因而同至松城,另择十九日申时。不料十六日军门法苏粮厅收状,明朝即挂出。

康熙三十二年岁次癸酉,其年余六十六岁。初十日,毛八起、毛天锡、康行之仍至黄君才家,要赎黄天住房,致使黄天亦去上覆图中邻里要去告状。十九日,县中进呈不准。二十三日在府进状,此时农忙停讼,尚未开戒,不料龚太守竟准批发海防厅。时李海防在上海掌印,二十九日批行到上海。初二日有牌差李元英陈上捕案承行,初三日差人到,初六日出邑会差友,初十投文。十二日早堂听审,两造共有数人,海防独叫我上去声说一番,着在我身上要与他处明。本日即至邑庙议处,写和息,备文详府,俱批黄天谎告,本应重惩,念亲邻哀恳呈息,更系农忙,如详发落。不数日而此事完矣,两造各费廿金。

康熙三十四年岁次乙亥,七年余六十八岁。五月二十八日谈建侯、谈尔师口角,二十九日两边相劝,一日即至馆。不料建侯于初四日告准本县,十五日差人到,是日会见莫孟嘉。……七月二十四日出邑,为劝尔师、建侯官司也,盘桓三日,亲戚俱到,苦口极劝,终不得就绪而归。[12]

由前面两例可见,原告为达到诉讼目的而不屈不挠,不惜在当地的各级衙门起诉;但是,这种做法是法律禁止的——违反上文提到过的"越诉"和"停讼"的规定。可问题是,相关的衙门却受理了本不应该受理的案件,此乃清代中国的司法实践的一种普遍现象。值得我们深究

---

[12] 《清代日记汇抄·历年记》,第68—69、145、150页。

的是,既然希望民众"息讼",那么就不应该受理,毕竟拖延受理也是一种"息讼"的办法;[122]那么,受理这种案件,是否也有宽容民众诉讼的意味呢？我想是的。而接下来的问题则是,如果受理了本不应该受理的案件,那么是否就会"诱发"民众诉讼的热情呢？回答是肯定的。让我们感到非常意外的是,清代中国的司法实践居然是在这样一种"悖谬"的逻辑上运作的。更为有趣的是第三例。这是一起因"口角"之争而起诉的案件,州县长官居然也受理了。我们不禁要问:这究竟是"息讼"呢？还是"诱讼"？如若是"息讼",那就应该坚决驳回。长此以往,民众就会形成这样一种预期:对于真正的"鼠牙雀角"的争讼,州县衙门根本不会受理,从而不必由此兴讼。[123] 我觉得,这种做法倒是起了"诱讼"的作用——既然如此"细故",衙门都会受理,何不趁机兴讼呢！就本案两造而言,虽然只是"口角"引发的诉讼,但是,在"盘桓三日,亲戚俱到,苦口极劝"的情况下,竟然"终不得就绪而归"。也就是说,调解无效,未能"和息"结案。对于两造的如此德行,恐怕难逃"健讼"的恶评。不过,我还是想提醒读者:这可能与"健讼"的社会风气没有必然的联系;换句话说,之所以本案两造不愿意"和息",也许与各自的性

---

[122] 具体讨论,参见瞿同祖:《中国法律与中国社会》,第 286—303 页;马作武:《古代息讼之术》,载《中国古代法律文化》,暨南大学出版社 1998 年版,第 164—174 页。与此同时,我想指出的是,对于"拖延"案件解决和拒绝受理案件,似乎不能简单或完全归结为"息讼"问题。事实上,帝国官员拖延案件解决与拒绝受理案件的原因很多;比如,司法审判经验不足;再如,州县衙门难以承受审理案件必须花费的时间、人力和物力等资源;又如,司法官员贪图安逸,乃至玩视民瘼;最后,对于命盗案件刻意拖延规避的做法时有记载,等等,原因非常复杂。对此问题,需要专文讨论。

[123] 清代法律对于"诬告"和"教唆词讼"等诉讼行为,均有严厉的处罚。参见田涛、郑秦点校:《大清律例》,卷 30·刑律·诉讼,第 481—486,490—491 页。对于"架词设讼"或"谎状"的做法,也有相关的措施加以约束。参见黄六鸿:《福惠全书》,卷 11"词讼",载《官箴书集成》,第 3 册,第 327—328 页。对此问题的相关讨论,参见徐忠明:《明清时期民间诉讼的态度与策略》。但是,对于"诬告"和"教唆词讼"的行为,司法官员往往网开一面,最多也是斥为"乡愚无知",予以"杖责"而已。

格——诸如好争、倔强、认死理、不妥协——有关。[124] 据此，我们大可不必一见到此类诉讼之事，就断定那是由于世风日下而引起的民众的"健讼"行为。这种思维方式，恐怕无助于领悟错综复杂的社会生活。

五、反思方法与总结本文

行文至此，我想再谈两点。

第一，反思方法。国家史、社会史与生活史的"交汇"如何可能？或许，这是美国学者杜赞奇提出"分叉历史"概念的核心价值。[125] 对我来说，也是一个"挥之不去"的思考中国法律史研究的关键问题。过去，我们研究国家的法典法规，诸如《唐律疏议》等等，看到的只是国家希望维护和实现的政治秩序和社会秩序；但是，却很难触摸到社会史与生活史的丰富面相。其后，学者开始利用司法档案，以期"打捞"相关的资料，藉此"考掘"其中蕴涵的地方史与生活史的精彩和复杂，也取得了令人瞩目的成绩。与此同时，这些研究成果也或多或少地建构起了国家史、地方史与生活史的某种关联。然而，司法档案依然难以展现社会生活与司法过程之间的复杂关系。在这种情况下，我们还能做些什么呢？笔者发现，清代司法官员的日记和传记资料，也许可以在一定程度上帮助我们进入国家法律、社会秩序与日常生活之间的"交叉"领域。我觉

---

[124] 如电影《秋菊打官司》所刻画的秋菊百折不挠的诉讼行为，在我看来，与"健讼"的社会风气无关，也与"权利意识"强弱无关，倒是与其倔强的性格相关。有时，虽然是民风质朴的地方，我们也会读到诉讼风气炽盛的现象。参见侯欣一：《清代江南地区民间的健讼问题》，载《法学研究》，2006年第4期。

[125] 参见〔美〕杜赞奇：《从民族国家拯救历史：民族主义话语与中国现代史研究》，王宪明译，中央编译出版社2003年版。对此问题的相关评论，参见李猛：《拯救谁的历史？》，载《二十一世纪》，1998年10月，第128—133页；吴飞：《"分叉历史"中的"大写历史"》，载《近代中国的国家形象与国家认同》，上海古籍出版社2004年版，第321—328页。

得,姚廷遴的《历年记》即是这样一部作品。它比较好地展现了清初上海地区的风土人情、日常纠纷、诉讼案件和州县衙门解决纠纷的实态,虽然记载简约,但是内容丰富。就司法实践而言,通过姚廷遴的视角,我们看到了人们为何争讼,人们如何介入衙门的纠纷解决,司法官员怎样做出回应,等等。读起来,真是趣味盎然。由此,我看到了国家史、地方史与生活史的"分叉"与"交汇"并存的特点。

进而,如何理解司法档案的记录?也是一个值得学者深思的课题。在我看来,以往的清代司法档案的研究,似乎犯了过于相信档案记载的毛病。事实上,司法档案记载什么?怎样记载?同样是一个值得我们认真对待的问题。[126] 经由上面的分析,我们已经看到,有些案件实际上并没有进入司法档案,它们被司法官员"吃掉"了;有些案件虽然进入了司法档案的记录,但是,却有可能经过司法官员的技术处理——诸如"剪裁"和"制作"——之后,才被记录下来的。在这种场合,我们必须反思这些档案记载本身可能存在的问题。另外,努力挖掘司法官员的传记或日记资料,或多或少可以"弥补"这种缺憾。事实上,姚廷遴的《历年记》确实帮助我们发现了清代司法档案无法看到的司法实践的图像。据此,我们绝对不能采取以往的学术态度:一旦从司法档案中看到什么,就说那是什么。

第二,总结本文。姚廷遴究竟是一个什么样的人物呢?这是笔者首先关注的问题。经过仔细梳理《历年记》和《上海县志》的记载,我发现,虽然他有名门望族的出身背景,但他本人只是一个低级文人或下层

---

[126] 只要稍稍翻检一下清代法律专家有关制作"招供"和"看语"之类的技术指南,我们即可发现,制作这些司法文书,虽然不乏要求司法官员认真考虑案件事实与相关法律的动机;但是,其中一个核心目的,即是如何避免上司的"驳案"。为了避免"驳案",必须使事实与法律在逻辑上统一起来。参见"招解说",载郭成伟、田涛点校整理:《明清公牍秘本五种》,中国政法大学出版社1999年版,第559—570页。

绅士，也算是地方精英吧；[127]然而，却不那么简单，他还是一个有着丰富经历的地方社会的活跃人物——经商、务农、充任胥吏和担任教师；尤其值得注意的是，由于姚廷遴有过充任胥吏的经历，因此熟识衙门"人面"和具备法律知识，从而使他成为一名称得上是"专业性"的调解者，或许干脆就是一名惯于沟通衙门的"讼师"。但是无论如何，在地方社会的纠纷解决过程中，在参与州县衙门因诉讼案件而进行的交涉过程中，姚廷遴都发挥了非常重要的作用。就此而言，如果我们可以将参与纠纷解决看作是参与地方社会的秩序控制的一种途径的话，那么，姚廷遴参与调解诉讼案件的活动，本身也是一种参与地方社会秩序的控制活动。[128] 如若这样的话，我们就可以这么说，讼师也好，绅士也罢，在缺乏法律职业的清初社会里，对于社会秩序的维护与控制有着不可忽视的作用。如若这样的话，我们对讼师的评价也将有所改变。换句话说，那种将讼师看作是社会的"害群之马"的看法，乃是国家精英基于自身利益而形成的一种成见。也就是说，正因为有了讼师这种法律专家，民众才变成了难以"驯服"的对象。当然，笔者并不认为，那些"挑唆"民众诉讼的讼师，也是值得在一般意义上予以赞美的英雄；事实上，从姚廷遴参与的在衙门"捞人"的事情来看，确实扭曲了国家法律，阻碍了司法实践，也败坏了司法风气。但是，我们不能完全跟着传统中国的官方精英后面起哄，加入他们一边倒的"声讨"和"打压"讼师的行列。

---

[127] 吴仁安曾说："所谓望族，通俗而言就是指社会上颇有声望的官僚、地主等的家族，亦即著名的缙绅官僚地主阶级家族。"参见吴仁安：《明清时期上海地区的著姓望族》，"前言"第 3 页。虽然这一说法有点含混，所谓"颇有声望的官僚、地主"与"缙绅官僚地主"是否属于同一概念，尚有异义；但大致上可以作为我们判断姚廷遴身份特征的参照。据此，把他视为绅士阶层的一员，应无问题。

[128] 当然，绅士在社会秩序的维护和控制方面的作用，不仅仅是参与纠纷解决，还包括了其他诸多内容。参见冯贤亮：《传统时代江南的中层社会与乡村控制》，载《上海社会科学院学术季刊》，2002 年第 2 期；也见冯贤亮：《明清江南地区的环境变动与社会控制》，上海人民出版社 2002 年版。

甚至,我们还可以问一问:那些"妖魔化"讼师形象的作者是谁?

在姚廷遴的《历年记》中,我们不但看到了明清"易代"之际的非常事件,而且看到了发生在日常生活中的那些普普通通的"婚姻、田土、钱债"案件;不但读到了民事案件与州县"自理"的刑事案件的调解过程,而且令人惊讶地发现了若干人命案件的调解。这些丰富多彩的案件,致使岸本美绪教授认为它们是清初上海地区"健讼"的反映;而我则认为,由于《历年记》作者姚廷遴的特殊身份与案件主体的特殊身份,似乎很难断言它们就是清初上海地区"健讼"现象的写照。由此,笔者还进一步指出:所谓"健讼"究竟意味着什么?对于提起那些法律允许,并且如果司法官员拒不受理还要承担法律责任的诉讼,我们也能将其视为"健讼"吗?藉此,我想重新思考"健讼"问题。从"和息"人命的案件中,我们也发现了一些新的学术课题。也就是说,在这些案件的"和息"过程中,国家法律究竟是如何被实践的,司法档案又是怎样被制作的,在衙门中"捞人"的时候究竟是基于什么理由得到司法官员许可的——是"情理"吗?是出于缓和社会冲突吗?或者干脆是"贿赂"吗?根据我对清代司法实践的基本认知与《历年记》提供的信息,我觉得,这些人命案件的"和息"之所以得到了司法官员的许可,是因为"银钱"起了作用。在这种情况下,有权有势有钱的罪犯就有可能逃脱法律的制裁,而无权无势无钱的罪犯却只能等待法律的制裁;这时,司法公正还存在吗?我想,这不但是中国古人的问题,也是我们的焦虑。

再版跋

中国法律文化史研究,曾经热闹过一阵子,近些年来,似有渐次转冷之势。细思转冷的原因,可能有四:其一,文化概念的边际比较模糊,不易把握,在追求客观精确或者经验实证的学术语境中,谈多了,未免有些虚而不实。其二,文化两字被过度使用了,在动辄文化如何如何或者什么都往文化这个箩筐里装的情形下,看多了,多少有些令人生厌。其三,对中国法律文化史上的一些核心观念,经过多年的爬梳和诠释,它们的轮廓和要旨,已经被大致揭示了出来。其四,就明清法律史而言,随着国际中国法律史学界对司法档案的发掘和利用,关于诉讼与审判诸问题,越来越受到学人的重视,学术论著井喷而出。这就给人一种印象,中国法律文化史被边缘化了,从而呈现转冷之势。

不过,我们仍要看到,所谓"转冷",不一定是真冷,而只是出现了某些转向。具体而言,就是明清法律文化史与法律社会史研究的逐步合流。比如,现在的学者,更多是在诉讼行为中解读民众的诉讼观念,在审判实践中分析官员的司法理念,等等,而非纯粹的观念诠释。同时,也提出了一些法律文化史研究的新课题,例如,作为文化产品的法律书籍的生产、刊印、传播与阅读,司法仪式的象征意义和观念表达,司法文书的情感渲染和修辞技巧,等等。即便诠释法律观念和诉讼意识的论著,亦与以往有所不同,比如,如今的学者,已将研究课题拓展到了诉讼、审判与报应观念,城隍审判、地狱审判(包括冥判)与宗教信仰,等等。这意味着,在转冷的过程中,不无"出新"的迹象。

我之研究中国法律文化史，大致始于《包公故事：一个考察中国法律文化的视角》一书的写作。该书的旨趣是要考察，在自宋至清这八百年里，作为历史人物的包拯，他是如何被塑造成大众信仰中的法律之神明、破案之能吏、清官之典范的内在文化肌理，诠释"包公故事"蕴涵的丰富文化意义。更进一步的问题则是，在历时悠久、数量宏富的包公故事中，精英话语与大众话语之间存在哪些交集，又有哪些落差，希望听到其中杂多的声音，诠释这些声音中的文化意义。沿着这一研究理路，我对各种史料承载的法律故事与法律话语，产生了极大兴趣，先后出版了若干论著，《众声喧哗》即为其中之一。在研究过程中，我渐渐感受到不同史料讲述的法律故事之间的异与同。这里的"异"，可能表达了精英与大众之间的法律观念差异；这里的"同"，或许反映了精英与大众在法律意识上的相同之处。经由这样的考察和诠释，似可触摸到、感受到中国法律文化史的完整图像。

对不同史料之采择、对研究进路之设定、对文化理论之运用，在我以往的中国法律文化史研究的论著中，已经作过一些尝试；但是，这些论著所作的阐释，是否达到了我自己的预设目标，则仍不敢自信。也意味着，中国法律文化史的探索之路还很长，尚有很多问题值得我们继续研究、思考和推进。当然，这是未来的工作。

今年四月初，在北京商务印书馆供职的马冬梅老师电话联系我，说是有意再版拙稿，而我不假思索就答应了。原因倒也简单，商务印书馆是蜚声海内外的著名出版社，能有机会在这样的出版社出书，是作者的荣耀；鉴于明清法律文化史研究的相对转冷，拙稿讨论的一些问题或许尚未过时，还有参考价值。尚需说明的是，此次再版，除了删掉了第八篇《清代中国司法裁判的形式化与实质化》以外，我没有对初版进行修改，而保持了原样。因为初版至今，已逾十年，我的有些想法也发生了变化，若要全面修改，则又工程太大，只好作罢。

拙稿之得以再版,我要感谢马老师的邀请和劳作。同时,还要感谢将本稿纳入"法律与社会丛书"予以出版的高鸿钧先生。如果没有高先生对我之研究的首肯,拙稿(清华大学出版社 2007 年版)也就没有机会面世。感谢初版的责任编辑方洁、王巧珍两位老师,她们为拙稿初版付出了辛勤劳动。初版的校对,是由杜金副教授承担的;这次再版,又主动承担了这项繁琐的工作。这是我要特别对她表示感谢的。

2019 年 9 月 28 日